Schnelle Möbel für die ganze Wohnung (Low Tech)

Rick Ball (Text) · Paul Cox (Zeichnungen)
Deutsch von: Udo Rennert und Ilse Strasmann

Eichborn Verlag, Frankfurt am Main

CIP-Kurztitelaufnahme der Deutschen Bibliothek

Ball, Rick:
Schnelle Möbel für die ganze Wohnung = Low tech /
Rick Ball u. Paul Cox. — Frankfurt am Main:
Eichborn, 1984.
(Das kann ja sogar ich)
Einheitssacht.: Low tech ‹dt.›
ISBN 3-8218-1032-7
NE: Cox, Paul:

 Cover: Gruhle/Dö Van Volxem unter Verwendung von Zeichnungen von Paul Cox · Gesamtherstellung: Fuldaer Verlagsanstalt GmbH · ISBN 3-8218-1032-7 · Verlagsverzeichnis schickt gern: Eichborn Verlag, D-6000 Frankfurt 70

Inhalt

Einführung in Low Tech

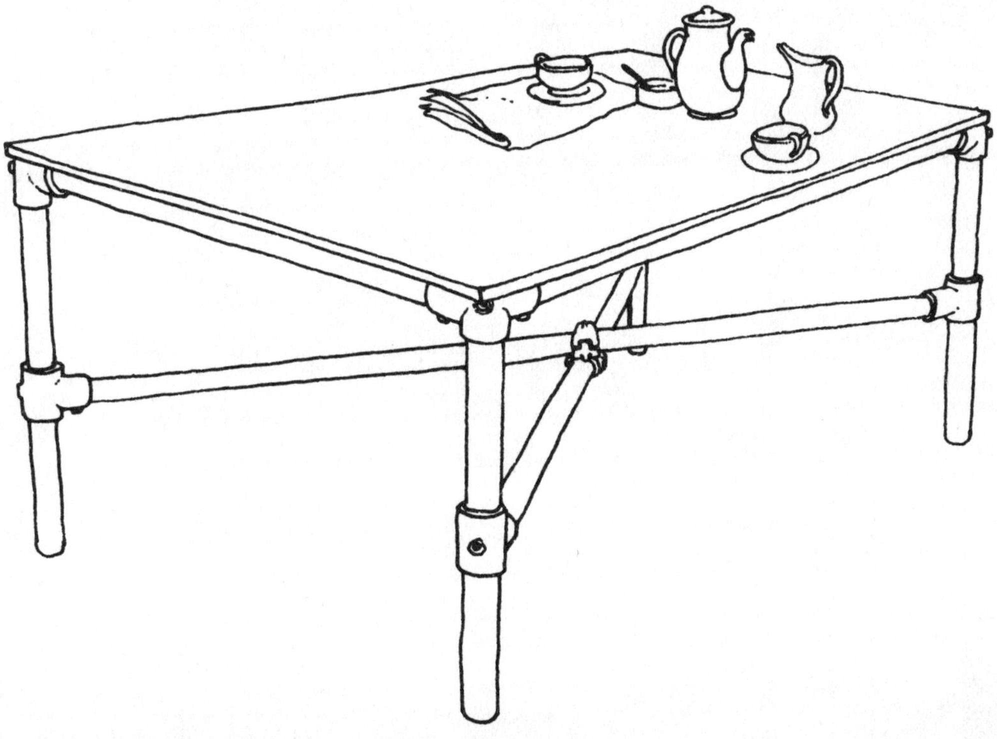

Dieses Buch handelt von der Kunst der Improvisation, angewendet auf die Herstellung einfacher und zweckmäßiger Möbel. Es zeigt, wie man mit etwas Findigkeit Materialien, die man billig oder umsonst bekommt, zu brauchbaren Betten, Stühlen, Tischen und Regalsystemen verarbeiten kann. Schnellbasteln: eine Möglichkeit, die vorhandenen Produkte der Industrie als Rohmaterial zum Basteln im Do-it-yourself-Verfahren zu nutzen.
Vereinfachung ist die Seele des Schnellbastelns. Wir gehen davon aus, daß derjenige, der Low Tech anwendet, kein ausgefuchster Handwerker ist. Zeitraubende Kunstfertigkeit, so bewundernswert sie an sich ist, liegt außerhalb des Bereichs von Low Tech. Die Entwürfe meiden absichtlich schwierige Holzverbindungen. Die Erfahrung zeigt, daß die Präzisionsarbeit eines Tischlers, so einfach sie in der Theorie scheinen mag, praktisch die Fähigkeiten und die Geduld des Durchschnittsbastlers, der nur ein Möbelstück haben will, übersteigt. Low Tech verlangt eher die Phantasie als die Geschicklichkeit des Bastlers. Puristen wird es schaudern bei unseren Verbindungen, aber sie halten.
»Unsaubere« Verarbeitung von Holz spart Zeit bei der Herstellung und ist deshalb zu billigen. Es ist viel einfacher, zwei Stück Holz miteinander zu verbinden, indem man eine Reihe Nägel einschlägt, als indem man sie ineinandergreifend verzinkt. Die genagelte Verbindung mag weniger elegant sein, aber sie hält, eine Weile jedenfalls. Schnellgebastelte Möbel werden zum Teil sicher kurzlebig sein, aber in den Augen mancher Leute ist das geradezu ein Vorzug. Wenn die Herstellungskosten niedrig sind, muß das Stück nicht Ewigkeiten halten. Ein typisches Beispiel sind Möbel aus Pappe. Man kann kernige Möbel aus Pappe herstellen, die man buchstäblich auf der Straße findet. Es wäre wirklichkeitsfremd, wollte man erwarten, daß Stühle und Tische aus Pappe über Generationen weitergegeben werden wie Familienerbstücke. Für heranwachsende Kinder aber, deren Bedürfnisse sich laufend ändern, sind sie außerordentlich brauchbar.
Wie oft hat man woanders unbrauchbare Dinge benutzt, um etwas für Kinder daraus zu machen. Spielzeug wurde immer schon aus ausrangierten Haushaltsgegenständen hergestellt. Eine leere Garnrolle, ein Bleistift und ein Gummiring etwa machen einen Mini-Traktor (Abb. 1). Und ein Kind mit Energie und einem Stock kann fast alles zu einer Trommel werden kassen.
Auch kunstvollere Instrumente kann man improvisieren. In den zwanziger Jahren war ein »Jug«, das Rhythmusinstrument der armen Leute, die Seele der »Jug bands« jener Zeit. Eine Sprosse höher auf der musikalischen Leiter stand der Waschzuber-Baß aus einer Zink-

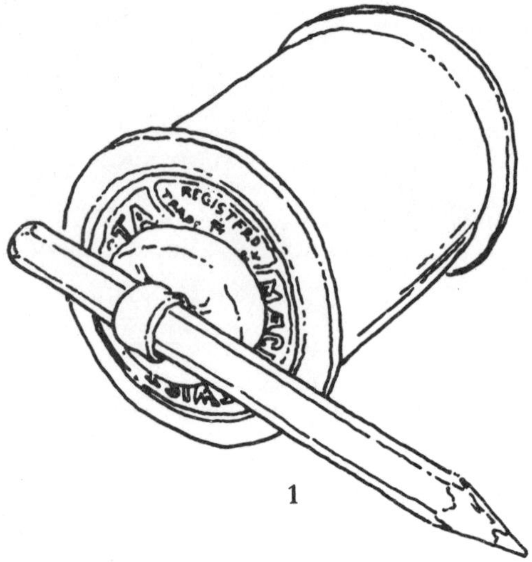

1

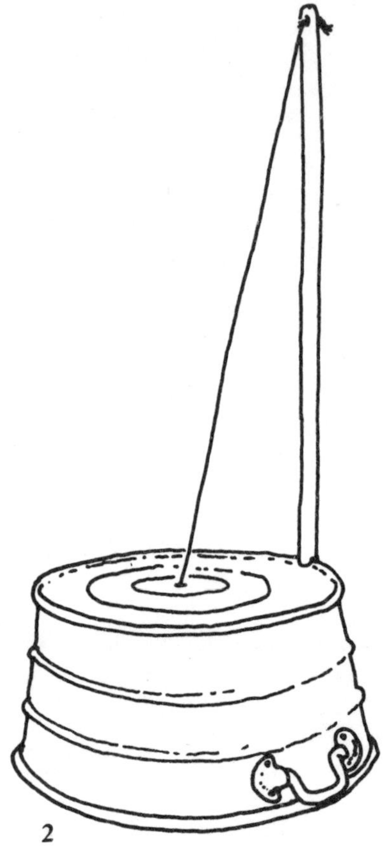

2

wanne und einem Besenstiel (Abb. 2). Das Waschbrett lieferte die Rhythmusgruppe dazu, und eine singende Säge und andere Musik-Werkzeuge sorgten für weitere Vielfalt.

Das Wissen von den unvermuteten Qualitäten und Möglichkeiten herumliegender Materialien bringt einen schon ganz schön weit — einen der »Low-Tech«-Autoren brachte es sogar fast fünfhundert Kilometer weit durch Osteuropa, als ihn ein bulgarischer Bauer mit der hohen Kunst von Low Technology bekanntmachte. Das geschah bei einer Panne auf der Landstraße, als sich die Ölablaßschraube seines Lasters löste und irgendwo in einem undurchdringlichen Kiefernwald verschwand. Vor Istanbul gab es keine Aussicht auf ein Ersatzteil, die Zukunft sah also finster aus. Und dann kam dieser Bulgare vorbei. Ganz ruhig besorgte er sich ein kurzes Stück Kiefernholz, schnitzte es schnell zurecht, drückte es kräftig in den Ablaß der Ölwanne hinein und teilte der von Ehrfurcht ergriffenen Gesellschaft mit, daß sie jetzt Öl nachfüllen und weiterfahren könnte. Die Reparatur hielt durch ganz Bulgarien und bis in die Türkei.

Der Schnellbastler kann eine Menge von der Dritten Welt lernen, was unvoreingenommene Bewertung von Materialien angeht. Dinge, die in der westlichen Welt als wertloser Abfall gelten, werden in der Dritten Welt, wo die Rohstoffe zu knapp sind, als daß man sie vergeuden könnte, oft einer neuen Verwendung zugeführt. Selbst die überall verbreiteteten Coca-Cola-Dosen werden flachgeklopft und zu strapazierfähigen Metallkoffern verarbeitet.

Wenn ein Auto-Ersatzteil vom europäischen Lieferanten nicht überkommt, wird ein pakistanischer Mechaniker ganz munter ein brauchbares Auspuffsystem aus Konservendosen anfertigen. Und wenn für ein Auto wirklich das letzte Stündlein geschlagen hat, dann können seine Teile immer noch weiterverwendet werden. In Tansania verarbeiten Zimmerleute alte Autofedern zu Stahlklingen für ihr Werkzeug. In Marokko und Spanien machen Schuhmacher aus alten Autoreifen dauerhafte Sandalen. Fenster, Sitze, Scheinwerfer und Hauben — alles ist es wert, aufgehoben zu werden. Bei uns finden Schnellbastler alte Autoteile überall auf den Schrottplätzen.

Die Kunst der Improvisation wurde im Westen in größerem Umfang zuletzt in den vierziger Jahren betrieben, in und nach dem Krieg. Ein hartnäckiger Berliner tauchte aus dem Schutt auf und begann seinen Gartenzaun höchst kunstvoll zu reparieren – Zentimeter für Zentimeter, Tag für Tag. Er arbeitete alle kurzen Drahtenden, die er auf seinen Wanderungen durch die zerbombte Stadt fand, in seinen Zaun ein; der wuchs und sah schließlich ähnlich wirr aus wie das berühmte Spinngewebe, das in den sechziger Jahren eine mit LSD gedopte Spinne geknüpft hat. Der Zaun stand, und in dem Garten dahinter sproß bald mitten im Berliner Schutt das Gemüse.

Die Elendsviertel, die heute einige der ausufernden Großstädte der Welt umgeben, zeigen eine unglaublich einfallsreiche und – aus der Not geboren – oft sehr persönliche Haltung der Menschen gegenüber den Materialien. Wir möchten das Leben in diesen ärmlichen Hütten nicht romantisieren, aber deren Bauweise selbst bietet dem Schnellbastler des Westens viel Anregung. Die Gebäude sind bizarre Gebilde aus allem möglichen, von Pappe bis zu Konservendosen.

Überall in der Welt werden Flaschen beim Bau von Mauern verwendet. Dazu ist zwar eine große Anzahl notwendig, aber man braucht nicht gleich zum Alkoholiker zu werden, nur um Flaschen für Wände zu besorgen. Eine englische Recyclingfirma hat in den siebziger Jahren sechs Millionen Weinflaschen jährlich bei Hotels und Restaurants in der Londoner Innenstadt eingesammelt. Die Restaurants sind im allgemeinen mehr als zufrieden, wenn jemand sie von den leeren Einwegflaschen befreit.

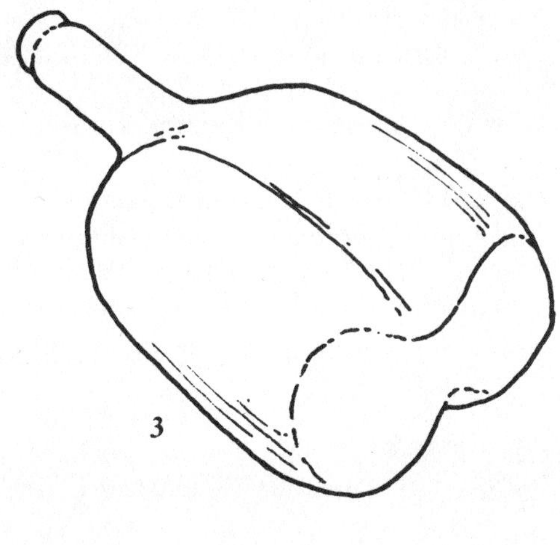

3

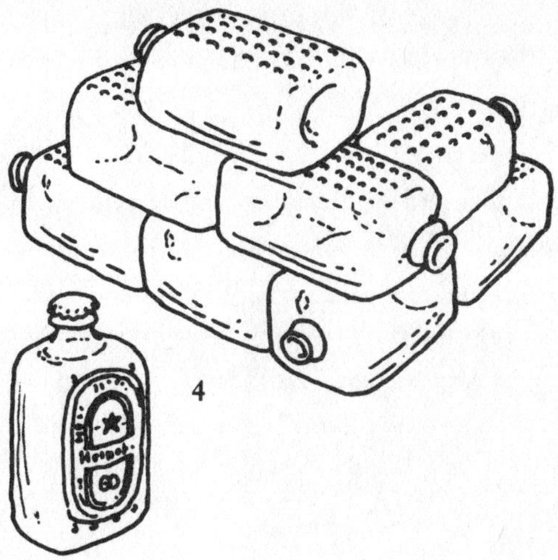

4

In der Bundesrepublik Deutschland stehen in vielen Städten Glascontainer, bei denen man fündig werden kann.

In den sechziger Jahren unternahm die holländische Brauerei Heineken einen kühnen Versuch, in Regionen vorzudringen, die andere Brauereien nicht erreichten. Sie entwarf eine Bierflasche, die man als Baustein benutzen konnte. Es war eine Idee des Bierbrauers Alfred Heineken persönlich. Er war entsetzt über die elenden Wohnbedingungen der Armen in den Vororten karibischer Städte und ebenso entsetzt über die große Zahl leerer Heineken-Flaschen, die überall in der Welt herumlagen. Er beauftragte den holländischen Architekten John Habraken, einen Flaschenbaustein zu entwerfen, World Bottle oder WOBO genannt. Der Bauplan für ein einfaches Haus aus ineinandergreifenden Leerflaschen sollte auf einem Aufkleber auf jeder Flasche stehen. Der zwar praktische, aber nicht besonders glückliche erste Entwurf (Abb. 3) wurde abgelehnt, der zweite (Abb. 4) dann durchgeführt. Fünfzigtausend grüne WOBOs mit Noppen an den Seitenflächen und einer Delle im Boden wurden hergestellt. Heineken selbst baute sich ein WOBO-Gartenhaus bei seiner Villa in der Nähe von Amsterdam. Aber die Menschen in der Karibik konnten sich für den Gedanken, in einem Glashaus zu wohnen, nicht begeistern. Das WOBO-Projekt wurde wieder fallengelassen.

Das Bürodasein in der westlichen Welt hat sich seine eigene Versorgung mit Trinkgefäßen in Form von Einwegbechern geschaffen. Bei der indischen Eisenbahn wird an

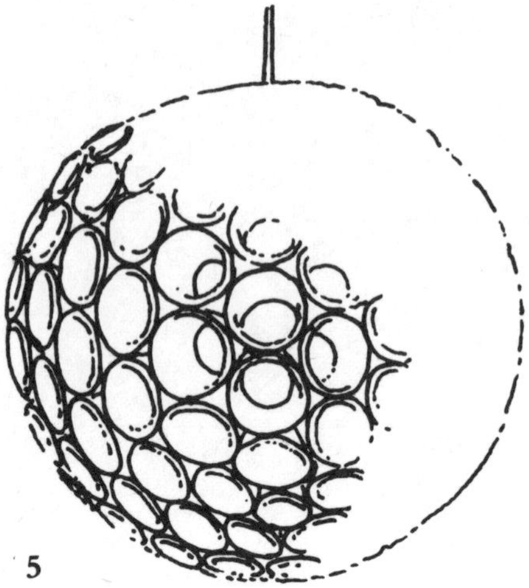

5

den Stationen Tee in hübschen irdenen Wegwerfbechern verkauft – der Bahnkörper ist übersät mit den Scherben dieser Becher. Das europäische Äquivalent ist der energieaufwendige Kunststoffbecher. In Büros fallen sehr schnell die etwa 250 Becher an, die man braucht, um einen kugelförmigen Lampenschirm (Abb. 5) zu basteln, der bei Studenten seit Jahren beliebt ist. Man klebt die Becher mit Latexkleber zusammen und fügt immer weitere dazu, bis die Kugel komplett ist. Die Becher werden mit Büroklammern zusammengehalten, bis der Kleber fest ist.
Packmaterial ist der wichtigste Baustoff für den Schnellbastler. Läden ersticken geradezu unter dem Berg von kräftigem Packmaterial, für das sie keine Verwendung

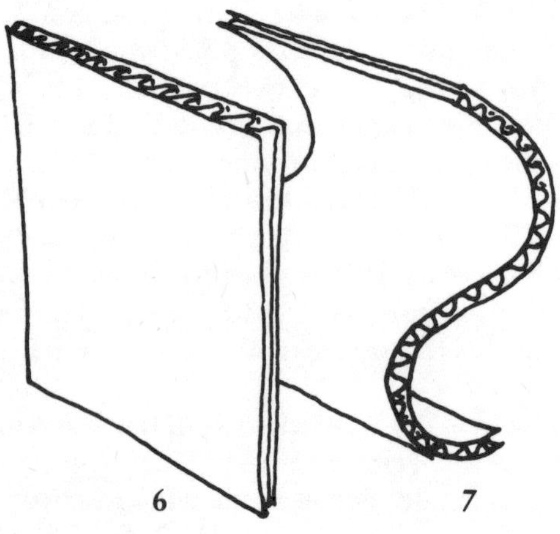

6 7

haben, sobald die Waren ausgepackt sind, und das die Lieferanten nicht wiederhaben wollen. Man kann ihnen bei der Lösung ihrer Müllprobleme helfen.
Ausrangiertes Packmaterial von Firmen ist eine vorzügliche Bezugsquelle für den Bau von Möbeln. Wellpappenkisten können zu stabilen Möbelstücken verarbeitet werden, wenn man sie richtig nutzt. Das Prinzip für eine belastbare Struktur aus Wellpappe ist dabei, daß die Wellen senkrecht verlaufen müssen (wie in Abb. 6), wenn sie waagerecht liefen (wie in Abb. 7), würde die Konstruktion zusammenbrechen.
Supermärkte müssen pausenlos Kartons wegwerfen. Sogar auf der Straße findet man in Einkaufszentren Material. Besonders große Formate fallen dort an, wo Stoffe zur Weiterverarbeitung angeliefert werden. Kleiderfabriken werfen sehr brauchbare Kartons in Ballengröße fort. Oft werfen sie übrigens auch Textilabfälle weg, mit denen man Kissen füllen kann. Besonders geduldige Leute können auch der Schnellbastelethik trotzen und Fleckerlteppiche daraus zusammensetzen.
Man muß Ausschau halten nach extra starken Kartons, in denen schwere Geräte verpackt gewesen sind. Sie haben oft eine doppelte oder gar dreifache Lage von Rippen. Man sollte auch in die Kartons hineinschauen: Sie sind oft voller Kunststoff-Schnipsel zur Polsterung, mit denen man Low-Tech-Sitzmöbel stopfen kann.
Kabeltrommeln, alte Schränke, Ausstellungsmaterial, Weidenkörbe, Plastikkästen und Holzkisten tauchen regelmäßig vor den Unternehmen auf der Straße auf. Im Zweifelsfall sollte man lieber fragen, ob man die Sachen mitnehmen darf. Es kann nämlich riskant sein, Dinge von hohem Materialwert mitzunehmen, weil sie vielleicht hinausgestellt worden sind, damit ein zahlender Händler sie abholt. Man darf Sachen aus Mülltonnen mitnehmen, allerdings kann das eine ziemlich widerliche Angelegenheit sein.
Viele Städte und Gemeinden in der Bundesrepublik holen regelmäßig den Sperrmüll ab; die Einwohner stellen dazu alles auf die Straße, was sie loswerden wollen und was die normale Müllabfuhr nicht abfährt. Man kann am Abend oder in der Nacht vorher manches interessante Stück auf der Straße finden.
Auch Abrißbaustellen sind eine Fundgrube für den Schnellbastler. Dabei fällt eine enorme Auswahl an Materialien entweder auf dem Abrißgrundstück selbst oder

auf dem Hof der Abbruchunternehmen an. Die meisten Unternehmen haben eine große Auswahl an Türen, die billig und brauchbar sind; das ist oft die praktischste Art und Weise, an eine stabile glatte Oberfläche zum Beispiel für Tische zu kommen. Man stellt fest, ob eine Tür auch nicht verzogen ist, indem man dazu einfach an den Kanten entlangvisiert.

Ziegelsteine aus Abrißhäusern sind auch empfehlenswert. Die Nachfrage danach hat zwar zugenommen, weil sich das Normformat geändert hat, aber sie sind immer noch billiger als neue Steine. Bei denen aus dem vorigen Jahrhundert ist der daran haftende Mörtel noch nicht so fest wie bei neueren Steinen, die leicht zerbrechen, wenn man den Mörtel abklopft.

Wenn man bestimmte Sachen auf Abbruchbaustellen kaufen will, muß man vermutlich vor Beginn der Abbrucharbeiten hingehen, damit die Teile nicht zerstört werden. Man kann dem Vorarbeiter sagen, was man haben will, sollte den Erhaltungszustand des Gegenstandes prüfen und den Mann bitten, daß er ihn aufhebt. Es ist wichtig herauszukriegen, wann die Sachen weggebracht werden sollen. Man muß aber alle paar Tage nachschauen, denn solche Planungen werden nicht immer eingehalten, und nützliche Dinge verschwinden oft »über Nacht« von der Baustelle. Das gilt für Geländerpfosten, Badewannen, Spülen und alle anderen Installationen; sie werden beim Abriß normalerweise zerstört, weil das die schnellste Art ist, sie herauszureißen.

Auch Bauschuttcontainer vor einer Abbruchbaustelle, oder wo renoviert wird, könnte man inspizieren. Oft werden brauchbare Türgriffe an den Türen gelassen, und es lohnt sich, sie zu retten. Wenn man sie nicht selbst braucht, kann man sie einem Antiquitätenhändler verkaufen.

Holz gehört auch zu den Dingen, die man am besten gebraucht kauft. Große Mengen von Holz neu zu kaufen, können sich die wenigsten Schnellbastler leisten. Die wichtigste Sparmaßnahme ist deshalb, nach billigen und zuverlässigen anderen Bezugsquellen Ausschau zu halten.

Altes Bauholz ist oft von besserer Qualität als neues Holz. Es ist im allgemeinen gut abgelagert und neigt kaum mehr dazu, sich zu verziehen oder zu schrumpfen.

Meistens gibt es beim Abbruch von Häusern eine große Menge von Dielenbrettern und Balken. Sie werden entweder direkt ab Baustelle verkauft oder von den Bauhöfen der Abbruchunternehmen (die unter diesem Stichwort in den Branchen-Fernsprechbüchern zu finden sind). Der Preis für solches Holz liegt oft um über 50% unter dem für neues Holz. Man sollte für alle Fälle vorher über die Preise für neues Holz und alle anderen Materialien der Baustoffbranche informiert sein, bevor man gebrauchte Materialien kauft. Sonst fordert man überhöhte Preise geradezu heraus.

Jedes Stück Altholz muß auf Holzwurmbefall geprüft werden. Die Ausgangslöcher machen die Tierchen nämlich erst, nachdem sie zwei oder drei Jahre lang im Innern der Bretter vor sich hin gefressen haben. Trockenfäule ist ein noch stärkerer Grund, Holz abzulehnen. Man erkennt sie daran, daß das Holz bröckelig ist und in charakteristischer Weise würfelförmig zerbricht. Es riecht auch eindeutig modrig.

Guterhaltene gebrauchte Bretter und Balken kann man für viele der Vorschläge in diesem Buch verwenden. Sägerauhe und schmutzige Bretter kann man mit einer gemieteten Bandschleifmaschine schnell glätten und reinigen. Ein auf eine Bohrmaschine montierter Schleifteller mit Schleifblatt hinterläßt häßliche Spuren auf der Maserung, die nur schwer zu beseitigen sind. Alte Dielenbretter haben etwa alle 40 cm Löcher, wo die Nägel gesessen haben. Diese Löcher kann man mit Kitt, Holzspachtelmasse oder Papiermaché füllen, auch mit einer Mischung aus Sägemehl (vom Schleifen) und Kleister, die gleich die richtige Farbe hat. Rostige Nägel hinterlassen große braune Flecken auf dem Holz; die verbirgt man am besten unter Farbe.

Starke Balken kann man der Länge nach zersägen und bekommt so Bretter von handlicherem Format. Mit einer Handsäge ist das eine aufreibende Arbeit. Eine Holzhandlung wird im allgemeinen bereit sein, die Balken für wenig Geld durch ihre Hochleistungssägen zu schieben.

In Schuttcontainern findet sich oft brauchbares Holz. Die Bauleute werfen dauernd hübsche, wertvolle Hartholzteile weg, wenn sie ein Gebäude auseinandernehmen, bevor sie es modernisieren.

Meistens wird um Gebäude, die zur Modernisierung ausgeräumt werden, ein Gerüst errichtet. Gerüstmaterial ist ein sehr vielseitiges Element beim Schnellbasteln. Wenn man sie neu kauft, sind die Teile sehr teuer und übersteigen die Mittel des normalen Low-Tech-Bastlers. Aber be-

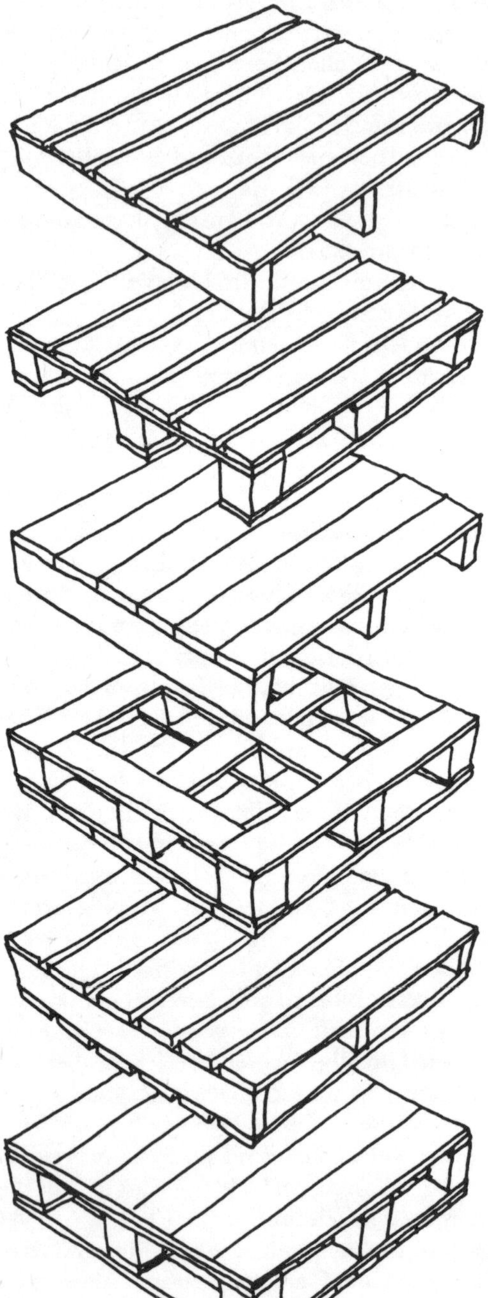

8

kanntlich sind Konkurse in der Baubranche häufig, und Gerüste werden mit dem übrigen Material des bankrotten Bauunternehmens versteigert.
Gerüstteile sind aus unbearbeitetem Metall. Die Teile werden sehr viel schöner, wenn man sie poliert. Leider ist das ziemlich teuer, denn es dauert lange, und der Preis für das Schleifen richtet sich nach der Zeit, die dafür gebraucht wird. Und Winkelstücke kann man weder schleifen noch plattieren. Verchromen ist natürlich die eindrucksvollste Behandlung von Gerüstteilen. Je glatter das Stück vorher schon ist, desto billiger wird das Plattieren. Wenn die Rohre bereits verzinkt sind, muß das Zink abgebeizt werden, bevor man sie elektroplattieren kann. Es gibt verschiedene patentierte Verbindungssysteme für Gerüstrohre. Einige davon sind vergleichsweise unauffällig und deshalb zur Verwendung innerhalb des Hauses besser geeignet.
Man kann sich das Unglück der anderen bei der Jagd nach geeigneten Bastelmaterialien zunutze machen. Wenn ein unrentabler Laden schließt, wird die alte Ausstattung oft billig verkauft. Ausstellungsregale aus Läden ergeben nützliche Regalsysteme für zu Hause. Oft sind sie die elegantesten Lösungen für Unterbringungsprobleme. Die Rahmen lassen sich meistens leicht und schnell montieren und ebenso schnell auf neue Maße umbauen. Es lohnt sich auch, die Gestaltung von Schaufenstern genau anzusehen wegen der Materialien, die der Dekorateur benutzt hat, und der Art, in der die Teile zusammengefügt sind. Fachzeitschriften für Schaufensterdekorateure könnten Hinweise enthalten für Konstruktionstechniken, die fürs Schnellbasteln nutzbar sind.
Gewerbliche Einrichtungen und Ausrüstungsgegenstände kann man über Postversand bestellen, und die verlockenden illustrierten Kataloge und Preislisten sind im Planungsstadium fast eine Pflichtlektüre für Schnellbastler. Manche Leute spricht der nüchtern-funktionale »Labor«-Stil (mit viel Glas) mehr an, während andere ein allgemein industrielles Design vorziehen. Viele ausgefallene Bedürfnisse können durch schriftliche Bestellungen befriedigt werden — neben Standardgegenständen wie Aktenschränken, Schreibtischen und Kaffeemaschinen, ohne die keine Firma komplett wäre, bekommt man z. B. Abdeckplanen, Trennwände, Sicherheitslampen und Regalsysteme sowie Hebezeug.
Gewerbliche Ausrüstungsgegenstände sind gewöhnlich

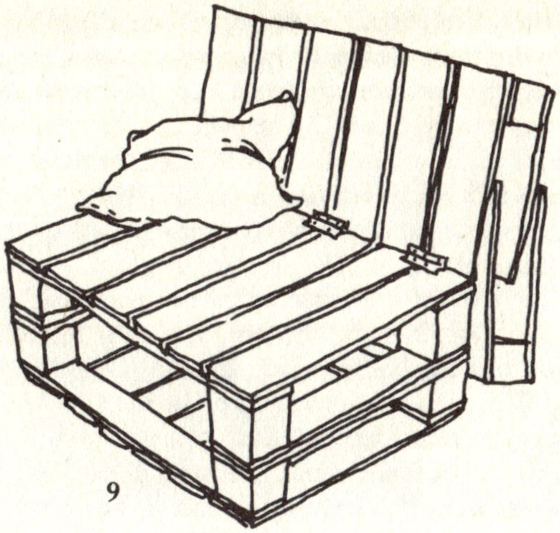

9

alles andere als billig, wie die Anhänger des High-Tech-Stils schnell festgestellt haben. Das liegt zum Teil daran, daß diese Ausrüstung der rauhen Behandlung in Fabriken gewachsen sein muß. Es ist unwahrscheinlich, daß es in einer Wohnung so gewalttätig zugeht wie in einer Fabrik oder einem Lagerhaus. Man zahlt also für eine Robustheit, die man nicht braucht. Wie verlockend und vielleicht nützlich diese Dinge auch sein mögen, der Kauf lohnt sich oft nur, wenn sie billig gebraucht angeboten werden.

Low-Tech-Bastler lehnen im allgemeinen den High-Tech-Stil nicht grundsätzlich ab, sie können ihn sich nur nicht leisten. Low Tech ist viel pragmatischer als High Tech. Im Gegensatz zu High Tech ist es kein homogener Stil, der an Funktionalität und Design gleich hohe Ansprüche stellt. High-Tech-Urteile sind oft streng. Wenn ein Gegenstand nicht die kühle Wirkung der klaren Linien von rostfreiem Stahl hat, kann er aus ästhetischen Gründen abgelehnt werden. Der Anhänger von High Tech wird im Streben nach Stil hohe Preise zahlen. Der Schnellbastler kann sich eine solche Haltung nicht leisten. Wenn ein Gegenstand zu teuer ist, verwirft er ihn. Wenn er umsonst oder billig ist, prüft er ihn. Die Nutzung der Industrie ist eine ökonomische Notwendigkeit, keine stilistische Marotte. Low Tech ist der schnellste Weg zum Do-it-yourself, bei dem, um Zeit zu sparen, Abfall genutzt wird, in dem Vorarbeit steckt.

Holzpaletten sind einfache Grundelemente aus dem Transportkatalog der Industrie. Sie sind ein großartiges und vielseitiges Material für den Low-Tech-Möbelbau. Es gibt sie in verschiedenen Ausführungen (Abb. 8) im Standardformat. Holzpaletten kann man so benutzen, wie sie sind, oder man kann sie schnell in hübsche Möbel verwandeln, wie die Bank in Abb. 9. Zu dieser Konstruktion war nichts nötig, als zwei Paletten in der Mitte durchzusägen und Scharniere anzubringen, um sie so noch vielseitiger verwendbar zu machen.

Viele Plastikcontainer sind auf das Standardformat von Paletten ausgerichtet, damit man Waren zum Transport in ihnen stapeln kann. Kunststoffkästen zu kaufen ist teuer, aber man findet sie oft auf Schuttabladeplätzen — und man braucht sie nur zu waschen! Viele von ihnen lassen sich gut stapeln, wenn sie voll sind, und ineinanderschieben, wenn sie leer sind. (Abb. 10 zeigt eine Auswahl.)

Ein Vorrat von leeren Kästen nützt wenig, wenn kein Transportmittel da ist, um sie nach Hause zu bringen. Ein großer Teil des beim Low Tech benutzten Materials ist sperrig und schwer. Der normaler Mitteleuropäer kann zum Beispiel keine Dränageröhre aus Beton unter dem Arm tragen. Und wenn man mit einer Last von langen Brettern durch die Stadt muß, ist ein passendes Fahrzeug entscheidend. Selbst eine Ladung von drei Teekisten bedarf vorausschauender Planung, denn es ist manchmal erstaunlich schwierig, auch nur eine durch die Tür ins Auto zu schieben. Ein Rollmaß ist ein nützlicher Begleiter, wenn man auf der Suche nach Material durch die Straßen läuft. Die Kosten des Transports müssen berechnet sein, wenn man überlegt, ob es sinnvoll ist, einen bestimmten Gegenstand zu bergen.

In einigen Fällen ist das Format der späteren Möbel durch die Abmessungen der Fundstücke festgelegt. Dann hat man kaum mehr Freiheit, als wenn man in einer Möbelfirma einkauft. Dabei haben aber diese Dinge oft den Vorteil der höchsten Einfachheit. Gelegentlich kann man die Sachen ohne jede Veränderung nutzen. Hölzerne Gemüsekisten sind zum Beispiel seit Generationen als unmittelbar verwendbare Schränkchen für Bücher und Akten benutzt worden. Über Kopf gestellt, geben sie niedrige Tische ab. Andere Klassiker der Sofortmöblierung sind die Kabeltrommel, die man als unebenen Tisch verwenden kann, und das Türblatt, das über zwei Aktenschränke gelegt, einen Schreibtisch ergibt (Abb. 53, S. 42). Ein auf die Seite gestellter Plastikkasten dient als Schuhregal.

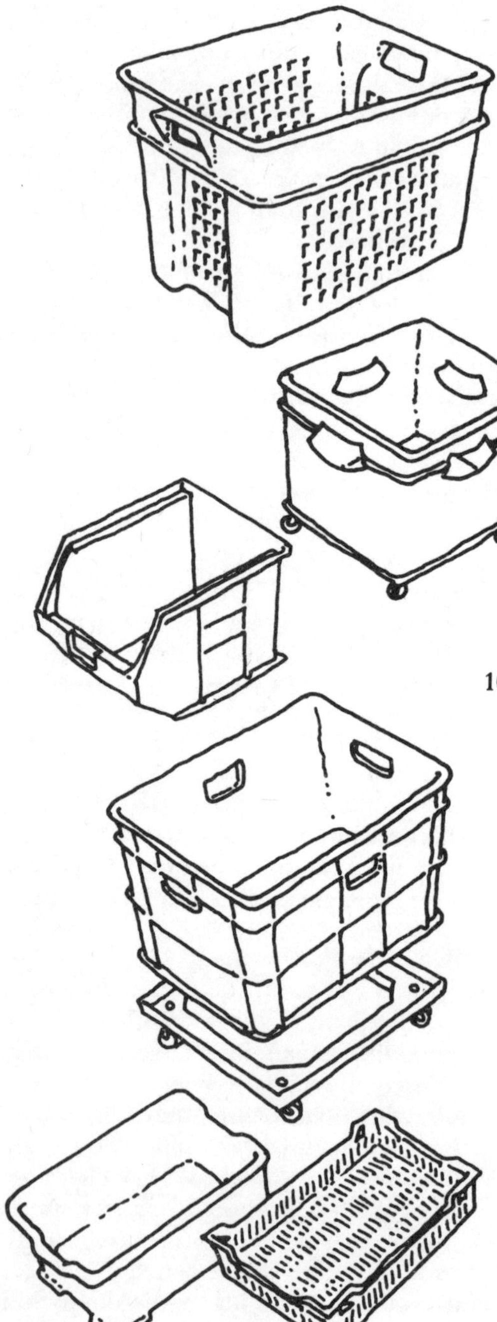

10

Die meisten Projekte erlauben es jedoch, die Möbel in jedem gewünschten Maßstab zu planen. Man kann niedrige Eßtische bauen, wenn man sie mag, oder hohe Arbeitstische, wenn man groß gewachsen ist. Vor dem Baubeginn steht die Frage, wozu das Stück gebraucht werden soll — es muß vor allem den individuellen Bedürfnissen entsprechen, weniger den überkommenen Möbelmaßen. Wenn man zum Beispiel Bücherregale plant, legt man natürlich die Tiefe der Regale nach der Breite der eigenen Bücher fest, nicht nach den empfohlenen Standardmaßen. In anderen Fällen sind allerdings Standardmaße wichtig: Wenn man Betten baut, sollte man die Maße von Matratzen berücksichtigen. Sinnvoll ist es, die Planung schriftlich zu berechnen und genau zu überlegen, wie die Teile zusammengehören, bevor man sie zuschneidet.
Der Hauptteil des Buches ist in sieben Kapitel aufgeteilt; jedes befaßt sich mit einem bestimmten Bereich der Wohnungseinrichtung. Innerhalb jeden Kapitels werden genaue Erläuterungen gegeben, die Schritt für Schritt beschreiben, wie die einzelnen Teile gebaut werden müssen. Damit diese Bauanleitungen übersichtlich sind, stehen die Zeichnungen und Texte für ein bestimmtes Stück auf derselben Seite, soweit das Layout dies zuließ; so kann man das ganze Projekt mit einem Blick überschauen. Der Text beschreibt, wo man das Rohmaterial findet und wie man es behandelt.
Im Interesse der Einfachheit und der Schnelligkeit haben wir die Methoden leicht gehalten. Die meisten Sachen sollten auch für den Anfänger keine unüberwindlichen Hindernisse bieten. Zur Herstellung eines Möbelstücks gehört im allgemeinen, daß man ein Bauteil ans andere fügt, und dazu braucht man einfaches Werkzeug, Terminologie, Techniken und Ausrüstung. Sie sind alle entweder da erklärt, wo sie gebraucht werden, oder im Schlußkapitel des Buches. In diesem Kapitel werden die grundlegenden Techniken der Holzverarbeitung beschrieben und gezeigt, dazu einige der tauglichsten Befestigungsmöglichkeiten, die dem Laien zur Verfügung stehen. Man muß sie manchmal an unerwarteten Stellen suchen, etwa im Versandkatalog für Bootszubehör.
Unser Ziel ist es, die einfallsreiche Nutzung von Materialien zu fördern. Die Kunst der Improvisation sollte jedoch unter gar keinen Umständen auf elektrische Installationen ausgeweitet werden. Wir können nicht genug betonen, welche Gefahr im Herumpfuschen mit elektri-

schen Leitungen liegt. Für den Umgang mit Elektrizität braucht man schon sehr genaue Kenntnisse. Die Kompliziertheit der Leitungsnetze in älteren Häusern, vor allem, wenn mehrere Familien darin wohnen, trotzt oft jedem Versuch, sie zu durchschauen. Nur der Fachmann kann sicher sein, daß eine bestimmte Steckdose keinen Strom mehr führt, wenn die Hauptsicherung abgeschaltet ist.
Bestimmte Stoffe, wie sie sowohl der Fachmann als auch der Laie benutzt, sind feuergefährlich. Bekannt ist die Gefahr bei Schaumstoffmöbeln. Wenn sie sich einmal entzündet haben, brennen diese lockeren Zellkunststoffe sehr schnell und entwickeln dabei dichte Wolken von lähmendem Rauch. Ein guter Möbelüberzug mindert die Gefahr ein bißchen. Schwer brennende Gewebe wie dicke Wolle sind in dieser Hinsicht besser als leichte Baumwolle oder Viskose. Auch ein feuerhemmendes Zwischenfutter kann als Barriere um den Schaumstoff eingefügt werden. Den Schaumstoff selbst kann man kaum gegen Feuer behandeln, weil die entsprechenden Chemikalien ihn hart werden lassen würden. Bei den weißen oder gelben Kunststoffschnipseln, die bei der Verpackung benutzt und meistens vom Hersteller vor dem Verkauf so behandelt werden, macht das nichts.
So gilt die unangenehme Tatsache, daß es keinen feuersicheren Bezug oder eine andere feuerverhindernde Behandlung gibt. Bestenfalls kann man einen Rauchdetektor (Abb. 11) als Warnsystem an der Decke anbringen.

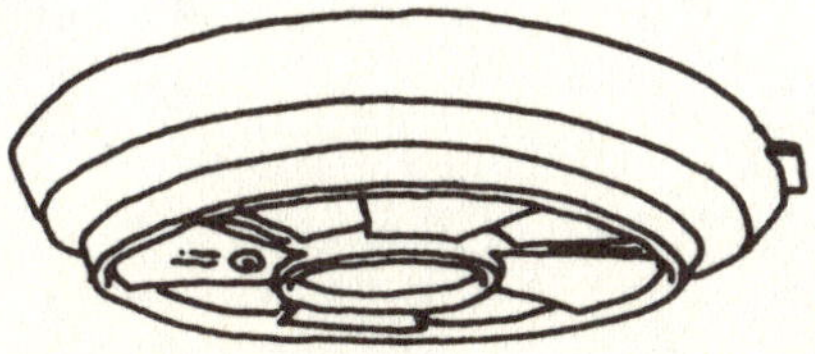

11

Altes Material birgt natürlich seine ganz eigenen Risiken. Wenn man ohne kräftige Lederhandschuhe auf Müll- und Schuttplätzen herumstöbert, kann das böse ausgehen. Wie leicht greift man in Glasscherben oder scharfe Metallkanten. Dazu kommen Gifte. Man ahnt ja nicht, was die Flaschen, Dosen und Fässer enthalten haben. In Ölfässern können auch gefährliche Chemikalien transportiert worden sein. Wenn es irgendeinen Zweifel darüber gibt: die Finger davonlassen. Bei der heutigen Fülle von Umweltskandalen wird immer klarer, wie unverantwortlich leichtsinnig Gifte behandelt werden, von der Industrie wie von Einzelpersonen.
Ungeziefer ist mit einigen wichtigen Ausnahmen keine große Bedrohung. Auch dem hingebungsvollsten Sperrmüllsammler raten wir aber dringend davon ab, Matratzen und Polstermöbel von der Straße mitzunehmen und zu Hause zu benutzen. Irgendwer oder -was lauert bestimmt darin, ihn zu beißen.
Die von Straßen und Bauplätzen mitgenommenen Sachen sind oft abgenutzt und schmierig. Da heißt es putzen. Oft schon genügt ein Anstrich, um zerkratzte und schäbige Gegenstände zu verjüngen. Auf jeden Fall sollte man Öl und Fett von der Oberfläche entfernen, ehe man sie übermalt. Wenn die Farbe dauerhaft sein soll, braucht man die richtige Grundierung für das jeweilige Material. Wenn die Farbe die Beulen und Verheerungen der Zeit nicht überdeckt, kann der beschädigte Gegenstand mit einem hübschen Überzug verkleidet werden. Eine häßliche, zerknitterte Papptrommel zum Beispiel kann immer noch zu einem flotten Tisch verarbeitet werden (Abb. 12). Man schneidet die Trommel in der richtigen Höhe ab (etwa bei 71 cm) und klebt Leisten von etwa 25x50 mm Stärke rundherum auf. Diese Leisten muß man vielleicht unten ein bißchen zurechtschnitzen, damit sie sich dem Metallrand anpassen. Von innen schlägt man kleine Stifte oder Heftklammern durch, damit die Leisten festsitzen. Wenn man zu etwa drei Fünfteln um die Trommel herum ist, werden die Leisten locker angepaßt, um zu prüfen, ob man noch irgend etwas abnehmen muß, damit alle gleich-

12

mäßig sitzen. Schließlich kann man eine Tischplatte aufsetzen, wie auf S. 23 beschrieben.
Es lohnt sich auch, sich mal über den eigenen Müll Gedanken zu machen. Manche Dinge sind vielleicht geeignet zur Verwendung in Low-Tech-Bauweise. So kann man hintere Hosentaschen aus alten Jeans und dazu Brusttaschen aus alten Jacken — nach Möglichkeit verzierte — auf ein Sperrholzbrett heften und so einen kleinen Wandspeicher einrichten (Abb. 13).
Der Drang zum Sammeln muß nicht zur fixen Idee werden. Es wäre unsinnig, wenn man in einem Haufen von überflüssigen Teilen lebte, die man irgendwann irgendwie vielleicht mal in ein Möbelstück umwandeln könnte. Es ist jedoch schwer, an brauchbarem Trödel vorbeizugehen. Paradoxerweise sind Schnellbastler manchmal ziemlich langsam. Die Erfahrung hat gezeigt, daß man Sachen leicht ein Jahr lang herumliegen läßt, wenn man nicht mit großer Selbstdisziplin begabt oder der Bedarf an Möbeln sehr dringend ist. Ein Raum, in dem man Material unterbringen kann, ist deshalb von größter Wichtigkeit für den Schnellbastler.
Unser wichtigstes Ziel beim Schreiben dieses Buches war nicht, jemandem das Tischlern beizubringen; das erledigen schon eine ganze Menge von Do-it-yourself-Handbüchern. Wir wollten vielmehr die Anwendung der Erfindungsgabe preisen und die Leser davon überzeugen, daß die einfallsreiche Wahrnehmung der unmittelbaren Umgebung befriedigende Ergebnisse hervorbringt. Wenn Leser die in diesem Buch beschriebenen Dinge nachbauen möchten, sollten diese Anleitungen sie zum Ziel bringen können. Darüber hinaus hoffen wir, daß »Low Tech« als Quelle für eigene Ideen und eine eigene Haltung oder Verhaltensweise dient. Die Pläne können übernommen und die Verhaltensweise angewendet werden auf Gebieten, die wir noch nicht erforscht haben. Industrielle Verfahren und Produkte können auf vielfältige Weise genutzt werden.
Alle in diesem Buch beschriebenen Projekte sind auf Stabilität, Sicherheit und Brauchbarkeit hin geprüft worden. Der Erfolg wird allerdings oft von den Maßen, der Art des gefundenen Materials und den eigenen Fähigkeiten abhängen. Diese Bedingungen ändern sich von Mensch zu Mensch und von Ort zu Ort so sehr, daß wir nicht garantieren können, daß jedes dieser Projekte auf jeden Fall erfolgreich ist. Wir können aber sicher garantieren, daß die Pflege der Low-Tech-Einstellung dem Schnellbastler nützen wird. High Tech ist ein Stil. Low Tech ist eine Haltung.

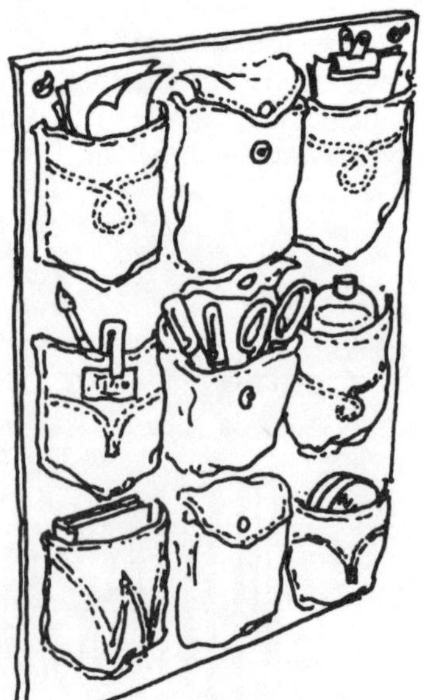

13

Tische

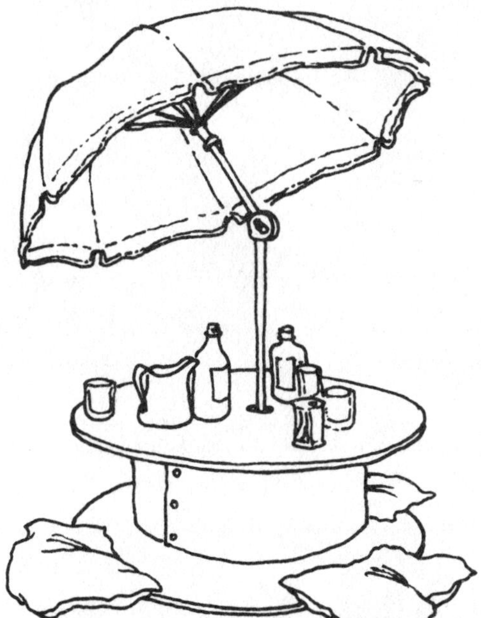

Alte Ölfässer geben stabile Untergestelle für Tische ab und können unerwartet pfiffig aussehen, wenn das langweilige Metall mit silberner oder schwarzer Lackfarbe oder in einer leuchtenden Grundfarbe übersprüht wird. Fässer gibt es in verschiedenen Größen. Wir haben für die Tische mit dem Standardformat gearbeitet, das ein Barrel faßt, gut 150 l. Kleinere Fässer kann man gut zu Stühlen verarbeiten.

Diese Fässer werden übrigens in der Karibik als Musikinstrumente bei den Steel-Bands benutzt. Die Musiker ziehen die herkömmlichen Stahlfässer den neueren billigen Modellen vor, bei denen der Stahl mit anderen Metallen legiert ist. Die Klangkörper werden dabei in vier Tonhöhen hergestellt, vom Sopran bis zum tiefsten Baß. Bei der Baßtonne wird das ganze Faß benutzt, und für die Oberstimme wird der größte Teil der Wand abgeschnitten. Ein geschickter Steel-Band-Instrumentenmacher kann mit nur einem Hammer und einem Flachmeißel innerhalb von fünf Minuten den Rand abschneiden, aber dazu gehört viel Übung (die Naht ist das schlimmste!). Eine elektrische Stichsäge mit Metallsägeblatt ist ein wirksameres Werkzeug.

Das Ölfaß muß für einen Eßtisch auf die richtige Höhe zugeschnitten werden. Ohne Tischplatte etwa 71 cm hoch. Dazu zeichnet man die Schnittlinie an dem weniger gut erhaltenen Ende an. Man mißt vom Boden in Abständen von 15 cm rund um das Faß jeweils die gleiche Länge ab und verbindet die Punkte miteinander. Wenn man das Stahlblech mit der Blechschere schneiden will, bohrt man für den Anfang am besten ein Loch und schneidet dann an der Linie entlang. Wie immer man das Faß abschneidet: man muß die rauhe Schnittkante mit einer Feile glätten und mit einer Zierkante abdecken, die man einfach draufschieben kann. Man bekommt sie im Autozubehörhandel. Ein chromfarbener Plastikabschluß sieht gut aus; man kann auch ein Stück Plastikschlauch der Länge nach aufschlitzen und damit die Kante abdecken (Abb. 14).

Ölfässer werden in der chemischen Industrie zur Aufbewahrung von möglicherweise sehr unangenehmen Produkten benutzt, obwohl diese meist in kleineren Fässern gelagert werden. Man muß jedenfalls genau wissen, was das Faß enthalten hat, für die richtige Reinigungsmethode. Meist wird man Industrie-Detergentien für Chemikalien nehmen und ein Mittel für die Motorwäsche bei Ölen und Fetten. Einige Fässer stinken nur, andere können gefährlich werden: wenn man ein Faß schweißen will, in dem ein Lösungsmittel gewesen ist, kann es zur Explosion kommen.

Fässer aufzutreiben ist gar nicht so einfach. Früher wurden sie weggeworfen, wenn sie einmal benutzt worden

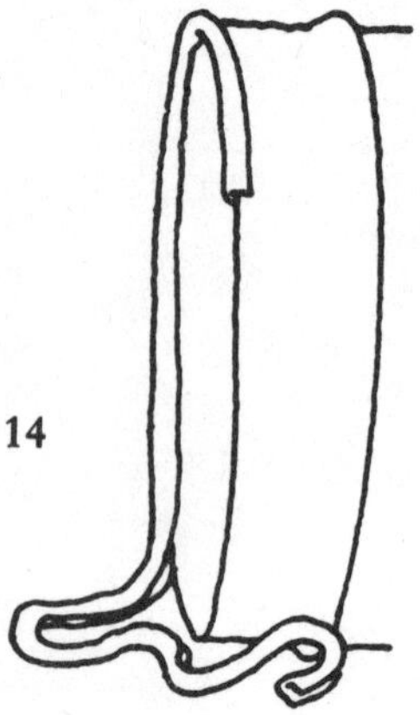

14

waren; seit Stahl und Energie teuer geworden sind, werden sie im allgemeinen für den weiteren Gebrauch überholt, bis sie verrostet oder kaputt sind. Ein so wiederaufbereitetes Faß enthält möglicherweise etwas ganz anderes als das, was außen draufsteht. In einer Maler- oder einer Autowerkstatt bekommt man vielleicht leere Fässer.

Abb. 15 zeigt einen langen Tisch, für den zwei Fässer notwendig waren. Die Tischplatte ist aus Furnier- oder Tischlerplatte, 25 mm dick. Die Enden sind mit einer elektrischen Stichsäge mit Holzsägeblatt rund geschnitten. Man kann die Tischplatte mit angeschraubten kurzen Stützwinkeln aus Metall – drei pro Faß wie in Abb. 16 – mit Schraubbolzen durch vorgebohrte Löcher an den Fässern befestigen. Man kann aber auch je zwei Holzleisten (50x25 mm) so lang wie der Durchmesser des Fasses zuschneiden. Man schleift die Enden rund, so daß sie glatt in den Faßrand hineinpassen, und überblattet in der Mitte, wie bei »Verbindungen« beschrieben (Abb. 376). Dann werden sie von unten an die Tischplatte geschraubt (Abb. 17). Jetzt kann man die Tischplatte so auf die Fässer setzen, daß sie nicht abrutschen kann. Diesen Tisch kann man leicht auseinandernehmen. Wenn die Fässer oben offen sind, kann man Sachen darin aufbewahren; man kommt leicht dran, wenn man die Tischplatte abhebt.

15

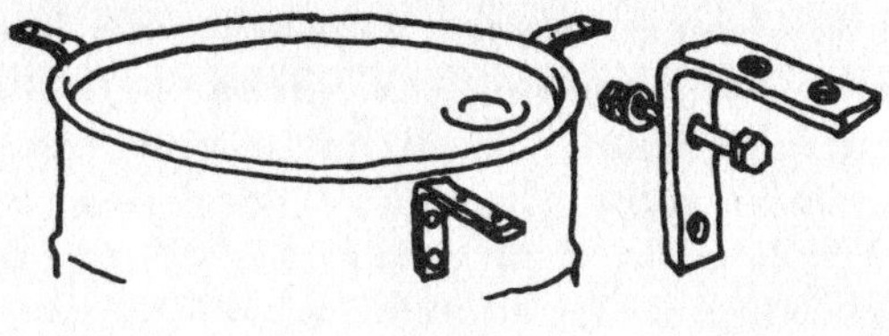

16

Abb. 18 zeigt eine Tischplatte aus Glas. Die ist nicht billig, wenn man nicht zufällig eine alte Schaufensterscheibe kaufen kann. Leute, die Schaufensterscheiben versichern oder sie ersetzen, können vielleicht weiterhelfen. Man fragt einen Ladeninhaber, bei wem er seine Schaufensterscheiben versichert hat; wenn er nicht zu mißtrauisch ist, sagt er es vielleicht. Wenn man eine Scheibe hat, muß sie für einen Durchmesser von 120 cm mindestens 12 mm dick sein. Das Glas muß vom Fachmann geschliffen und poliert werden, damit keine scharfen Kanten nachbleiben.

Das eigene Gewicht wird die Glasscheibe an Ort und Stelle halten. Es ist wichtig, daß die Faßkante oben absolut flach ist. Faßenden haben meistens einen eingelassenen Boden. Man kann das zur Unterglasdekoration nutzen. Zum Beispiel kann man eine Muschelsammlung unter das Glas legen oder getrocknete Blumen. Furnierplatte oder Tischlerplatte ist die billigere Alternative zum Glas. Firmen, die Ölfässer wieder herrichten, geben stark beschädigte oder verrostete Fässer auf und werfen sie weg. Man findet ausrangierte Fässer auch auf Bauplätzen und Schuttabladeplätzen. Beschädigte oder häßliche Fässer kann man mit einem Mantel aus Tauwerk überziehen, wie in Abb. 19, wo das Faß als Ganzes einen Tisch ergibt. Das Tauwerk wird durch einen farblosen Mehrzweckkleber gehalten. Deshalb muß die Oberfläche des Fasses mit einem Reinigungsmittel und Wasser gesäubert werden, damit der Kleber hält. Man kann auch die »Wickeltechnik« anwenden, die bei »Schote und Taue« (Abb. 473) beschrieben ist, dann braucht man keinen Kleber.

17

18

Nylonseile kann man mit einem Feuerzeug an den Enden ansengen, so daß die Stränge miteinander verschmelzen, dann fasert das Tau nicht auf. Man fängt am Faßboden an und zurrt das Seil gut fest, während man sich nach oben vorarbeitet. Für den Deckel nimmt man ein dünneres Seil, fängt die Spirale in der Mitte an und arbeitet sich nach außen vor. Wenn die Oberfläche bedeckt ist, schneidet man das Seil mit einem scharfen Messer ab.
Wenn man den Deckel abnehmbar macht, kann man das Faßinnere wieder als Stauraum benutzen. Man schneidet den Deckel des Fasses mit einer Elektro-Stichsäge mit Metallsägeblatt heraus, läßt aber einen Rand von 2,5 cm Breite stehen, damit der neue Deckel darauf aufliegen kann. Die scharfe Metallkante deckt man mit einer Zierkante zum Draufschieben ab, die es im Autozubehörhandel gibt. Für den Deckel ist eine genau passende Scheibe Tischlerplatte von 12 mm Dicke geeignet, die wieder mit Tauwerk verkleidet ist (Abb. 20). Teppichboden ist eine billige Alternative für das Tauwerk als Überzug für ein beschädigtes Faß. Es wirkt auch stilvoll, wenn man dasselbe Teppichmaterial benutzt, das auf dem Fußboden liegt; optisch wird der Raum dadurch größer.
Leichte Beweglichkeit ist das Hauptmerkmal des Mülltonnen-Tisches mit seinen praktischen Handgriffen (Abb. 21). Auch die Mülltonne kann zum Unterbringen von Sachen benutzt werden, da man sie ohnehin mit industriellen Reinigungsmitteln putzen muß. Die Tischplatte ist eine runde Furnierholzscheibe von 120 cm Durchmesser; sechs Menschen finden bequem daran Platz. Der Kreis wird mit einem „Zirkel" angezeichnet, bestehend aus einer Heftzwecke in der Mitte, einem Bindfaden von 60 cm Länge und einem Bleistift an seinem Ende.
Die Tischplatte wird durch angeklebte und angeschraubte Holzleisten wie in Abb. 17 an Ort und Stelle gehalten.
Der Faßtisch (Abb. 22) hat eine lange Geschichte. Er erscheint oft in Gemälden des 17. Jahrhunderts von europäischen Schenken. Heute benutzt man ihn oft, um in Kellerbars Atmosphäre zu schaffen. Ein Bier- oder Weinfaß ergibt einen hervorragenden Tisch für einen Umtrunk, es braucht nicht verändert zu werden. Die Höhe stimmt, und der praktische Rand verhindert, daß etwas herunterfällt. Alte Brauereien benutzen noch heute lieber Fässer aus Holz als aus Aluminium, trotzdem bekommt man dort nicht leicht alte Fässer. Man kann es aber in einer Küferei versuchen, wahrscheinlich sind dort auch die Preise niedriger. (»Küfereien« auf den »gelben Seiten« im Telefonbuch.)
Für den Tischfuß in Abb. 23 eignet sich entweder ein Ölfaß oder eine besonders starke Papptrommel, wie sie die Hersteller von Teppichböden und Tuchen, die nicht zu fest gerollt werden dürfen, benutzen. Trockenes Schüttgut wird auch oft in großen Papptrommeln verpackt, die brauchbar sind. Papprollen von 360 oder 450 cm Länge zu

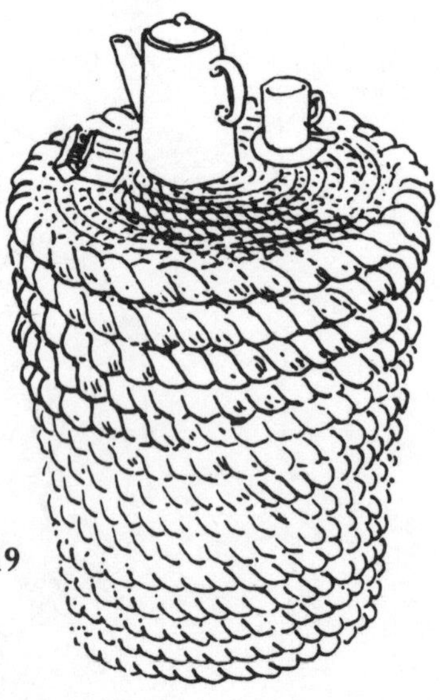
19

20

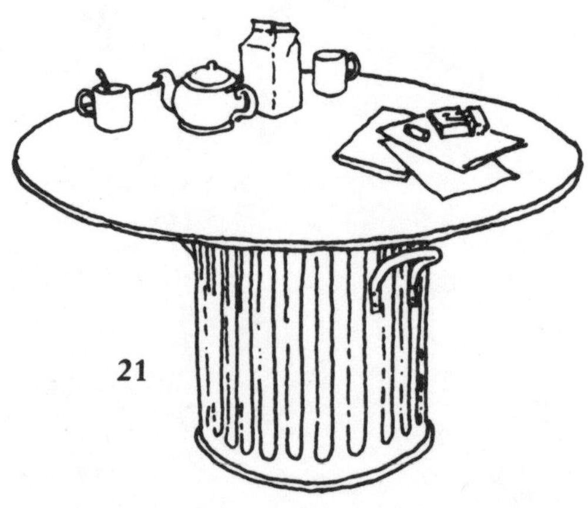
21

22

beseitigen ist schwierig für Teppichhändler, es sollte also leicht sein, Material zu bekommen. Die Tischplatte wird aus Furnierholz oder Tischlerplatte geschnitten; für einen kleinen Tisch, der nur wenig Gewicht tragen muß, reicht eine Stärke von 12 mm, aber 20 mm ist besser und stabiler, wenn auch teurer.
Eine Holzscheibe muß so zugeschnitten sein, daß sie genau in den Innenkreis des Papprohrs paßt. Man klebt und schraubt sie genau mitten auf die Unterseite der Tischplatte. Bei der Papptrommel legt man die Tischplatte richtig auf und schlägt dann von unten Drahtstifte durch die Pappe in die kleinere Holzscheibe. Bei einem stählernen Ölfaß bohrt man am besten Löcher für die Stifte vor.

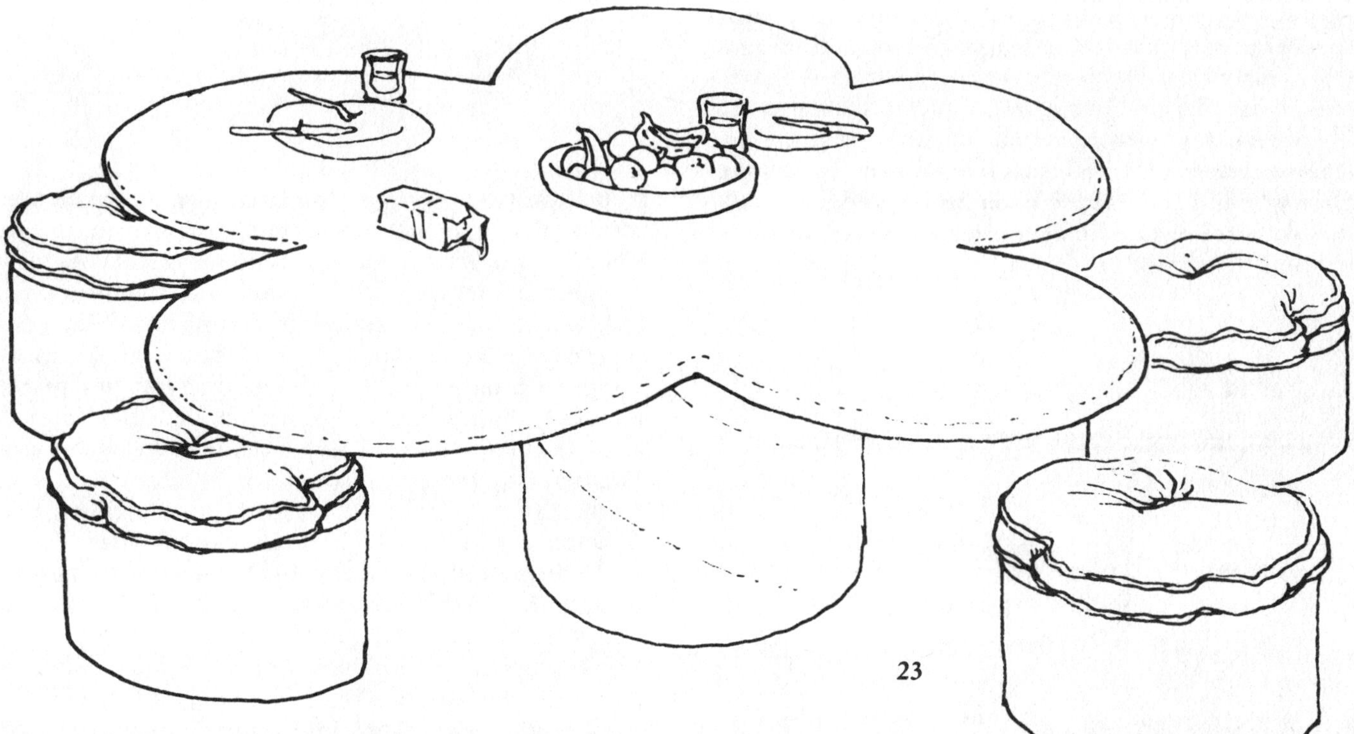

23

Wenn der Tisch nicht stabil genug wirkt, füllt man die Trommel 15 cm hoch mit Sand oder Steinen, um den Schwerpunkt nach unten zu verlagern (Abb. 24). Wenn die Tommel keinen Boden hat, schneidet man einen Boden aus Holz zu und nagelt den ein. Die Ränder werden notfalls mit Glasfaserband und Gießharz verstärkt (Abb. 25). Es gibt sie beim Autozubehörhändler, der sie für Reparaturen an der Karosserie verkauft.
Die Trommelsitze sind ähnlich angelegt. Sie lassen sich sehr leicht aus fertigen Trommeln mit passendem Deckel herstellen. Außer Waschmitteln werden auch Körner und sogar Gips für die Anfertigung von Zahnprothesen in Trommeln verpackt; es gibt solche Trommeln normalerweise umsonst. Offene Rohre sind weniger günstig, denn man kann sie nicht einfach zuschneiden und sich draufsetzen, sondern muß Deckel aus Sperrholz aussägen. Selbtgenähte Kissen machen den Sitz bequemer.
Das provisorischste und billigste Mobiliar ist aus Pappe. Es gibt sie in Massen, und man bekommt sie völlig umsonst. Der Supermarkt hat bestimmt regelmäßig leere Kisten aus kräftiger Wellpappe. Rohmaterial, das man umsonst bekommt, nimmt dem Ungeübten auch die Sorge, daß er teures Holz verpfuscht — wenn man einen Fehler gemacht hat, fängt man mit einer anderen Kiste neu an. Und wenn das, was man gebastelt hat, nicht gefällt, dann wirft man es weg und denkt sich etwas anderes aus. Pappe ist ein wunderbares Material, um Prototypen herzustellen: wenn das Pappmodell überzeugt, kann man ein stabileres Stück aus Holz nachbauen.

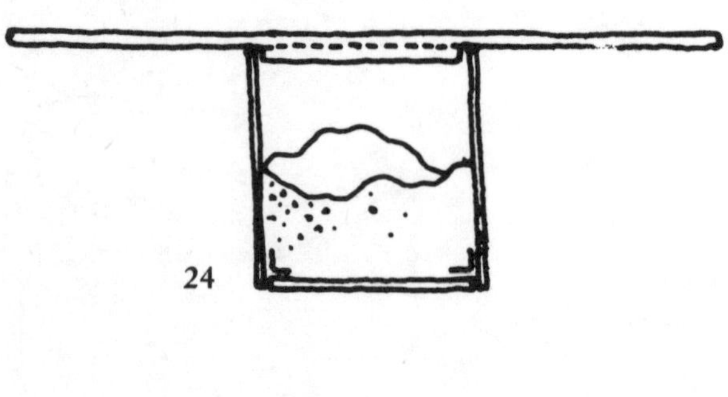

24

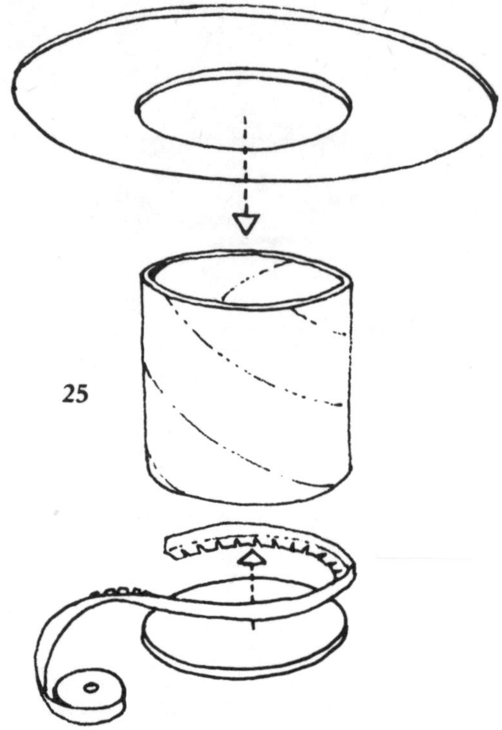

25

Möbel aus Pappe müssen nicht schwach sein. In den 60er Jahren gab es in modischen Möbelläden sogar eine ganze Menge von durchaus haltbaren Möbeln aus Pappe. Die richtige Sorte ist kräftige Wellpappe mit einer doppelten Lage von Rippen, wie sie bei großen Kisten vielfach benutzt wird, oder die dicken, soliden Platten mit einer harten, gewachsten Oberfläche. Wenn man im Supermarkt keine bekommt, schaut man unter „Papiere und Pappen" im Branchen-Fernsprechbuch nach und erkundigt sich dort, was wie teuer angeboten wird.
Pappe wird mit einem scharfen Messer oder einem Teppichmesser geschnitten, dabei eine gerade Metallkante zur Führung benutzt. Wenn die Pappe geknickt werden muß, muß sie auf beiden Seiten vor dem Knicken angefalzt werden. Das Ziel ist, eine Rille auf beiden Seiten des Knicks zu bekommen, ohne daß die Oberfläche reißt; der Stiel eines Metallöffels ist dafür brauchbar. Häßliche Flecken oder Schrammen und rauhe Kanten kann man mit selbstklebender Folie verdecken und die Einzelteile

mit Heftklammern oder durch ein System von Laschen und Schlitzen verbinden. Die Rippen der Wellpappe müssen, damit die Pappe nicht knickt, senkrecht laufen, nicht waagerecht.
Der Tischfuß in Abb. 26 ist aus einem einzigen Stück Pappe im Format 250x60 cm gemacht. Und zwar wurde die Pappe viermal im Abstand von 60 cm geknickt, so daß ein Überstand von 10 cm nachblieb. Man macht zwei Einschnitte von 5 cm Tiefe im Abstand von 10 cm voneinander etwa in der Mitte des Überstands und knickt dies Teil zur Lasche zurück wie in Abb. 27, schneidet ein dazu passendes Loch in der gleichen Höhe fünf Zentimeter von der Kante der ersten Tischfußseite und schiebt die Lasche durch. Zur Sicherung kann man einen Schlitz in die Lasche schneiden und ein weiteres Stück Pappe hindurchschieben. Der Tischfuß wird in Form gehalten durch zwei ineinandergeklinkte Stücke Pappe von 120 cm Länge (Abb. 27). Die Tischplatte in Abb. 26 ist aus Tafelglas, das aber ziemlich teuer ist. Billiger wäre Tischlerplatte, die auch den Vorteil hätte, den Pappfuß zu verbergen.
Der Tisch im Blockhaus-Stil in Abb. 28 wird aus 32 Pappröhren gemacht. Rotationsdruckereien werfen solche Röhren dauernd weg und geben sie sicher gern ab. Eine größere Firma verbraucht täglich mehrere Dutzend solcher Rollen. Solche extrem kräftigen Röhren bilden auch die Mitte von Stoffballen; es gibt sie bei Bekleidungsfabriken.

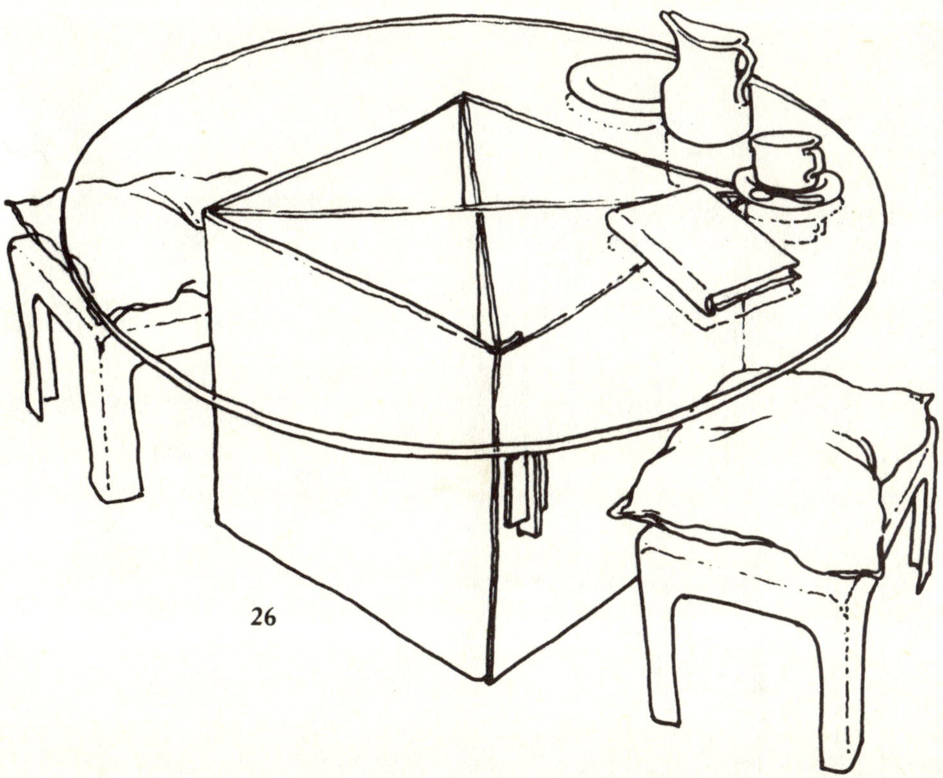

26

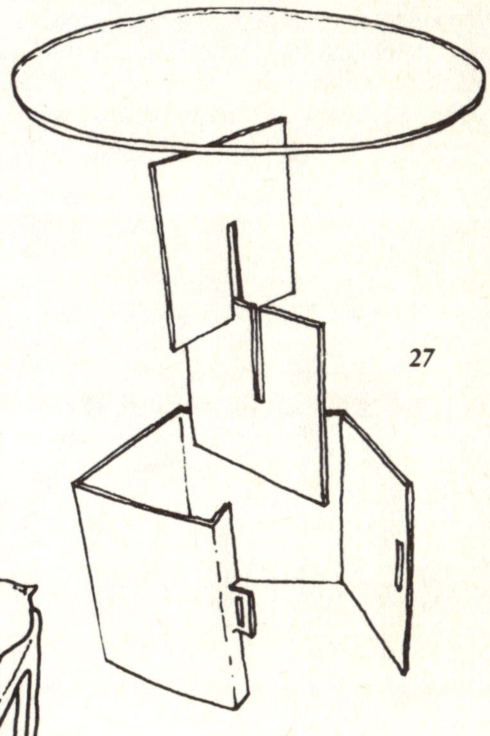

27

Jede Seite des Tisches besteht aus elf Röhren von 70 cm Länge, dazu kommen zehn Röhren von 100 cm Länge für die »Tischplatte«, die von einem Stück Hartfaserplatte überdeckt wird, damit eine glatte Oberfläche entsteht. Das wichtigste ist, aus jeder Röhre eine Ellipse auszuschneiden, so daß sie sich genau in die anderen Röhren einfügt. Zunächst braucht man ein weiteres Rohr: man zeichnet zwei Linien in Längsrichtung auf, die einander genau gegenüberliegen. Sie sollen ebenso lang sein wie der Rohrdurchmesser. Diese Linien werden außen mit zwei weiteren Linien im rechten Winkel dazu verbunden, ebenfalls im Abstand des Rohrdurchmessers, und mit einem scharfen Messer ausgeschnitten (siehe das untere Rohr in Abb. 29).

Jetzt zieht man zwei einander gegenüberliegende Längslinien an einer anderen Röhre und paßt sie so in die ausgeschnittene Form der ersten ein, daß 5 cm überstehen (Abb. 30). Die zwei Linien sollten genau die Ränder des Ausschnitts in der ersten Röhre berühren. Man hält einen Bleistift flach gegen die ausgeschnittene Röhre, so daß seine Spitze die andere Röhre berührt, und zieht ihn um dieses Rohr herum. Damit markiert man die Ellipse auf der zweiten Röhre, schneidet sie aus und benutzt dieses Rohr als Modell für das nächste. Die Ellipse wird immer präziser und das Modell immer vollkommen werden.

Die Röhren werden zusammengeklebt und dann durch eine Kordel festgehalten, die durch alle Röhren hindurchgezogen und vorn und hinten verknotet wird (Abb. 31). Zur weiteren Stabilisierung kann man noch einen Riegel unten in der Mitte als Fußraste anbringen. Der Entwurf wird noch verfeinert, indem man die waagerecht laufenden Rohre tiefer setzt, so daß eine Ablage entsteht wie in Abb. 32.

Die Röhren werden angemalt, entweder alle mit einer Farbe oder, wenn das Stück für ein Kinderzimmer gedacht ist, jede Röhre in einer anderen Farbe. Aufregend sieht es auch aus, wenn sie mit Alufolie aus der Küche überzogen sind.

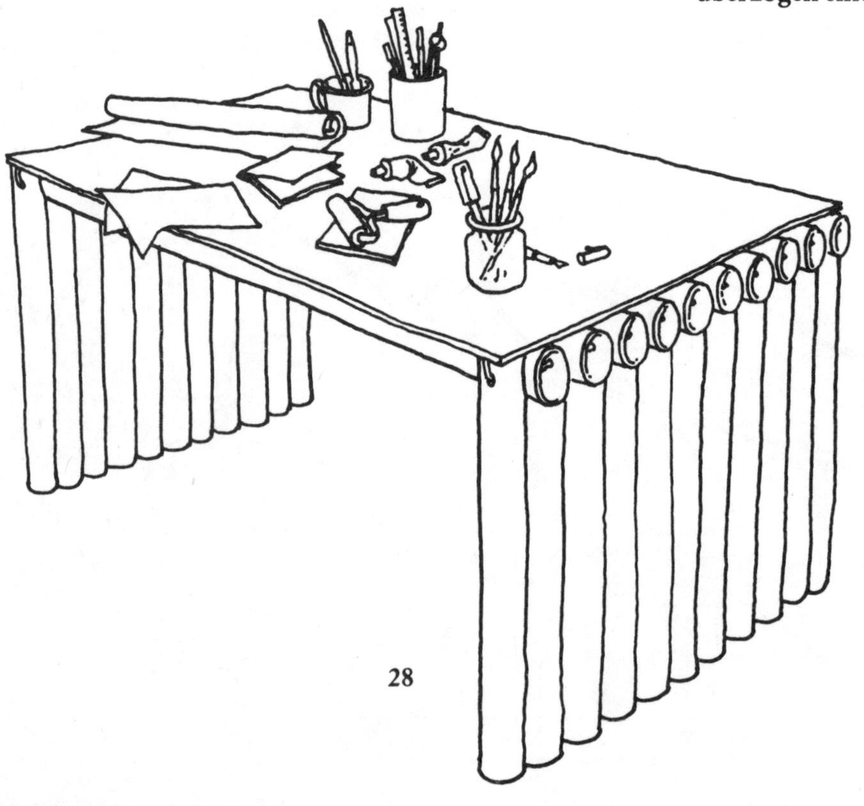

28

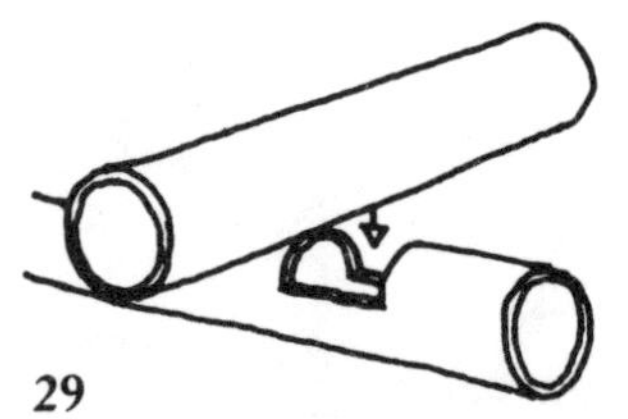

29

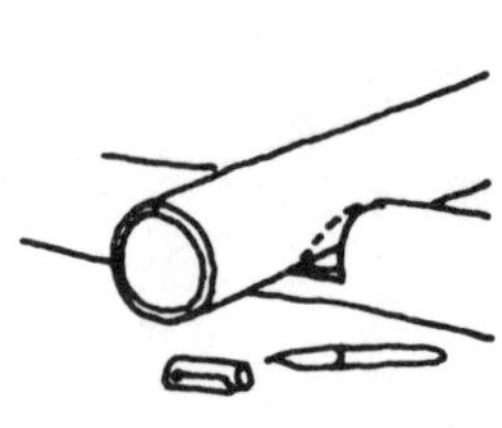

30

31

Auf Baustellen sieht man oft große Kabeltrommeln herumliegen; oft wirken sie so, als wollte sie keiner mehr haben. Meistens sollen sie aber noch abgeholt werden, denn die Kabelhersteller versuchen sie für weiteren Gebrauch wieder herzurichten. Ihre Herstellung ist so teuer, daß sie repariert werden, bis sie auseinanderfallen. Merke, o Schnellbastler: Hol solche Kabeltrommeln nicht vom Bauplatz weg, ohne mit dem Vorarbeiter gesprochen zu haben.

Trotzdem werden brauchbare Kabeltrommeln immer noch verblüffend oft aufgegeben, und es ist nicht schwierig, sie in einer Stadt aufzutreiben. Schwierig ist es dagegen, sie nach Hause zu schaffen, denn sie sind klobig und schwer. Es gibt also nur eine Möglichkeit ohne Lkw: sie nach Hause zu rollen. Aber die Polizei könnte sich für diese Unternehmung interessieren.

Große Kabeltrommeln wie die in Abb. 33 sehen ziemlich uneben aus: mit roh gesägtem Holz, Metallbändern und Schablonenbeschriftung. Sie sind für den Gebrauch im Garten ohne weitere Bearbeitung verwendbar. Das Metall läßt sich mit einer Drahtbürste oder einem entsprechenden Zusatzgerät an der Bohrmaschine polieren, und wegen der Holzsplitter wird das Holz mit einem Hobel oder einer Schleifmaschine bearbeitet.

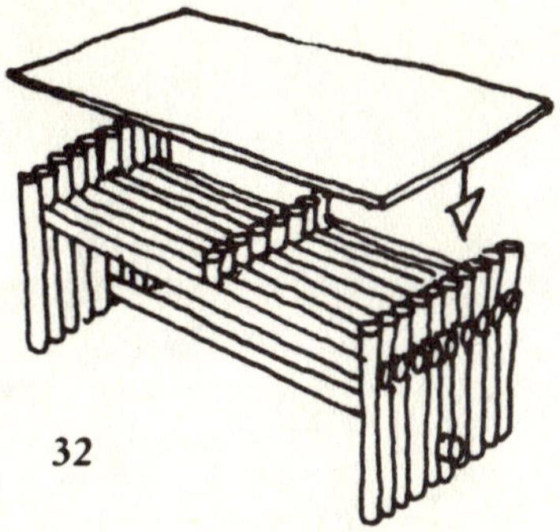

32

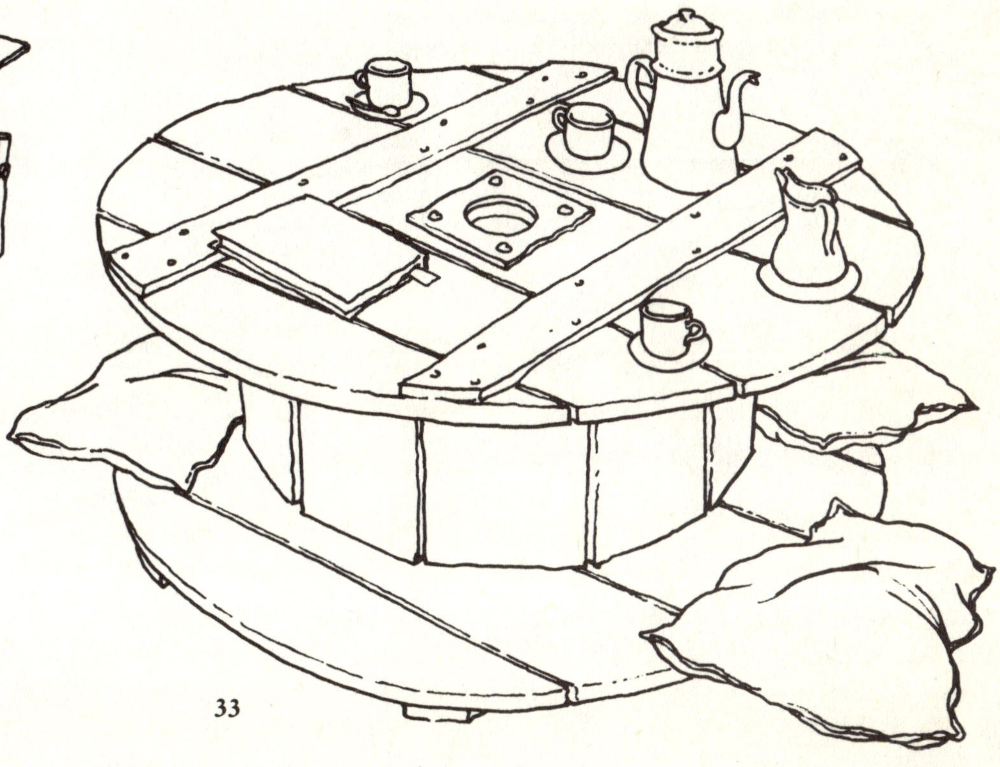

33

Dünnere Kabel werden auf Kabeltrommeln aus Sperrholz aufgespult, deren Mittelspule oft aus Pappe ist. Diese sind weniger wetterfest, die Pappe wird brüchig, sie können bei längerem Regen zusammenbrechen. Aber im allgemeinen werden sie einen normalen Sommer draußen gut überstehen. Das Loch in der Mitte kann man nutzen, indem man einen Sonnenschirm hineinstellt (Abb. 34).

Große Kabeltrommeln kann man in der Mitte durchsägen und bekommt so zwei Füße für einen Bohlentisch (Abb. 35). Sie werden meistens in der Mittelspule von Bolzen zusammengehalten. Man läßt die Bolzen drin, stellt nur, bevor man sägt, mit Hilfe einer Taschenlampe von innen fest, wo sie sitzen, richtet seinen Sägeschnitt danach ein und nimmt vor dem Sägen die Metallplatte ab, die das Mittelloch verstärkt.

Die Tischplatte wird aus alten Dielenbrettern hergestellt, die auf die beiden halbkreisförmigen Füße aufgenagelt werden. Die zwei Bretter, die zur Verstärkung auf den Deckscheiben sitzen, laufen zum Teil parallel zu den Tischbrettern und schaffen eine Lücke zwischen Unterlage und Brettern. Diese Lücken kann man ausfüllen durch zusätzliche Leisten, die man auf die Unterlage klebt und nagelt. Die Deckbretter werden dann auf diese Leisten genagelt.

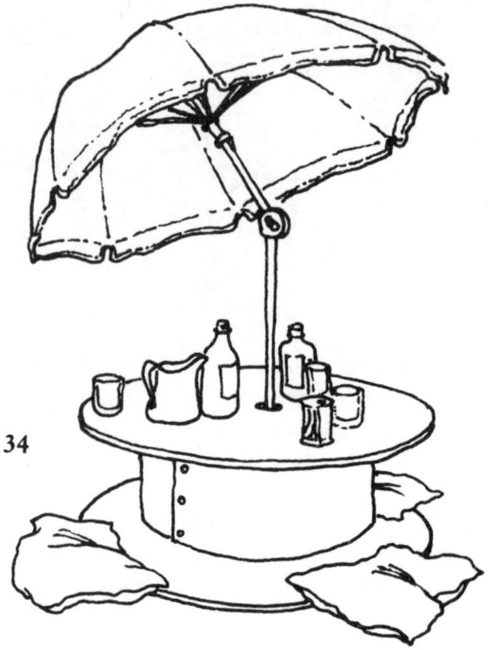

34

35

Man kann die Planken ruhig so anbringen, daß Lücken zwischen ihnen bleiben; das paßt zum Stil der Kabeltrommeln. Die runden Tischenenden werden mit der Stichsäge gesägt. Schließlich kann man die Dielenbretter noch hobeln, damit es eine glatte Oberfläche gibt, und das Ganze anmalen.
Den halbkreisförmigen Raum in den Tischfüßen kann man wieder zum Verstauen von Sachen verwenden; ein Bord läßt sich darin anbringen, das von Nägeln oder Dübeln gehalten wird, die durch die Trommelwände getrieben werden. Man kann auch einfache Türen aus 12-mm-Furnierholz einbauen. Wenn die Mittelspule robust genug ist, kann man die Scharniere direkt daran anbringen, sonst muß man Leisten aus Weichholz innen anschrauben (Abb. 36). Leisten von 20x40 mm sollten ausreichen.
Die Alternative (Abb. 37) ist einfacher und praktischer. Es gibt ein bißchen weniger Platz für die Beine an den Enden, aber die Schränkchen sind leichter zugänglich, und die Tischplatte ist ein schlichtes Rechteck und braucht nicht mit der Stichsäge halbrund gesägt zu werden. Eine alte Tür oder eine Furnierplatte von 20 mm Dicke ergibt eine schöne und nicht teure Tischplatte.

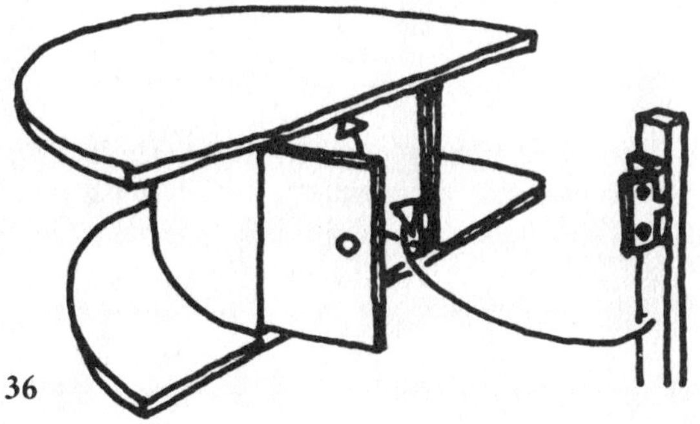

36

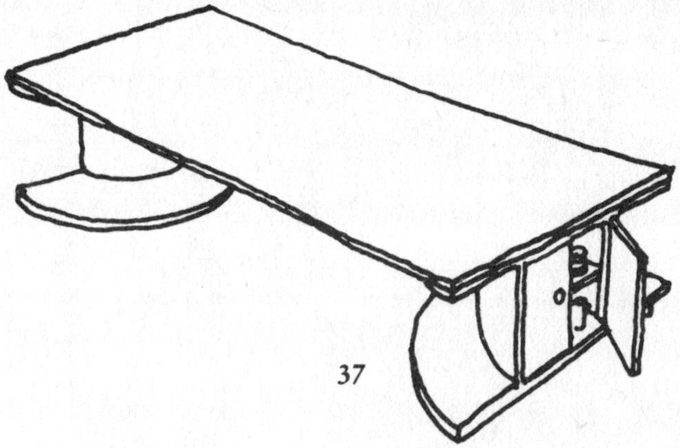

37

Materialien, die normalerweise im Freien verwendet werden, wie durchbrochene Betonsteine für den Garten, können auch drinnen gut aussehen (Abb. 38). Dieser Tisch für zwei Personen muß aber auf einem sehr stabilen Fußboden stehen, weil der Kleber, der die Steine zusammenhält, auf einem federnden Boden reißen würde. Und locker aufeinandergesetzte Steine wären nicht standfest genug. Solche Steine werden in den meisten Gartenzentren verkauft.
Die »Tischplatte« ist aus Deckenbalken gemacht, die auf einer Abrißbaustelle geborgen wurden. Eine Holzhandlung schneidet sie einem gegen Bezahlung der Länge nach durch. Mit einer gemieteten Bandschleifmaschine kann man sie dann zu Hause säubern — oder auch hobeln, aber das macht mehr Arbeit. Wir hatten zum Schluß Kanthölzer von etwa 50x65 mm, die wir in Stücke von 1 m Länge schnitten.
Latten, die völlig glatt sind, kann man fugenlos miteinander verleimen oder verschrauben; wir haben unsere, wie man auf Abb. 38 sieht, mit Zwischenräumen aufgebracht, dann fallen die Unregelmäßigkeiten nach dem Sägen und Schleifen nicht mehr auf. Diese offene Bauweise ist übrigens praktisch für Tische im Freien, dann kann sich Regenwasser nicht darauf sammeln.
Für den Tisch in Abb. 38 waren 15 Kanthölzer von 1 m Länge nötig. Man kann den Tisch vergrößern, so daß mehr Leute daran sitzen können, indem man die Kanthölzer länger macht und überstehen läßt.

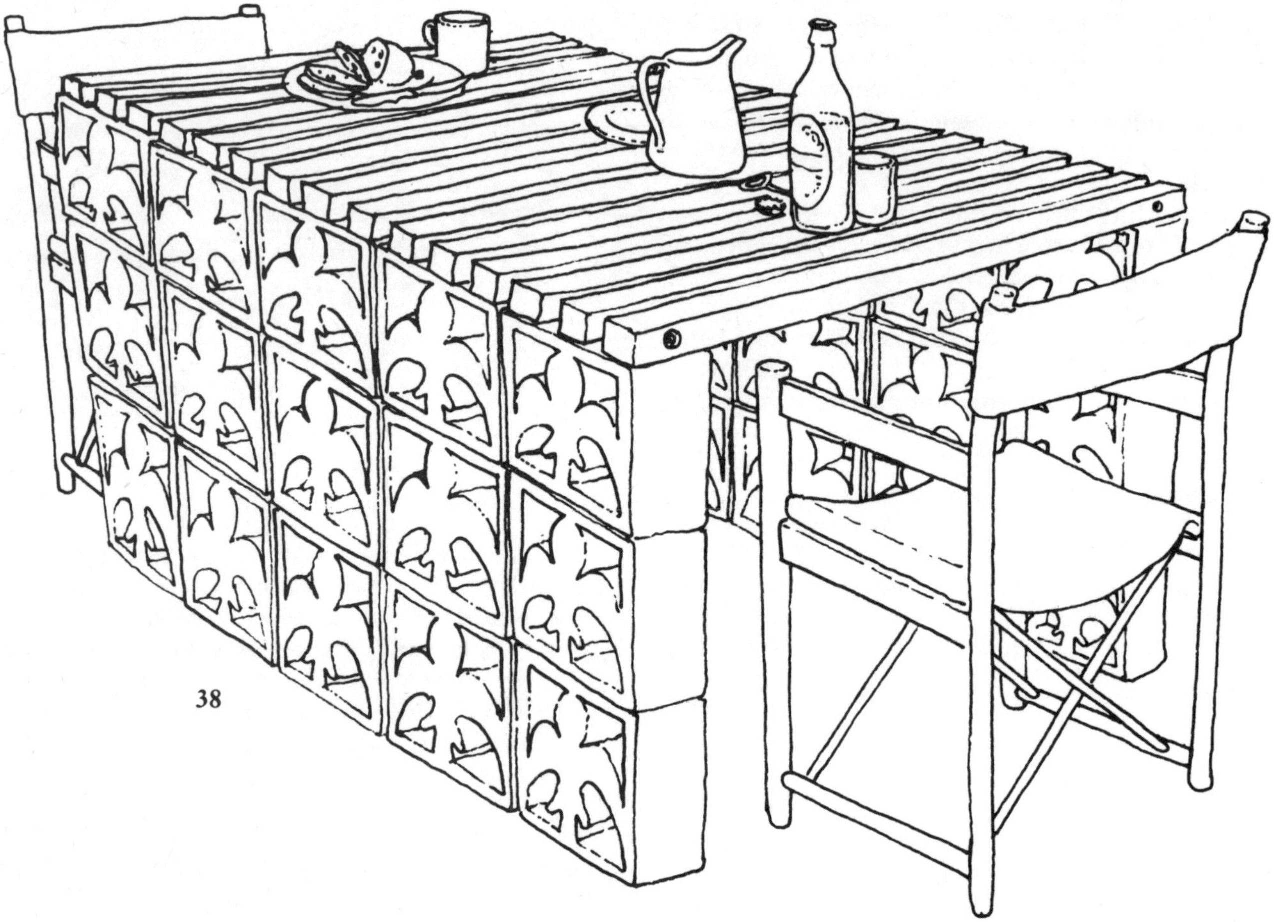

38

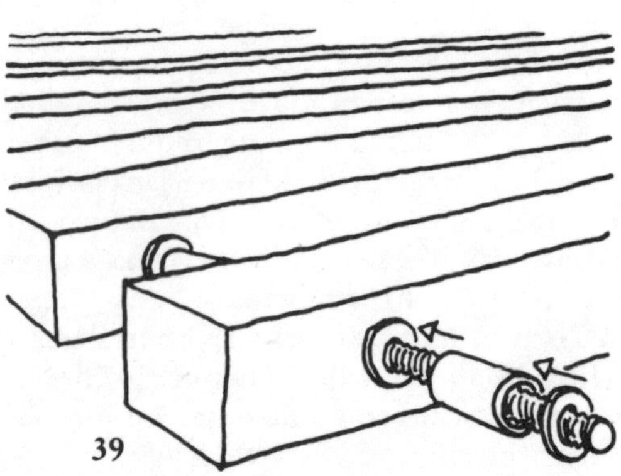

39

Wir haben 12-mm-Löcher durch alle Kanthölzer 5 cm von den Enden entfernt gebohrt, wobei das erste als Muster für alle anderen gilt. Ein entsprechend langer 12-mm-Gewindestab, den man im Eisenwarenhandel bekommt, wurde dann an jedem Ende durch die Kanthölzer geschoben.
Ein übriggebliebenes Stück Kupferrohr vom Klempner wurde in Stücke von zwei Zentimeter Länge zersägt als Abstandhalter zwischen den Latten, und Unterlegscheiben sitzen zwischen Kupfer und Holz (Abb. 39). Zum Schluß wurden Unterlegscheiben und Muttern am Ende aufgesetzt und festgezogen und die überstehenden Stücke vom Gewindestab mit einer Metallsäge abgeschnitten.

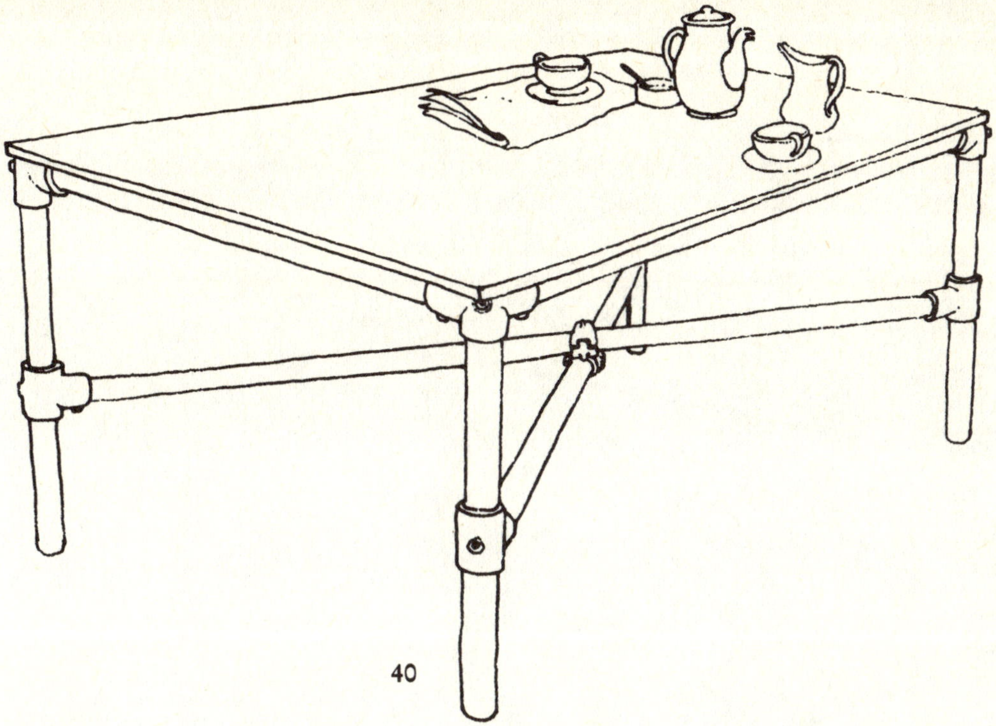

40

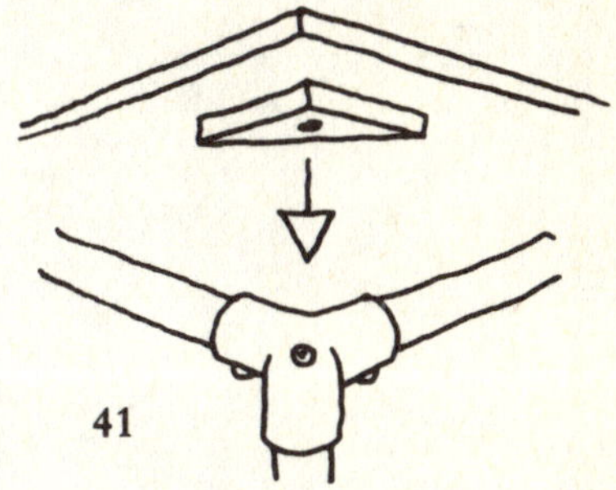

41

Für den Tisch in Abb. 40 wurden 50-mm-Rohre aus dem Gerüstbau verwendet, die man jederzeit auseinandernehmen kann, wenn sich die Bedürfnisse ändern. Wer keine Gelegenheit hat, Gerüstteile billig einzukaufen, kann auch alte Gasleitungen verwenden, die bei einem Abbruch oder einer Modernisierung herausgerissen worden sind. Sie werden meist an Altmetallhändler verkauft, die eine zuverlässige Quelle sein können.

Die vier Beine werden 5 cm kürzer zugesägt, als die Tischhöhe schließlich sein soll. Die 5 cm Spielraum braucht man für die Tischplatte und für die Rohrfittings. Für den hier gezeigten Tisch braucht man vier T-Stücke, um die Beine mit den Diagonalverstrebungen zu verbinden, vier Winkelverteilstücke, um die Beine mit den Rohren oben zu verbinden, und eine drehbare Kupplung für die Mitte unten. Schutzkappen für die Füße verhindern, daß die Beine in den Fußboden einschneiden. Die Länge der vier Stangen oben und der Diagonalstangen hängt von der Größe der Tischplatte ab. Eine der besten und praktischsten Tischplatten ist eine gebrauchte Tür von einer Abbruchbaustelle. Das Loch vom Türgriff wird mit einem Holzstöpsel und Füllmittel verstopft. Dreieckige Holzstücke, in die Ecken unter die Tischplatte geklebt und genagelt, halten die Platte fest (Abb. 41).

Zur Behandlung von Gerüstteilen siehe letztes Kapitel.

Klapptische sind ideal für Räume, die zu klein sind für einen dauernd aufgestellten Tisch. Abb. 42 zeigt einen Tisch aus einer ausrangierten Gartentür. Wenn die Scharniere richtig angebracht sind, lassen sich die Teile dieses schlichten Zwei-Personen-Tisches flach an die Wand falten und bei Bedarf mit einer einzigen Bewegung wieder aufstellen.

Scharniere und Riegel von der Gartentür werden abgebaut, beschädigte Stellen mit Holzspachtelmasse ausgebessert, die Oberfläche abgeschliffen und das Ganze mit Grundierfarbe gestrichen. Statt der Gartentür geht natürlich auch anderes Holz. Das Oberteil einer Eingangstür mit farbigen Glasscheiben kann Mahlzeiten zu strahlenden Angelegenheiten werden lassen, wenn es von hinten beleuchtet wird.

42

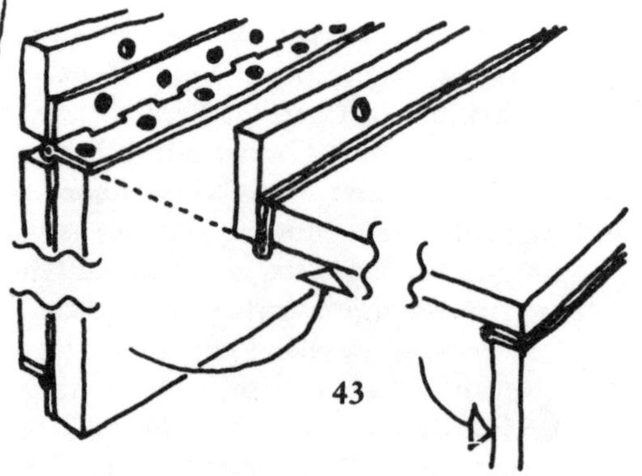

43

Der Tisch sollte eine Höhe von 65—75 cm haben, damit man bequem daran essen kann. Die Höhe ist auch das Maximum für die Länge der Tischplatte von der Wand aus gerechnet. Die Tischplatte ist aus Furnierplatte von 2 cm Dicke. Ein 7,5 cm breiter Streifen von demselben Holz wird als Stützleiste an die Wand geschraubt. Ein gerolltes Stangenscharnier verbindet die Tischplatte auf Stoß mit der Leiste an der Wand (Abb. 43). Durch ein ebensolches Scharnier wird das Gartentor — der Fuß — mit der Tischplatte verbunden, die etwas überstehen muß (Abb. 44). Noch stabiler wird die Konstruktion, wenn man einen Türhalter an dem Gartentor anbringt und ein entsprechendes Loch in den Boden bohrt.

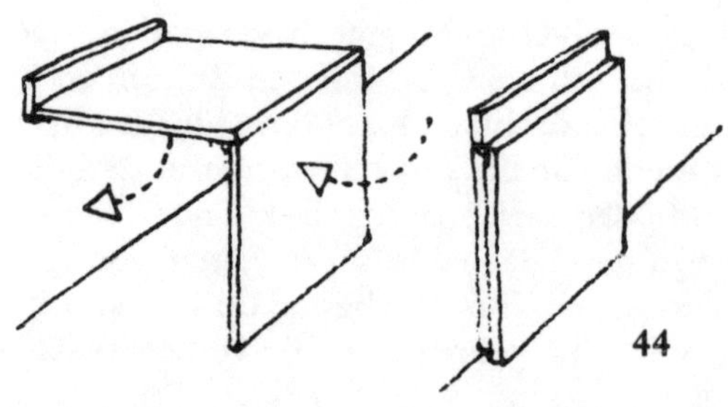

44

Die gesunden Teile eines im übrigen wurmzerfressenen antiken Klapptischchens, das wir für fast nichts gekauft hatten, konnten wir bei dem Tisch von Abb. 45 wiederverwenden. Nur das Bein und die Schiene an der Wand mit ihrem hervorragenden traditionellen Klappsystem haben wir benutzt, der Rest war nur zum Verheizen geeignet.
Eine Leiste wurde an die Wand geschraubt, und zwar 2 cm unterhalb der gewünschten Tischhöhe. Das ließ Platz für eine 2 cm dicke Tischplatte. An diese Leiste wurde die Stützschiene angeschraubt. Eine Leiste, so lang wie die Tischplatte breit ist, wurde waagerecht oberhalb der Wandleiste angebracht. Sie muß so breit überstehen, daß das Stützsystem samt Bein beim Absenken genug Platz zwischen Wand und Tischplatte hat. Die Tischplatte, an den Außenecken mit der Stichsäge abgerundet und ge-

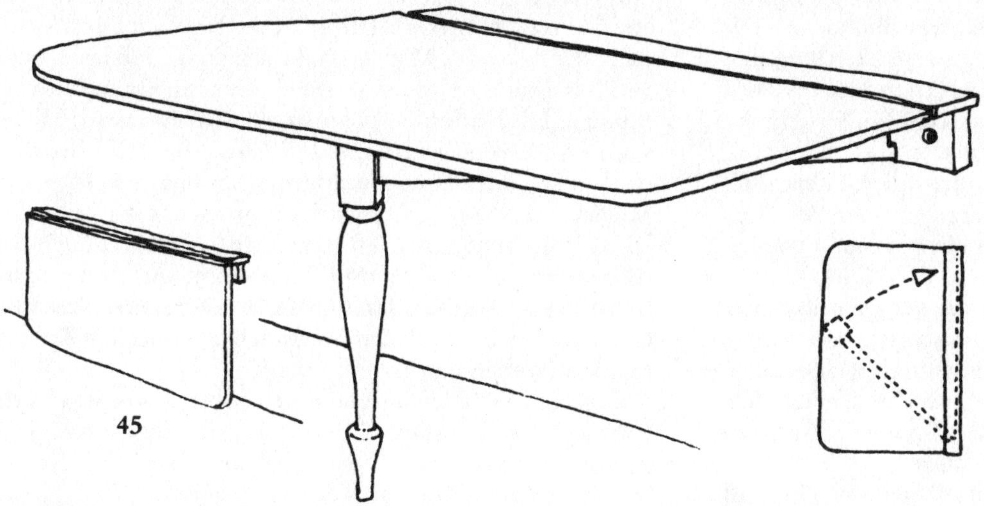

45

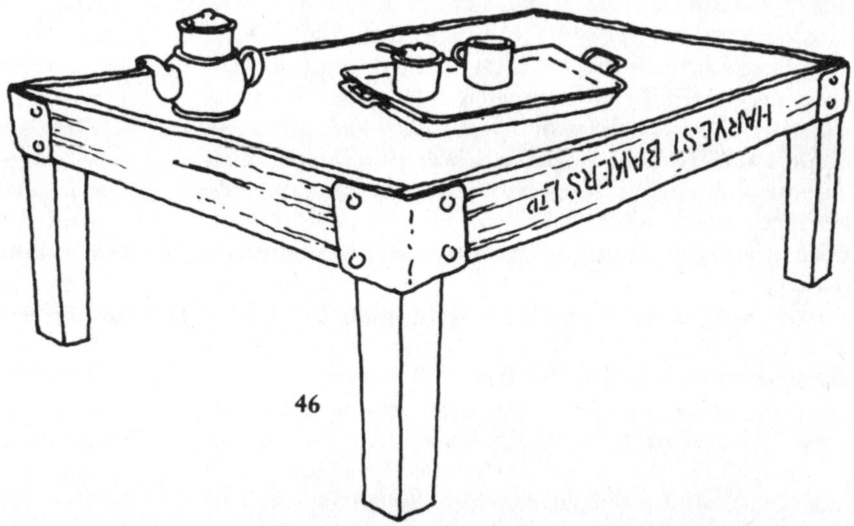

46

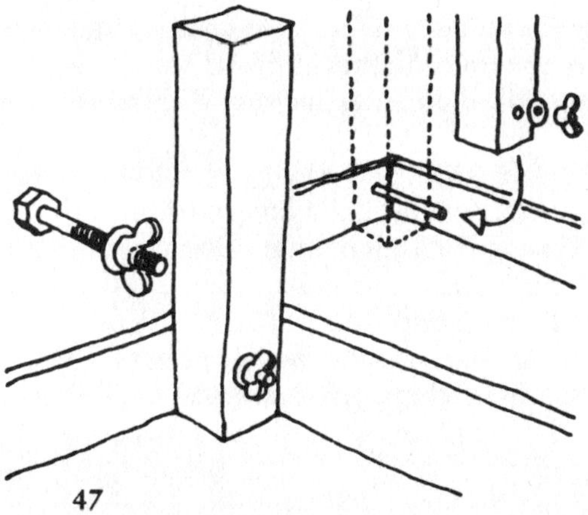

47

schliffen, wird mit einem Stangenscharnier an die Leiste gefügt. Alte Tischbeine sind meistens aus Kiefer oder Mahagoni und sehen vielleicht ein bißchen merkwürdig aus in Verbindung mit der neuen Tischplatte. Die Lösung: ein Topf Farbe — das wichtigste Hilfsmittel für den Schnellbastler beim Verdecken von Macken und Fehlern im Material.

Der niedrige Kaffeetisch oder Teetisch in Abb. 46 ist aus einem hölzernen englischen Brötchenkasten mit metallverstärkten Ecken. Ähnliche Behälter bei uns zu finden, bleibt der Phantasie des Schnellbastlers überlassen. Die abnehmbaren Beine aus Weichholz sind 30 cm lang und 50x50 mm dick. Jedes der Beine wird durch einen Gewindebolzen gehalten. Man bohrt jeweils ein Loch durch das Bein und die Seitenwand des Kastens (Abb. 47), schiebt einen Gewindebolzen durch und sichert ihn mit einer Flügelmutter. Die läßt sich leicht abnehmen, wenn der Tisch abgebaut und wieder in einen Kasten verwandelt werden soll.

Die tollsten Mahlzeiten in Europa wurden im Mittelalter auf Schragentischen serviert. Tische wurden nur zu den Mahlzeiten aufgestellt und zwischendurch wieder abgebaut. Die Adligen im Mittelalter brauchten eben auch schon »schnelle« Möbel, denn sie zogen von Burg zu Burg. Schragentische waren dabei ideal.

Einem Gastgeber in der heutigen Zeit bietet der Tisch auf Schragen oder Böcken die Möglichkeit, für größere Mengen von Gästen Platz zum Essen zu schaffen. Solche Schragen werden in der Bauindustrie vielfältig benutzt, zum Beispiel als Sägeböcke. Pech für die Essensgäste, daß ein Sägebock im allgemeinen so niedrig ist, denn die angenehmste Sägehöhe ist sehr verschieden von der angenehmsten Höhe zum Steakessen. Wer also Sägeböcke als Schragen für einen Eßtisch benutzen will, sollte sie erhöhen, indem er sie auf Bohlen setzt oder da, wo sie auf den Böcken aufliegt, Bretter von unten an die Tischplatte schraubt.

Wieder gibt eine Tür eine hervorragende Tischplatte über zwei Schragen ab. Ein glattes Türblatt ist leicht genug zum Umbauen und billiger als Tischler- oder Furnierplatte. Wenn der Tisch nicht zum Essen benutzt wird, kann man ihn zum Tapezieren verwenden. Und natürlich lassen sich die Schragen auch auf herkömmliche Weise als Sägeböcke einsetzen. Einen normalen Sägebock zu bauen ist gar nicht leicht, denn dazu gehören Winkelschnitte. Aber heute kann man Aufsatzscharniere kaufen, und das macht die Herstellung schnell und einfach. Das in Abb. 49 gezeigte System ist eine einfache Alternative zum alten Sägebock. An zwei Latten (50x25 cm) von 150 cm Länge werden genau in der Mitte diese Scharniere eingeschraubt, und dann werden die Latten einfach durchgesägt. Die beiden Spanplatten (60x60 cm) werden an die Latten angeschraubt, wie in Abb. 49, und ein Seil verhindert, daß die Teile auseinanderrutschen.

Das vielseitige System in Abb. 50 nutzt zwei einfache Malerleitern oder entsprechende Böcke für eine Party drinnen oder draußen. Man kann die Konstruktion innerhalb von Sekunden auf- oder abbauen, denn nichts ist fest verbunden. Die beiden Trittleitern werden etwa einen Meter voneinander entfernt aufgestellt, und die Zwischenräume werden durch drei Tischlerplatten überbrückt.

Malerleitern bekommt man im Baumarkt oder im Fachhandel für Malereibedarf; gebrauchte vielleicht auch bei Abbruchunternehmen und Auktionen, die sind natürlich billiger. Wenn sie gut behandelt sind, sehen diese Leitern so reizvoll aus, daß man sie auch über längere Zeit im Haus aufstellen kann.

Wenn man zusätzlich noch einen Schirm aus Segeltuch anbringt, liefert das für Gartenfeste an heißen Sommertagen den Sonnenschutz (Abb. 51). Damit die Tischlerplatten nicht abrutschen können, ist es sinnvoll, Holzklötzchen von unten anzukleben.

Winkelprofile sind leicht zu schneiden, die Teile lassen sich gut miteinander verbinden, verändern, abbauen und wiederverwenden. Winkelprofile sind leider auch teuer, wenn man sie neu kauft. Sie werden jedoch bei Auktionen von Büro- oder Gewerbeeinrichtungen auch billig abgegeben. Verkratztes und häßliches Material kann man mit Farbe aufmöbeln, die die Hersteller von Winkelprofilen verkaufen.

Zwei simple Rahmen, die im Abstand von 120 cm an der Decke befestigt sind, machen den Hängetisch in Abb. 52 zur perfekten Lösung für Langbeinige. Oben werden die senkrechten Winkelprofile je zwei an zwei Bohlen von 75x15x5 cm geschraubt; und zwar mit Hilfe von dreieckigen Eckblechen und 50-mm-Schlüsselschrauben.

Zwei 100-mm-Schlüsselschrauben werden durch die Bretter und durch die Decke hindurch in die Deckenbalken darüber getrieben.

Die Länge der senkrechten Winkelprofile ist abhängig

48

49

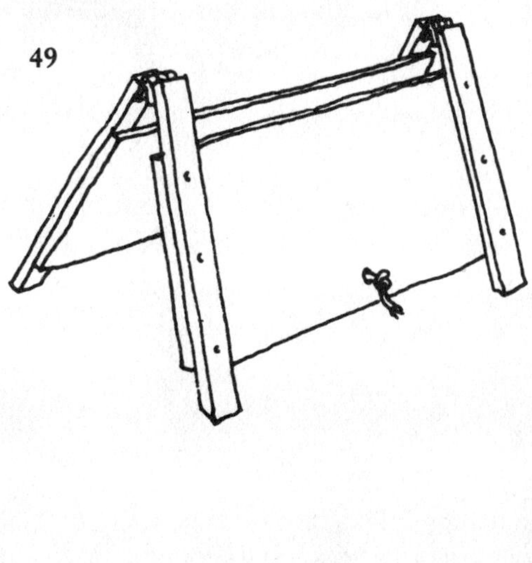

von der Höhe des Raumes, etwa 70 cm weniger als die Entfernung Fußboden—Decke. Das läßt Spielraum für die Tischhöhe. Kappen aus Plastik machen die unteren Enden stumpf. Eine 25-mm-Tischlerplatte von 180x75 cm ist die Tischplatte. Da, wo sie auf die dreieckigen Eckbleche stößt, die die waagerechten Winkelprofile mit den senkrecht hängenden verbinden, ist jeweils eine Kerbe eingeschnitten.

50

51

52

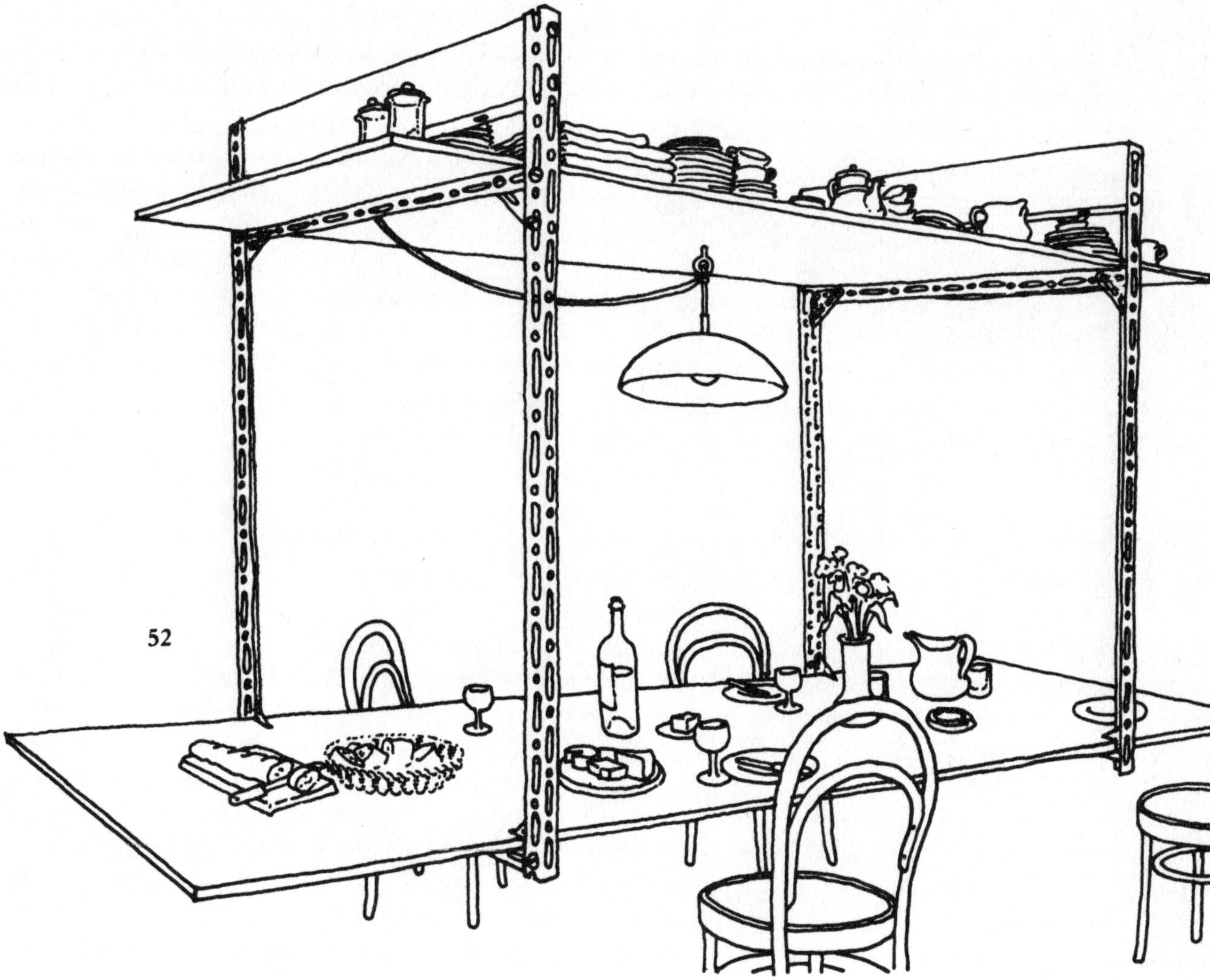

Sitzmöbel

Das vielseitige Sitzprogramm in Abb. 53 macht das Niedrigsitzen wieder interessant. Es ist aus Dielenbrettern von 17,5 cm Breite erstellt, die auf einer Abbruchbaustelle gekauft wurden. Die Teile erlauben alle möglichen Kombinationen für das Sitzen, das Hinfläzen und Schlafen und bieten Raum für das Unterbringen von Sachen. Die Lattenwirkung soll das Ganze leichter und ein bißchen fernöstlich aussehen lassen. Die Anlage läßt sich beliebig einfach oder kunstvoll machen, und wenn man etwas umbauen will, kann man die Einzelteile leicht auseinandernehmen und auch innerhalb kurzer Zeit wieder zusammensetzen. Das Format der einzelnen Elemente ist variabel, etwa ein Meter im Quadrat bietet sich an.

Für das Grundelement ohne alle Scharniere mit eingesetztem Deckelteil braucht man elf Bretter von 1 m Länge; die rauhe Seite der Dielenbretter kommt natürlich nach innen.

In jede der vier Ecken eines Kastenrahmens klebt man einen 50x50-mm-Holzklotz und schraubt ihn mit 50-mm-Schrauben fest, die von außen durch die Kastenwand getrieben werden. Die Blöcke müssen mindestens 2,5 cm unterhalb der Kastenoberkante bleiben (Abb. 54 + 55).

Das Deckelteil wird aus den gleichen Dielenbrettern gemacht, mit Zwischenräumen von 1 cm Breite, wenn man auch die Lattenwirkung haben will. Die Bretter werden exakt zugeschnitten (genau messen vor dem Sägen!) und auf zwei Stützbretter oder Verbindungsbretter aus dem gleichen Holz geschraubt. Diese müssen genau in den Kastenrahmen hineinpassen: bei einem Kasten von 1 m Kantenlänge aus Brettern von 2,5 cm Dicke muß man also für die Deckelverbindungen 5 cm abziehen. Und sie müssen mindestens 2,5 cm von der Kante der Deckelbretter entfernt angesetzt sein.

Man kann weitere Deckel als Sitzgelegenheiten auf dem Boden zwischen den Kastenelementen anfertigen, wie in Abb. 53. Außerdem kann man einen Boden in die Kästen einbauen, um darin Sachen zu verstauen.

Eine zusätzliche Raffinesse ist in Abb. 53 der Deckel mit Rückenstütze. Für die Stütze schneidet man einen dreiseitigen Rahmen aus 25-mm-Sperrholz mit 10 cm Breite. Die Maße hängen von den Maßen des Kastens ab, aber die beiden Enden müssen auf jeden Fall genau auf die beiden Deckelverbindungsbretter stoßen. Die Seitenkanten dieses Ständers sollen genau halb so lang wie der Innenraum des Kastens sein. Sie werden mit Scharnieren in der Mitte der Deckelverbindungen angeschraubt. Die Scharniere müssen, damit sie flach liegen, eingelassen sein; das Holz muß also an diesen Stellen ausgestemmt werden.

Für die Halterung schneidet man ein Dielenbrett von Kasteninnenlänge einmal der Länge nach durch und paßt

53

54

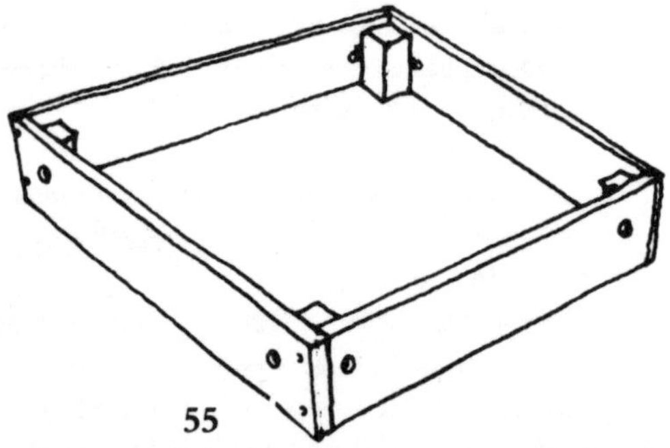

55

56

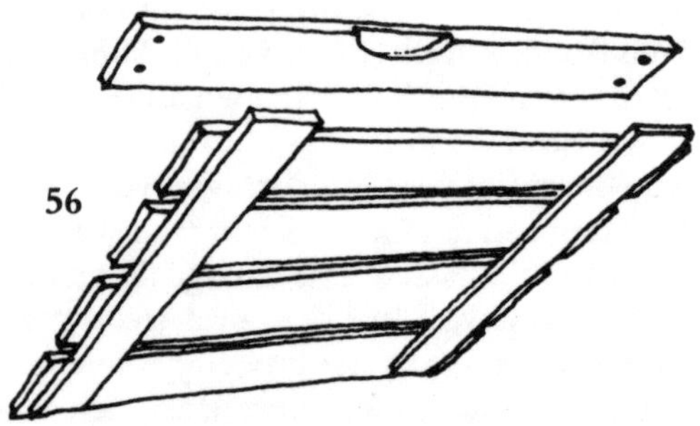

57

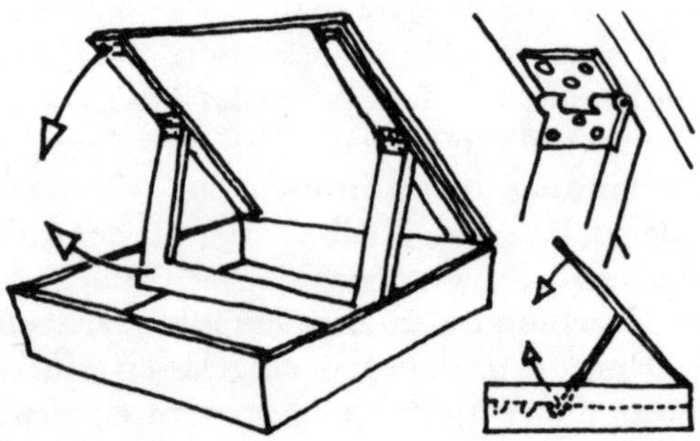

die zwei 75 mm breiten Bretter in den Kasten ein. Man hält die Stütze mit dem Deckel an eine der provisorisch untergebrachten Halterungen, zeichnet die Stellen an, wo die Kerben für die Stützen sitzen sollen, schneidet in beiden Halterungen Kerben von 4 cm Tiefe ein und schraubt die Halterungen dann in dem Kasten fest.
Das ganze System bekommt mehr Stabilität, wenn man die Kästen untereinander verschraubt (Abb. 58). Man bohrt 12-mm-Löcher vor und schraubt Gewindebolzen

ein. Die Stellen für die Bolzen müssen genau ausgemessen werden; wenn sie nicht in allen Kästen an derselben Stelle sitzen, kann man sie nicht in einer Linie ausrichten.
Holzpaletten (Abb. 60) sind eine rohe vorgefertigte Alternative für die eigenen Kästen. Diese transportablen Plattformen sind für die Industrie gebaut zum Transport von Lasten, die von Gabelstaplern bewegt werden. Die Standardmaße sind etwa 120x100x10 cm. Gebrauchte Paletten bekommt man, wo schwere Güter bewegt werden, etwa Bausteine und Ziegel. Sie werden oft weggeworfen oder auf Baustellen zurückgelassen.
Es ist ziemlich schwierig, bei einer Palette die Rückenstütze einzubauen, ohne sie ganz auseinanderzunehmen. Aber Paletten können sehr gut in ein größeres System integriert werden.

58 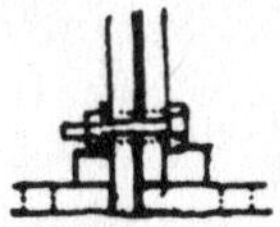

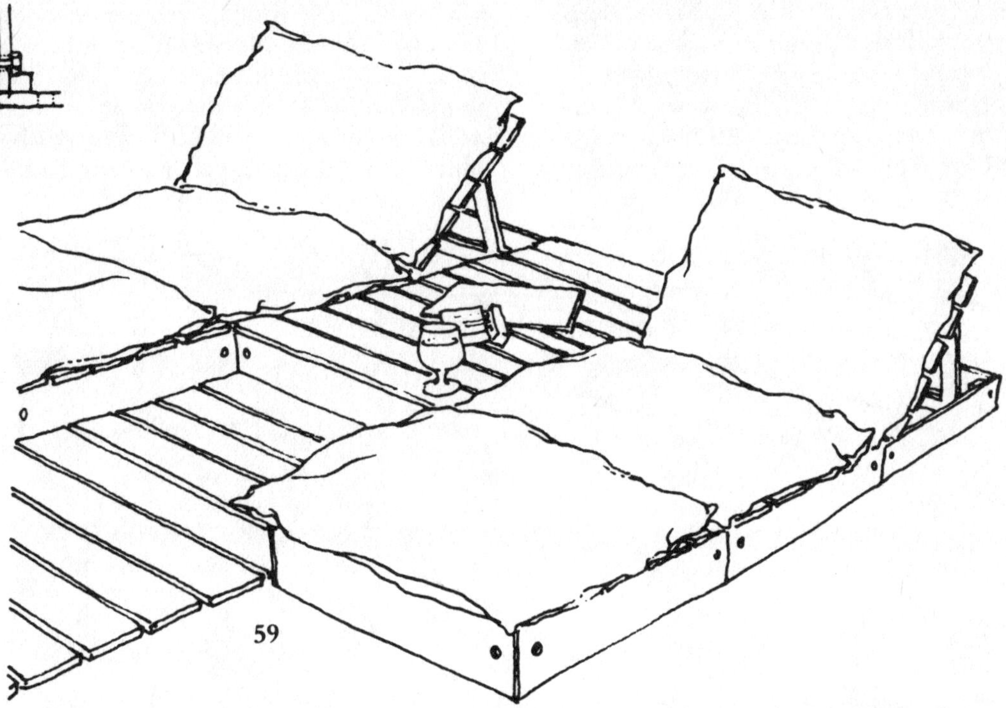
59

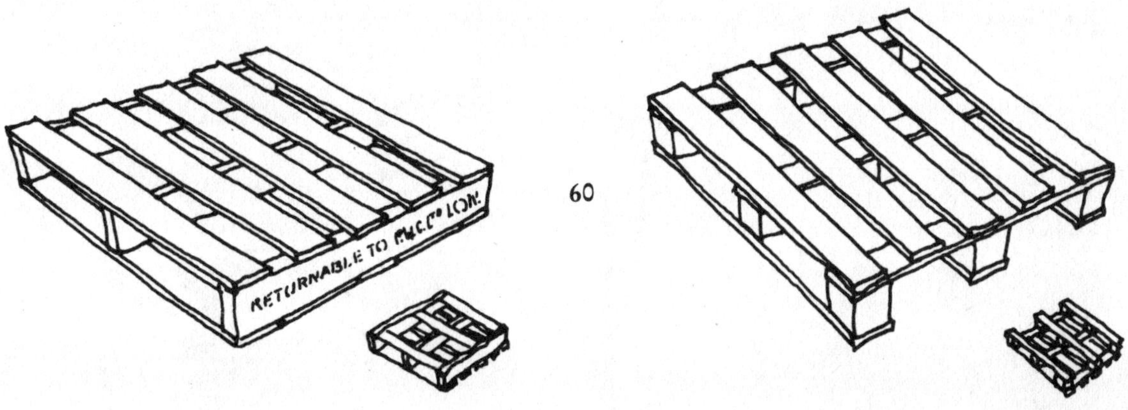

60

High-Tech-Anhänger werden die industrielle Formgebung des Wellblechsofas im Wohnzimmer begrüßen. Es ist schwer, gibt nicht nach und ist meistens gegen Rost verzinkt. Die gekrümmte Form ist schon lange in Gebrauch, bei Tunnelkonstruktionen, Untergrundbahnen und Abwässerkanälen. Sie ist auch für kurzlebige Bauten wie Baracken und Luftschutzräume verwendet worden. Wenn man nicht irgendwo billig altes Wellblech bekommt, kann man es über den Baustoffhandel beziehen. Wichtig ist die von vornherein richtige Krümmung, denn Wellblech ist zu steif, als daß man es zu Hause nachbiegen könnte. Selbst das Schneiden ist anstrengend.
In Abb. 61 ist die Krümmung gefüllt mit einer 25-mm-Tischlerplatte, die mit einer elektrischen Stichsäge ausgeschnitten wurde. Man zeichnet die Schnittlinie an, indem man das Wellblech obenauf stellt und die Form nachzieht.
Man bohrt durch ein Wellental an der Basis des Wellblechs von hinten Löcher für Schrauben vor. Dann treibt man die 40-mm-Schrauben durch die Löcher in die Tischlerplatte. Wenn beim Bohren mit der hochtourigen Metallbohrmaschine der Bohrer zu heiß wird, muß man die Spitze einfetten.
Die Basis wird mit einem Stück von 20 cm dickem Schaumstoff gepolstert, der nach dem Zuschneiden in einen losen Baumwollüberzug gesteckt wurde. Die Oberkante des Wellblechs wird durch eine Schaumstoffkante abgedeckt. Das kann entweder einfach mit einer Schaumstoffisolierung für Rohrleitungen geschehen, die in einem Wellental angeklebt und über die Kante geschlagen

61

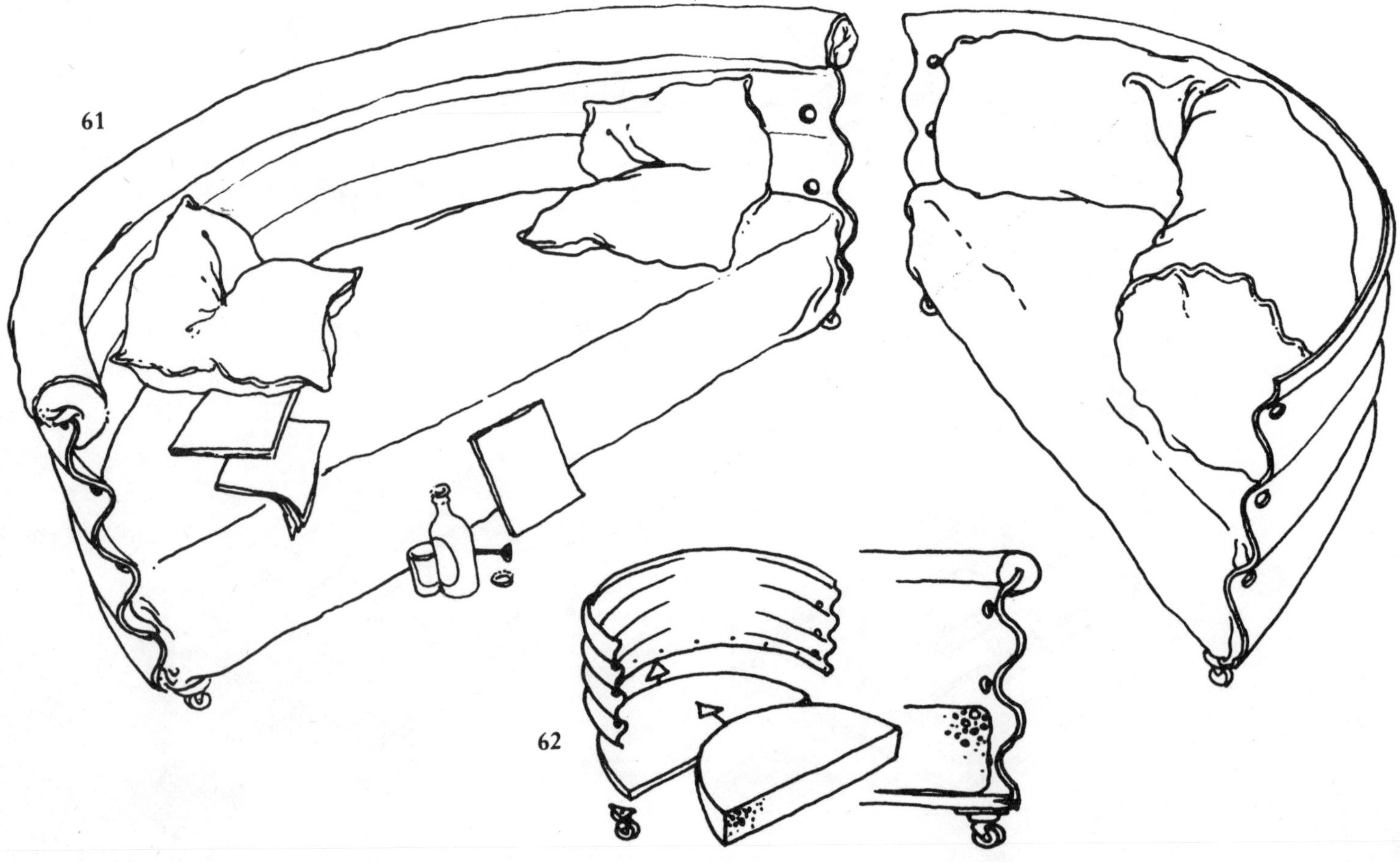

62

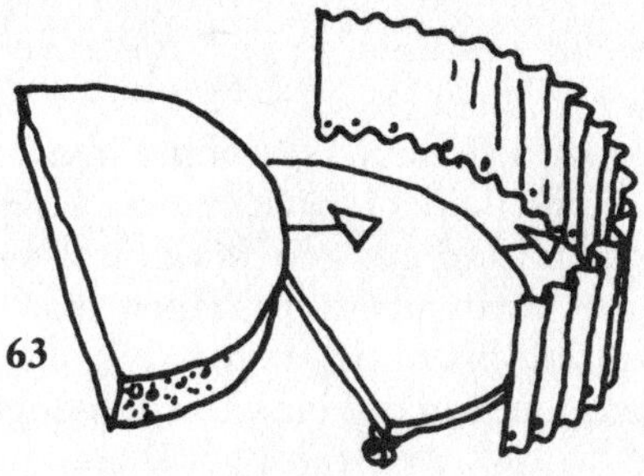

63

64

65

wird. Oder, dauerhafter, mit einem Stück Plastikschlauch, den man aufgeschlitzt hat. Wenn man verzinktes Wellblech anmalen will, braucht man eine Kalziumchromat-Grundierung.

Das ganze Möbel ist sehr schwer. Es läßt sich etwas beweglicher machen, indem man kräftige Laufrollen von unten unter das Sitzbrett schraubt. Wenn die High-Tech-Wirkung nicht mehr ankommt, baut man das Sofa ab und benutzt das Wellblech im Garten als Schutz um den Komposthaufen.

Abb. 64 zeigt ein Sitzmöbel, bei dem die Biegsamkeit von transparanter Wellplastik genutzt wurde, um ein vom Gewicht wie vom Aussehen her leichteres Sofa zu schaffen. Die Bauweise ist ganz ähnlich wie bei Abb. 61: 40-mm-Schrauben werden durch das Plastikmaterial hindurch in eine 25-mm-Tischlerplatte getrieben; aber nie die Schrauben direkt durch den Kunststoff schrauben, sondern Löcher vorbohren, die groß genug sind. Außerdem braucht man große gebogene Unterlegplatten aus Kunststoff da, wo die Wellentäler mit dem Holz zusammentreffen, um den Druck zu verteilen.

Die Krümmung der Rückenlehne ist in diesem Fall nicht fest vorgegeben, man kann sie also selbst gestalten. Wir haben festgestellt, daß 60 cm Tiefe in der Mitte rundherum ein angenehmes Sitzen ermöglichte. Der Sitz ist allerdings kein voller Halbkreis, sondern ein Segment eines Kreises von 90 cm Radius, das auf ein Stück Tischlerplatte von 180x60 cm aufgezeichnet wurde. Der Mittelpunkt des Kreises läge also 30 cm außerhalb der Platte. Für einen vollen Halbkreis würde man 280 cm Wellplastik brauchen; für dieses Modell nur 250 cm mit 75 cm Breite. Wenn man mehrere Teile benutzt, die sich überlappen, muß diese Überlappung über anderthalb volle Wellen reichen, um stabil genug zu sein.

Der Fuß des in Abb. 65 gezeigten Tisches ist ein verzinkter Wellblech-Freßnapf für Tiere von 21 cm Höhe und 45

cm Durchmesser. Die locker aufgelegte Tischplatte hat einen Durchmesser von 60 cm. Man kann Zeitungen und andere Dinge in dem Trog aufbewahren.
Alteisen war auch der Rahmen für den niedrigen Stuhl in Abb. 66. Die Gußeisenformen von älteren Bänken in Parks und an Haltestellen sind sehr brauchbar. Oft renovieren die Behörden ihre schönen alten Bänke, wenn die Holzsitze kaputtgehen oder verrotten. Trotzdem kann man die Gußeisenformen oft bei Altmetallhändlern kaufen und manchmal sogar von den Behörden; Vorsicht vor geborstenen Teilen! Die Reparatur eines Sprunges ist eine Aufgabe für einen Fachmann im Schweißen, und außerdem sind Schweißnähte auf dem Eisen häßlich. In Abb. 66 wurden die verfaulten Teile des Holzes herausgesägt, übrig blieb eine Einpersonenbank.
Italienische Designer haben schon vor Jahrzehnten Traktorsitze nach drinnen geholt. Seitdem sind sie kaum aufzutreiben. Bauern sind ohnehin besessene Aufheber und werfen nie etwas weg. Sie sind auch mißtrauisch und antworten ausweichend, wenn man etwas von ihnen kaufen will, denn sie gehen davon aus, daß es dann wert ist, aufgehoben zu werden.
Diese alten Sitze sind aus Gußeisen oder Preßblech, großartig geformt und mit einem Muster aus Löchern und Schlitzen. Auf dem Traktor sind die Sitze mit einem Bolzen befestigt, der durch die Mitte des Sitzes geht. Der Kopf des Bolzens ist in einer Aussparung des Sitzes verborgen.
Da man oft ganze Tage auf so einem Traktorsitz hocken und über holprige Äcker und Felder fahren mußte, waren sie vergleichsweise bequem (und gut gefedert); sie sehen auch im Haus sehr gut aus, wenn man sie mit einem leuchtenden Autolack anmalt. In Abb. 67 sind mehrere in einer Wandnische angeordnet. Sie sind auf eine Gerüststange montiert, die mit einer Endrohrbefestigung, die man im Installationsfachhandel oder im Do-it-yourself-Laden bekommt, an der Wand befestigt ist. Der Bolzen für jeden Sitz sitzt in einem Loch, das durch eine normale Gerüstschelle gebohrt ist (Abb. 68). Das hat den Vorteil, daß man notfalls mit einer Schraubendrehung den Sitz lockern und wegdrehen kann.
Kaputte und verschrottete Autos vom Autofriedhof oder Schrottplatz sind eine großartige Bezugsquelle für die Sitzmöbel des Schnellbastlers. Wenn die Reisetage eines Autos vorüber sind, werden seine Sitze selten aufgehoben. Auf den Schrottplätzen werden sie fast verschenkt; man kann sie leicht ausbauen und für den Hausgebrauch mitnehmen.
Auf Bestellung gearbeitete Lederpolster sind ein sehr seltener und wertvoller Fund. Unter den Standardsitzen haben die von Alfa Romeo (Abb. 69) den Ruf von Schönheit und Bequemlichkeit. Das andere Extrem vertritt der bescheidene Rücksitz des Citroën 2 CV, der »Ente« (Abb. 70). Citroënsitze sind so angelegt, daß man sie besonders leicht ausbauen kann, womit die Möglichkeit der Weiterverwendung im Haus vorgegeben ist.
Es ist klar, daß der Sitz des Fahrers am härtesten beansprucht gewesen ist. Rücksitze sind im allgemeinen weniger verbraucht, außer in Taxis und in Wagen, die vom Chauffeur gefahren wurden.
Die Stehlampe in Abb. 69 verstärkt die Auto-Atmosphäre. Sie ist aus der Lenksäule und dem Lenkrad eines Schrottwagens gebaut. Das Lenkrad ist dabei der Fuß. Die elektrische Leitung ist innen durch die Lenksäule gezogen und führt oben in eine Lampenfassung. Diese ist ihrerseits auf eine kleine Holzscheibe von 25 mm Dicke geschraubt, die genau oben auf die Lenksäule paßt und mit drei durch die Säule gebohrten Schrauben gehalten wird. Der Lampenschirm ist ein beliebiges Beispiel (siehe das Lampen-Kapitel).

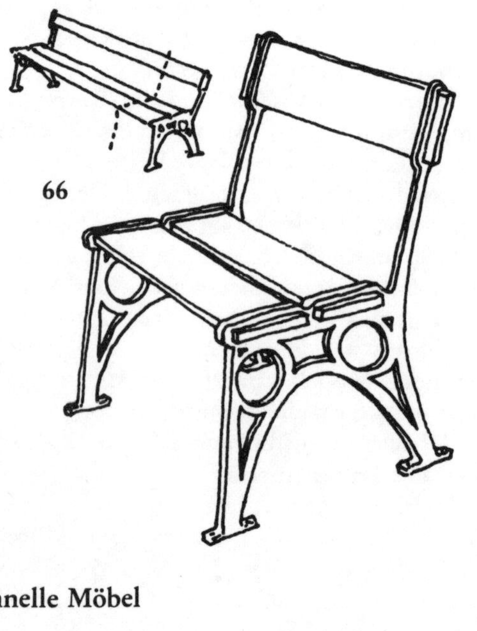
66

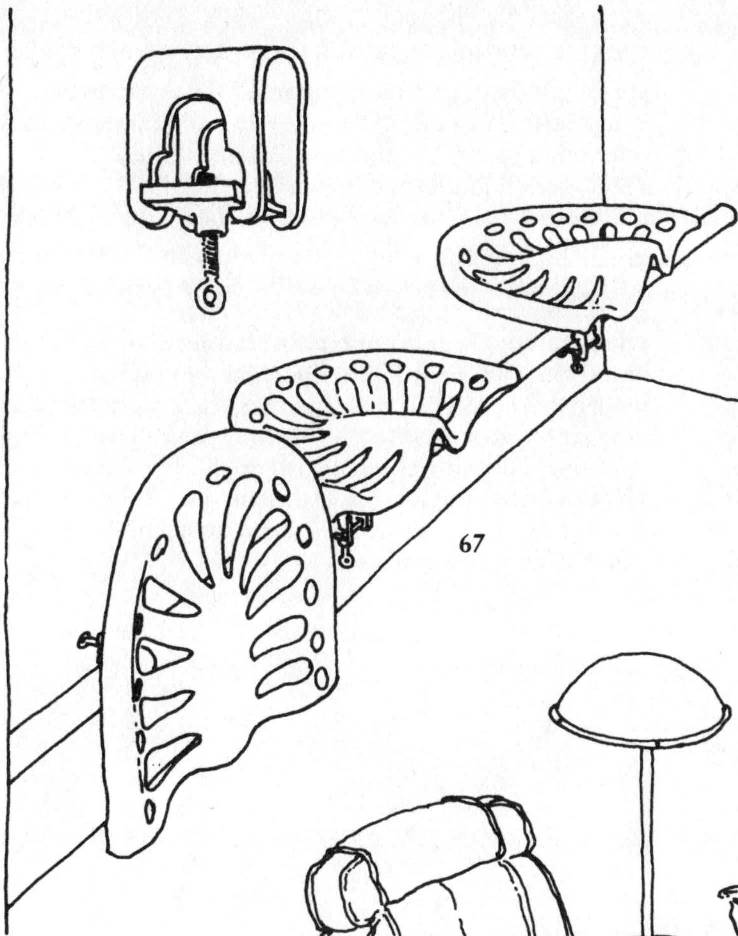

67

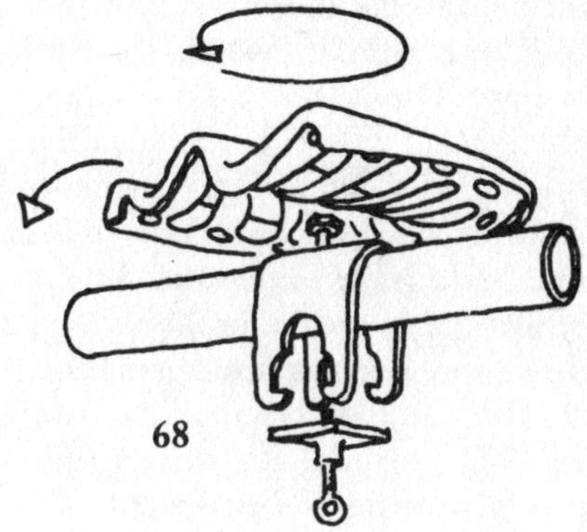

68

69

70

Das Fahrrad ist allgemein als energieeffizienteste und vielseitigste Form des Transports anerkannt. Wenn die Tage seiner Brauchbarkeit vorüber sind, kann man Rahmenteile und Sattel noch immer als Low-Tech-Sitze verwenden.
Man kann die Höhe des Fahrradsattels leicht verstellen, indem man die Sattelstütze im Sattelstützrohr verschiebt. Die beiden Sitzvorschläge (Abb. 71 und 72) machen sich diese Anpassungsfähigkeit zunutze. Die Basis bilden in beiden Fällen Rahmenteile. Die Vorderteile des Rahmens, unteres und oberes Rahmenrohr, sind mit einer Metallsäge abgeschnitten, die scharfen Kanten geschmirgelt worden. In Abb. 72 ist die kleine Querverbindung zwischen den oberen Hinterradstreben herausgesägt worden, so daß man sie auseinanderbiegen konnte.
In Abb. 71 ist der Rahmen noch schwächer, weil die oberen Hinterradstreben ganz fehlen. Damit ist dieser Sitz nur für das Gewicht eines Kindes geeignet. Man kann allerdings die Struktur verstärken, indem man eine dreieckige Metallplatte anbringt, und zwar im Winkel zwischen Sattelstützrohr und unteren Hinterradstreben. So eine Platte kann mit Bolzen verschraubt, angeschweißt oder mit Epoxyd-Gießharz angeklebt werden.
Das untere Ende des Sattelstützrohrs in Abb. 71 ist mit einer Gummimanschette überzogen, damit der Fußboden nicht beschädigt wird. Ebenso schiebt man Gummimanschetten auf die Enden der unteren Hinterradstreben, wo sie normalerweise auf der Radachse sitzen.
Diese unteren Hinterradstreben sind ebenfalls gespreizt, damit der Sitz nicht kippt. Diese Stellung ist in Abb. 72 beibehalten. Zusätzlich ist hier ein dreieckiges Stück 25-mm-Holz hineingeschraubt, damit genau diese Stellung erhalten bleibt und sich nichts verzieht. Die Ecken dieses Holzdreiecks sind ausgesägt, damit der Rahmen flach aufsitzt. Rostige Rahmenteile kann man schmirgeln und mit Autolack einsprühen.

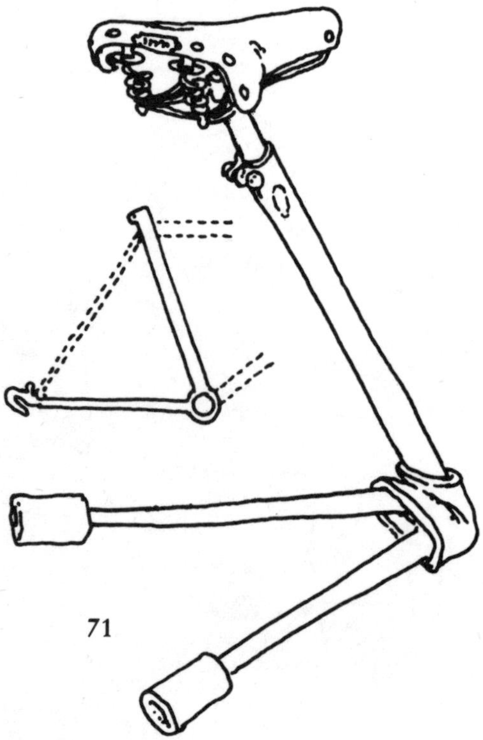

71

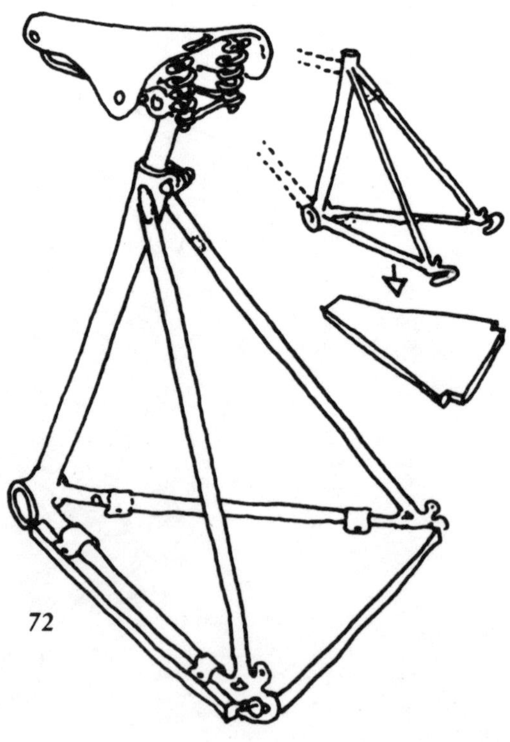

72

73

74

Klassische Stuhlkonstruktionen sind elend schwer nachzubauen und für den Unerfahrenen oft gar kein Erfolg. Schneller und leichter hat man Erfolg mit weichen und ziemlich formlosen Sitzmöbeln.
Autoschläuche werden aufgepumpt und in einem kräftigen Textilüberzug übereinandergestapelt (Abb. 73). Diese Schläuche haben wir in einer Werkstatt umsonst bekommen, weil sie etliche Löcher hatten. Aber mit Flickzeug aus dem Zubehörhandel konnten wir sie so flicken, daß sie für den Hausgebrauch ausreichten.
Den Überzug herzustellen ist nicht schwer, weil es nicht auf Genauigkeit ankommt. Der Stoff muß in der Länge einmal um die aufgepumpten Reifen herumreichen und außerdem 5 cm überlappen. In der Breite muß er die Höhe der Reifensäule plus einen Reifendurchmesser haben plus 5 cm für die Säume.
Der Stoff wird einmal mit der Innenseite nach außen gefaltet und die zwei kurzen Kanten zusammengenäht. Bei den offenen Kanten oben und unten legt man den Stoff jeweils zwei Zentimeter um und näht einen breiten Saum mit offenen Ecken, durch den man eine Kordel ziehen kann. Dann wendet man den Stoff wieder nach außen, zieht Kordeln mit einer Sicherheitsnadel durch die Säume, schiebt die Schläuche hinein und zieht die Kordeln zu.

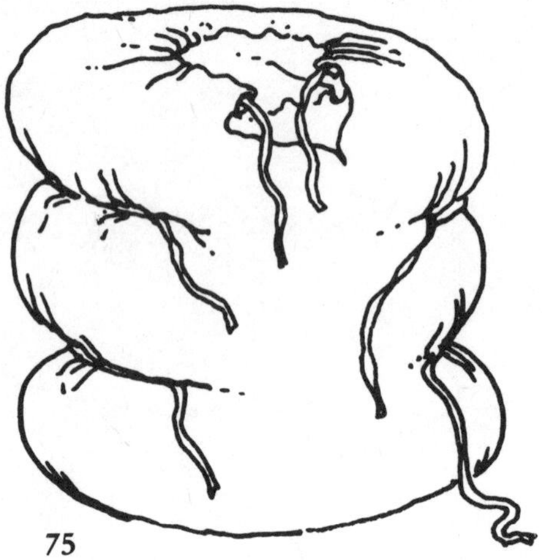

75

76

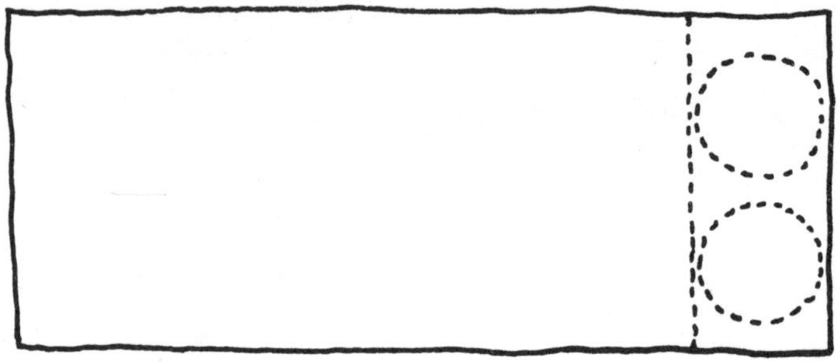

Das Sitzprofil läßt sich noch verbessern, wenn man Kordeln außen drumherum legt, da, wo die Schläuche aufeinanderliegen (Abb. 75).
Der knubbelige, mit Polystyrol gefüllte Sitzsack (Abb. 74) ist 275 cm lang. Er ist außerordentlich leicht zuzuschneiden und zu nähen. Man braucht dazu einen kräftigen Stoff, 3,25 m lang und 1,10 m breit. Das Schnittmuster sieht man in Abb. 76; die zwei runden Scheiben am Ende sind für die Abschlüsse des Sacks.
Man faltet den Stoff einmal der Länge nach, Außenseite nach innen, näht mit kräftigem Garn mit Doppelsteppstich die Längskanten zusammen und näht eins der kreisförmigen Enden ebenso fest und mit ausreichendem Stoffüberstand an. Dann dreht man das Textil um, Außenseite nach außen, stopft die Kunststoffüllung hinein und näht das andere Ende von außen auf, so daß man die Stoffkanten nicht sieht.
Für die Füllung braucht man etwa einen Kubikmeter Polystyrolkügelchen. Sie zu sammeln kostet Zeit, obwohl man sie häufig findet, denn sie werden vielfach als Polsterung bei der Verpackung benutzt, und Händler für Radios und Elektrogeräte stellen sie oft vor die Tür. Man nimmt sie nach Möglichkeit im geschlossenen Karton mit nach Hause (denn sie sind schlecht zu transportieren, weil jeder Luftzug sie fortbläst und weil sie überall hängenbleiben, da sie statisch aufgeladen sind) und stopft sein Sitzkissen am besten an einem windstillen Tag im Freien; man füllt die Kugeln mit einem großen Trichter ein.
Man kann seinen Sack auch mit Textilabfällen stopfen, aber die werden schnell klumpig. Federn aus alten Kissen sind weicher, aber für die braucht man einen Innenbezug, den die Federn nicht durchdringen können.
Die billigen und lustigen Kissen in Abb. 77 sind optisch ansprechend wegen der Struktur der Sackleinwand, aus der sie gemacht sind, und der interessanten Schablonenschrift, die die Hersteller der Waren aufgedruckt haben, die sie einst enthalten haben.
Säcke gibt es in verschiedenen Formen und Größen. Mehl- und Kornsäcke haben ihre eigene Note. Hopfensäcke von zwei Metern Länge sind oft reich verziert mit

dem Emblem und dem Namen des Produzenten. Säcke, die für internationale Hilfsaktionen in alle Welt gegangen sind, sind seit vielen Jahren für Leintücher, Hemden und Kissen weiterverwendet worden.

Säcke für sehr feine Produkte wie Mehl sind undurchlässig für so gut wie jede Füllung. Bei gröberen Säcken für weniger feine Inhalte wie etwa Kartoffeln ist unter Umständen ein Futter oder innerer Überzug notwendig. Bei so einem Schutzsack kann man die Kanten mit einem gefalteten Leinenstreifen, der innen mit Latex-Klebstoff eingestrichen ist, verkleben und dann zunähen.

Die beste Quelle für Säcke sind die Leute, die sie benutzen. Auch bei Bäckereien, Brauereien, Grossisten, Restaurants und sogar Importeuren von Textilien aus Indien und dem Fernen Osten gibt es Möglichkeiten, Säcke zu bekommen.

Wer Industriedesign gern hat, kann auch kräftige Plastik- oder Papiersäcke benutzen, in denen zum Beispiel Zement oder Kunstdünger oder Torf gewesen ist.

77

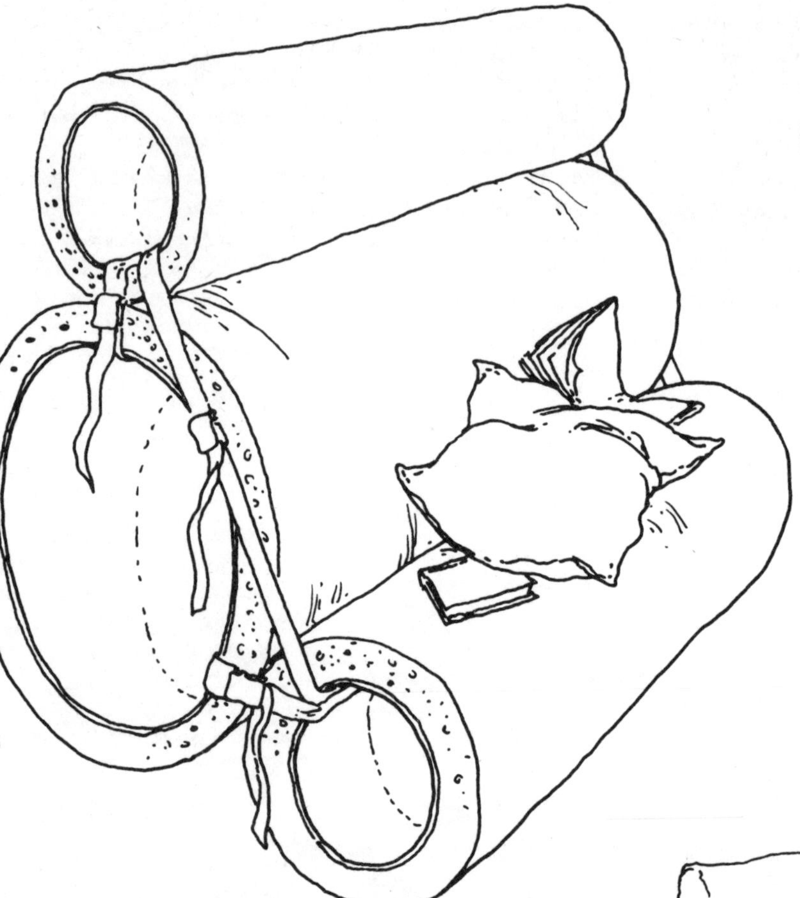

78

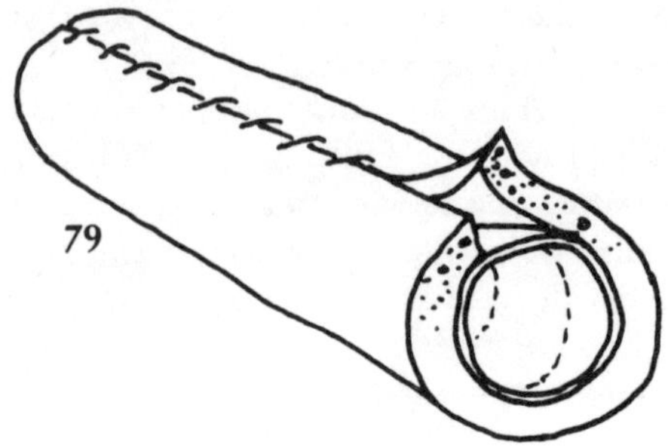

79

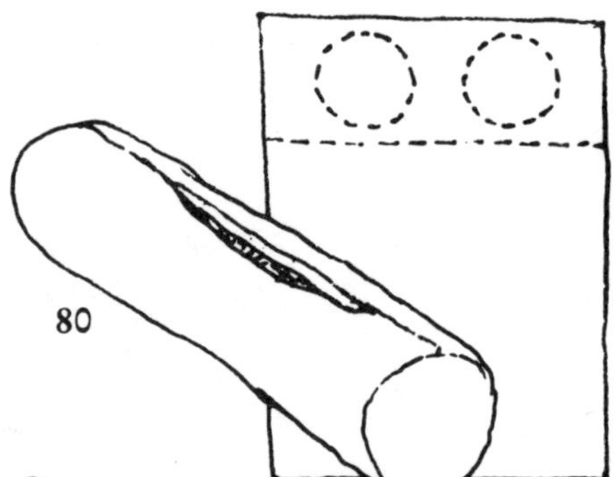

80

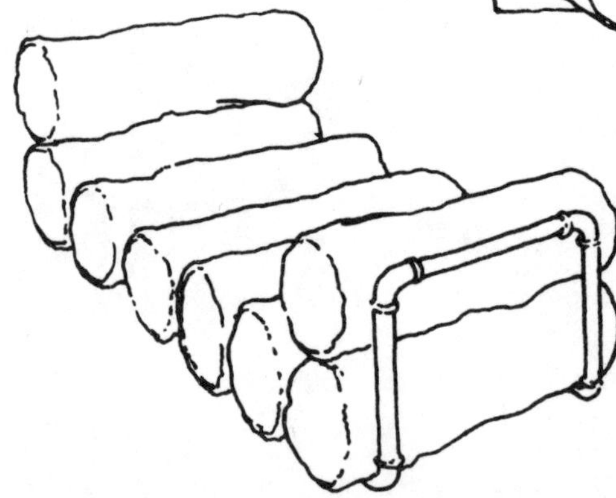

81

Pappröhren gehören zu den nützlichsten Materialien für den Schnellbastler. Von Teppichrollen bis zu Waschmitteltrommeln werden sie weggeworfen, wenn sie ausgedient haben.

Es gibt Pappröhren mit verschiedenen Durchmessern. In Abb. 78 haben wir drei verschiedene Formate zusammengebunden. Alle drei Röhren wurden mit der Kreissäge auf die gleiche Länge gesägt, auf 60 cm. Man mißt den Umfang jeder Rolle und wickelt um jede eine Lage Schaumstoff von 5 cm Dicke, die man dann zusammenheftet (Abb. 79). Wenn man den Schaumstoff auf Dauer anbringen will, kann man ihn auch mit einem Kontaktklebstoff ankleben.

Die Rollen in Abb. 78 werden zusammengehalten durch Sitzgurte aus alten Autos vom Schrottplatz. Man kann aber auch schlichtes Gurtband mit Schnallen nehmen oder Tauwerk.

Die unterste Röhre könnte bei Belastung knicken; ihre Lebensdauer läßt sich verlängern, indem man zwei Holz-

scheiben einbaut, die mit der Stichsäge aus 12-mm-Sperrholz mit dem Innendurchmesser der Papprröhre gesägt werden. Man schiebt sie in die Röhre und hält sie mit 40-mm-Drahtstiften an Ort und Stelle, die man von außen durch die Papprröhre schlägt, bevor man den Schaumstoff aufbringt. Die Holzscheiben verhindern auch, daß die Gurte abrutschen.
Eine einzige 4 m lange Röhre aus dem Teppichhandel bildete den Kern für alle acht Teile des Sofas in Abb. 81. Die Röhre, Durchmesser 22,5 cm, wurde in acht Teile von 50 cm Länge gesägt. Jedes Teil wurde durch Holzscheiben wie im vorigen Projekt versteift, mit 5 cm dickem Schaumstoff umgeben und mit einem Textilüberzug versehen.
Der Textilüberzug wird aus drei Stoffteilen zusammengesetzt: einer wird um den Zylinder gelegt, die zwei anderen, kreisförmigen, kommen an die beiden Enden (Abb. 80). Alles zusammen bekommt man aus 6 m Stoff von 115 cm Breite. Ein Überzug war 106x48 cm breit, darin ist genug Spielraum für die Säume. Die Kanten dieses großen Stücks werden mit der Maschine zusammengenäht (Außenseite nach innen) und eins der kreisförmigen Teile (Durchmesser 35 cm) angesetzt. Dann wird der Überzug über einen der mit Schaumstoff überzogenen Zylinder gestreift und das zweite Endteil aufgenäht.
Die acht Teile werden in einen leichten Rahmen aus Kunststoffrohr gesetzt. Wir nahmen Rohre mit einem Außendurchmesser von 45 mm, die wir mit einer feinzahnigen Säge zurechtsägten. Und zwar waren die beiden Bodenstücke je 2 m lang, die vier senkrechten waren 60 cm lang und die Armlehnen etwa 30 cm. Für weniger starke Beanspruchung reicht es, wenn man die Teile durch acht Winkel miteinander verbindet, die einfach zusammengeklebt werden. Für größere Beanspruchung schiebt man feinmaschiges Drahtgeflecht in die Verbindungsstücke, so daß es 5 cm in die Rohre hineinragt, und füllt die Verbindungsstücke mit Zement.
Man kann auch eine Rückenlehne anbringen, indem man mit zwei Winkelverteilstücken ein weiteres 2-m-Rohr anbaut.
Ein schlichtes Papprohr von 60 cm Durchmesser und 75 cm Länge gab den kernigen Sessel (Abb. 82–85). Man

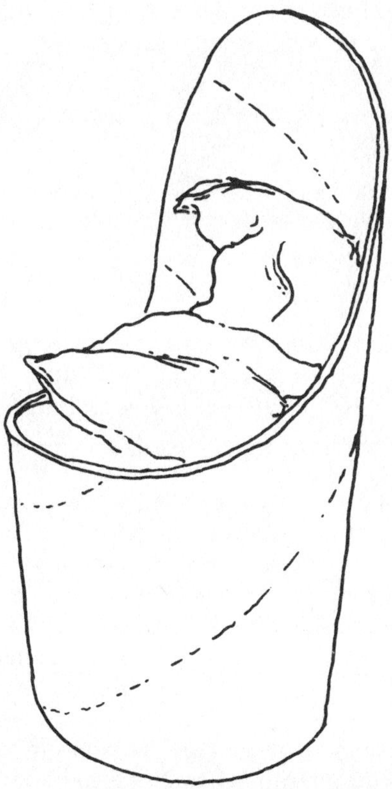
82

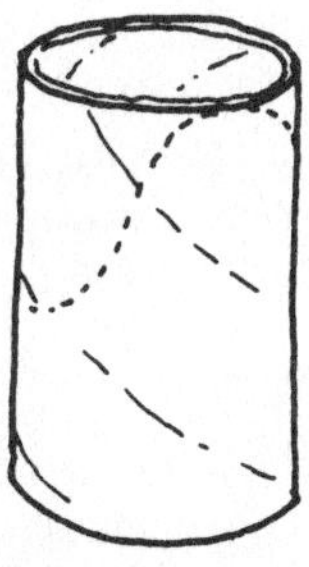
83

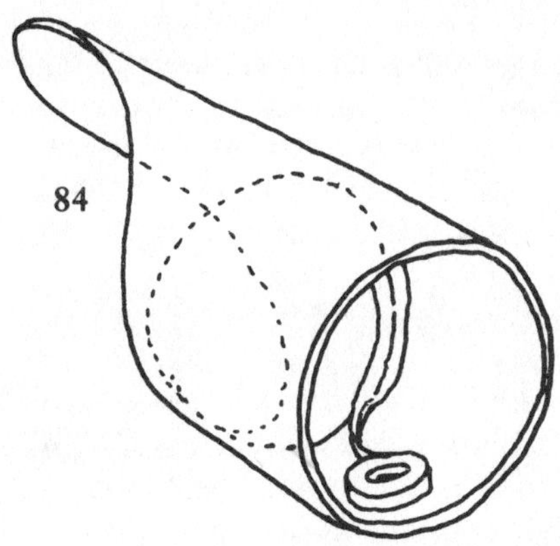
84

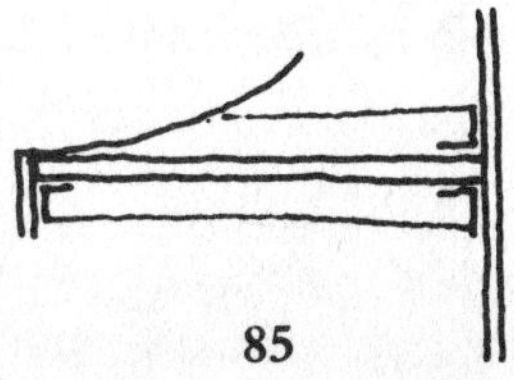
85

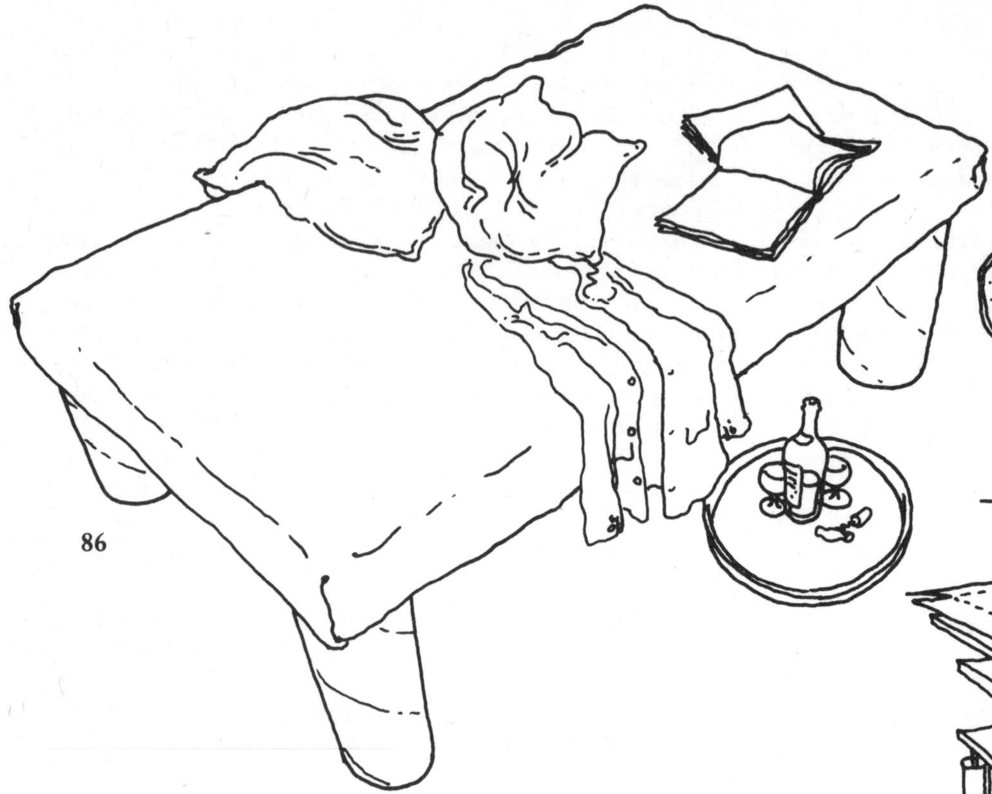

86

87

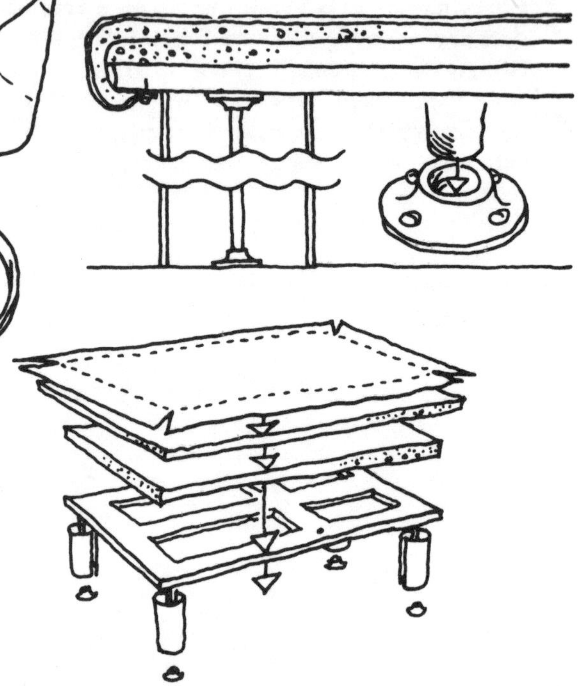

kann die Form mit einer Handstichsäge zuschneiden oder mit einer elektrischen Stichsäge. Vorn hat der Sitz eine Höhe von etwa 45 cm. Das Anzeichnen der richtigen Form kann schwierig werden. Ein Stück Papier, als Muster vorgeschnitten, das das halbe Rohr bedeckt, erleichtert die Aufgabe.

Der Sitz wird aus Tischlerplatte oder Furnierplatte von 12 mm Dicke gesägt. Es geht auch dickeres Material, das läßt sich besser durch die Pappe hindurch von außen festnageln. Sie wird zusätzlich mit Glasfaserband und Gießharz befestigt (Abb. 85 und 83). Das ergibt eine sehr dauerhafte Verbindung und ist leicht anzubringen, wenn man die Gebrauchsanleitung befolgt. Man braucht Band von 3—5 cm Breite und Zweikomponenten-Gießharz, am besten vom Autozubehörhändler oder vom Schiffsausrüster.

Wenn du es leid bist, deine Tür auf- und zuzumachen. häng sie aus und setz dich drauf! Vier Beine und Schaumstoff machen aus einer schlichten Tür ein hübsches Sofa oder sogar ein Bett (Abb. 86). Glatte Türblätter bieten sich an, aber Beine zum Einschrauben halten nicht in Spanplatten. Alte Füllungstüren mit vertieften Fächern kann man glatt machen, indem man die Vertiefungen mit Sperrholz auslegt.

Das Sofa steht auf vier Stahlrohren mit einem Durchmesser von 2,5 cm. 45 cm ist eine brauchbare Höhe. Im Idealfall haben die Rohre an beiden Enden Außengewinde, so daß man sie in die dazu passenden Rohransätze einschrauben kann. Wenn sie kein Außengewinde haben, klebt man sie mit Epoxydharz ein. Solche Endrohransätze werden an den vier Ecken der Tür eingeschraubt, 15 cm von den langen Kanten und 25 cm von den kurzen entfernt. Man bohrt kleine Löcher 1 cm tief vor und schraubt die Endrohransätze mit 25-mm-Schrauben ein.

Man schraubt oder klebt je ein Rohrbein in die Ansätze und am anderen Ende je einen weiteren Rohransatz daran. Schraubansätze verlangen keine weitere Feinarbeit, was die Länge angeht; damit steht das Sofa anständig auf dem Fußboden.

Stahlbeine können häßlich aussehen; man kann Kunststoffrohre von 10 cm Durchmesser darüberstreifen oder Pappröhren, sie entweder anmalen oder mit leuchtender Alufolie aus der Küche überziehen. Kunststoff bemalt man mit zwei Schichten Glanzlack, eine Grundierung ist nicht notwendig.

Die harte Tür wird durch eine Schaumstoffpolsterung weich gemacht. Ein 7,5 cm dickes Stück Schaumstoff im gleichen Format wie die Tür wird drangeklebt.

Darüber kommt ein »Laken« von Polyester-Schaumstoff von 2,5 cm Dicke, das an allen vier Kanten 15 cm Überstand hat. Man faltet es bis auf die Unterseite der Tür und hält es dort alle 10 cm mit Tapeziernägeln fest.

Ein ausrangierter Vorhang verdeckt den Schaumstoff. Er muß noch einmal 3 cm größer sein als die letzte Schaumstofflage. Er wird ebenfalls durch Tapeziernägel fixiert; dabei muß man die Kante jeweils 1 cm einschlagen, damit das Gewebe nicht ausreißt.

Das nützliche Dasein einer sauberen alten Matratze läßt sich weiter verlängern, indem man sie in einen verstellbaren Sessel verwandelt (Abb. 89). Die schlichte Holzbasis (Abb. 90) gibt der Struktur Festigkeit und erlaubt es, den Winkel für die Rückenlehne zu verstellen, indem die Seile an den Seiten verkürzt oder verlängert werden.

Zwei Stücke Sperrholz oder Tischlerplatte von 2 cm Dicke werden in der Breite der Matratze zugeschnitten; die Matratze wird vorgefaltet, um die Länge für die beiden Bretter festzustellen. Sie lassen sich mit Scharnieren verbinden, aber zwei Metallringe tun es auch; man führt sie durch zwei Löcher, die man nahe an den Kanten gebohrt hat (Abb. 90).

Die zwei Seile für die Seiten gehen durch je zwei kräftige Ringschrauben, die mindestens 1 cm von den Außenkanten und 10 cm von der oberen bzw. vorderen Kante entfernt sitzen. Für die Seile verwendet man Sisal oder Nylon, das leichter aufgeht, wenn man den Winkel verändern will.

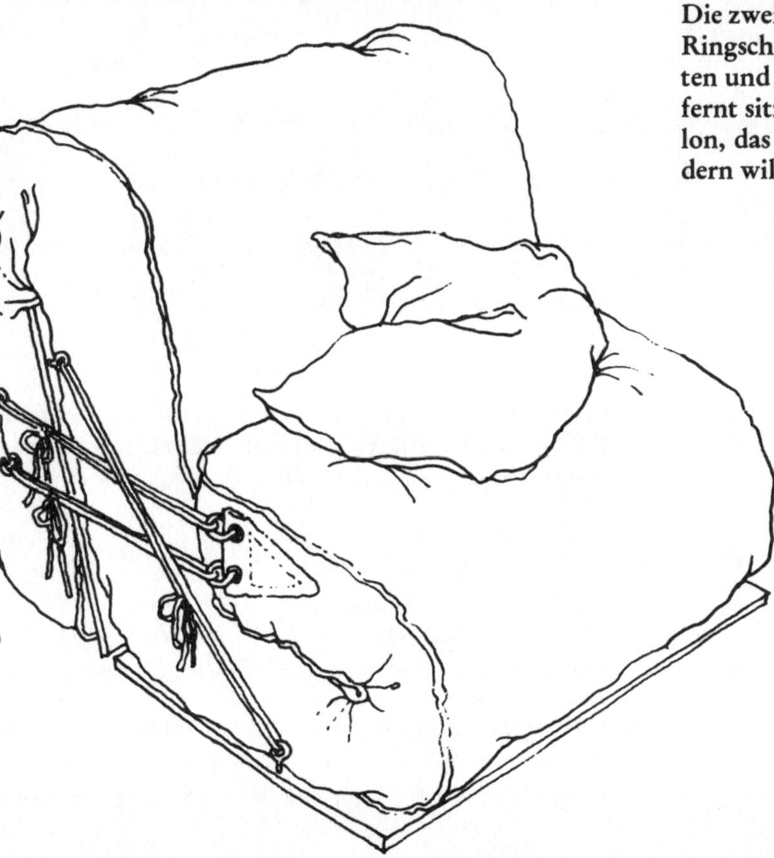

89

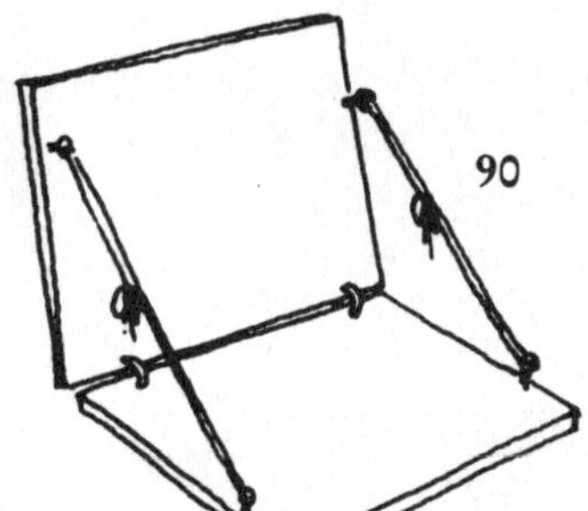

90

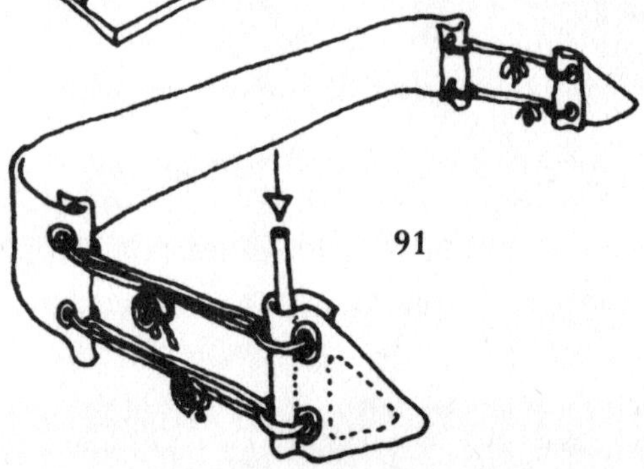

91

Je ein Dreieck von kräftigem Segeltuch oder Leder, so breit wie die Matratze dick ist, wird auf den beiden Seiten am Ende aufgenäht (Abb. 89). Bevor man sie annäht, schlägt man sie einmal nach innen ein, so daß eine Lasche entsteht, durch die ein Holz- oder Stahlstift von 1 cm Dicke paßt, damit die Zugseile mehr Halt haben (Abb. 91). Zwei Messingösen müssen außerdem in jedes der Dreiecke eingestanzt werden, bevor sie angenäht werden. Die Seile gehen durch Ringe, die ihrerseits in den Ösen sitzen. Die Ösen samt Ösenzange bekommt man im Bastelgeschäft oder Bootszubehörhandel.
Auf der Rückseite werden die Seile durch die Ösen eines Gurts gezogen, der 10 cm länger ist als die Matratzenbreite. Er ist aus dem gleichen Leder oder Segeltuch und hat auch Laschen mit Stiften darin sowie Ösen aus Messing. Um das Ledernähen zu erleichtern, sticht man die Löcher mit einer Ahle vor.
Zu den einfachsten Stühlen der Welt gehören die nach afrikanischem Vorbild gebauten in Abb. 92. Sie bestehen aus nichts als zwei Brettern, von denen das eine durch ei-

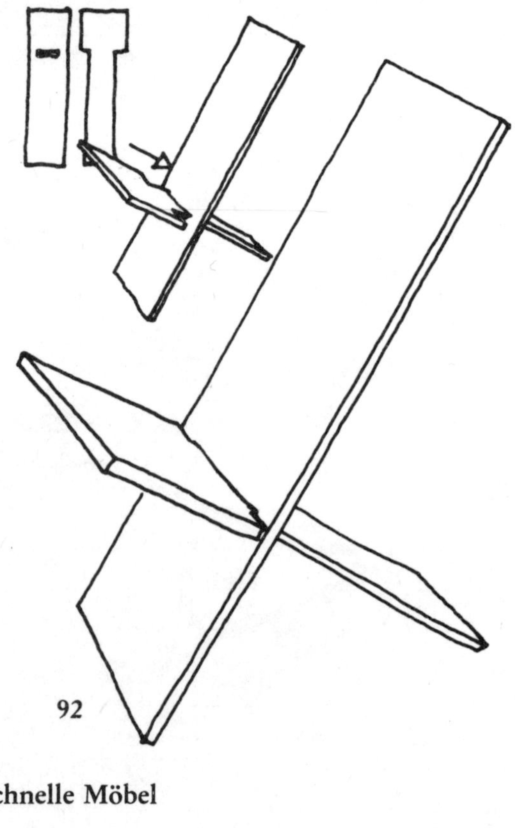

92

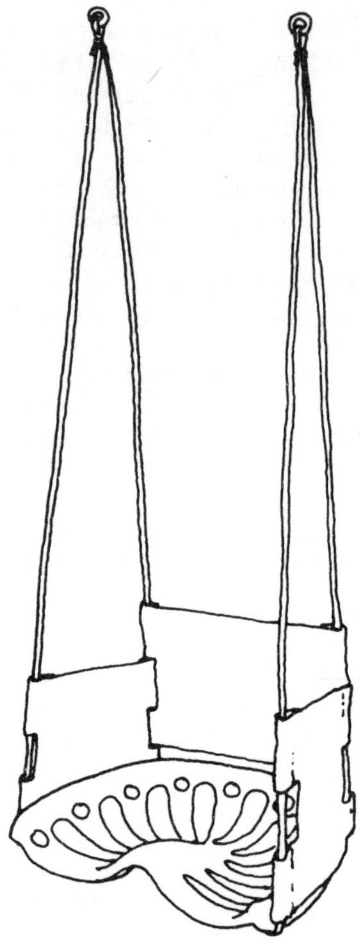

93

nen Schlitz des anderen hindurchgeschoben ist. Kräftige Bohlen ohne Astlöcher von 4 cm Dicke sind am besten geeignet. Sie sind 40 cm breit, eins ist 125, das andere 115 cm lang.
An dem kürzeren Brett schneidet man auf jeder Seite ein Stück von 75x9 cm ab und aus dem längeren Brett 30 cm vom unteren Ende entfernt in der Mitte quer mit der Stichsäge einen Schlitz von 22,5 cm Länge und so breit, wie die Bretter dick sind. Die zwei Bretter schiebt man ineinander, und schon ist der Stuhl fertig und wartet darauf, angestrichen, benutzt und bewundert zu werden.
Diese drei Hängesitze sind angewiesen auf starke Haken, die durch jeglichen Gipsmörtel an der Decke hindurch

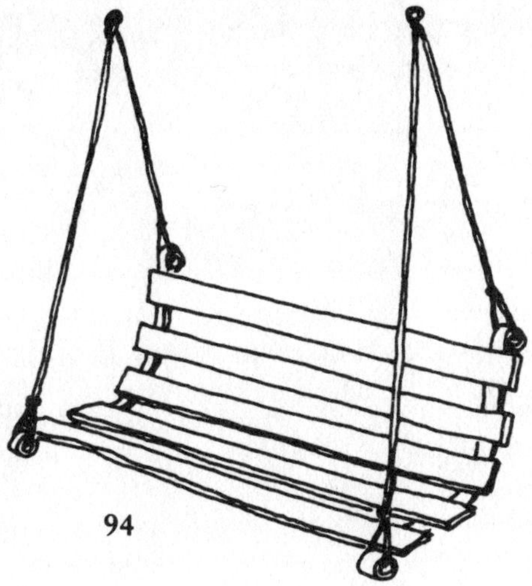

94

noch mindestens 7,5 cm in die Deckenbalken hineingeschraubt sind. Dünne Schiffsleinen sind für die Aufhängungen gut geeignet. Wenn man vom Knoten und Spleißen (S. 191) keine Ahnung hat, kauft man Patent-Terminals im Bootszubehörhandel, mit denen man die Enden vom Takelwerk sichert und Schlaufen anbringt.
Der Traktorsitz (Abb. 93) ist an vier Enden von nicht dehnbarem Seil aufgehängt: eine Mischung aus Stuhl und Schaukel. Bei manchen dieser Sitze können die Leinen einfach durch vorhandene Löcher geführt und verknotet werden. Wo nicht, sind vier gebohrte Löcher an den Aufhängungspunkten und je eine Ringschraube nötig. Wir haben zusätzlich noch Seiten- und Rückenlehne aus kräftigem Segeltuch zugefügt. Die Kanten des Segeltuchs werden eingeschlagen und zu Laschen oder breiten Säumen genäht, durch die die Leinen hindurchgeführt werden. Es ist möglicherweise leichter, das Schnittmuster auszuarbeiten, wenn der Sitz hängt.
Der hängende Lattensitz (Abb. 94) nutzt die Endträger von einer kaputten Parkbank. Die eingerollten Enden gaben die idealen Punkte für die Aufhängungen ab. Die kaputten Beine wurden abgesägt und das rauhe Metall mit einer Feile geglättet.
Abb. 95 zeigt die letzte Ruhestätte eines Autoreifens. Er hängt in einer Segeltuchschlinge an den Seilen. Man nimmt zwei gleich lange Seilschlaufen quer für vorn und hinten, legt den Reifen hinein und hält ihn mit Heftklammern fest. Die Enden der Seilschlaufen oben laufen durch gespleißte Seilringe, die an den Haken hängen.

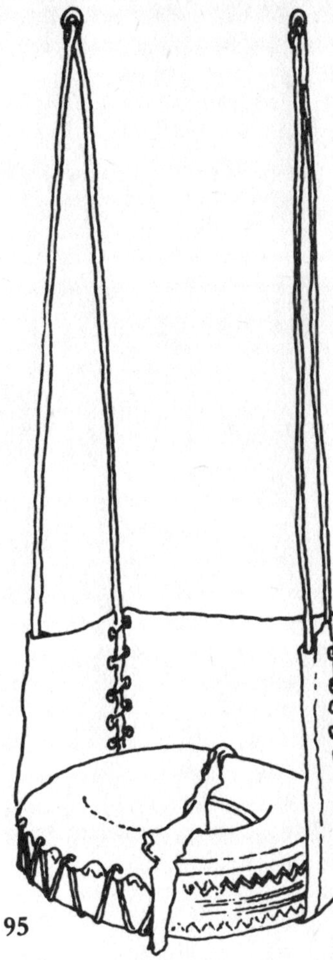

95

Wenn der Reifen gerade hängt, mißt man die Maße für das Segeltuch aus. Ein Streifen geht auf der einen Seite hinunter, unter dem Reifen durch auf der anderen Seite wieder hinauf. An den vorderen Kanten sind Säume genäht, durch die das vordere Seil laufen kann. An den hinteren Kanten sind alle 5 cm Ösen angebracht. Das Segeltuchstück für die Rückenlehne wird unterhalb des Reifens an das andere Tuch genäht und an den Seitenkanten ebenfalls mit Ösen versehen. Durch die Ösen des Rückenteils und der Seitenteile hinten wird alles mit Kordeln um die hinteren Hängeseile gefädelt.

Raum zum Lagern und Unterbringen

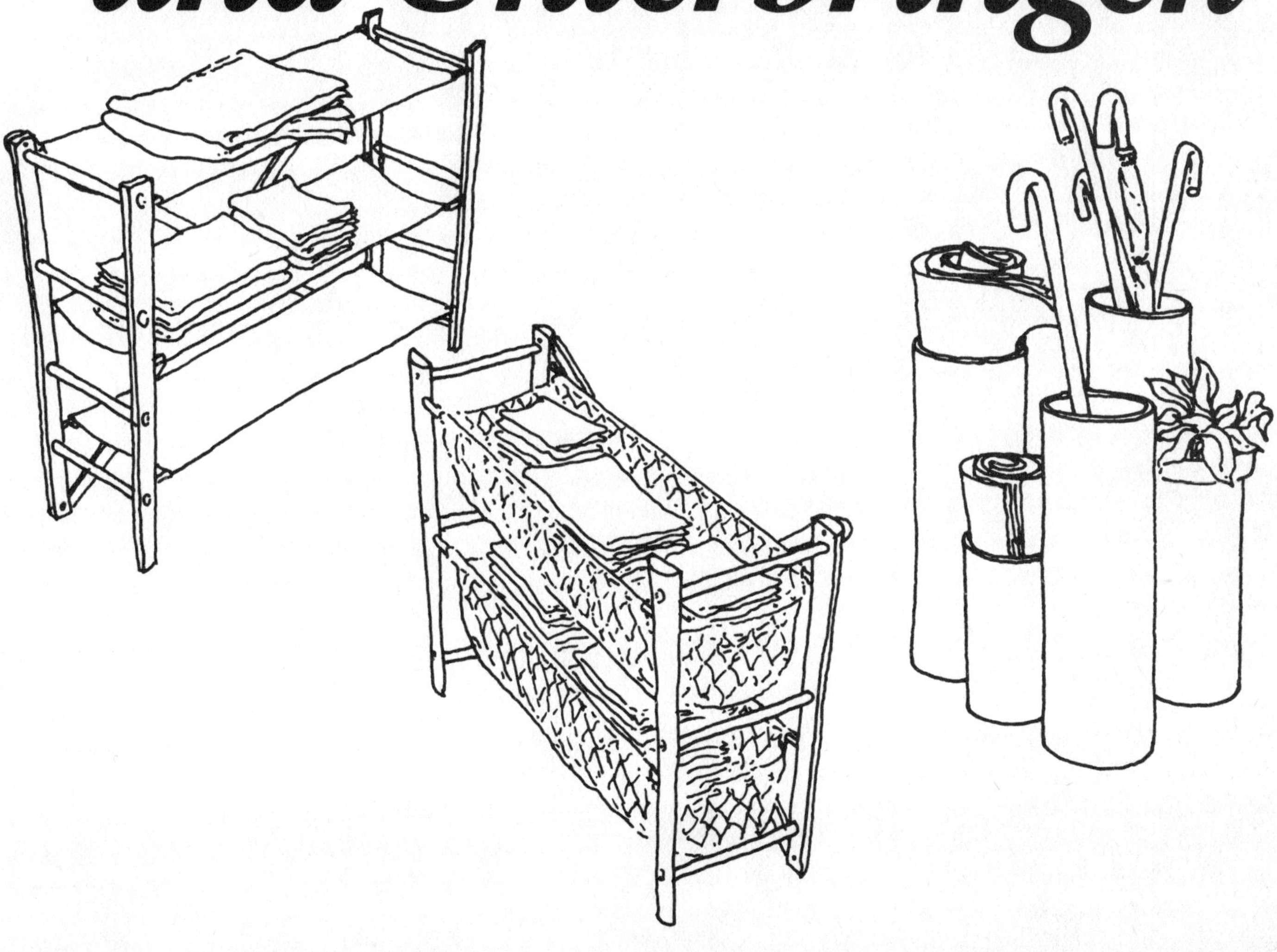

Der wachsame Schnellbastler kann den von der Konsumgesellschaft ausrangierten Dingen zu einem neuen Leben in Form von flotten und praktischen Möbeln verhelfen. Ein Stapel von geretteten englischen Brötchenkästen hat zu den Möbeln angeregt, die Abb. 96—102 zeigen. Alle möglichen anderen hölzernen Kästen sind natürlich genauso verwendbar.
Solche flachen Kästen sind aus Kiefernholz mit metallverstärkten Ecken — kräftig und hübsch. Aber auch die modernen Plastikkästen, die meistens zum Stapeln eingerichtet sind, ergeben brauchbare Schubladen.
Schubladen selbst zu bauen, kann für den weniger erfahrenen Gelegenheitsbastler ein Alptraum werden. Es ist viel leichter, einen brauchbaren Rahmen für vorgefertigte Kästen zu bauen. Die genauen Maße für so einen Rahmen hängen von den Kästen ab, die zur Verfügung stehen.
Vielleicht bekommt man solche Kästen noch in irgendeinem Geschäft, am besten, wenn eine Bäckerei oder auch ein anderer Laden zumacht. Die Ausstattung wird meist billig weggegeben.
In der »Kommode« in Abb. 96 sind drei Kästen eingebaut. Man mißt die Kantenlängen der Kästen, notiert die Maße und schneidet sechs Bretter von 100 x 25 mm Stärke in der Länge der kürzeren Seiten der Kästen zu. Das werden die horizontalen Laufschienen für Schubladen, wie sie in Abb. 97 gezeigt sind. Die vier Beine sind aus einer alten Holzdiele (175 x 50 mm) von einer Abbruchbaustelle gemacht, die der Länge nach durchgesägt zwei Stücke von etwa 85 x 50 mm ergab. Das alte Holz ist mit einem gemieteten elektrischen Hobel bearbeitet und gesäubert worden. Die Länge der Beine ist dreimal die Höhe eines Kastens plus 30 cm für die Laufschienen.
Die Beine werden flach auf einen Werktisch gelegt, die untersten Laufschienen auf je zwei Beine geklebt und genagelt. Die nächsten Laufschienen werden so angenagelt, daß gerade genug Platz für die Schubladen zwischen zwei Laufschienen bleibt.
Obendrauf ist ein Stück Tischlerplatte von 20 mm Dicke, die von vier kleinen Stützwinkeln gehalten wird. Nägel oder Schrauben allein würden nicht lange genug halten. Ein Stück Preßpappe, mit Tapeziernägeln an die Rückseite gepinnt, sichert die Konstruktion gegen Verschieben und verhindert, daß die Schubladen zu weit zurückgleiten. Griffe an den Schubladen sind nicht nötig.
Man kann das Holz lassen wie es ist, es firnissen mit Polyurethan oder mit Holzgrundiermittel, Lack- oder Emulsionsfarbe anstreichen. Wenn die Schubladen klemmen, mit einer Kerze die Laufschienen wachsen.
Zwei Kästen ergeben auch einen kräftigen Werkzeugka-

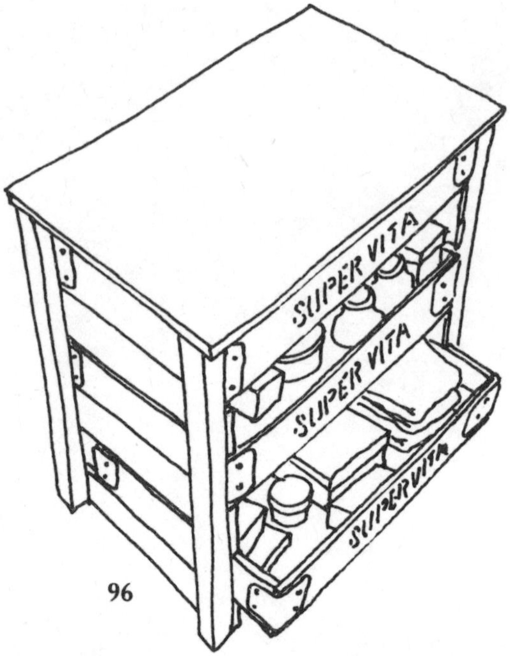

96

97

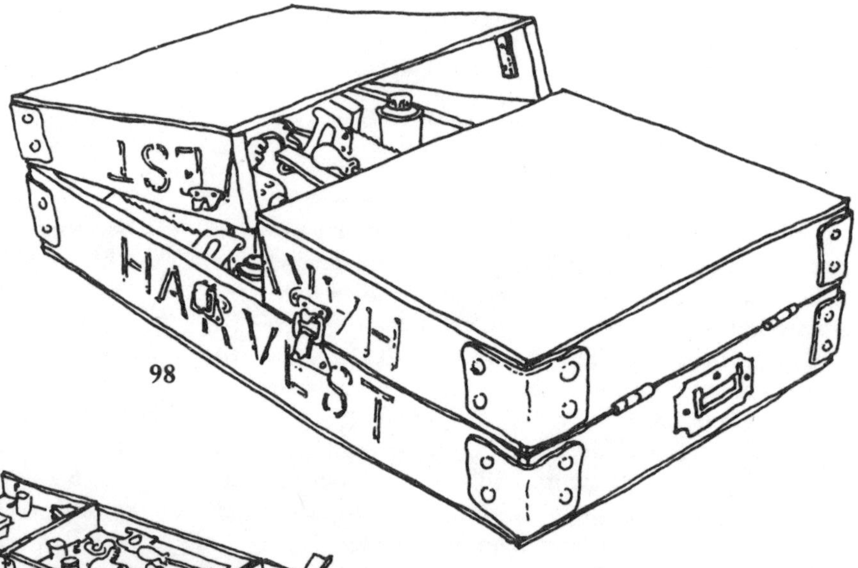

100

98

99

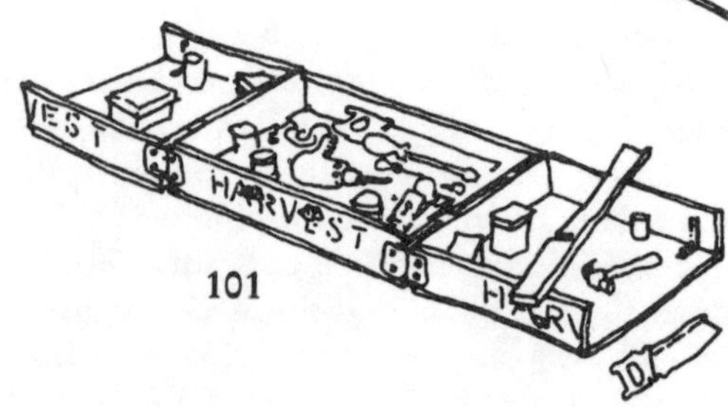

101

sten. In Abb. 98 ist der Deckel in der Mitte durchgesägt, und die beiden Hälften sind durch Scharniere mit dem unteren Kasten verbunden. Damit sich die beiden Hälften nicht verziehen, wurden nahe der Öffnung von innen kleine Stützwinkel aus Metall angebracht. Zwei Spannverschlüsse (Abb. 99) auf jeder Seite halten die Kiste geschlossen.

Die Handgriffe an den beiden Enden (Abb. 100) werden eingelassen. Man zeichnet die Aussparung mit dem Bleistift um den aufgelegten Griff herum an und stemmt das Holz bis zur richtigen Tiefe aus. Natürlich kann man auch Griffe von alten Möbelstücken aufschrauben, das ist billiger und einfacher, aber nicht so schön.
Große Kästen kann man der Länge nach durchsägen, um

102

103

ungewöhnliche Regalfächer mit Rand zu bekommen, wobei die Schablonenschrift des Geschäfts noch zur Dekoration beiträgt (Abb. 102).
Man kann die Fächer auf eins der vielen Fertig-Regalsysteme aus senkrechten Winkelprofilen mit Löchern und Schlitzen und eingehängten Tragarmen aufbringen. Billiger ist es, die gebräuchlichsten 15-cm-Metall-Winkelträger an zwei Holzlatten zu schrauben, die ihrerseits in der Wand befestigt werden. Man nimmt vier 50-mm-Schrauben für jede der Latten und muß aufpassen, daß die Schrauben einen soliden Grund hinter dem Mörtel der Wand zu fassen kriegen — entweder die hölzerne Wandkonstruktion oder einen in das Mauerwerk versenkten Dübel. Die Latten in Abb. 102 sind 90 cm lang.
Die Stützwinkel für das unterste Regal in Abb. 102 sind an dem niedrigstmöglichen Punkt angebracht, und zwar mit 20-mm-Schrauben. Die Regalfächer sind 22,5 cm auseinander.
Eine Wasserwaage sorgt dafür, daß die Winkelstützen auf die gleiche Höhe kommen. Wer keine hat, nimmt die improvisierte Wasserwaage, wie bei Abb. 417 beschrieben.
Schlichte Abflußrohre und Regenrohre sehen auch drinnen gut aus. PVC-Rohre sind kräftig, leicht, gut zu säubern und einfach zu schneiden mit einer elektrischen Me-

tallsäge oder einer feinzahnigen anderen Säge. Schartige Kanten kann man abfeilen und schmirgeln.
Plastik-Regenrinnen sind sehr geeignet, um den Krimskrams im Badezimmer aufzunehmen. Pflanzen gedeihen auch sehr gut in solchen Regenrinnen.
Die »Regale« in Abb. 104 sind meterlange Standardregenrinnen aus Kunststoff für den Hausgebrauch mit aufsetzbaren Endböden, die auf den dazugehörigen Rinnenhaltern ruhen. Diese Halterungen werden durch 40-mm-Schrauben in Wanddübeln in einer Ziegelwand gehalten. Halterungen und Endböden muß man normalerweise im Installationsgeschäft kaufen, aber Teile von Regenrinnen werden oft auf Baustellen zurückgelassen, wenn die Arbeit erledigt ist. Dann kann man sie vielleicht umsonst kriegen. Und in den Abstandshalterungen stehen die Zahnputzbecher.
Wenn einem die Farbe solcher Plastikrohre zu trüb ist, kann man Vinylfarben daraufsprühen. Die Herstellermarke läßt sich abschmirgeln oder mit Lackverdünner wegbringen.

104

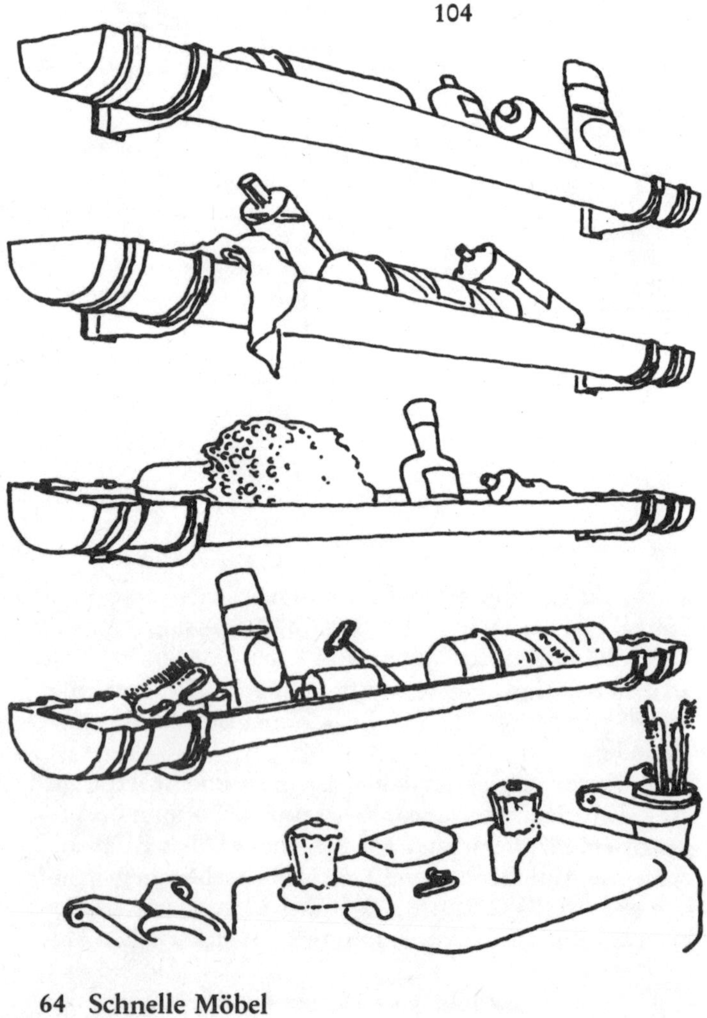

105

Zylindrische Kunststoffrohre gibt es mit den verschiedensten Durchmessern, von 1 cm bis 60 cm. Sie werden meistens in Längen von drei oder sechs Metern verkauft. Verschieden lange Reststücke miteinander verbunden ergeben einen hübschen Schirmständer für den Flur, in dem man auch Zeitungen oder Pflanzen unterbringen kann. Das System in Abb. 103 ist mit Styrolkleber zusammengeklebt; Flüssigkleber wird von den Herstellern solcher Rohre verkauft.
Eine kleinere Version aus dünnen Rohren, die auf eine Kartonunterlage geklebt werden, ergibt eine hübsche Schreibtischgarnitur (Abb. 105). Die vier Rohre sind 18, 15, 12 und 9 cm lang. Sie wurden mit Styrolkleber zusammengeklebt und auf ein Stück Karton gesetzt, die Umrisse mit dem Bleistift angezeichnet und dann ausgeschnitten. Ein Allzweckmesser erleichtert diese Arbeit. Schließlich wird die Konstruktion aufgeklebt und beschwert, bis der Kleber getrocknet ist.
Das kräftige Regal in Abb. 106 ist mit einem Standardrohr gebaut.

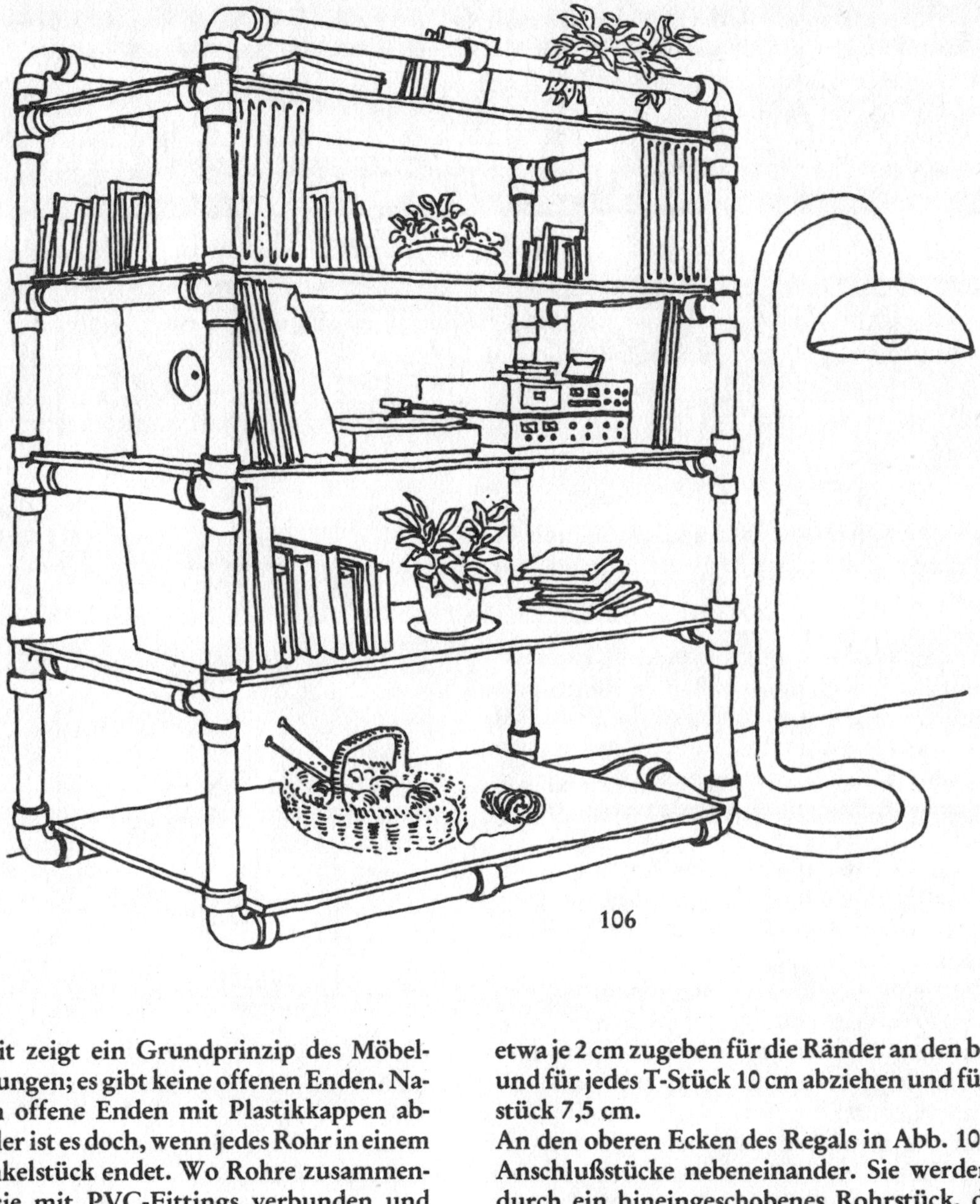

106

Diese Regaleinheit zeigt ein Grundprinzip des Möbelbaus mit Rohrleitungen; es gibt keine offenen Enden. Natürlich kann man offene Enden mit Plastikkappen abdecken, aber stabiler ist es doch, wenn jedes Rohr in einem T-Stück oder Winkelstück endet. Wo Rohre zusammentreffen, werden sie mit PVC-Fittings verbunden und durch Flüssigkleber gehalten.
Rohre werden im allgemeinen 2 cm tief in den Wulst eines Anschlußstücks hineingeschoben. Das muß bedacht sein, wenn man errechnet, wie lang die Rohre zugeschnitten werden. Und für eine Seite mit diesen Rohren muß man etwa je 2 cm zugeben für die Ränder an den beiden Enden, und für jedes T-Stück 10 cm abziehen und für ein Winkelstück 7,5 cm.
An den oberen Ecken des Regals in Abb. 106 liegen zwei Anschlußstücke nebeneinander. Sie werden verbunden durch ein hineingeschobenes Rohrstück, das in beiden Wulsten verklebt wird.
Erst wird der vordere Rahmen und dann der hintere zusammengesetzt. Jeder besteht aus acht Rohrstücken von 27,5 cm Länge für die Seiten, dazu vier Rohren von 42,5 cm Länge für oben und unten sowie acht T-Stücken, vier

107

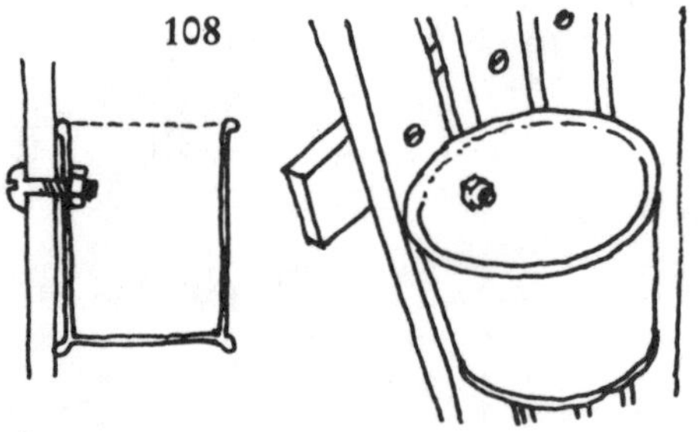

108

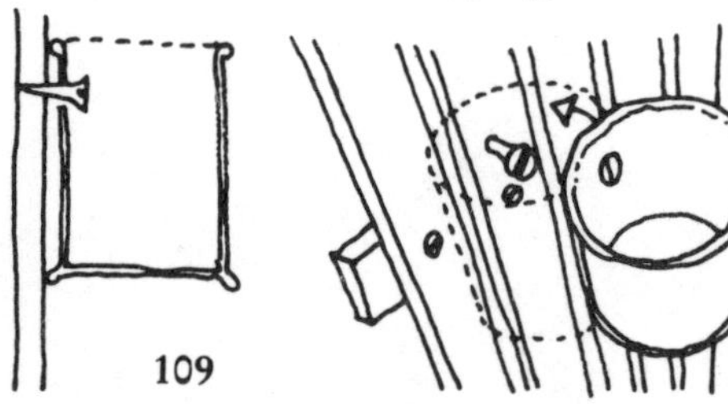

109

rechtwinkligen Winkelstücken und zwei Rundmuffen, die oben und unten in der Mitte eingesetzt werden. Die Rahmenteile werden auf einem flachen Untergrund zusammengesetzt, damit sie alle in der gleichen Ebene liegen. Man prüft, ob alles sitzt, bevor man klebt, markiert die Gelenkstellen mit Bleistift, damit man sie genauso wieder zusammensetzen kann, schmirgelt die Enden der Rohre leicht an und klebt alles zusammen. Wenn der vordere und der hintere Rahmen fertig sind, fügt man die acht Querstreben ein. Dann mißt man den Raum für die Regalbretter aus.

Die Regalbretter in Abb. 106 sind aus Spanplatte, die kräftig genug ist, 90 cm zu überspannen, ohne durchzuhängen. Sie haben einen Abstand von 32,5 cm, das reicht zur Unterbringung von Schallplatten und Büchern.

Das Abrutschen von Regalbrettern kann man auf verschiedene Weise verhindern. Man kann die Bretter etwas größer zuschneiden und an den Ecken Aussparungen schneiden, so daß sie genau um die Rohre herumreichen. Oder man kann eine Latte von etwa 50 x 25 mm mit PVA-Kleber von unten gegenkleben, die gerade so lang ist wie der Abstand zwischen zwei Querstreben vom gleichen Niveau. Das hat den Vorteil, daß das Regalbrett dadurch verstärkt wird.

Schachteln, Dosen und andere Behälter sind die Seele jedes selbstgemachten Unterbringungssystems. Die in Fabriken, Büros oder zu Hause weggeworfenen Behälter sind eine wertvolle Quelle für das Low-Tech-Möblieren.

In Abb. 107 ist eine Sammlung von farbenfrohen Metall- und Plastikbehältern, in denen früher Olivenöl, Sirup, Bonbons, Kekse, Bier und Margarine enthalten waren, aufrecht oder seitlich an Holzleisten angebracht. In Restaurants bekommt man unter Umständen große Olivenöl- oder Kaffeedosen. Unerwünschte Deckel oder Böden werden mit dem Dosenöffner herausgeschnitten und schartige Kanten weggefeilt.

Die Latten, 25 x 50 mm bei einer Länge von 1 m, werden an zwei horizontal laufende Latten der gleichen Stärke

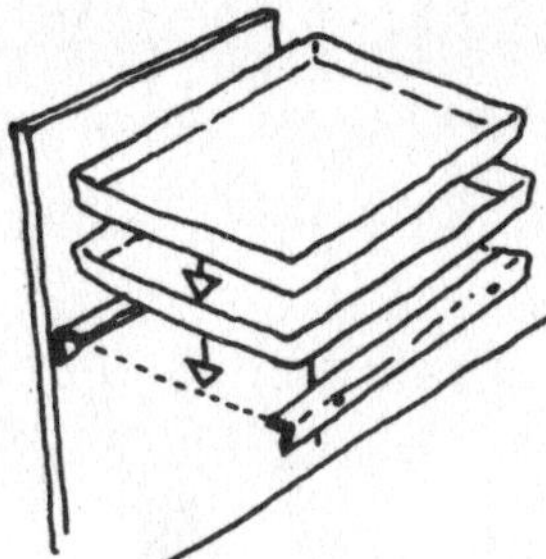

110

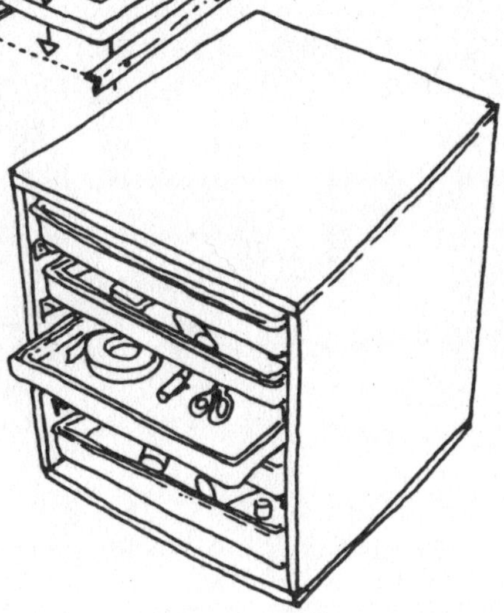

111

Fotopapierschachteln ergeben flache Schubladen (Abb. 111). Sie sind kräftiger, wenn man jeweils Boden und Deckel ineinandergesetzt als eine Schublade benutzt. Ein schlichter Rahmen wird aus 12 mm dicker beschichteter Spanplatte zusammengeschraubt. Die Seitenwände sind so breit wie die Fotoschachteln und können so hoch sein wie man will. In Abb. 110 sind metallene Laufschienen an den Innenwänden, die einander genau gegenüberliegen. Ober- und Unterteil des Rahmens werden so breit, wie die Schachteln lang sind, plus 2,5 cm für die Wanddicken plus 5 mm für die freie Bewegung der Schubladen. Die Wände des Schränkchens werden mit den Spezial-Blockbeschlägen verbunden, wie sie von den Küchenmöbel-Herstellern benutzt werden.
Hübsche Behälter können ein häßliches Möbel verschönern. In Abb. 112 wurden die oberen Türen eines billigen Furnierholzschränkchens herausgenommen und zwei dekorative Wäschekörbe aus Weidengeflecht hineingeschoben.

angeschraubt. Zwischen den Latten bleibt jeweile eine Lücke von 1 cm Breite. Die Querlatten sind rund 20 cm vom oberen und unteren Rand der Latten entfernt fest an der Wand angebracht mit 50-mm-Schrauben alle 30 cm. Die Abb. 108 und 109 zeigen zwei Möglichkeiten, Dosen anzubringen. Einmal, indem man Bolzen durch in den Latten vorgebohrte Löcher steckt und die Muttern innerhalb der Dose mit dem Schraubenschlüssel anzieht. Oder indem man die Dose über den Kopf einer Schraube hängt, die zum Teil aus der Latte herausschaut. In beiden Fällen muß man eben unterhalb der Oberkante der Dose ein Loch vorbohren. Seitlich angebrachte Dosen werden durch zwei Schrauben gehalten, die durch vorgebohrte Löcher im Dosenboden in die Latten gedreht sind. Bei Plastikbehältern nimmt man, damit sie nicht reißen, Rundkopfschrauben mit Unterlegscheiben.
Kleine Regalbretter werden aus 12-mm-Furnierplatte geschnitten. In einer runden Dose sitzt so ein Brett ohne weitere Unterstützung. In der quadratischen Keksdose in Abb. 107 wird es durch ein paar Stifte gehalten, die von der Seite durch das Blech geschlagen wurden.

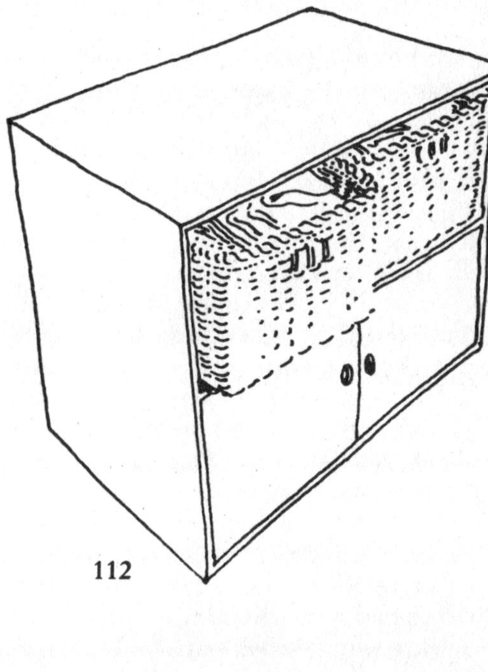

112

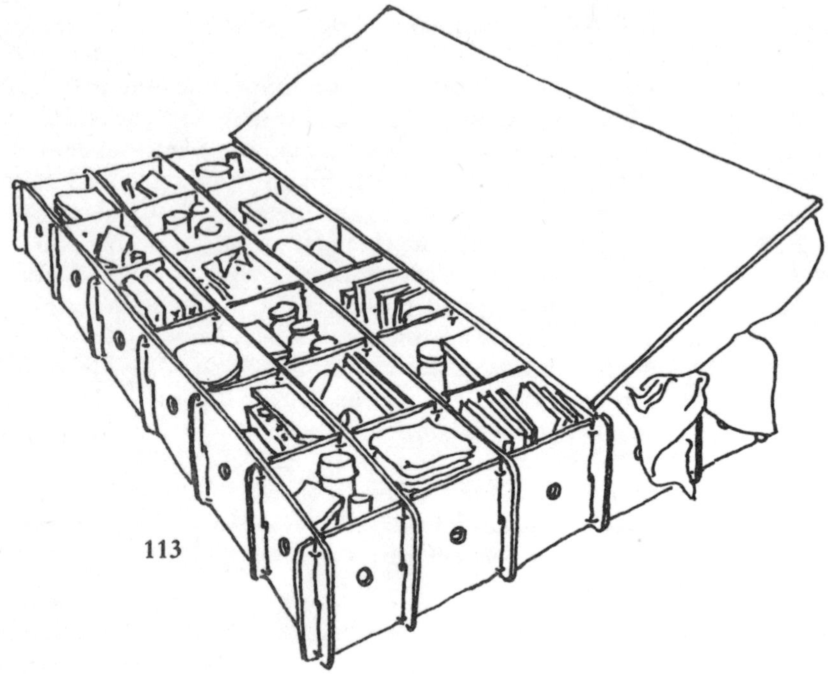

113

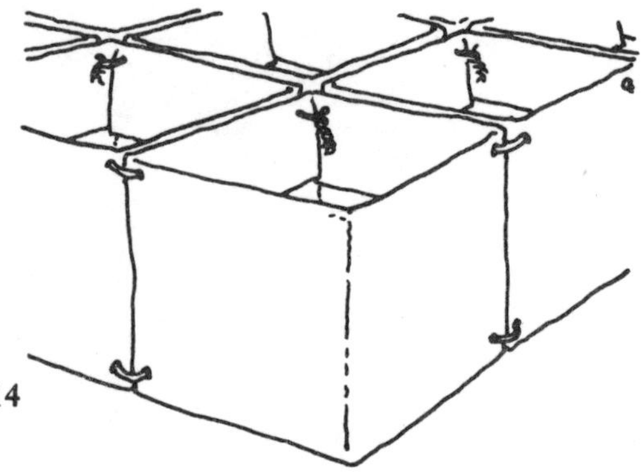

114

Abb. 113 ist ein verschränktes System, bei dem man beliebig viele Fächer unterbringen kann. Unser Vorschlag: wer sich soviel Furnierplatte leisten kann, schneidet eine Platte mit 6 mm Stärke in 30 cm breite Streifen, sechs Streifen 190 cm lang, sieben Streifen 160 cm lang. Es geht auch kräftige Wellpappe, die ist billiger und leichter, wenn auch weniger haltbar. Lange Pappkartons werden in Kleiderfabriken oft weggeworfen.

Auf jedem der Streifen werden im Abstand von 30 cm Kerben angezeichnet, die erste und die letzte jeweils 5 cm vom Rand entfernt. Dann wird an diesen Stellen ein Schlitz von der Breite des Materials eingeschnitten (beim Furnierholz also von 6 mm), von der Kante bis in die Mitte des Streifens. Eine gemietete Fräsmaschine oder elektrische Stichsäge erleichtert diese Arbeit beim Holz; Karton schneidet man am besten mit einem Teppichmesser. Mit dem gleichen Werkzeug werden die scharfen Ecken der Streifen abgerundet, dann werden die Teile wie auf Abb. 113 miteinander verschränkt.

Wenn das System wackelt oder knirscht, kann man es mit Kupferdraht sichern, der an den Kreuzungspunkten durch vorgebohrte Löcher geführt und mit der Zange strammgezogen wird (Abb. 114). Eine Hartfaserplatte, als Boden daruntergeheftet, macht den Kasten stabiler.

Man kann das Format ändern und zum Beispiel einen Kaffeetisch oder eine Sitzbank mit Stauraum innen konstruieren, oder auch das Kastensystem kippen und an die Wand hängen.

In Abb. 113 haben wir ein Stück Furnierplatte als Deckel aufgebracht. Den kann man – wie die Seitenwände der Boxen – zur Lüftung mit Löchern versehen und dann eine Matratze auflegen und die Boxen als Bett benutzen. Die Zeichnung zeigt einen mit Scharnieren versehenen Deckel aus zwei Brettern. Drei 5 cm lange Scharniere wurden oben auf die beiden Bretter geschraubt.

Kartons kann man verwenden, um eine ähnliche Konstruktion fast umsonst zu bekommen. Sie werden mit Drähten zusammengehalten, die man mit der Zange strammgezogen hat (Abb. 114). Auch mit großen Heftklammern kann man sie verbinden. Die Schrift auf den

Kartons wirkt dekorativ, sie kann aber auch mit Stoff oder Papier überzogen oder übermalt werden. Wenn man Weinkartons benutzt und die Pappunterteilungen drinläßt, ist das ein sehr stabiles System.
Eine Kombination von Rundstangen und »Taschen« aus Textilien liefert Dutzende von Möglichkeiten für schnell zu bauende, einfache Unterbringungssysteme; man braucht nur eine Säge, eine Bohrmaschine mit einem Bohrer im gleichen Durchmesser wie die Rundstangen und weißen Holzleim. Damit Bohrer und Holz senkrecht zueinander stehen und nichts abrutscht, besorgt man sich am besten Bohrständer und Spanntisch. Manche Hersteller von Elektrowerkzeug bieten preiswerte Bohrständer an, die man auch tageweise mieten kann. Mit einem Stück farbigem Klebeband wird auf dem Bohrer markiert, wie tief man bohren will. Dann werden alle Löcher für eine Leiter gleich tief. Wichtig ist es, daß die Sprossen versetzt sitzen, sonst werden die senkrechten Leiterholme zu sehr geschwächt.
So ein System kann teuer werden. Brauchbar sind für die eckigen Holme billigere Kanthölzer, in die die runden Sprossen eingesetzt werden. In Abb. 115 haben wir eine beschädigte alte Leiter wieder aufgearbeitet. Eine Latte von 50 x 25 mm, die diagonal von hinten dagegengenagelt wurde, gab der Konstruktion Stabilität.
Aus einer Leiter ist auch das schlichte und bewegliche »Taschen«-System, das man einfach gegen die Wand lehnen kann (Abb. 116). Das Segeltuch muß an allen Sprossen einzeln befestigt werden, weil sonst schwere Gegenstände die ganze Konstruktion auseinanderziehen. Wenn der Rahmen vorgefertigt und nicht so leicht auseinanderzunehmen ist, wie etwa bei einer Leiter, muß man den Stoff um jede der Sprossen legen und von Hand anheften. Einfacher ist es, wenn der Stoff mit Reißzwecken angeheftet ist, dann kann man ihn auch zum Waschen abnehmen.
Eine Aluminiumleiter wäre ebenso geeignet und viel leichter, ist aber kaum gebraucht zu bekommen. Das Ganze kann man absichern durch fest angebrachte Deckenhaken oder ein paar solide in der Wand verankerte Halterungen.
Die kleine dreieckige Einheit in Abb. 117 ist um einen sägebockähnlichen Schragen gebaut.
Auch für Abb. 118 wurden Teile einer alten Leiter verwendet; dabei wurden aber für die neuen Verbindungs-

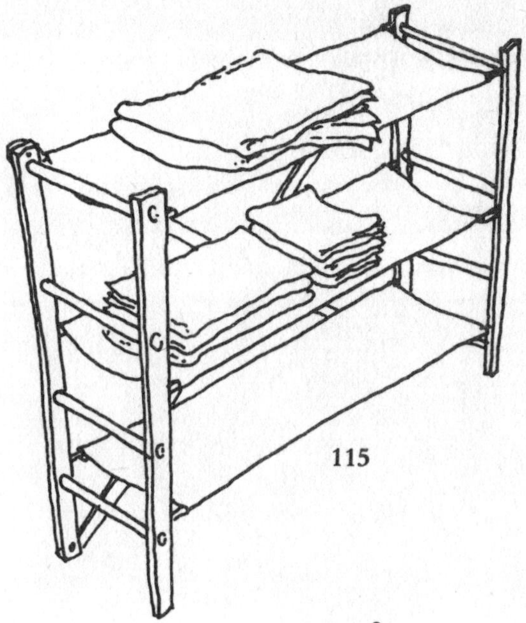
115

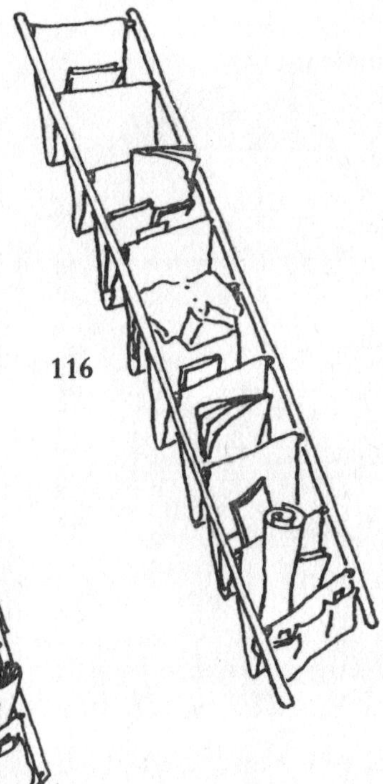
116

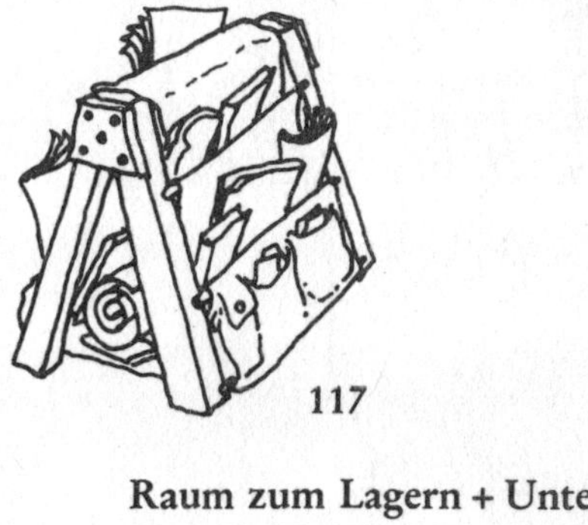
117

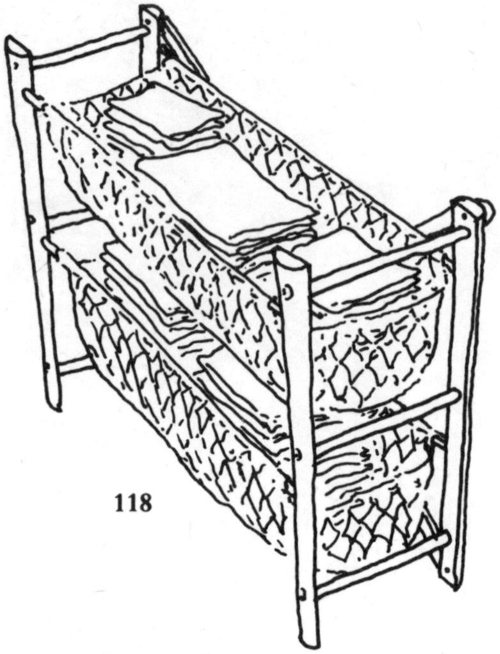

118

streben neue Löcher quer zu den alten Sprossen gebohrt. Statt der Holzstangen können auch Kunststoff- oder Stahlrohre verwendet werden.
Wenn das System mit hölzernen Rundstangen neu gebaut wird, näht man Laschen in den Stoff, durch die die Rundstäbe geschoben werden, und setzt dann erst alles zusammen. Segeltuch hält dabei die Form sehr gut. Netzgeflecht tut das nicht, ist aber dafür leichter anzubringen: man steckt die Stäbe einfach durch und heftet das Netzwerk dann an den Holmen fest (Abb. 116).
Vier Abschnitte einer alten Leiter bilden die Stützen des Regals in Abb. 119. Die Regalbretter müssen waagerecht liegen; die Leiterteile sind also so zugeschnitten, daß die Sprossen bei allen vier Teilen gleich hoch liegen. Kleinere Unebenheiten kann man korrigieren, indem man an dem einen oder anderen Bein unten noch ein Stück absägt. Die Bretter sind aus 20-mm-Tischlerplatte, die mit je zwei 40-mm-Schrauben pro Sprosse angeschraubt wurden.

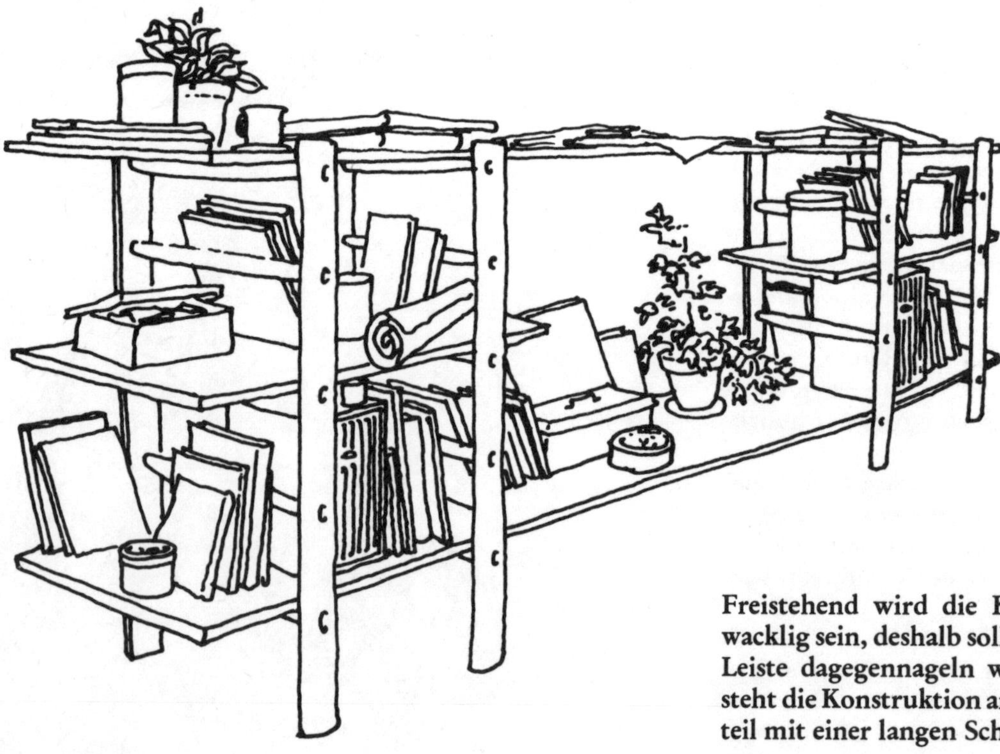

119

Freistehend wird die Konstruktion so vermutlich zu wacklig sein, deshalb sollte man von hinten diagonal eine Leiste dagegennageln wie in Abb. 115. Am sichersten steht die Konstruktion an der Wand, wo man jedes Leiterteil mit einer langen Schraube in der Wand verankert.

120

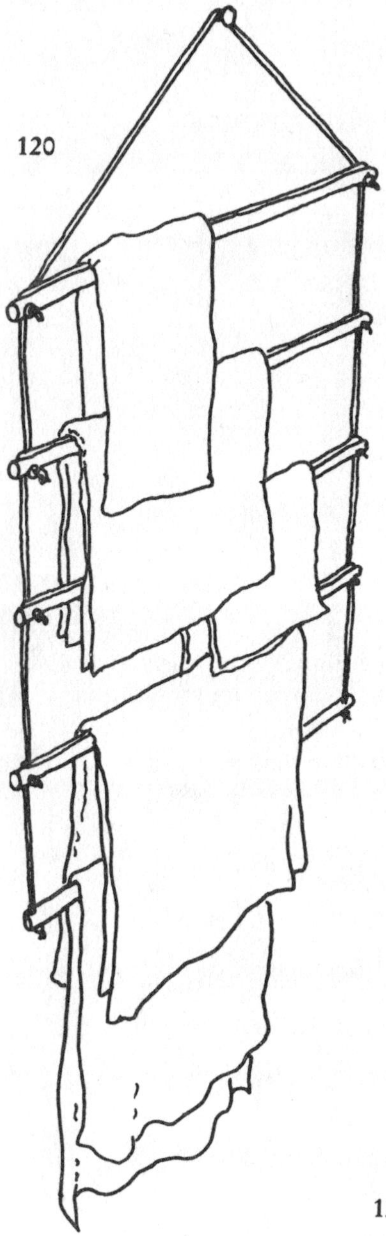

121

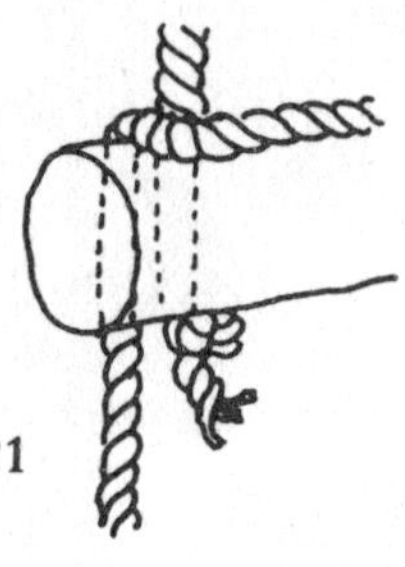

Das einfache, aber sehr vielseitig verwendbare Hängegestell in Abb. 120 kann man jederzeit nach Bedarf verlängern, indem man weitere Schlingen anhängt. Die Querstreben sind 50 cm lange Rundstangen von 2 cm Durchmesser. Man kann auch Vorhangstangen aus Messing nehmen oder Kupfer- oder Stahlrohre.

Die Vorhangschnur aus Nylon, durch vorgebohrte Löcher gezogen, hat feste Knoten unten. Damit nichts ausfranst und aufgeht, sind die Enden vorsichtig mit dem Feuerzeug erhitzt, die Nylonstränge also miteinander verschmolzen. Die oberste Kordel hängt an einer Schraube an der Wand. Jedes weitere Element wird über das vorige gehängt wie auf Abb. 121.

Vieles kann man an Haken aufhängen, die in das einfache und überall verwendbare Lattensystem (Abb. 122) eingehängt sind. Man kann eine ganze Wand so verkleiden, indem man mehrere verschiedene Elemente wie das gezeigte aneinanderbaut. Im Laden gekaufte Zaunlatten sparen Zeit bei der Herstellung, aber das Holz ist dabei unangenehm rauh.

Die Latten in unserem Modell Abb. 122 sind durchweg 50 x 25 mm gehobelte Weichholzlatten. Zwanzig Latten von 150 cm Länge wurden in Abständen von 2 cm auf drei 140 cm langen Leisten aufgebracht, die dann in der Wand verankert wurden.

Die beiden äußeren Stützlatten wurden auf einer Flachseite mit Holzleim eingestrichen und beide im Abstand von etwa 120 cm auf eine flache Unterlage gelegt. Die oberste und die unterste Querlatte werden zuerst angeschraubt, dann alle anderen, und zwar mit 40-mm-Schrauben, dann das Ganze gedreht, und die mittlere Stützlatte aufgeklebt und angeschraubt.

Auf den Stützleisten zwischen den jeweils ersten beiden Querlatten oben und unten wurden Löcher für die Wandbefestigung vorgebohrt.

Die Anzahl und die Länge der Latten kann man natürlich variieren, und die Zwischenräume können auch ungleichmäßig sein. Man kann sogar verschieden breite Latten oder Bretter nehmen von 5, 7, 10, 15 cm Breite, aber auf alle Fälle sollten sie immer parallel sitzen. Bei Latten von weniger als 120 cm Länge kann man auf die mittlere Stützleiste verzichten.

Einfache Kistenregale wie in Abb. 124 sind 20 cm tief und aus 12-mm-Furnierplatte hergestellt. Sie werden an den Kanten durch je drei 25-mm-Schrauben zusammengehal-

122

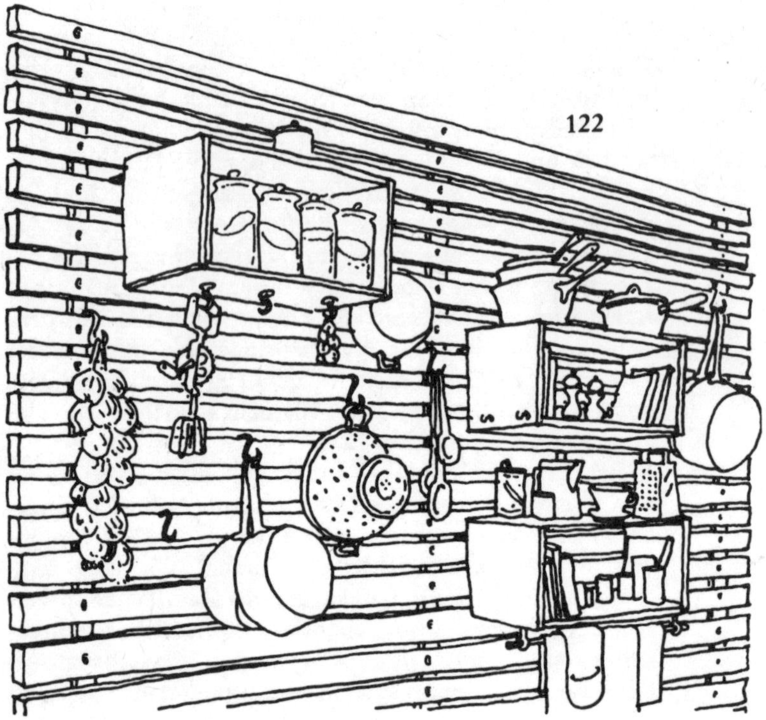

123

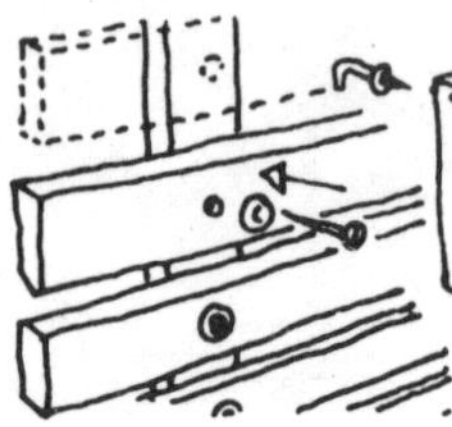

124

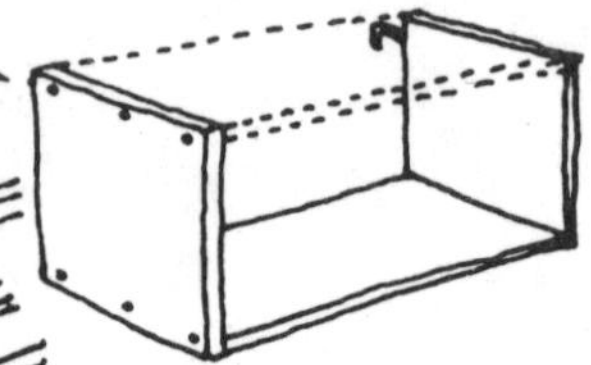

125

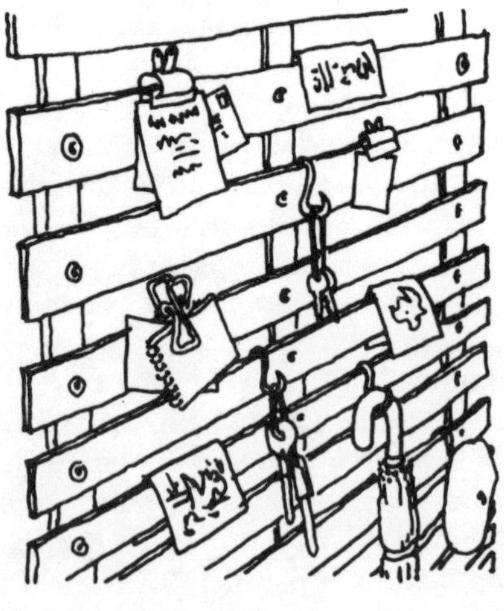

126

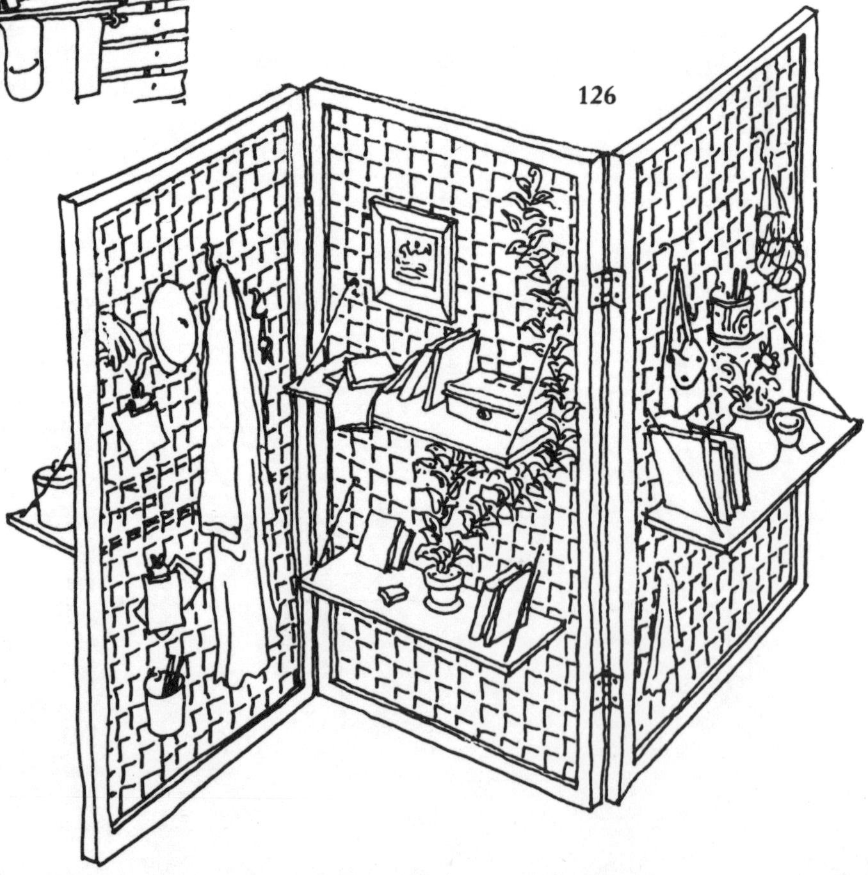

ten, die durch die Seitenteile in die Deckel- und die Bodenplatte geschraubt sind. Eine Rückseite aus Hartfaserplatte kann man zusätzlich aufpinnen. Man hängt die Kisten mit kräftigen Bilderhaken, die von hinten in die Seitenwände geschraubt sind, am Lattengerüst auf. Weitere Gegenstände hängt man an »Fleischerhaken« oder S-Haken, die man im Haushaltwarengeschäft bekommt, an das Gerüst. Man kann sie auch selbst mit einer Zange aus alten Drahtbügeln zurechtbiegen.

Kleinigkeiten kann man mit Federklammern (Abb. 125) festmachen. In diesem Beispiel sind die senkrechten Leisten (50 x 25 mm) im Abstand von 50 cm voneinander an der Wand befestigt. Die 125 cm langen Querlatten wurden mit 40-mm-Schrauben darauf befestigt. Schrauben mit Messingrosetten wie in Abb. 123 runden das hübsch ab. Eine Wasserwaage sorgt dafür, daß die Latten waagerecht sitzen.

Der offene Wandschirm in Abb. 126 verbindet ein mobiles, leicht zu verstellendes System zur Aufhängung von Sachen mit einem Raumteiler, der den Wohnraum verändert, ohne das Licht ganz auszusperren.

Jedes der drei Elemente besteht aus zwei Rahmen aus 50 x 25 mm Latten mit einem darin eingeklemmten Stück Plastikmaschendraht, im Gartenzentrum gekauft. Man schneidet für jeden der Rahmen zwei Latten von 175 cm und zwei von 70 cm zu, dann werden die Teile im rechten Winkel zusammengeschraubt. Dabei benutzt man Winkelbänder aus Metall (Abb. 127).

127

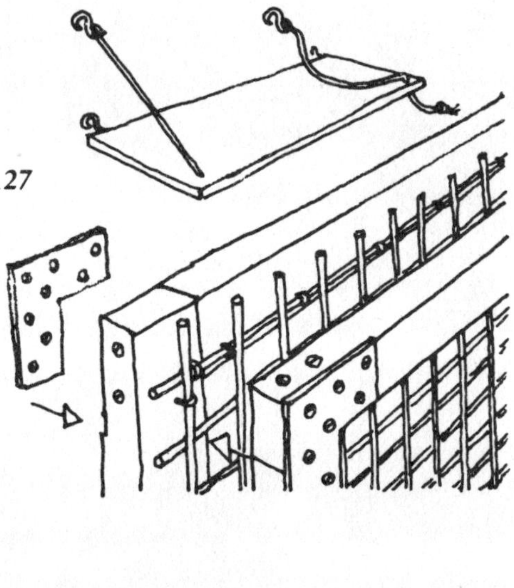

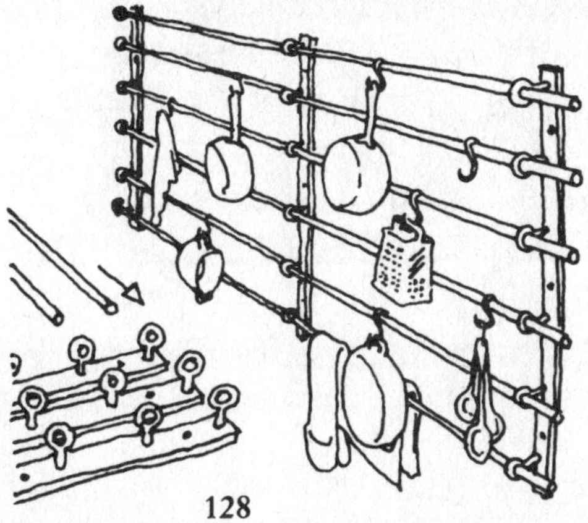

128

Jetzt wird das Maschendrahtgeflecht daraufgelegt und mit Krampen im Abstand von 10 cm (Abb. 127) befestigt. Den zweiten Rahmen baut man genauso und schraubt ihn mit je drei 40-mm-Schrauben an den Längsseiten und 2 Schrauben an den kurzen Seiten auf dem Maschendraht an dem ersten Rahmen fest. Die Lücke zwischen den beiden Rahmen kann an der Außenkante mit Klebeband überklebt oder mit einer hölzernen Zierleiste verdeckt werden. Wenn die drei Elemente fertig sind, werden sie durch je zwei Scharniere miteinander verbunden. Die einfachsten und billigsten Scharniere sind aus Segeltuch, an beide Rahmen geheftet. Das andere Extrem bieten die speziell für Stellwände in Ausstellungen hergestellten Paraventscharniere. An beiden Seiten kann man Sachen an S-Haken in den Maschendraht hängen. Kleine Regale kann man aus 12-mm-Furnierplatte machen; sie werden mit kleinen Haushaltshaken eingehängt und mit Nylonkordel, die das vordere Ende hochhält, oben befestigt.

Zu den Fleischerhaken paßt natürlich das Hängesystem aus Stahlrohren, wie man es hinter dem Ladentisch des Fleischers sieht. Leider bekommt man so was selten, höchstens wenn irgendwo ein Laden zumacht, aber man kann aus Metallrohren oder Holzstangen selbst so etwas bauen. In Abb. 128 sind sechs Stäbe von 150 cm Länge und 12 mm Durchmesser auf drei 90 cm langen Latten von 50 x 25 mm befestigt. Große Ringschrauben mit Ösen von 14 mm Durchmesser halten die Stangen. Sie sind im Abstand von 15 cm voneinander in die Latten geschraubt,

129

wobei die oberste und die unterste 7,5 cm Abstand von den Enden der Latten haben. Es ist wichtig, daß alle drei Ösen für eine Stange auf einer Höhe liegen; deshalb zieht man am besten die Stäbe durch, bevor die Latten an der Wand befestigt werden.
Für das Hängesystem in Abb. 129 werden waagerechte Stangen durch senkrechte Holzstützen geschoben.
Holzstangen mit einem Durchmesser von 40 mm sind sehr brauchbar, alte Vorhangstangen etwa. Die senkrechten Stützen sind aus 50 x 100 mm Holzbohlen (im Abstand von 60 cm). Damit alle Löcher in den Stützen im gleichen Abstand liegen, werden die Stützen alle zusammengeklammert und die Löcher (Durchmesser 40 mm) in Abständen von 15 cm durch alle zugleich hindurchgebohrt. Man muß aber absolut senkrecht bohren. Die Löcher werden von innen mit Holzleim ausgestrichen, dann die Stangen hineingeschoben. Bevor der Leim trocknet, prüft man mit einem Richtscheit, ob Stangen und Stützen im rechten Winkel sitzen. Der Rahmen kann mit 75-mm-Winkelstützen aus Metall oben und unten an den Stützen an der Wand angebracht werden.
Die klassische Einrichtung für Mitteilungen im Hotel ist in Abb. 130 gezeigt. Es ist ein mit traditionellem grünem Filz überzogenes Stück Sperrholz von 30 x 60 cm.
Der Filz wird so zugeschnitten, daß er rundherum auf allen Seiten 3 cm überlappt, strammgezogen und auf der Rückseite mit Heftzwecken oder Heftklammern befestigt. Auch die Gummibandenden, die das Geflecht bilden, werden so auf der Rückseite festgepinnt, wobei sie ein bißchen gespannt werden. Bei dem Muster in Abb. 130 haben wir mit einem Ende an einer Ecke oben angefangen und es unten 20 cm von der Ecke entfernt ankommen lassen, die anderen Stücke dann parallel dazu alle 10 cm. Für dieses Modell haben wir rund 3 m Gummiband verbraucht. Zierkopfschrauben an allen vier Ecken halten das Mitteilungsbrett in der Wand fest.
Unterbringungsmöglichkeiten in Formplastikteilen, die an der Wand befestigt sind, werden in Badezimmern und Arbeitsräumen vielfach benutzt. Alternativen, die nichts kosten, sind leicht aufzutreiben. Geeignet ist zum Beispiel ein aufgegebener Kühlschrank, genauer: die Plastiktürfüllung innen (Abb. 131).
Es gibt sie in verschiedenen Formaten. Die Farben beschränkten sich in Kühlschränken bis vor kurzem auf Weiß, Blaßblau und Blaßgrün, heute findet man auch schon Dunkelbraun und leuchtendes Blau in alten Kühlschränken.

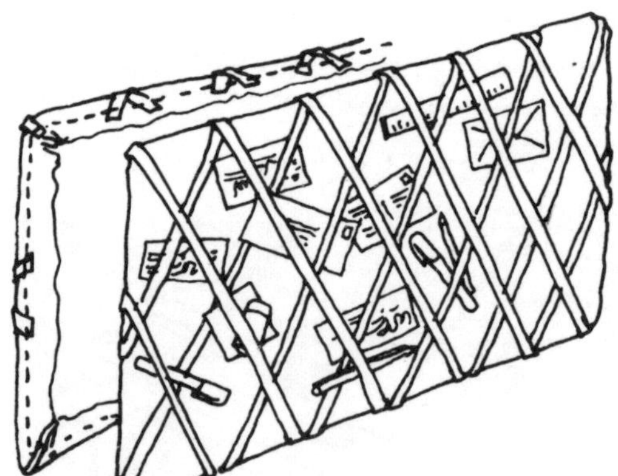

130

131

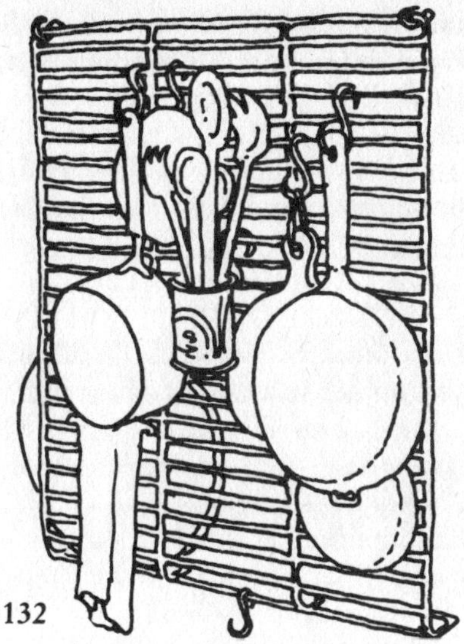

132

Um die Füllung auszubauen, muß man die Dichtungsränder aus Gummi zurückschieben, damit die Schraubenköpfe freiliegen.
Kühlschränke sind gut isoliert, damit die Kälte sich darin hält, deshalb ist hinter der Türfüllung eine Isoliermatte. Handschuhe helfen, daß man sich mit der Glaswolle nicht die Haut reizt. Wer übrigens einen ganzen Schrottplatz voll alter Kühlschränke findet, kann vielleicht genug Glaswolle finden, um eine Wärmeisolierung unter seinem Dach anzubringen.

Nach Jahren im kalten Kühlschrank kann das Plastikmaterial brüchig geworden sein; also Vorsicht beim Herausnehmen und auch, wenn es durchbohrt und an der Wand angebracht wird. Am besten werden die schon vorhandenen Schraubenlöcher genutzt; sonst bohrt man mit einem Handbohrer Löcher vor, so breit wie die Schraubenschäfte, und legt ein Stück Abstandsholz zwischen Kunststoff und Wand. Dann wird das Plastikmaterial nicht gebogen und bricht nicht so leicht.
Noch etwas ist aus Kühlschränken zu retten: Regale wie in Abb. 132.

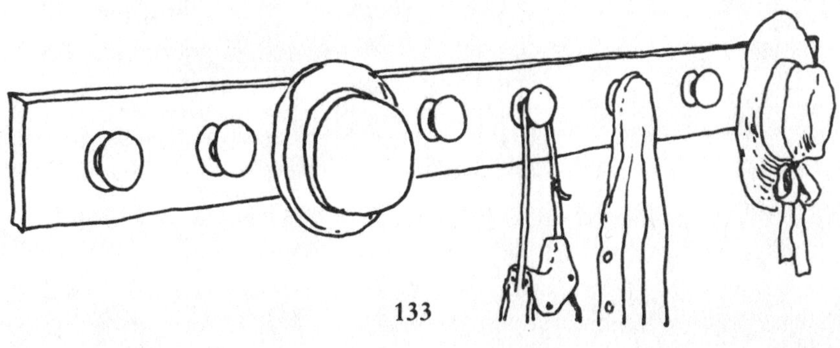

133

Haken und Knöpfe helfen, die Unordnung zu beseitigen. Diesem Prinzip huldigen die Mitglieder der amerikanischen Sekte der Shaker. Die hängen sogar ihre Stühle an die Wand, wenn sie sie nicht benutzen: Stühle und Hüte der Shaker hängen an Knöpfen an einer Holzleiste, die wie eine Bilderleiste ganz um den Raum herumläuft (Abb. 133). Geeignet sind Holz- oder Porzellanknöpfe von alten Schränken oder Türen auf einem Brett.
Die Schlaufen oder Taschen in Abb. 134 werden durch einen fortlaufenden Streifen durchsichtiger Plastikfolie gebildet. Das Brett an der Rückseite ist eine billige Hartfaserplatte von 30 x 100 cm. Sie ist mit einem Stück Stoff überzogen, das rundherum 5 cm breiter sein muß. Es ist von hinten auf dem Brett angeheftet.
Um die Außenkante der Plastikfolie kann man mit der Nähmaschine Leinenband aufnähen oder Klebeband aufkleben. Die Folie wird mit Schuhzwecken alle 30 cm an der Rückwand festgeheftet, wobei man 10 cm von der Oberkante entfernt beginnt. 5 cm von der Oberkante entfernt werden zwei Löcher gebohrt, mit denen man das Brett an zwei Haken in der Wand hängt. Messingösen, durch Plastik, Textil und Platte hindurch aufgebracht, sehen auch gut aus.
Getränkekästen sind stabil genug, um zerbrechliche Flaschen beim Transport zu schützen. Ihre Robustheit kann man auch zu Hause nutzen, ohne die Kisten in irgendeiner Weise zu verändern, zum Beispiel für die Unterbringung von Schuhen und Schuhputzzeug (Abb. 135). Wenn man größere Zwischenräume braucht, muß man Unterteilungen mit einer Säge oder einem scharfen Messer herausschneiden.
Eine hölzerne Weinkiste ohne Unterteilungen kann

134

135

136

137

ebenfalls gekippt und in ein Schuhregal verwandelt werden. Dazu bringt man wie in Abb. 137 Holzstäbe an. Die hinteren 6-mm-Rundstäbe für die Absätze werden im Abstand von 10 cm von der Rückwand mit Holzleim in Löcher von ebenfalls 6 mm Durchmesser eingeklebt, die vorderen für die Spitzen etwa 5 cm tiefer angesetzt.
Früher waren alle Kisten für Wein, Bier und andere Getränke aus Holz, heute beherrscht Kunststoff den Markt. Weinkisten findet man noch am ehesten aus Holz. Hölzerne Weinkisten kann man auch auf die Seite gekippt mit 60-mm-Schrauben durch vorgebohrte Löcher im kräftigen Boden (Abb. 136) an der Wand befestigen. Noch einfacher ist es mit Schrauben, die genau zwischen die Bodenbretter der Kisten greifen; sie müssen 1 cm vorstehen, die Kisten hängen wie auf Haken darüber.
Dekorativ wirken Kisten mit sauberen Aufschriften. Man kann auch Regalbretter innerhalb von Kisten anbringen und wie bei Abb. 138 sogar eine kleine Schreibplatte einbauen. Die Regalbretter sind aus 12-mm-Weichholz aus einer anderen Kiste. Sie wurden so zurechtgesägt, daß sie genau in diese Kiste paßten, dann an den Kanten mit PVA-Kleber bestrichen und zusätzlich mit 25-mm-Stahlstiften festgemacht, die von außen ein-

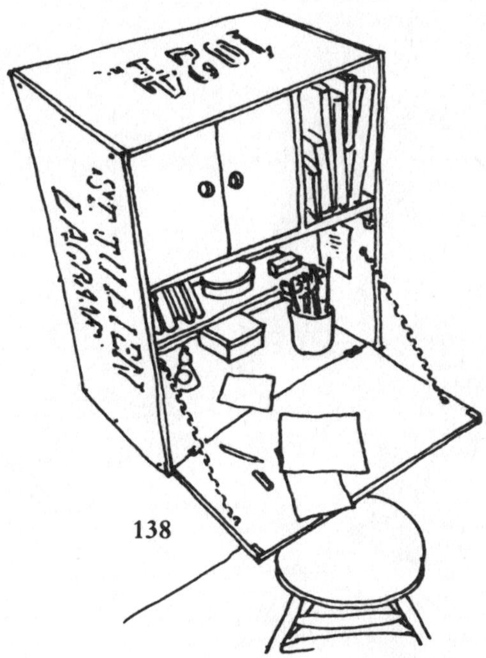

138

geschlagen wurden. Nägel stören bei diesen Weinkisten nicht.

Jede der zwei Türen wird von zwei kleinen Messingscharnieren gehalten. Ein Magnetschnäpper aus dem Haushaltwarenladen oder Bastelgeschäft hält die Türen in der Mitte geschlossen. Löcher von 2 cm Durchmesser ersetzen die Griffe. Die Schreibunterlage ist hinten mit Scharnieren befestigt und hat ebenfalls einen Magnetverschluß. Die Vorderkante wird von Messingketten gehalten, die obenauf und in der Kiste angeschraubt sind.

Krimskrams kann man wunderbar unter dem Bett unterbringen, das um zehn Bierkisten mit untergebauten Rollen angelegt ist (Abb. 140). Das Mittelstück aus 25-mm-Furnierplatte ist so lang, wie die Breite von fünf Bierkisten plus 15 cm für die Unterteilung und für die Bewegungsfreiheit. Die Höhe beträgt die eines Bierkastens plus Rollen plus 2,5 cm Spielraum. Die Länge der vier Querstreben aus 12-mm-Furnierplatte: zwei Bierkästenlängen plus 5 cm. Die zehn Kisten passen gut unter ein Standard-Einzelbett für eine 90 x 190 cm Matratze. Man zeichnet auf dem mittleren Stützbrett vier Kerben bis zur Brettmitte, in die vier Querstützen dementsprechend je eine Aussparung in der Mitte ein, sägt und verschränkt die Teile wie in Abb. 139.

Bierkästen sind so geformt, daß man sie leicht und sicher stapeln kann, mit Einbuchtungen im Boden und dazu passenden Höckern obenauf. Genauso kann man sie zu Hause einfach stapeln, auch ohne Verkleidung. Man kann sie auch auf ein einfaches Regal stellen. In Abb. 141 sind Möbelrollen unter die Ecken geschraubt, damit man die Kisten unters Bett schieben kann.

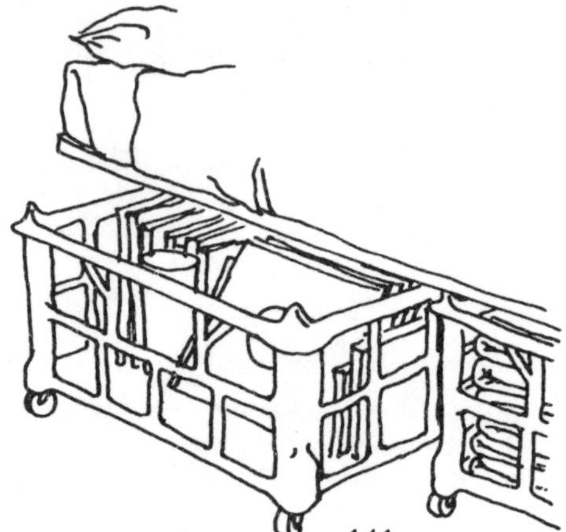

141

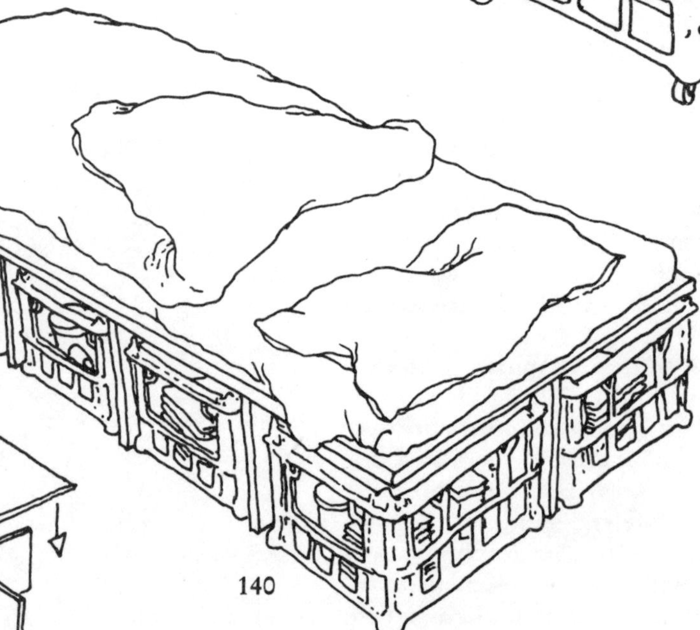

140

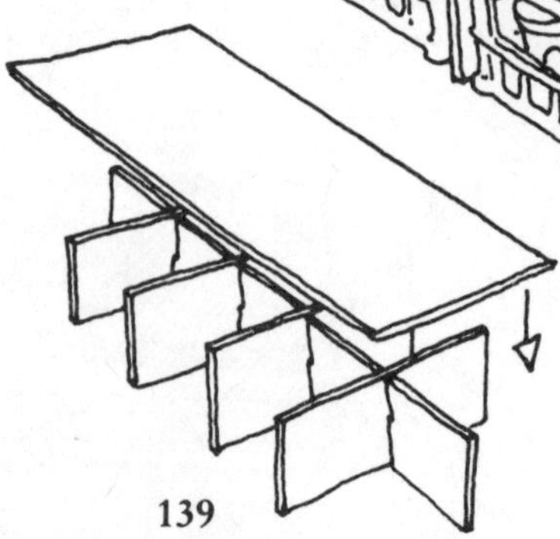

139

142

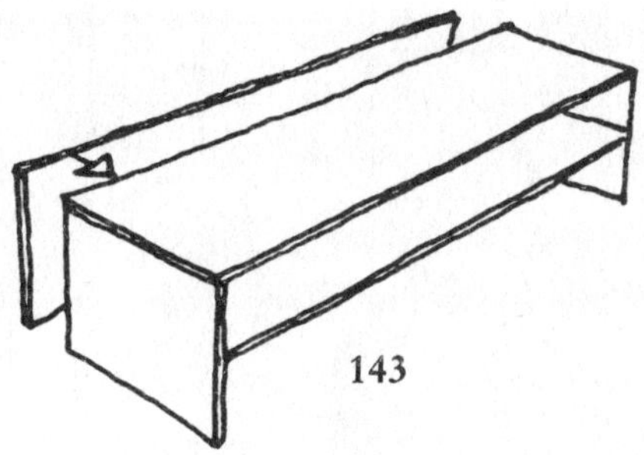

143

Die meisten freistehenden Regal- oder Fachsysteme werden flach an die Wände gestellt. Aber die niedrigen Konstruktionen in Abb. 142, 144, 145, 146 kann man besser nutzen, wenn man sie lang in den Raum ragen und das Zimmer unterteilen läßt.
Abb. 142 zeigt ein selbstgebautes System aus fünf einfachen Boxen aus 25 mm dicker beschichteter Spanplatte und einem Rahmen aus dem gleichen Material. Es ist 65 cm hoch.
Am einfachsten lernt man Kisten konstruieren, indem man sich ansieht, wie eine normale Wein- oder Fischkiste gebaut ist. In diesem Fall sind die senkrechten Wände der Boxen 30 x 45 cm groß. Drei 40-mm-Spanplattenschrauben werden jeweils durch diese Seitenwände in die Kante der Boden- und Deckenbretter (40 x 45 cm) geschraubt. Das ergibt eine Öffnung von 40 x 45 cm. Stabiler wird die Konstruktion, wenn man hinten eine Spanplatte von 25 x 40 cm einschraubt.
Die Deckplatte des Rahmens ist 45 x 225 cm groß und mit den Seitenwänden (45 x 62,5 cm) durch Winkelstützen aus Plastik verbunden. Ein Mittelbord (45 x 220 cm) ist ebenfalls mit vier Winkelstützen befestigt. Spanplatten von schlechter Qualität reißen manchmal unter dem Druck von Schrauben. Damit sie besser Halt finden, gibt

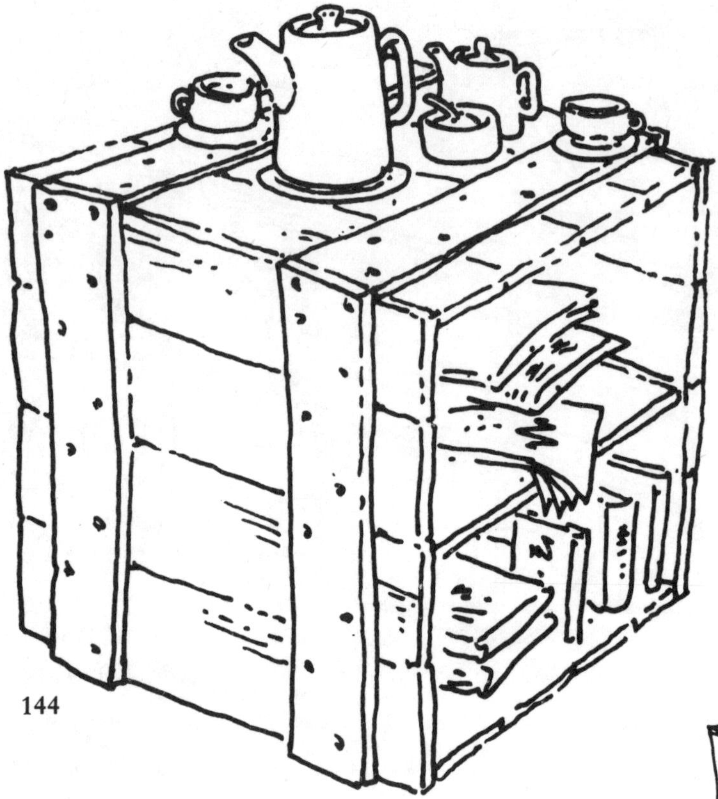

144

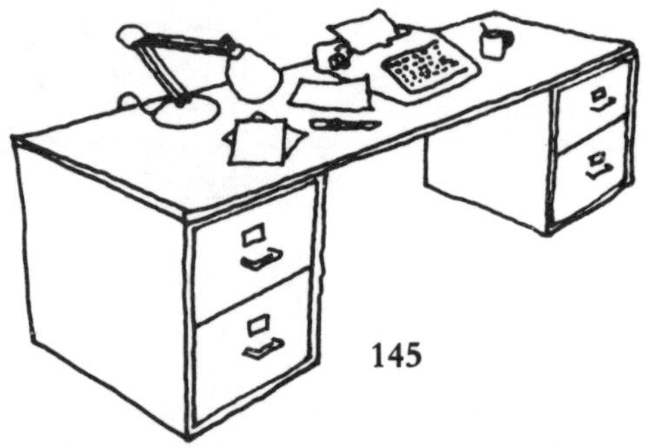

145

es extra Spanplatten-Dübel, die in die Löcher der horizontal angebohrten Bretter geschoben werden.
Wenn dieses Möbelstück an der Wand stehen soll, kann man von hinten eine Hartfaserplatte anbringen (Abb. 143), die Rahmen und Mittelbrett zusammenhält und verhindert, daß etwas durchhängt und daß die Boxen zu weit eingeschoben werden.
Die Mittelkiste auf dem Boden ist eine wertvolle Unterstützung zusätzlich; die anderen Boxen können innerhalb des Systems bewegt werden, je nachdem, wieviel Platz man wo braucht.
Natürlich kann man fünf vorgefertigte Kisten nehmen. Teekisten wie in Abb. 144 passen in einen ähnlichen Rahmen hinein, der sich nach dem Format der Kisten richtet.

In Abb. 144 ist eine einzige Kiste zum Kaffeetisch geworden. Das Regalbrett innen erhöht die Stabilität. Es ist aus 6-mm-Furnierplatte und so zugeschnitten, daß es genau paßt, und es wird auf beiden Seiten durch zwei 20-mm-Schrauben gehalten, die von außen durch die Kiste gebohrt sind.
Eine Versteigerung von Büromöbeln war die Bezugsquelle für die vorgefertigten Unterschränke in Abb. 145. Dies ist ein Klassiker des Schnellbastelns: Ein schlichtes, glattes Türblatt wurde einfach auf zwei zueinander passende Aktenschränke gelegt.

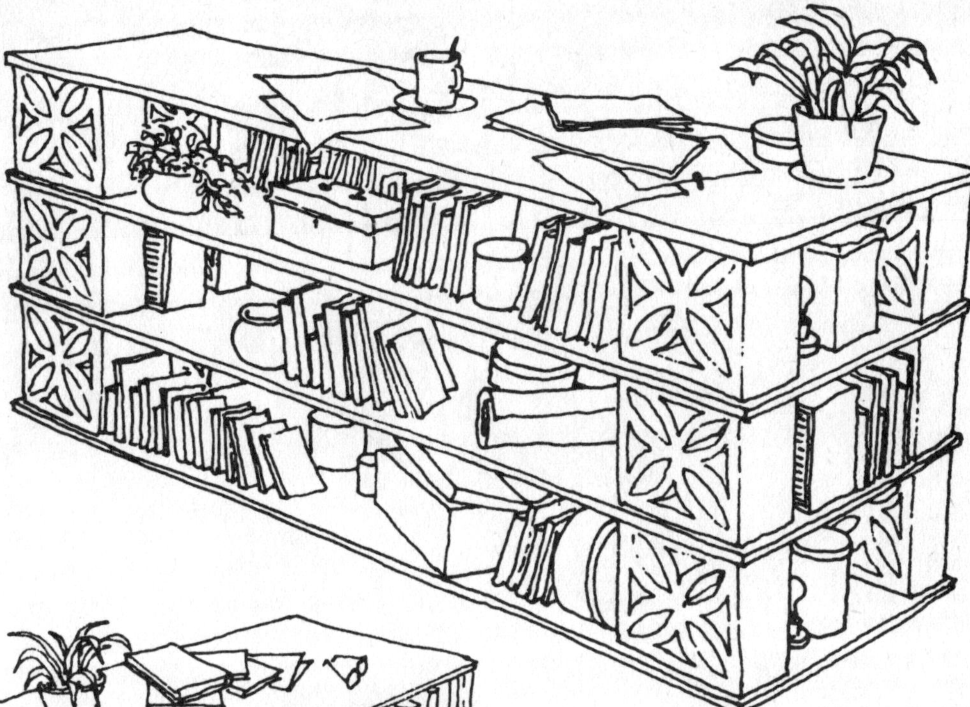

146

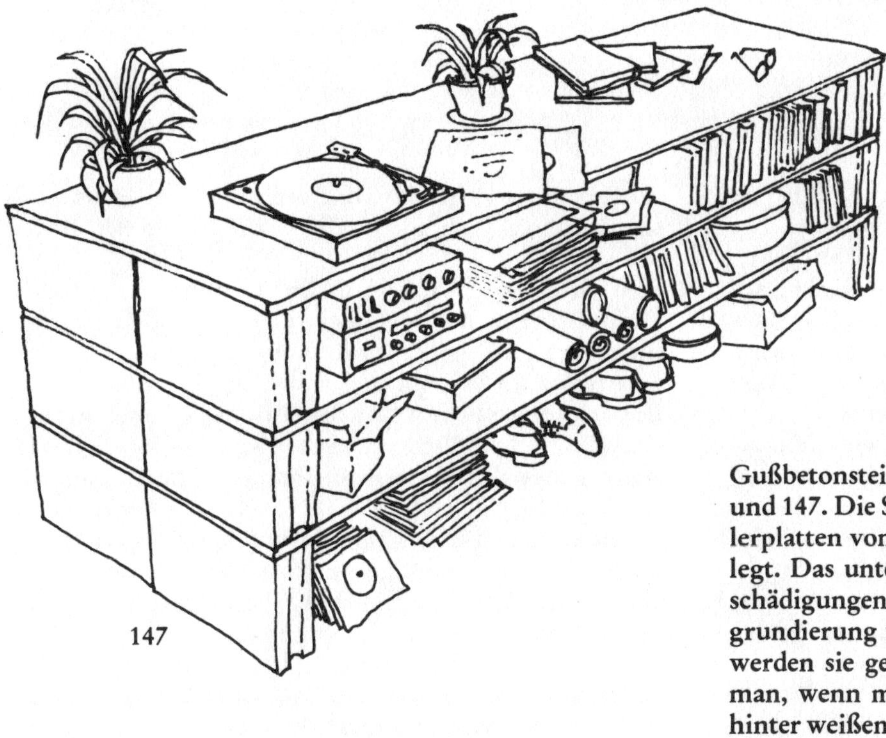

147

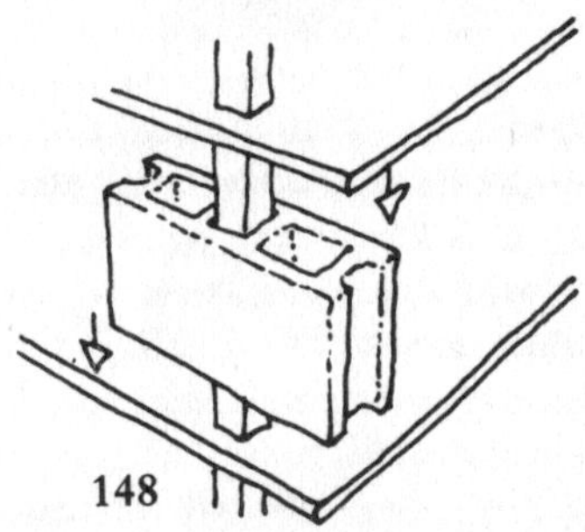

148

Gußbetonsteine halten die Regalbretter in den Abb. 146 und 147. Die Steine in Abb. 146 sind lose zwischen Tischlerplatten von 20 mm Stärke im Format 200 x 75 cm gelegt. Das unterste Brett schützt den Fußboden vor Beschädigungen durch die rauhen Steine. Durch eine Steingrundierung und Einsprühen mit einer Glanzlackfarbe werden sie gefärbt; interessante Lichtmuster bekommt man, wenn man Lampen in flachen Anschraubsockeln hinter weißen Steinen an die Regale montiert (Abb. 146). Die Löcher in den Hohlblocksteinen in Abb. 147 kann man nutzen, um die Struktur stabiler zu machen. An je-

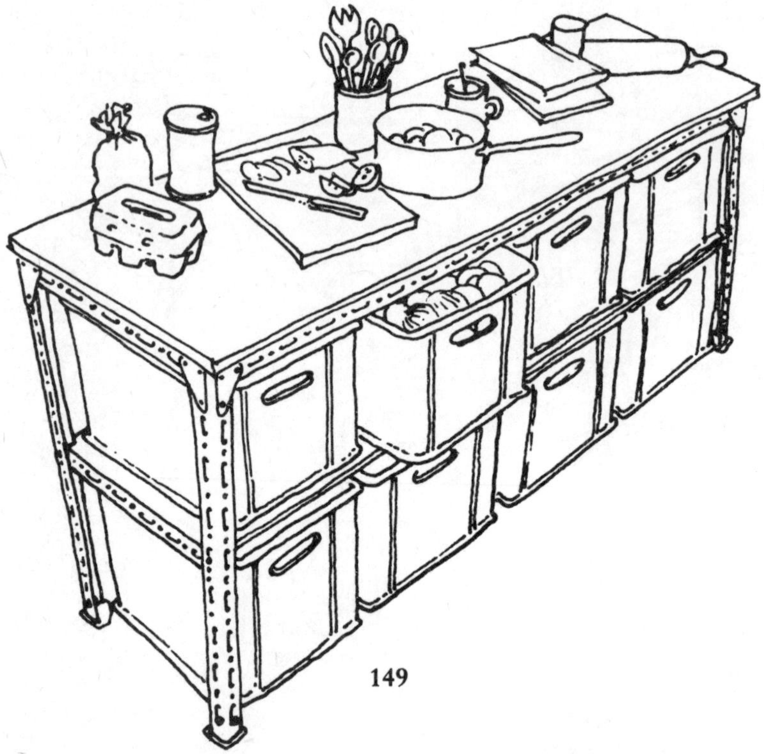

149

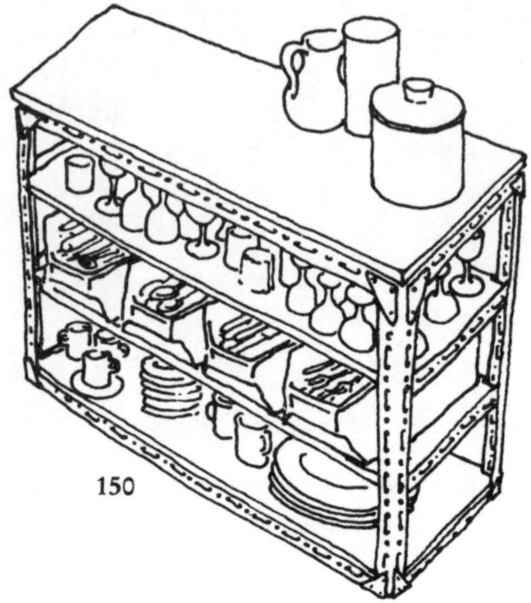

150

der Ecke ist ein 72 cm langer Holzstab durch alle drei Steine und die beiden unteren Bretter geführt worden. Die Löcher in den Brettern wurden vorgebohrt (Abb. 148).

Winkelprofil-Konstruktionen geben einer Wohnung auf die verschiedenste Weise High-Tech-Aussehen. Die Montage geht schnell und ist einfach. Man kann die Elemente verändern, indem man weitere Stücke anbaut oder überflüssig gewordene abbaut und anders verwendet.

Das Material ist entweder Stahl oder die teurere Aluminiumlegierung. Die Teile werden durch Schrauben und Muttern im rechten Winkel miteinander verschraubt, wobei man dreieckige Eckbleche zur Stabilisierung einbauen kann. Die Vielzahl von Löchern und Schlitzen gibt eine Menge Möglichkeiten beim Zusammenbau. Arbeitsplatten kann man auch, statt sie von innen an den Schlitzen festzuschrauben, von oben über die Winkelprofile legen.

Am meisten werden Winkelprofile zum Bau von Regalsystemen verwendet. In allen hier gezeigten Beispielen sind die Winkelprofile mit den Winkeln nach innen zusammengesetzt. Das ist stabil und sauber. Flache Kunststoffschuhe unten verhindern, daß das Metall in den Boden schneidet.

Wie man mit Winkelprofilen umgeht, steht unter »Schraubregale aus Winkelprofilen«, wo auch verschiedene dazugehörige Verbindungsteile gezeigt werden. Grundsätzlich beginnt man mit einer Konstruktion, indem man einen Plan aufzeichnet, die Maße berechnet und überlegt, welche Kanten zu sehen sein werden. Wenn etwas genau in den Winkelprofilrahmen hineinpassen soll, so wie die Bierkisten in Abb. 149, muß man berücksichtigen, daß man für Regalbrett und Winkelprofilkanten mehrere Zentimeter zugeben muß. Die Teile werden mit der Metallsäge zugeschnitten, die schartigen Kanten glattgefeilt und die Teile zusammengeschraubt.

Regalbretter und Deckbretter sind in allen gezeigten Projekten aus weißbeschichteter Spanplatte, die in Verbindung mit den Metallrahmen gut aussieht. Man kann natürlich auch Tischlerplatte oder Furnierplatte nehmen oder passende Metallfächer vom Hersteller beziehen.

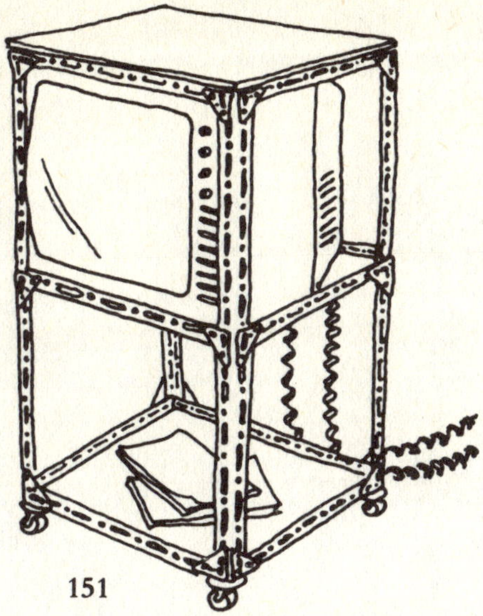

151

Deckbretter aus Holz sollten rundherum 2 oder 3 cm über den Rahmen hinausragen.
Horizontale Winkelprofilträger unterstützen die Regalfächer und werden normalerweise an allen vier Ecken verschraubt. Winkelprofil ist aber nicht billig; auf Querverbindungen vorn wurde deshalb bei den gezeigten Systemen verzichtet, wo nur kurze Entfernungen zu überbrücken waren und die Belastung nicht stark war. Wenn ein Regal durchzuhängen beginnt, kann man einfach noch eine Querstrebe unterschrauben.
Die Hersteller machen Angaben über die Tragfähigkeit und über die Verbindungen, mit denen man das System wirklich nutzen kann.
Die Arbeitsplatte auf dem Küchenmöbel Abb. 149 wird auf den langen Seiten durch vier 20-mm-Rundkopfschrauben gehalten, die durch das Winkelprofil hindurchgeschraubt sind. Solche Schrauben halten auch die Deckbretter auf den anderen hier gezeigten Möbeln.
Das offene Regal Abb. 150 ist auch für die Küche gedacht, und zwar werden da Kunststoffkästen aus der Industrie verwendet, in denen Bestecke und Kleinmaterial untergebracht sind.
Das Fernsehgerät Abb. 151 wurde auf seine Unterlage gesetzt, bevor die oberen Querverbindungen aufgeschraubt wurden. So sitzt es fest genug in dem Rahmen und fällt nicht heraus, wenn das Möbelstück auf seinen Rollen bewegt wird, die übrigens zu dem Bausystem gehören.
Winkelprofilrahmen können für jede Hi-Fi-Anlage zusammengesetzt werden (Abb. 152). Man baut erst das hintere Element in der ganzen Höhe fertig; den vorderen Teil kann man entweder als völlig unabhängiges Element zusammenbauen und an das erste dranschrauben, oder

152

153

man kann mit kleinen Winkelachsen, aus demselben Material zurechtgesägt (siehe »Schraubregale aus Winkelprofilen«), die horizontalen Streben des Vorderteils ans hintere Teil anbauen.
Das Regal in Abb. 153 ist dem in Abb. 150 ähnlich, nur sind hier Rechtecke aus Spanplatte zugeschnitten, die genau zwischen die Regalbretter in den Rahmen passen und das Ganze an einem Ende abschließen und als Buchstützen dienen.
Der Raum unter der Treppe wird häufig nicht ausreichend genutzt. Eine Lampe in so einem düsteren Winkel macht ihn zum kleinen Büro oder zur Telefonzelle mit Schreibtisch, Stuhl und Telefon. Bei der Konstruktion Abb. 154 wurden mehrere Regale auf Rollen eingebaut, mit denen diese sonst tote Ecke zum Speichern genutzt werden soll.

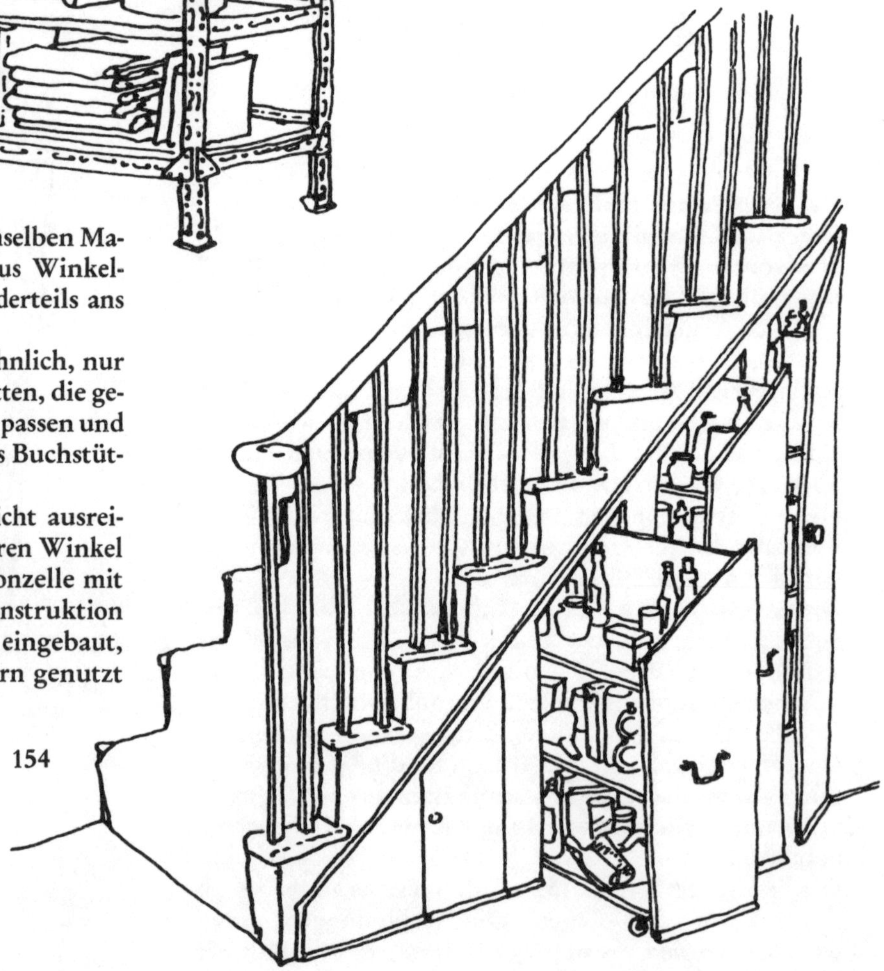

154

Diese kleinen Regale auf Rollen sind so gebaut, daß sie glatt mit der Wand unter der Treppe abschließen. Es ist wichtig, daß die Rollen glatt laufen, damit die Dinge auf den Regalen nicht umkippen oder herunterfallen. Unebenheiten des Fußbodens kann man ausgleichen, indem man eine Hartfaserplatte aufnagelt.
Die einfachste Art, dieses System herzustellen, ist die, daß man Bücherregale auf Möbelrollen montiert und dann die Kanten oben im richtigen Winkel zurechtsägt.
Jedes der Regalteile soll so breit sein wie die Treppe darüber, so daß sie bis zum glatten Abschluß mit der Wand hineingeschoben werden können. Auf Fußleisten achten, wenn man die Tiefe ausmißt! Zu große Regale werden auf das richtige Format zurechtgesägt; man nimmt die Seitenwände ab und sägt von den Regalbrettern ab, was zuviel ist. Bevor man die Seiten wieder anbringt, sägt man sie oben im richtigen Winkel ab, damit sie unter die Treppe passen. Wenn die Bücherregale weniger breit sind als die Treppe, wird eine Bohle hinten auf den Fußboden genagelt, die sie bremst, damit sie mit der Vorderwand in einer Ebene liegen.
Eventuell dienen von vorn nach hinten auf den Boden genagelte Latten als Laufschienen für die Rollen. Der Vorderwandrahmen wird auch an solche Latten von 50 x 25 mm geschraubt, die vom Fußboden bis zur Unterseite der Stufen reichen und unten und oben befestigt sind. In Bodennähe muß ausreichend Platz sein, damit die Karren hinein- und herausrollen können.
Das größte Fach in Abb. 154 ist eine Tür, die mit Scharnieren an einer Stützlatte an der Seite festgemacht ist. Dahinter sind Regale mit normalen Winkelstützen an der Wand befestigt. Unsaubere Lücken zwischen Rahmenwand und Stufen werden durch Halbrundstäbe verdeckt. Sie werden auch benutzt, um die unterschiedliche Höhe zwischen Rollregalwand und Rahmenteilen auszugleichen.
Das Ganze sieht gepflegter aus, wenn alles mit demselben Material verkleidet ist. Tischlerplatte oder Furnierplatte von 18–20 mm Dicke ist dazu sehr geeignet. Das ganze dreieckige Fach wird aus einem Stück geschnitten, so groß, daß es den Winkel unter der Treppe verdeckt. Man zeichnet an, wo die Teile sitzen, die die Enden der Regalwagen werden sollen, schneidet sie aus, klebt sie mit Holzleim an die Regale und verstärkt mit 40-mm-Schrauben an allen vier Ecken. Beim Sägen achtet man darauf, daß die Seite des Holzes, die nach außen kommen soll, immer oben liegt, damit es keine häßlichen Kratzer gibt.

155

156

Abb. 155 zeigt, wie man eine Nische schnell ausfüllen kann. Man lehnt eine Leiter aus Aluminium oder Holz

diagonal in die Nische und stützt Regalbretter auf den Sprossen ab. Die Bretter sind aus Weichholz, 25 mm dick und so breit wie die Sprossen. An den Wandenden werden die Regalbretter auf Latten von 50 x 25 mm geschraubt, die ihrerseits fest in der Wand verschraubt sind. Jedes dieser Lattenstücke muß in gleicher Höhe mit einer der Sprossen sitzen — die Wasserwaage zeigt, ob sie waagerecht sitzen.
Metallene Winkelstützen müssen nicht langweilig aussehen. Die dekorativen durchbrochenen Stützen in Abb. 156 sind aus Gußeisen; sie stammen von einem alten WC-Spülkasten, und wir haben sie auf einer Abbruchbaustelle gekauft.
In diesem Fall sind sie nicht von hinten nach vorn eingesetzt, sondern zur Abrundung der Nische, in der das Regalbrett sitzt, an deren Seitenwänden. Sie wurden rechts und links an den Wänden 5 cm von der Außenecke entfernt angesetzt, damit die Halteschrauben etwas Kräftigeres als nur Mörtel griffen. Die Hinterkante des Regals

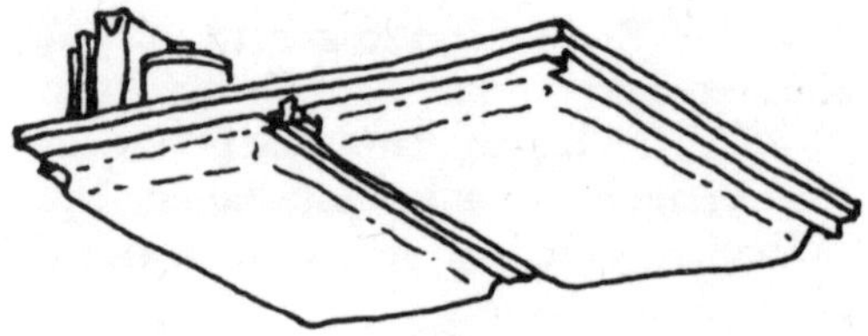
157

158

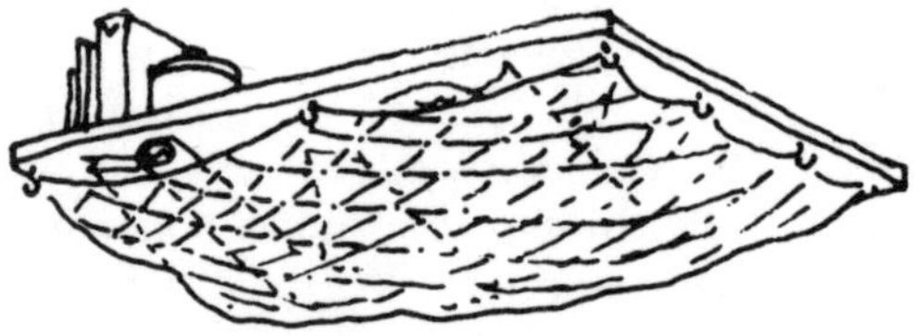
159

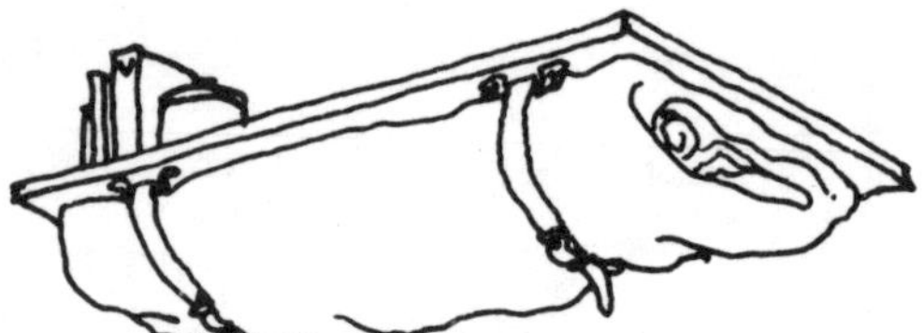
160

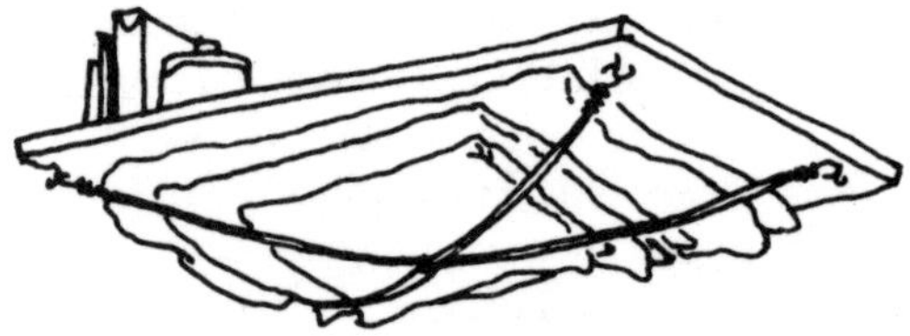
161

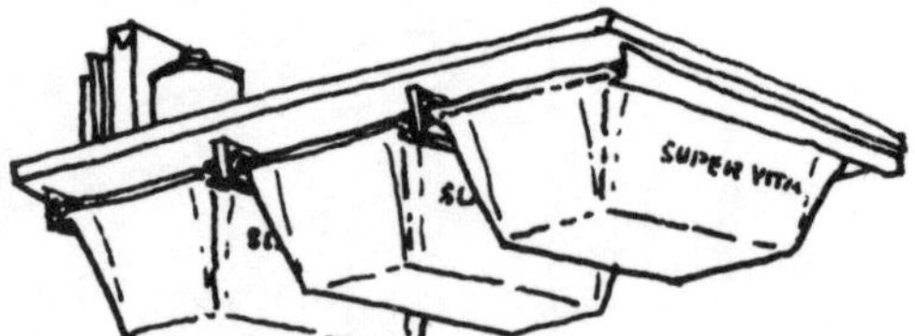
162

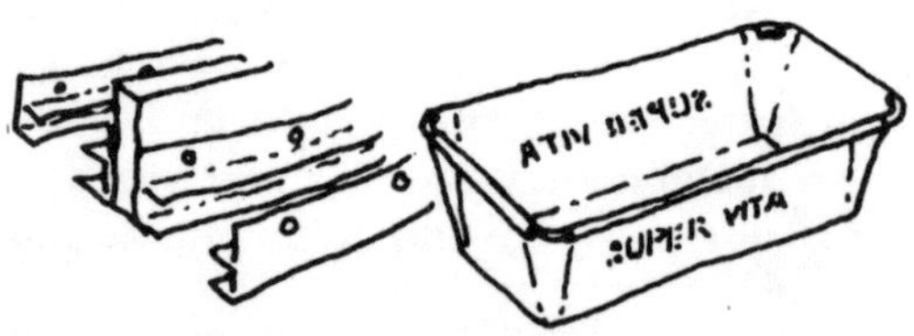

163

ruht auf einer Leiste von 25 x 12 mm, die mit drei 50-mm-Schrauben in der Wand befestigt ist.
Die Unterseiten von Regalbrettern bieten Raum, der noch viel zuwenig genutzt wird. Sechs Arten, Sachen dort unterzubringen, werden in Abb. 157—163 gezeigt.
Entwicklerschalen aus dem Fotolabor laufen auf Metallschienen, die unter das Regalbrett geschraubt sind (Abb. 157).

In Abb. 158 hängt eine Reihe von Marmeladengläsern an den Deckeln, die mit Schrauben an dem Regalbrett darüber festgemacht sind.
Das Netz in Abb. 159 ist an ins Holz geschraubten Haushaltshaken befestigt.
Je zwei Schubladengriffe sind in Abb. 160 vorn und hinten unter das Regalbrett geschraubt. Durch diese Griffe laufen Ledergurte, in denen Wolldecken hängen. Eine

vierteilige elastische »Spinne« leistet den gleichen Dienst in Abb. 161. Sie ist an vier Haken verankert, die mindestens 2 cm tief ins Regalbrett geschraubt sind.
Kuchenformen werden in Abb. 162 genutzt, um allerlei Kleinkram aufzuheben. Sie laufen in Schienen, die, wie in Abb. 163 gezeigt, von unten ans Regal geschraubt sind.
Pappröhren geben eine hübsche Möglichkeit, Dinge unterzubringen, die man rollen kann. Abb. 164 zeigt eine Gruppe von sechs übereinander aufgehängten Röhren mit 75 mm Durchmesser (45 cm lang), in denen man Karten, Poster und Papiere unterbringen kann.
Die einzelnen Röhren stecken in Holz- oder Metallringen, die untereinander durch Bindfäden verbunden sind. Große altmodische Vorhangringe sind da sehr brauchbar. Beim Zusammenbinden muß man darauf achten, daß die Verbindungen rechts und links jeweils gleich lang sind. Man kann auch für jede Seite zwei Kordeln verwenden, zwischen denen die Röhren sitzen. Jeweils über und unter jeder Röhre werden die beiden Kordeln fest mit Draht zusammengedreht, Nylonkordeln wie gehabt mit dem Feuerzeug verschmolzen.
In Abwandlung des Systems Abb. 164 können die Röhren auch zwischen zwei Bahnen Stoff eingelagert werden; sie geben so einen hervorragenden Raumteiler ab. Für die sechs Röhren in Abb. 164 würde man einen Stoff von mindestens 37,5 x 250 cm brauchen plus dem Abstand zwischen der obersten Röhre und den Deckenhaken. Der Stoff wird doppelt gelegt und oberhalb und unterhalb jeder Röhre mit einem Faden zusammengeheftet. Eine 75-mm-Röhre hat einen Umfang von etwa 23,5 cm, die beiden Nähte müßten also 12 cm auseinanderliegen, damit die Röhre dazwischengeschoben werden kann. Mit der

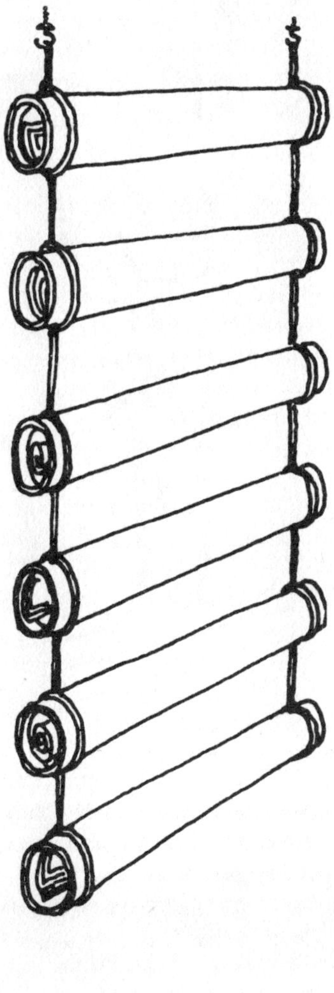
164

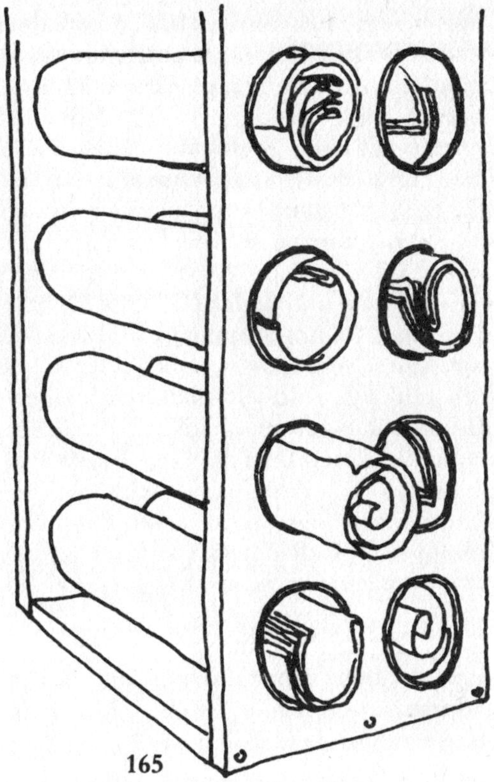
165

Ösenzange bringt man durch beide Stoffbahnen hindurch 2,5 cm von der Oberkante entfernt zwei Messingösen an, die man über die Haken hängen kann.
Der Röhren-Zeitungsständer in Abb. 165 ist aus 12-mm-Tischlerplatte mit einer Breite von 30 cm. Pappröhren von 30 cm Länge und 75 mm Durchmesser werden in Zweierreihen im Abstand von 5 cm nebeneinander und übereinander angebracht. Für die acht Röhren in unserem Entwurf müssen die Seiten 55 cm hoch sein. Sie sind auf Stoß mit Deckel und Boden (je 27,5 x 30 cm) verbunden durch je drei 40-mm-Schrauben. Holzleim verstärkt die Konstruktion. Man klammert die beiden Seitenwände zusammen und schneidet die Löcher mit einer elektrischen Stichsäge in beiden zugleich aus. Natürlich macht eine vorgefertigte Holzkiste das Ganze einfacher.
Aus Röhren und Rohrteilen lassen sich auch hervorragende Flaschenständer basteln. Sieben Pappröhren von 10 cm Durchmesser sind in Abb. 166 durch metallene Gewindestäbe miteinander verbunden, die im Abstand von 35 cm durch alle Röhren hindurchlaufen. Muttern auf beiden Enden halten das Ganze zusammen.
Das System steht auf dem Fußboden und ist durch vier 40-mm-Schrauben, die hinten durch die Röhren gehen, in der Wand verankert.

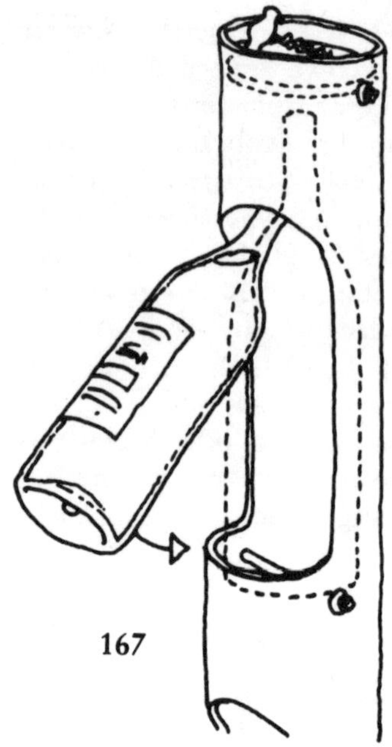

167

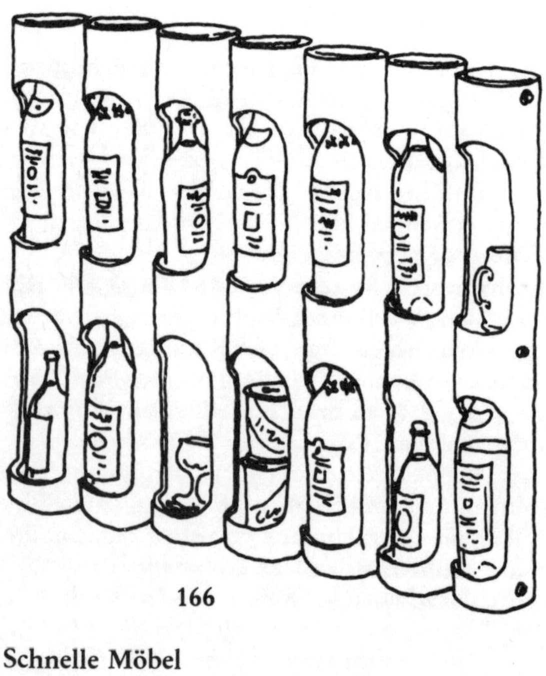

166

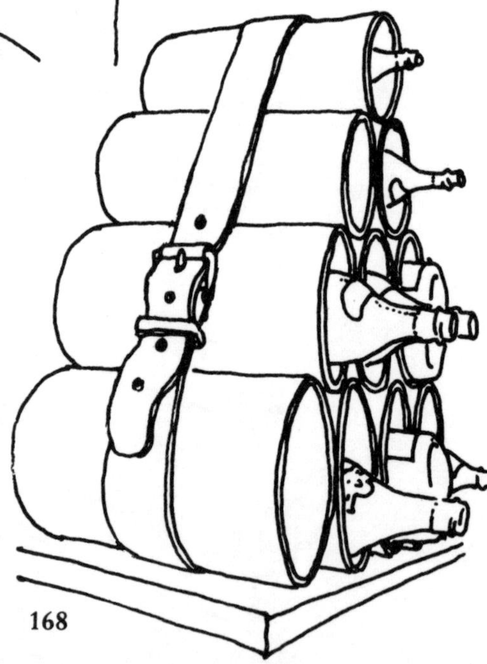

168

Der Stapel von 30 cm langen Kunststoffrohren in Abb. 168 besteht aus Abfallstücken von Wasserrohren von einer Baustelle. Sie werden durch einen strammgezogenen Ledergurt zusammengehalten. Noch stabiler wird das, wenn man die Teile mit Styrolkleber zusammenklebt.

Flüssigkleber für Plastikrohre verkaufen Installationsgeschäfte und Baumärkte.
Gußeisen und Pappe sieht meistens nicht besonders gut zusammen aus; Dränageröhren aus gebranntem Ton wirken deshalb in dem gußeisernen Kamin in Abb. 169 wesentlich besser. Die untere Reihe ruht vorn auf einem Stück Latte von 40 x 25 mm Dicke, das mit einer Stichsäge oder anderem Werkzeug ausgeschnitten ist. Die weiteren Reihen liegen lose auf.

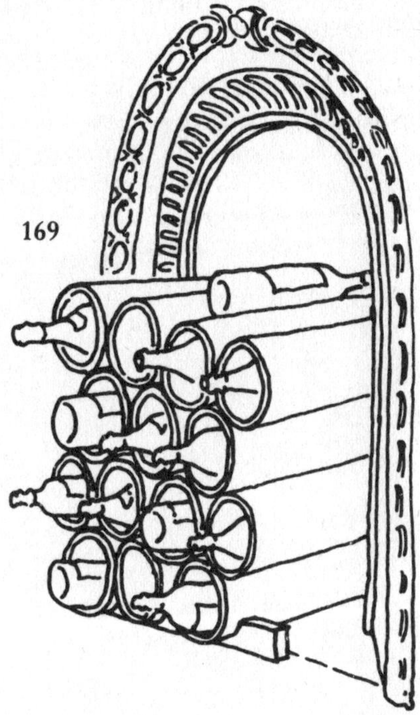
169

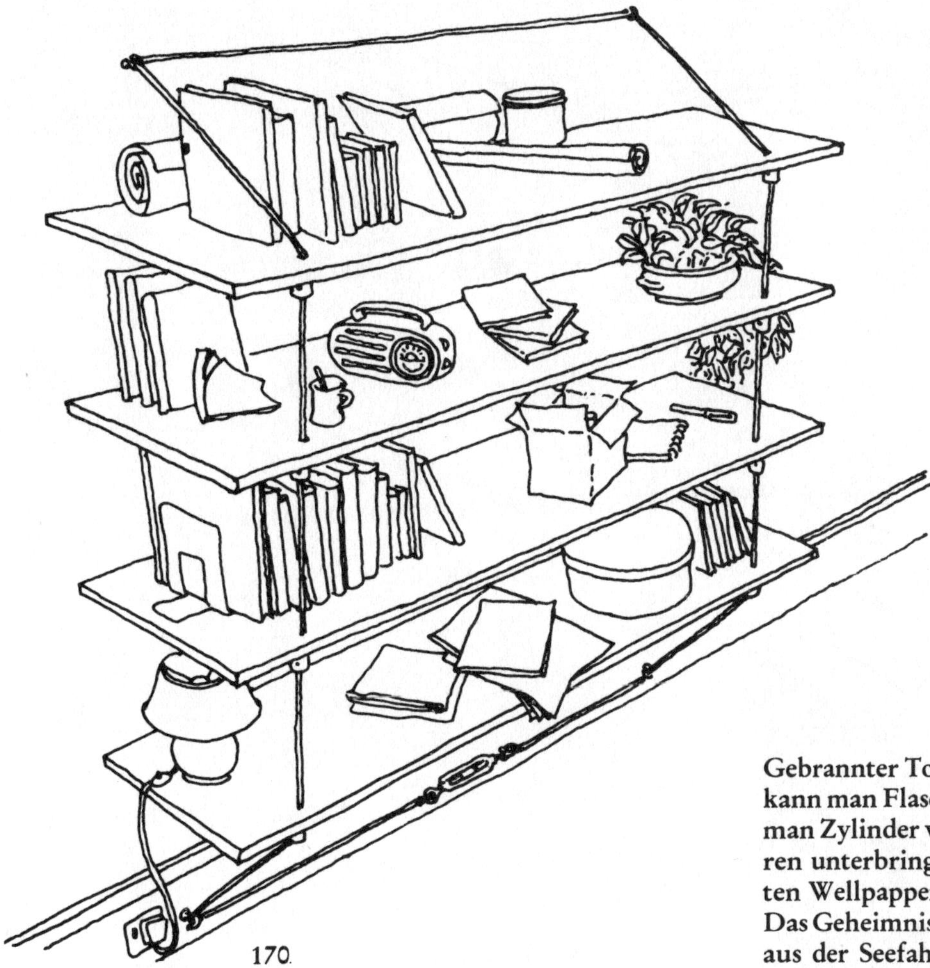
170

Gebrannter Ton ist hart, und bei unachtsamem Umgang kann man Flaschen daran zerschlagen. Zum Schutz kann man Zylinder von Wellpappe innerhalb der Dränageröhren unterbringen; die bei Weinflaschen sowieso benutzten Wellpappenmanschetten sind da sehr brauchbar.
Das Geheimnis des Regals in Abb. 170 ist das Spannschloß aus der Seefahrt, das die zwei Enden eines 6 m langen Drahtseils miteinander verbindet und spannt. Spannschlösser bekommt man im Bootszubehörhandel.

In die vier 25 mm starken Bretter vom Format 30 x 120 cm werden für das Drahtseil an den Vorderkanten 15 cm von den Seitenkanten entfernt Löcher gebohrt. Das Kabel wird dann an allen vier Ecken durch kräftige Rundhakenschrauben (75 mm) geführt, die fest in der Wand sitzen. An der Wandseite werden die Regalbretter durch je drei Holzdübel von 12 mm Durchmesser gehalten, die auf dem einen Ende in 40-mm-Wanddübeln und am anderen Ende in 12-mm-Löchern in den Brettern sitzen (Abb. 171).

Ein Spanner — Metallbuchse mit Gewindestift — ist auf das Kabel gezogen und gespannt, um die Vorderseite der Regalbretter auf beiden Seiten zu halten (Abb. 172).
Die freihängende Version in Abb. 173 ist aus den gleichen Elementen zusammengesetzt, aber nicht in der Wand befestigt. Sie hängt an zwei kräftigen Haken in den Deckenbalken und ist unten an den vier Ecken mit Ringschrauben im Fußboden verankert. Dieses System ergibt einen schnell montierten Raumteiler.

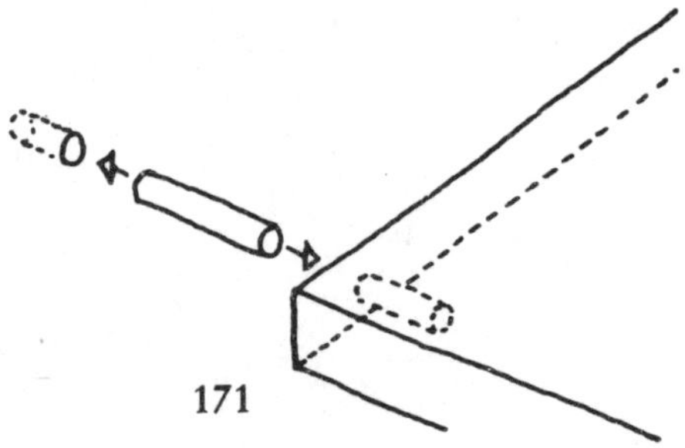
171

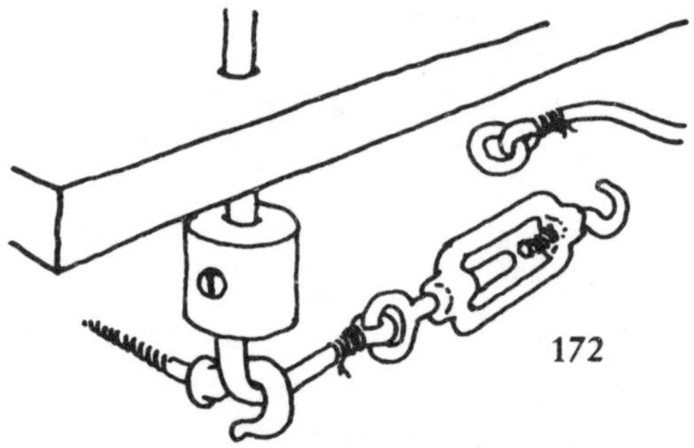
172

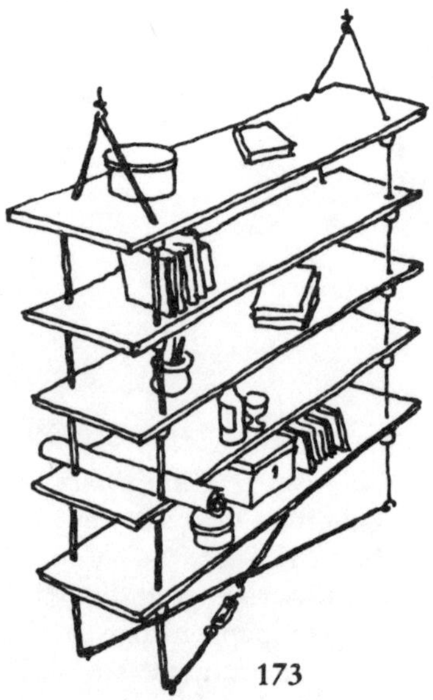
173

Betten

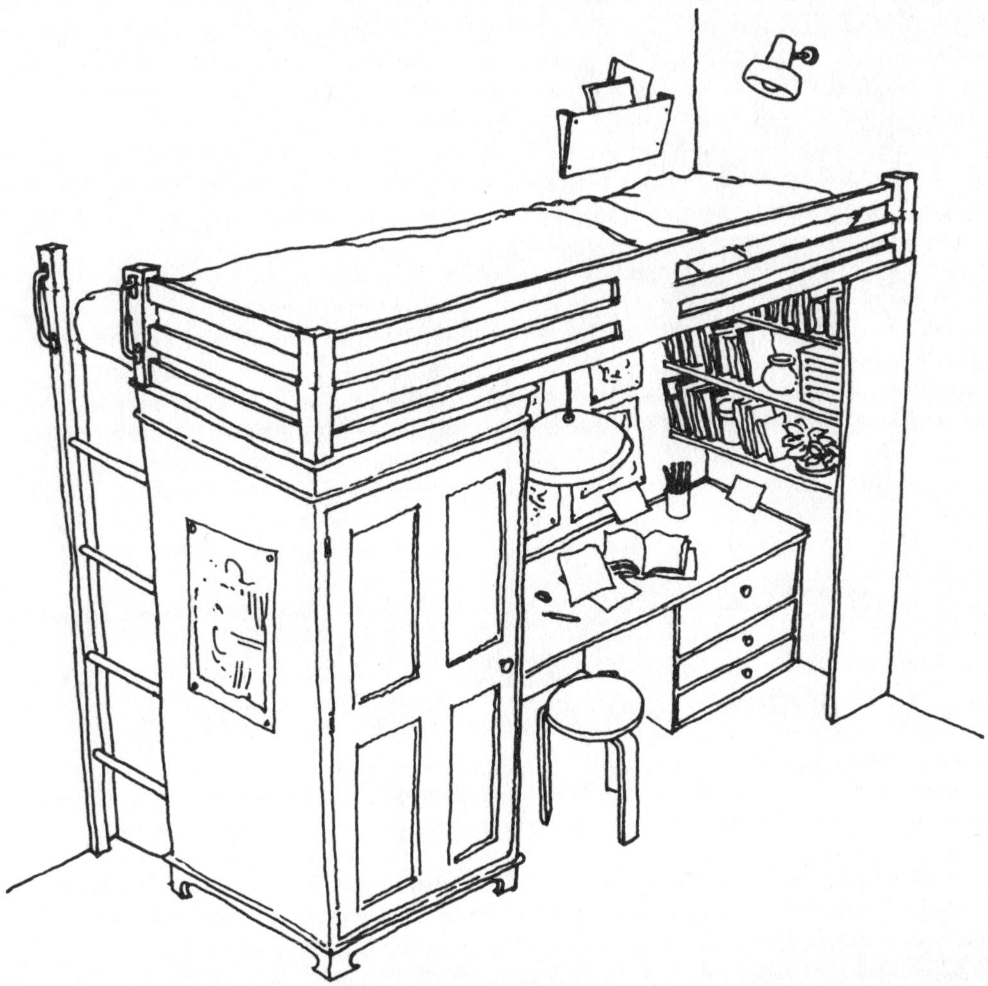

174

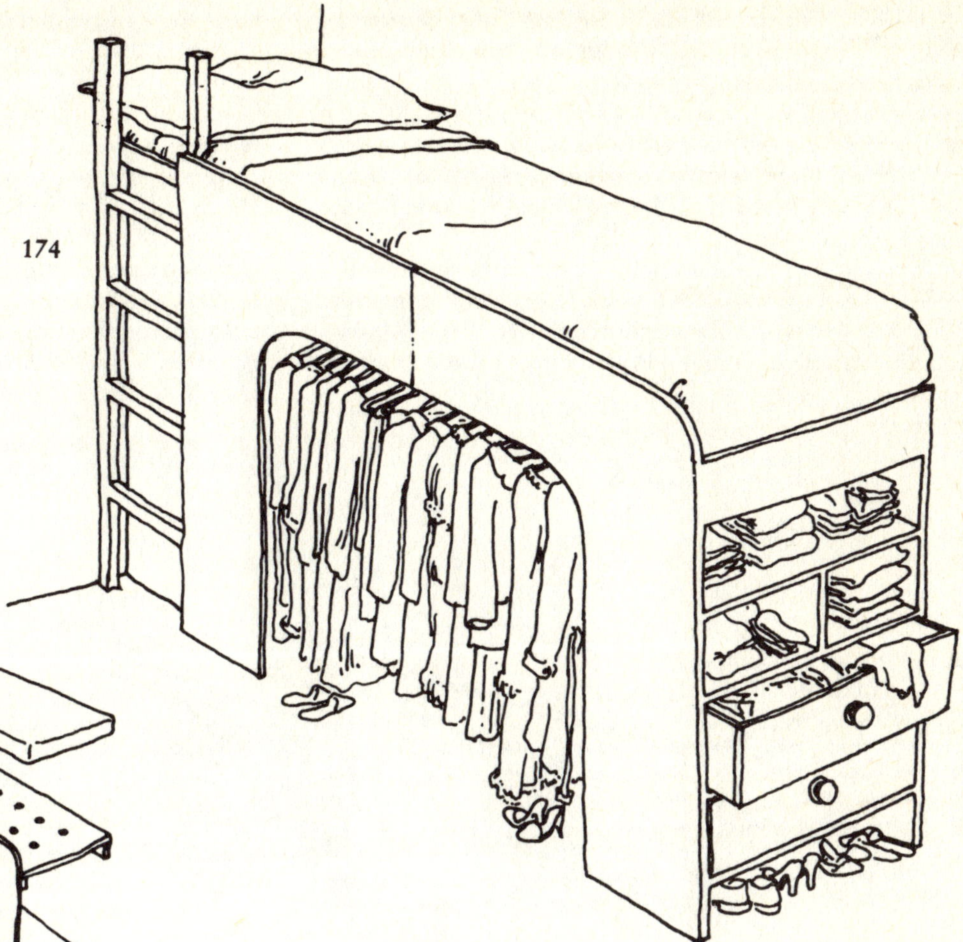

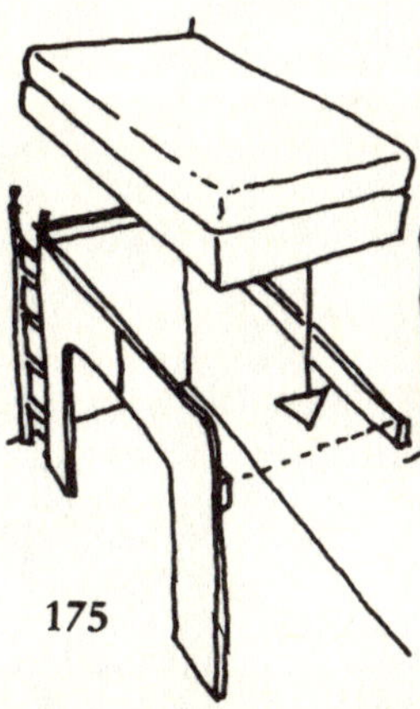

175

176

Hochbetten sparen Platz in kleinen Wohnungen.
Das Bett in Abb. 174 ist ein normales Bettunterteil von 100 x 200 cm, das in 150 cm Höhe von Latten unterstützt ist, die an zwei Seiten an der Wand befestigt sind und an der langen Vorderseite an einer »Fassade«, die aus zwei 25 mm dicken Tischlerplatten (92 x 173 cm) geschnitten ist. Die ausgesägten Teile, die danach von der größeren Platte übrig sind, liefern ein paar extra Borde am Bettende.
Das Fußende des Bettes kann man auch auf eine Kommode stellen, die dann aber vermutlich auf einer erhöhten Plattform stehen muß.

Die lange Wandseite des Bettes ruht auf einem kräftigen Stück Weichholzbohle von 50 x 100 mm, das so lang ist wie das Bett. Die Bohle ist in 150 cm Höhe mit Schrauben oder Bolzen, die durch vorgebohrte Löcher gehen, in der Wand verankert. In einer Wand aus Mauerwerk nimmt man am besten drei 100-mm-Steinanker, bei einer hohlen Holzfachwerkwand gehören die Schrauben in senkrechte Stützbalken.
Genauso eine Stützbohle nimmt man für das Kopfende des Bettes, so lang wie das Bett breit ist, minus 5 cm.
Der guterhaltene Rest einer alten Leiter soll Zugang zu dem Bett verschaffen. Physisch wie psychisch ist die Angelegenheit sicherer, wenn die Leiterholme oben ein bißchen überstehen. Wenn ein Kind in dem Bett schlafen

soll, muß die Seitenwand erhöht und am Fußende zusätzlich eine Stange angebracht werden. Die beiden Füße der Leiter werden durch 75-mm-Winkelstützen am Fußboden befestigt. Der Leiterholm an der Wand wird im Abstand von 45 cm mit Schrauben in der Wand verankert. Eine weitere Winkelstütze verbindet den anderen Holm der Leiter mit der dritten horizontalen Stützbohle aus 100 x 50 mm dickem Holz, auf der die äußere Längskante des Bettes liegt. Diese Stützbohle ist mit dem oberen Ende der Tischlerplatte von der »Fassade« verschraubt, in einer Höhe von 150 cm, wie die Stützen in der Wand. Unten sind die Fassadenteile an im Boden verschraubten Latten befestigt.

Statt einer normalen Matratzenauflage kann man ein festes Stück 25-mm-Tischlerplatte als Unterlage anbringen; dann braucht man Löcher für die Lüftung, zwölf Löcher von 25 mm Durchmesser sollten für ein Einmannbett ausreichen (Abb. 176). Die Tischlerplatte wird auf die Stützbohlen geschraubt, darauf kommt dann die Matratze.
Die Kleidung in Abb. 174 hängt an einer Stange, die in 140 cm Höhe mit Endhalterungen in der Wand und der Rückseite der Kommode angebracht ist.
In Abb. 177 ist unterhalb des Bettes ein brauchbarer Arbeitsplatz entstanden. Das Bett ruht auf einem alten Schrank. Vorsicht: Alte Schränke sind nicht immer stabil. Damit der Schrank nicht wackelt, kann man innen zu-

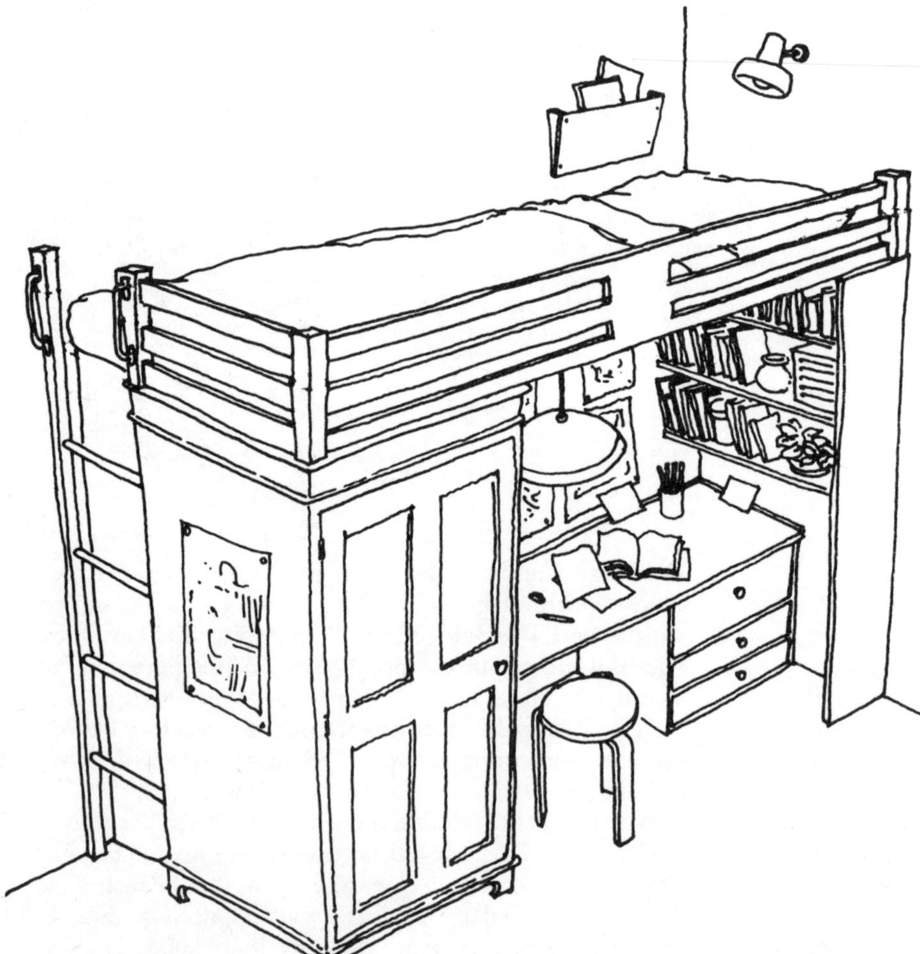
177

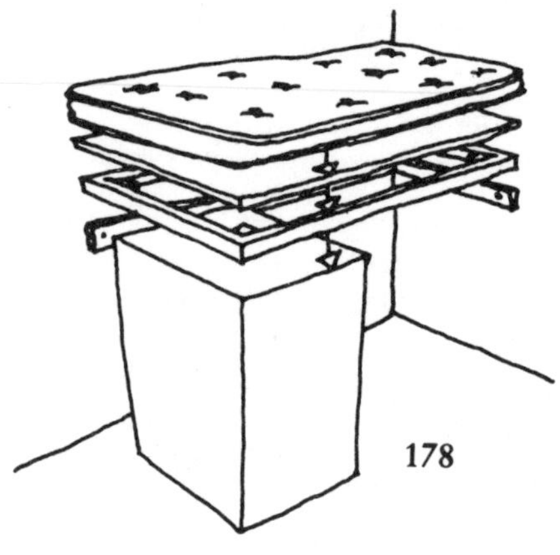
178

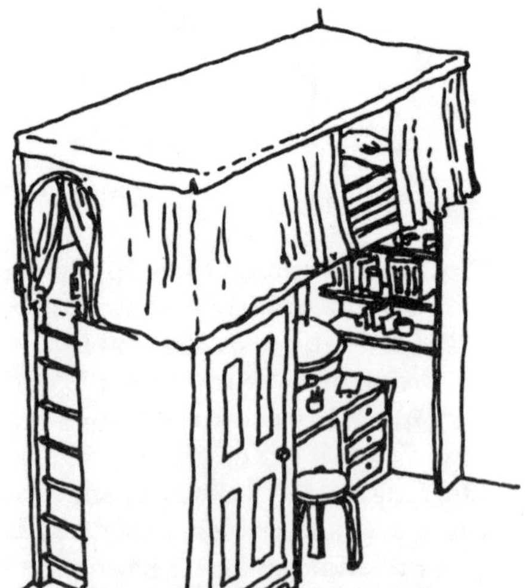
179

sätzliche Regalbretter anbringen, und Sockel und Zierleiste oben nimmt man ab, das trägt zur Festigkeit bei. Die Bücherregale unter dem Bett stabilisieren die Konstruktion ebenfalls.

Die in der Wand verankerten horizontalen Stützen in Abb. 177 tragen das Bett an zwei Seiten. Die Leiter ist an der Wand und der Rückseite des Schranks verschraubt. Zwei Griffe sind mit Bolzen oben an den Holmen befestigt. Die Matratze liegt auf einer Tischlerplatte wie in Abb. 176, ist aber hier an einen Rahmen darunter von 50x50 mm Weichholz angeschraubt, der in den Ecken mit Holzklötzen verstärkt ist, die erst angeklebt und dann angeschraubt wurden. Eine Ecke dieses Rahmens liegt auf dem Schrank, zwei Seiten sind mit Schwerlastdübeln in der Wand verankert (Abb. 178).

Eine zusätzliche Verkleidung anbringen macht daraus ein Traumbett für ein Kinderzimmer (Abb. 179). Der Vorhang läuft an einer Schiene, die an der Decke befestigt ist. Der Eingang ist aus Hartfaserplatte geschnitten und mit Faserplattennägeln an der Leiter befestigt, deren Holme bis zur Decke reichen. Das Wichtigste am Kinderbett bleibt die Sicherheitsstange rundherum.

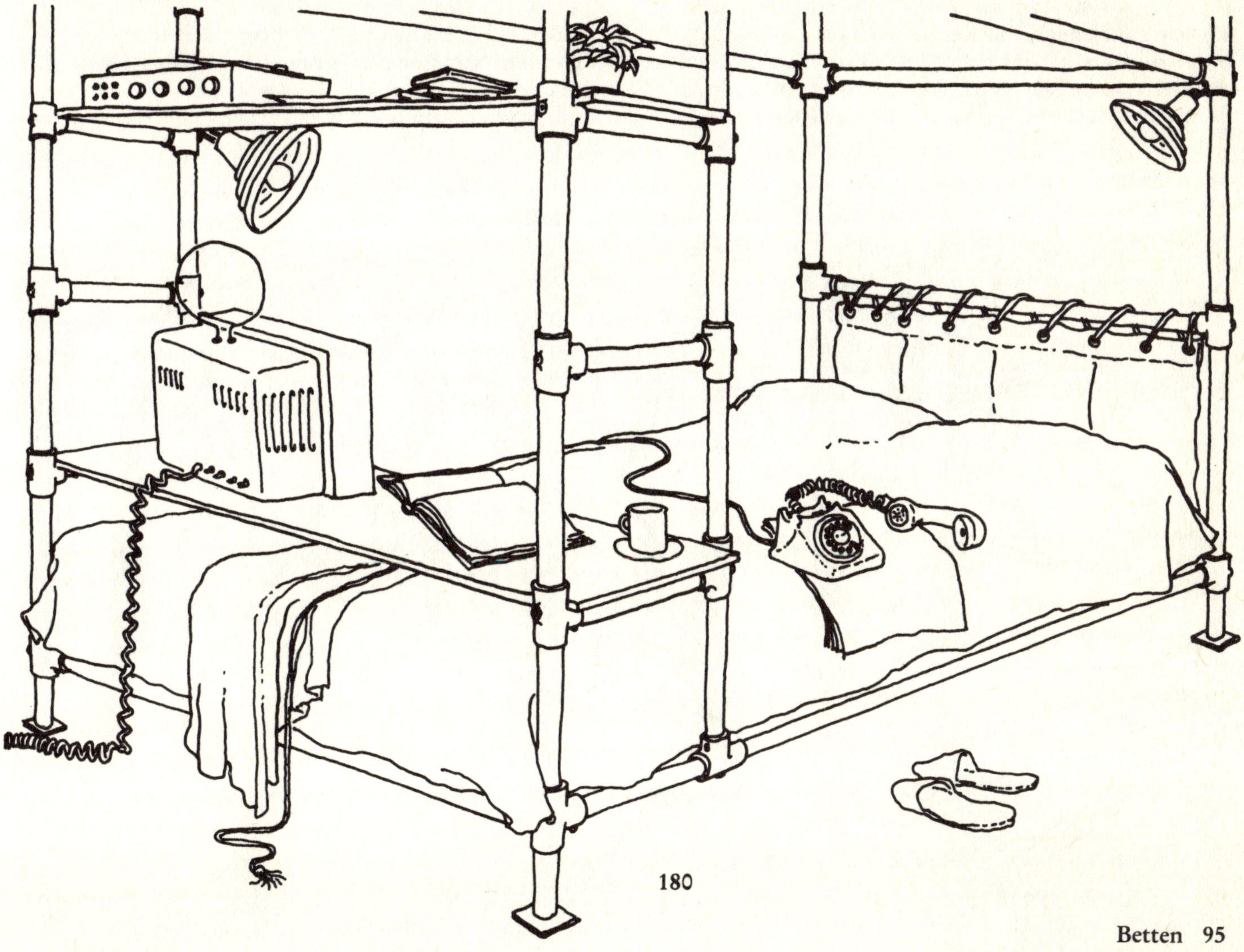

180

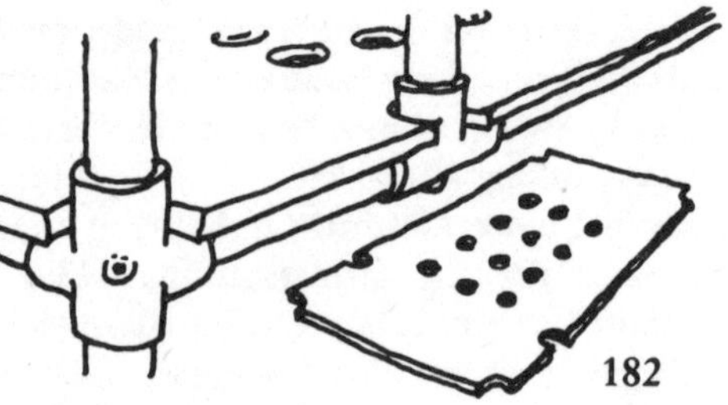

181

182

Dieses vielseitige Bett aus Gerüststangen (Abb. 180) bildet eine Welt für sich. Man kann so viel oder so wenig anbauen wie man will und es jederzeit ändern, ein zweites Bett obenauf anbauen oder einen Teilbereich durch einen Vorhang abtrennen und Regale einbauen.
Man kann es aus Teilen des von der Bauindustrie benutzten Gerüstmaterials bauen oder aus dem Anbausystem für Heimwerker, das vielleicht später leichter weiterverwendbar ist. Neue oder gebrauchte Gas- oder Heizungsrohre gehen genauso.
Die Verbindungen sollten nicht mit rohen und scharfkantigen Schellen hergestellt werden. Neue Gerüstteile sind verblüffend teuer; vielleicht gibt's beim Gerüstbauer alte oder bei einer Versteigerung von Baumaterial, wenn eine Baufirma zugemacht hat. Mit Farbe läßt sich abgenutztes Gerüstmaterial verschönern, bei rostfreiem Stahl braucht man eine Zinkphosphat-Grundierung.
Manche Gerüstrohre sind zum Schutz verzinkt. Zum Übermalen braucht man eine Kalziumplumbat-Grundierung, sonst hält die Farbe nicht lange.
Die Ecken dieser Bettkonstruktion stehen auf extra Fußplatten, deren Stachel in die Rohre hineinragt. Die Matratze liegt auf einem mit Brettern überspannten Rahmen oder auf einem Stück Tischlerplatte von 20 mm Stärke, das so zugeschnitten ist, daß es genau um die Rohrfit-

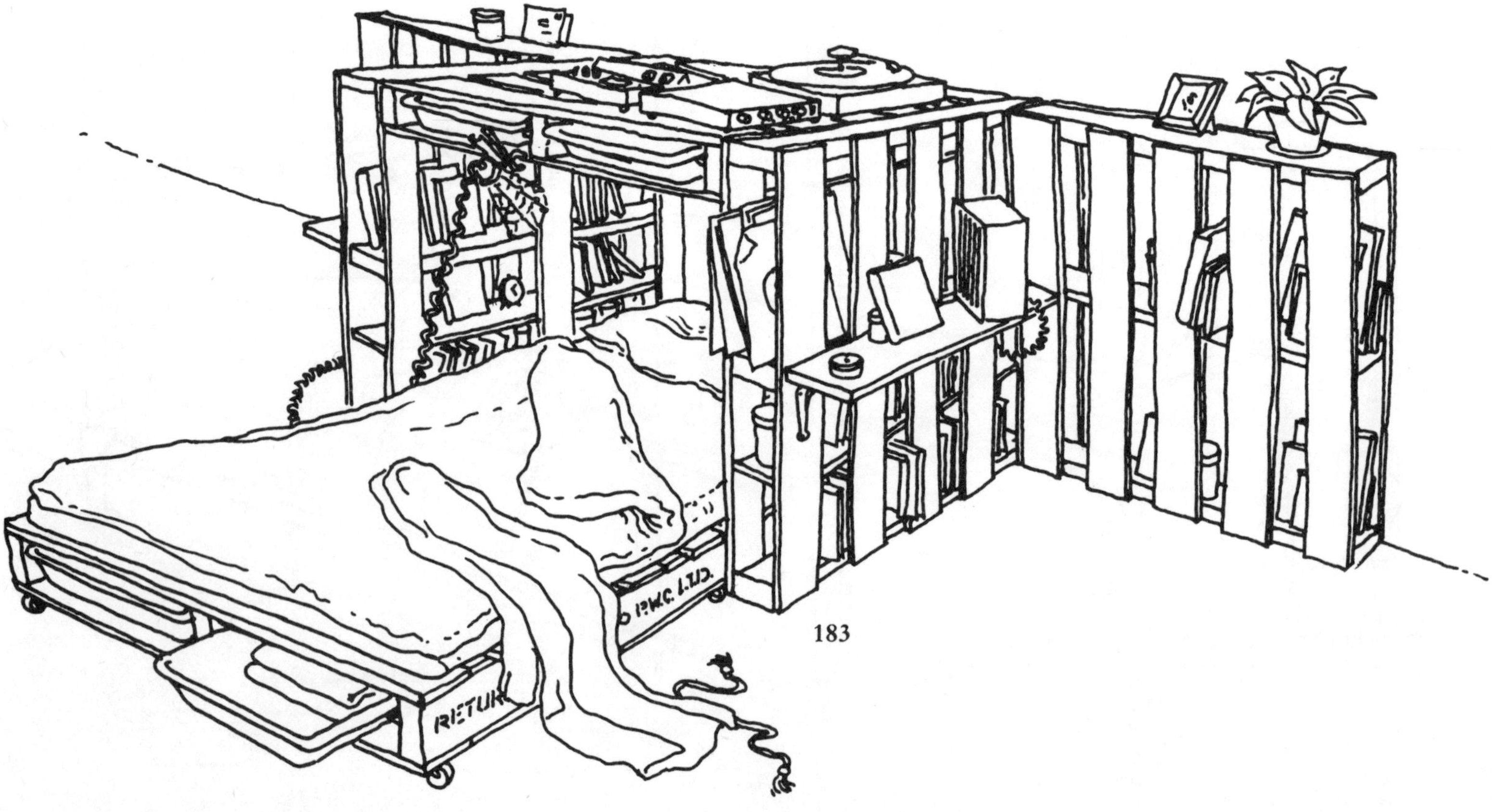

183

tings herumpaßt (Abb. 181 und 182). Für die Tischlerplatte braucht man eine extra Gerüstverstrebung in der Mitte zur Unterstützung.
In Abb. 180 zeigen wir ein gepolstertes Kopfende aus Segeltuch. Das Segeltuch wird in der Mitte gefaltet, die Kanten oben je 5 cm nach innen gelegt und zwei Nähte im Abstand von 1 cm und von 4 cm von der Außenkante entfernt genäht, ebenso zwei Säume an dem gefalteten Ende. Durch gestanzte Ösen wird eine Kordel gezogen und damit das Tuch oben und unten befestigt. Die harte Gerüststange oben kann man mit einer Rohrisolierung aus Schaumstoff polstern.

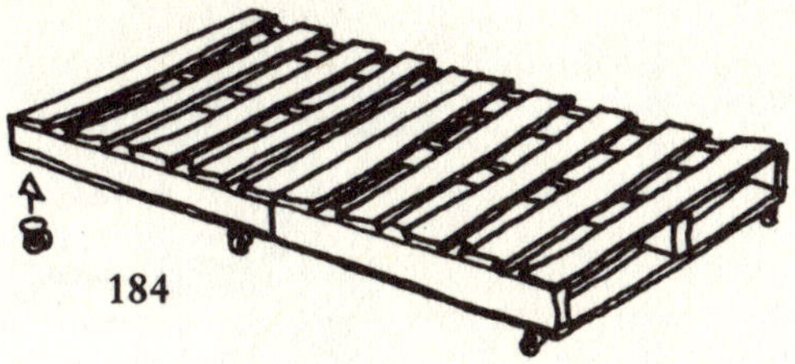
184

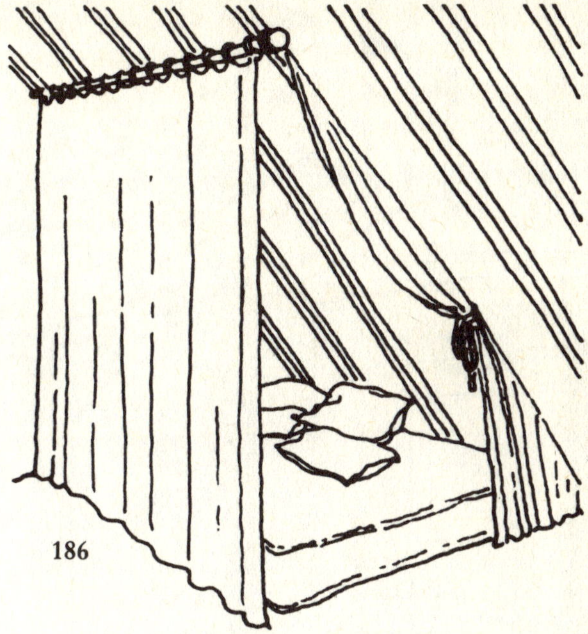
186

Verchromte Gerüstteile sehen sehr schön aus, sind aber teuer, denn die Zinkschicht muß entfernt werden, ehe man verchromen kann. Rostfreien Stahl kann man polieren lassen. Stahlgerüste sind schon seit Anfang des Jahrhunderts im Gebrauch, Aluminium ist erst später aufgekommen. Wasser- oder Gasleitungen sind billiger, sie werden durch Standardfittings verbunden. Kupferrohr ist nicht stabil genug für diese Bettkonstruktion.
Holzpaletten im Standardformat ergeben das vielfach wandelbare System in Abb. 183, das man auf immer neue Weise zusammensetzen kann. Überall wo zwei Paletten

185
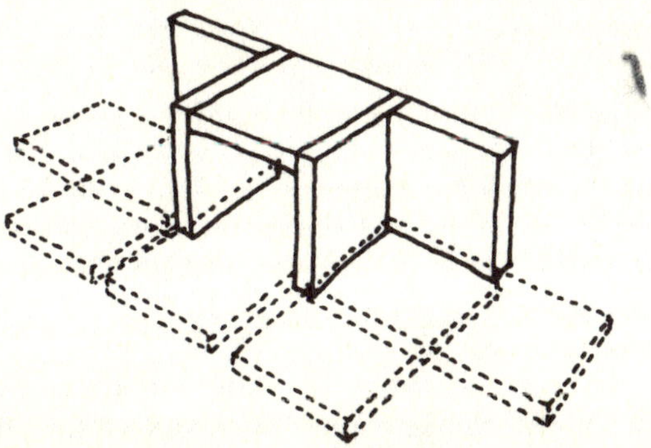

zusammenstoßen, verbindet man sie mit zwei Schraubenbolzen, die man durch vorgebohrte Löcher schiebt. Abb. 183 und 184 zeigen ein paar mögliche Raffinessen: ein an die Paletten angebautes Regal, weitere Regale, die innen in Paletten eingebaut wurden und durch Nägel von außen gehalten werden, weitere Möglichkeiten, Dinge unterzubringen, Rollen, damit man das Bett vorziehen kann, eine Lampe, die oben an die Palettendecke geklemmt ist. Das rohe Holz der Paletten kann man schmirgeln oder glatt hobeln und mit Holzgrundierfarbe und Lackfarbe anmalen.
Paletten findet man leicht. Im Zweifelsfall findet man auf den »gelben Seiten« unter dem Stichwort »Paletten« die Hersteller. Manche verkaufen auch renovierte gebrauchte Paletten.
Mit einem Stück Stoff wird aus einem langweiligen und kahlen Bett ein intimer Schlupfwinkel. In Abb. 186 ist mit Hilfe von Textilien aus einem Notbett ein gemütliches Gästebett unter dem Dach geworden. Der vordere Vorhang hängt an einer normalen Vorhangstange, mit den dazugehörigen Ringhaltern an Dachsparren festgemacht. Die Kante des dreieckigen Vorhangs wird durch eine an die schräge Decke geschraubte Holzleiste von 15 x 15 mm halten. Zwischen Vorhang und Decke ist eine Kor-

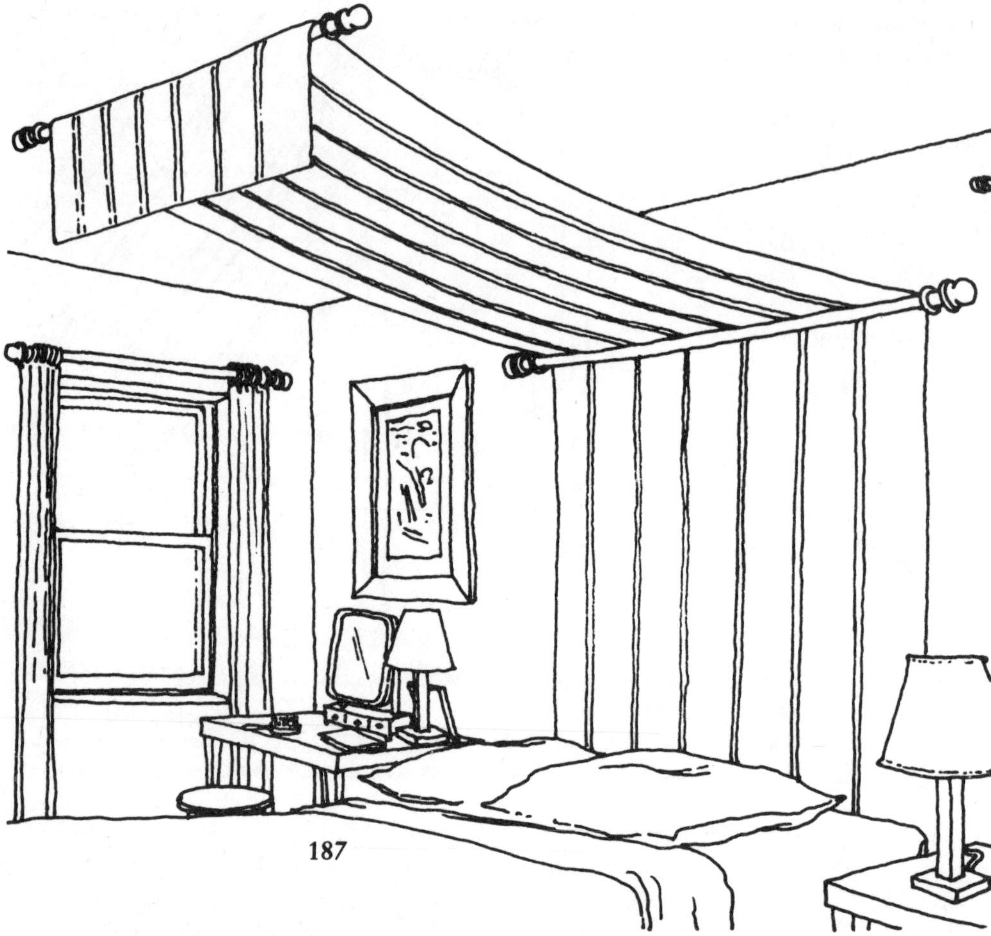

187

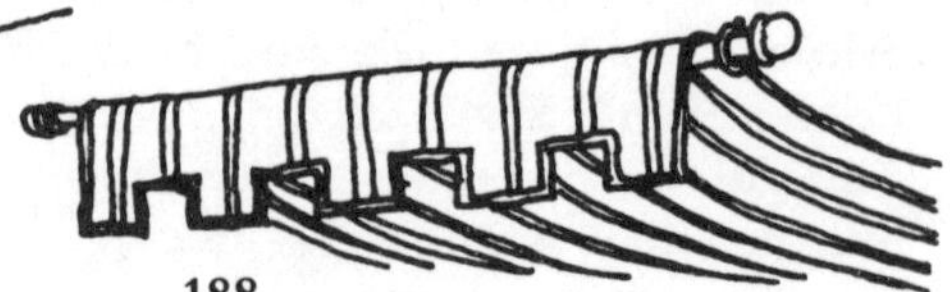

188

189

del befestigt, deren Enden man zusammenknoten kann, um den Vorhang zu raffen. Die Kanten des Vorhangs sind gesäumt, damit der Stoff nicht ausfranst.
Jahrhundertelang war das Himmelbett ein Statussymbol für die Obrigkeit. Für die Konstruktion in Abb. 187 ist ein Ende der Stoffbahn mit Tapeziernägeln oder Heftklammern an die Fußleiste hinter dem Bett geheftet. Der Stoff läuft über eine Vorhangstange oberhalb des Bettes an der Wand, die in den dazugehörigen Ringhalterungen sitzt. Du kannst auch ein Stahlrohr nehmen (eine Autostoßstange oder sonstwas), wenn die Wand dazu stark genug ist. Eine zweite Vorhangstange ist fest an der Decke angebracht. Mit ein paar Heftklammern hält man den Stoff auf dieser Stange fest, der locker durchhängen oder fest gespannt werden kann. Wer es gern mittelalterlich hat, schneidet »Zinnen« ein (Abb. 188) und faßt die Kanten mit Leinenband ein oder benutzt eine Zickzackschere. Ein farbloses Bett in einem langweiligen Raum bekommt durch Stoff eine dramatische Wirkung. In Abb. 189 sind die drei Stoffbahnen alle oben gekräuselt und unten gesäumt und an drei einzelnen Vorhangschienen aufgehängt. Schwere Vorhänge hängen am besten; bei leichteren wird unten im Saum ein Bleiband untergebracht. Der Stoff am Kopfende ist unten an die Fußleiste gepinnt. Die beiden Seitenteile sind durch an die Wand geheftete Kordeln gerafft und gehalten.
In Abb. 190 schirmen die Vorhänge das ganze Bett ab. Eine flexible Vorhangschiene aus Kunststoff ist im großen

190

Bogen mit Standardbefestigungen an der Decke angebracht.
Wenn die Vorhänge zurückgezogen sind, kann man sie entweder lose hängen lassen oder sie zur Wand hin raffen. Statt der gedrehten Kordel könnte man ein gewebtes Band nehmen oder einen mit Nieten verzierten Gurt von alten Jeans, der mit der Mitte an der Wand befestigt ist. Soviel Stoff ist sehr teuer, aber in Fabriken gibt's manchmal Feuer- oder Wasserschäden; außerdem ist Bankrott in der Branche nicht selten, und nicht verkaufte Stoffbal-

len werden von den Konkursverwaltern zur Versteigerung gegeben.
Manches vergessene Möbel auf dem Speicher liefert ein hübsches Kopfende für ein Bett. Ein Küchenschränkchen oder das Oberteil von einem billigen Toilettentisch des »Gelsenkirchener Barock« kann man so noch einmal nutzen, angestrichen mit schwarzer oder silberner Lackfarbe. Sie werden nicht ans Bett selbst angeschraubt, sondern mit Zierkopfschrauben direkt an die Wand dahinter.
Wandspiegel, wie sie früher in alten Häusern über dem Kaminsims angebracht waren, kann man auch sehr schön zu einem Kopfende umbauen (Abb. 191). Im 19. Jahrhundert wurden sie breit genug gemacht für ein modernes ein Meter breites Einzelbett. Wenn der Stuck zu sehr beschädigt ist, entfernt man ihn und firnißt den Kiefernholzun-

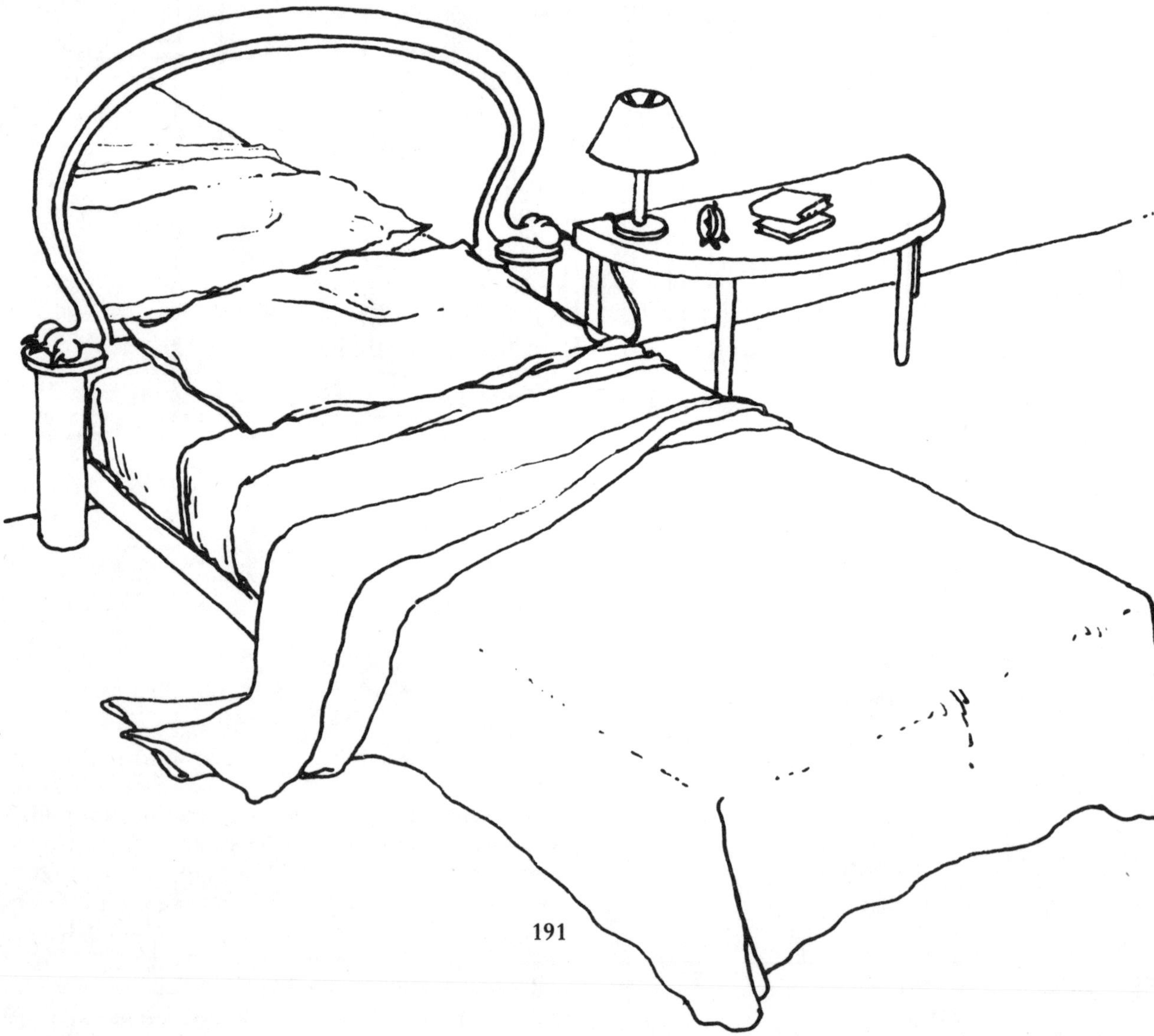

191

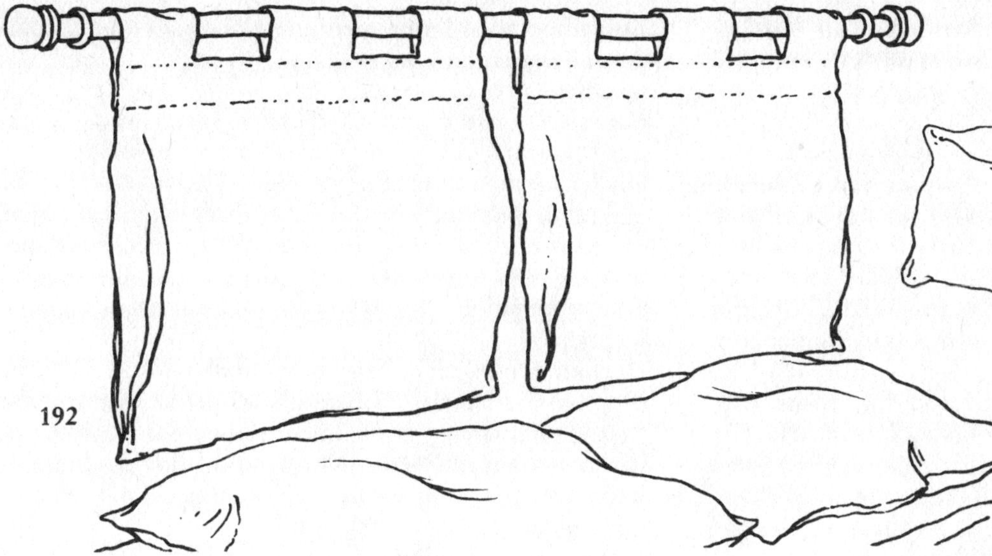

192

193

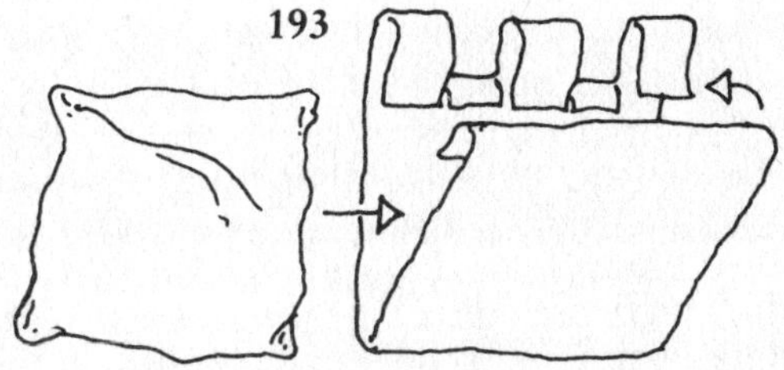

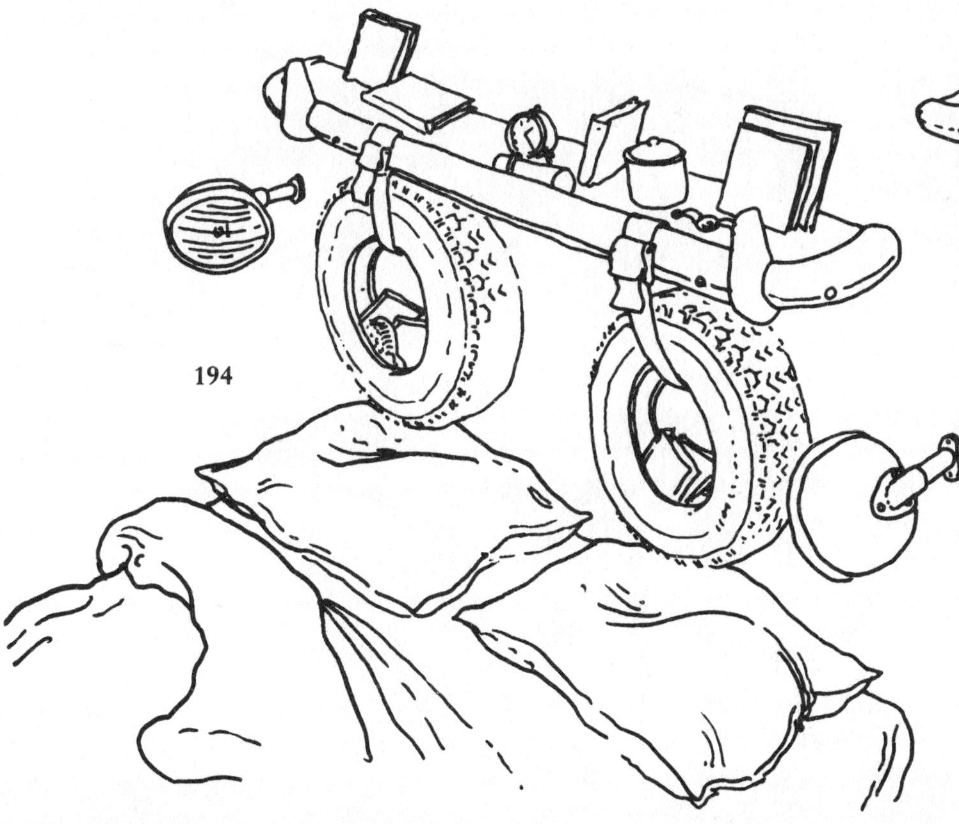

194

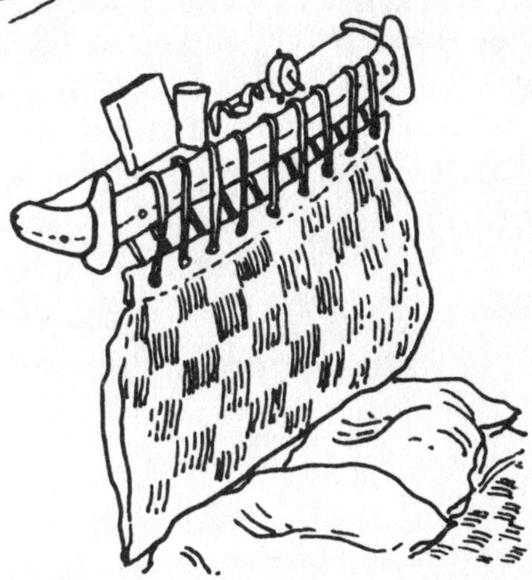

195

tergrund oder poliert ihn mit Möbelwachs. Gips wird in Wasser weich und kann mit feiner Stahlwolle entfernt werden.

Wenn der Spiegelhintergrund abblättert vor Alter und Feuchtigkeit, sieht er schäbig aus und spiegelt nicht mehr ordentlich. Einen solchen Spiegel wieder neu zu versilbern ist meistens zu teuer, obwohl man es sich bei einem Spiegel mit schön geschliffenen Kanten überlegen könnte. Abblätternde Spiegel kann man in Trödelläden oder auf Auktionen billig erwerben. Man kann glattes Spiegelglas zum Ersatz kaufen, aber es auch durch eine polierte Metallplatte ersetzen.

Absolut ungefährlich, weil keine scharfen Ecken und Kanten lauern, sind die weichen Kissen in Abb. 192. Sie sind in Stofftaschen eingenäht und hängen an einer alten hölzernen Vorhangstange, die mit ihren originalen Ringhalterungen an der Wand befestigt ist; ein langer Besenstiel statt dessen ist auch denkbar.

Kissenüberzüge lassen sich zu solchen Taschen umändern, indem man 5 cm Naht an beiden Seiten neben der geschlossenen Kante auftrennt, so daß die Stange hindurchpaßt, und unterhalb dieser aufgetrennten Stücke gut wieder zunäht, damit nichts weiter ausreißt.

Solche Taschen kann man aber auch leicht aus alten Vorhängen selbst machen. Der Stoff muß lang genug sein, um ganz um ein Kissen herum zu reichen, und zusätzlich braucht man 12 bis 15 cm, mit denen man ihn über die Stange streift. Ein Stück von 70 x 120 cm reicht im allgemeinen.

Die Lasche muß nicht ausgezackt werden wie in Abb. 192. Wenn man sie doch so haben will, schneidet man vor dem Zusammennähen die zwei Lücken an dem längeren Überschlag neun Zentimeter tief aus und führt die Schnitte noch 2 cm weiter, damit man die Kanten umnähen kann, um ein Ausreißen zu verhindern.

Das Kopfende für den Autonarren in Abb. 194 ist phanta-

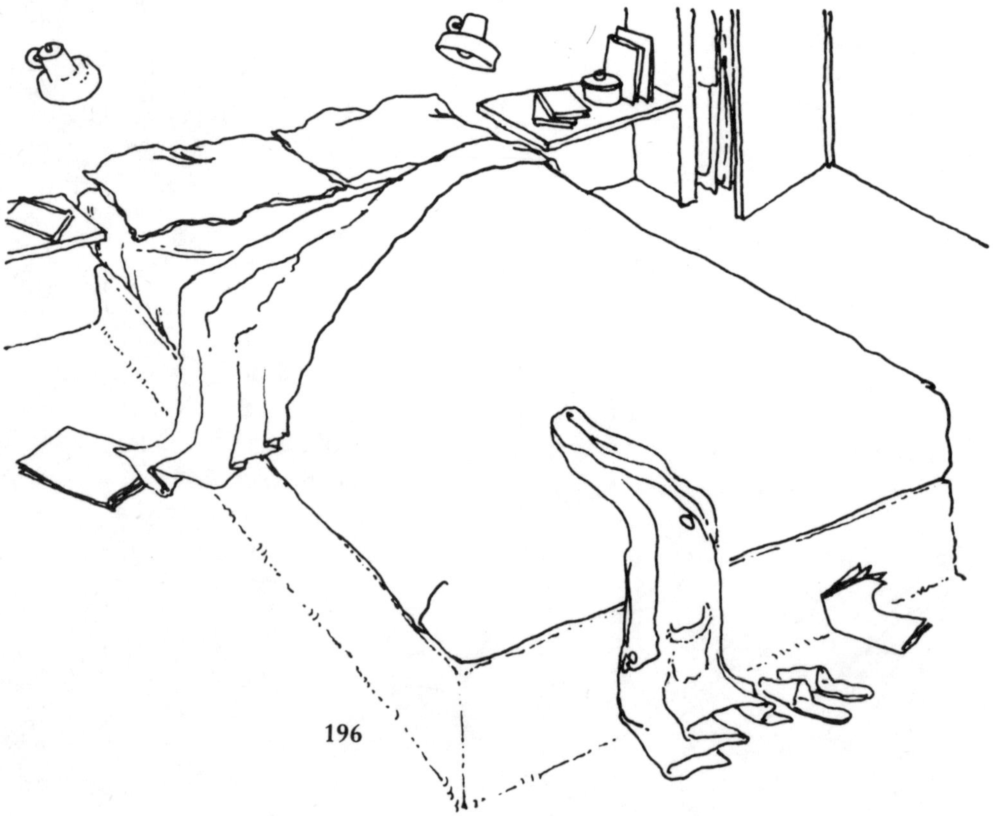

196

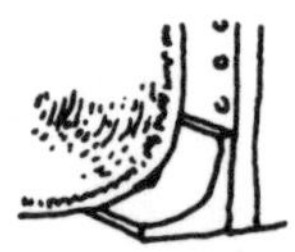

197

sievoll und praktisch. Die beiden Reifen sind weich genug, und innendrin bieten sie Platz für Bücher und dergleichen. Die Reifen, die Gurte, an denen sie hängen, und die verchromte Stoßstange, die alles hält, sind vom Schrottplatz. Mit den originalen Halterungen des Herstellers wird die Stoßstange an der Wand befestigt. Bei den meisten Modellen kann man Bolzen durch die Halterungen an Metallhalterungen an der Wand schrauben, die ihrerseits sehr fest verankert sein müssen, weil dieses System ein ziemlich großes Gewicht hat. Das Regalbrett aus 12-mm-Furnierplatte wurde formgerecht zugesägt und auf die Halterungen gelegt.

Abb. 195 zeigt einen karierten Kissenüberzug. Er hat einen 5 cm breiten Saum, durch den in Abständen von 10 cm Ösen gestanzt sind. Mit Nylonkordel ist dieses Kissen an einer Stoßstange befestigt.

Ein billiger Bettkasten verschönert einen Raum nicht gerade. Man kann ihn aber überdecken und verbessern mit einem Überzug von Teppichboden, der zu dem auf dem Fußboden paßt (Abb. 196). Beine oder Rollen werden abgeschraubt, so daß der Rahmen direkt auf dem Boden aufliegt. Dann wird Teppichboden auf den drei sichtbaren Seiten des Bettgestells herumgezogen. Er wird oben auf dem Rahmen und unten am Boden festgeheftet. Da solche Konstruktionen die Ventilation vermindern, muß die Matratze ab und zu zum Lüften abgenommen werden.

In schon mit Teppichboden ausgelegten Räumen kann man die Position des Bettes auf dem Fußboden genau anzeichnen und dann mit einem scharfen Teppichmesser Schnitte in der Längsrichtung so anbringen, daß man den Teppich an den Langseiten hochklappen und 10 cm über die Kante oben hochziehen kann. Der restliche Mittelstreifen des Teppichbodens wird zugeschnitten und zur Verkleidung des Fußendes benutzt; auch dies muß 10 cm überlappen. Zur Abrundung zwischen Fußboden und Bettgestell kann man eine Hohlkehlleiste einsetzen (Abb. 197).

Die Matratze wird einfach obenauf gelegt. Da Nägel und Stifte, wenn sie sich lockern, Bettzeug zerreißen und Haut zerkratzen, kann man die Teppichkante oben auf dem Bett mit zweiseitigem Klebeband oder Klettverschluß befestigen.

Rasch selbst zusammengebaute Bettgestelle kann man ebenso hinter Auslegeware verbergen, mit Teppichboden

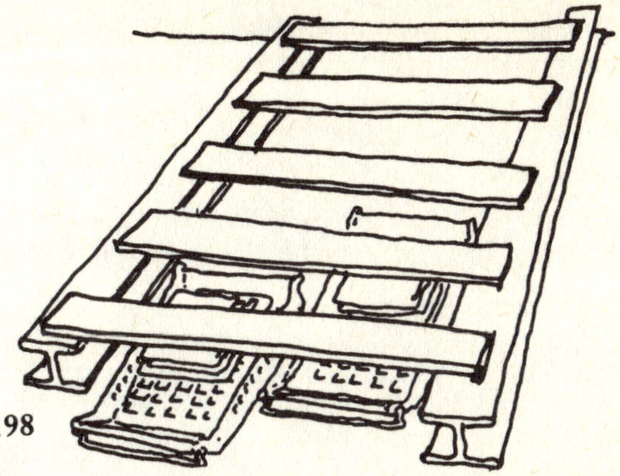

198

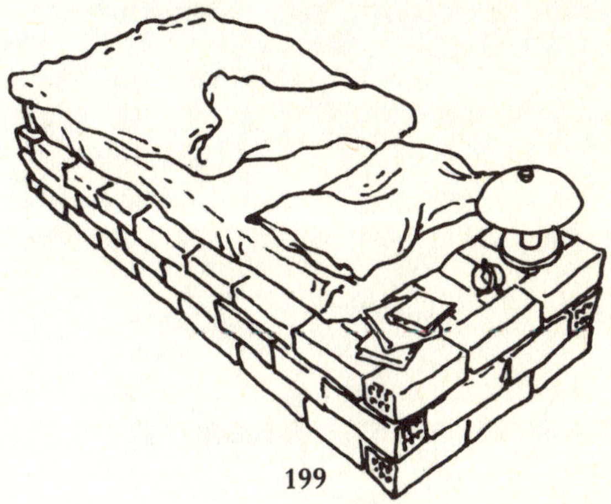

199

um eine Basis aus Getränkekästen, die zusammengeschnürt oder verschraubt sind, oder um eine Reihe von Betonbausteinen, die als Unterlage für ein Stück Tischlerplatte oder Sperrholz dienen. Alte Eisenbahnschwellen, Eisenträger (Abb. 198) oder Ziegelsteine (Abb. 199) sind weitere mögliche Materialien für den Unterbau.

Die Träger in Abb. 198 sind zwei 2 m lange Walzstahlträger vom Schrottplatz, die parallel zueinander auf den Boden gelegt sind und auf denen 17,5 cm breite Dielenbretter liegen. Wenn der Teppichboden von den Seiten her an den Brettern festgeheftet ist, ist diese Konstruktion stabil genug und braucht nicht weiter gesichert zu werden. Statt der Tapeziernägel kann man Teppichklammern verwenden, die in die Bretter geschraubt sind und über die der Teppichboden gehakt wird.

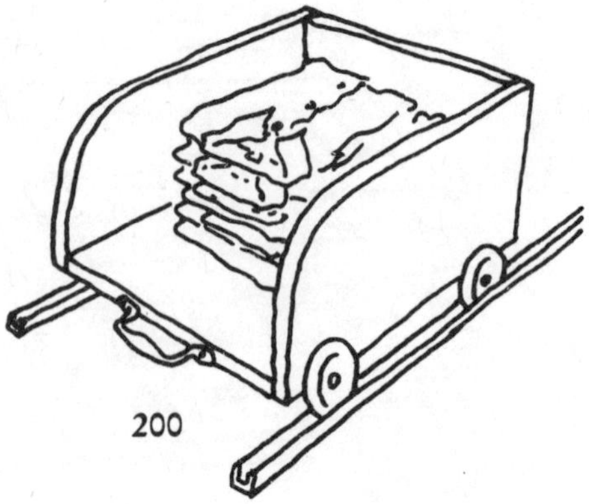

200

Wenn man das Fußende offenläßt, wird das Verkleiden mit Teppich einfacher, und außerdem hat man wieder Platz, um etwas zu verstauen. Die zwei Kästen in Abb. 198 sind alte Ablagekästen aus einem Büro. Man schiebt sie einfach außer Sicht.

Abb. 200 zeigt einen raffinierten Kasten auf Rollen mit Schienen, aus einer passenden alten Schublade oder selbst gebaut.

Die Räder des Karrens waren in diesem Falle von einem Spielzeugwagen abgebaut. Möbelrollen tun es auch. Die Schienen sind an den Fußboden geschraubt. Die Schraubenköpfe müssen versenkt sein, damit die Räder darüberlaufen können. Als Schienen sind U-förmige Leisten aus Aluminium, Holz oder Kunststoff, auch Regalschienen oder die Rahmen von Doppelglasfenstern brauchbar.

Abb. 201 zeigt eine größere, zweiteilige Version der Teppichverkleidung in einer Kombination von Eigenbau und Vorgefertigtem.

Für das Podest kann man die verschiedensten Materialien verwenden: auf den Kopf gestellte Holzkisten, Plastikkästen, Betonsteine, Ziegelsteine oder Eisenträger. Das Material wird an drei Seiten des Bettes so aufgebaut, daß es an allen drei Kanten 30 cm breit unter dem eigentlichen

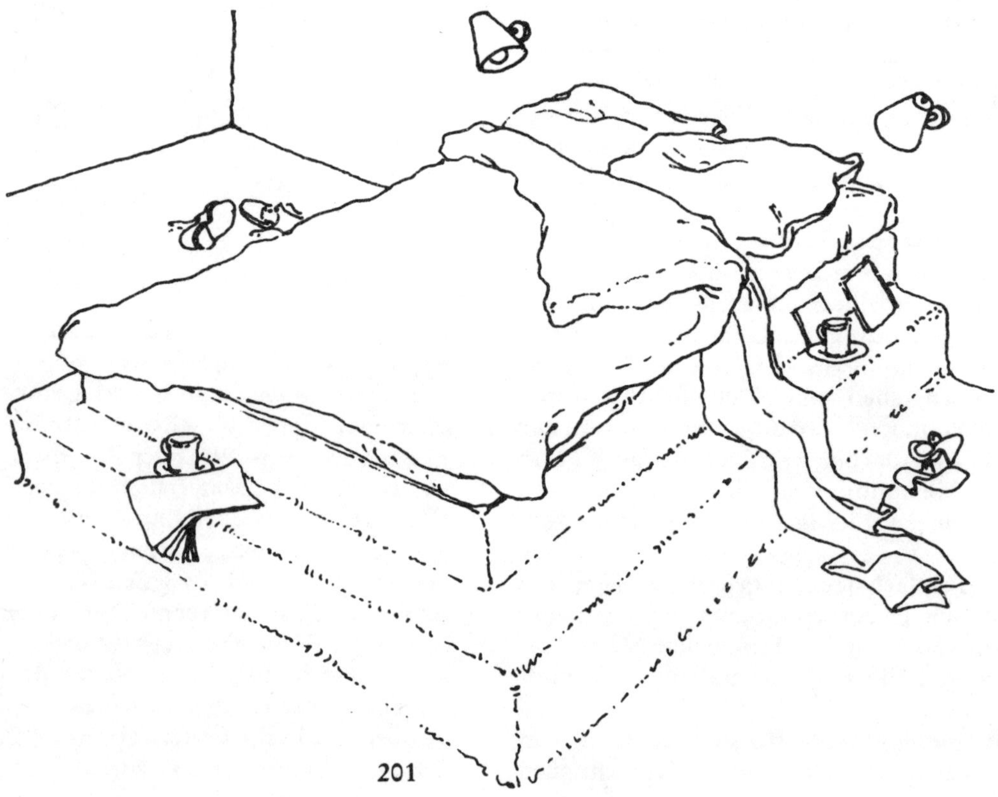

201

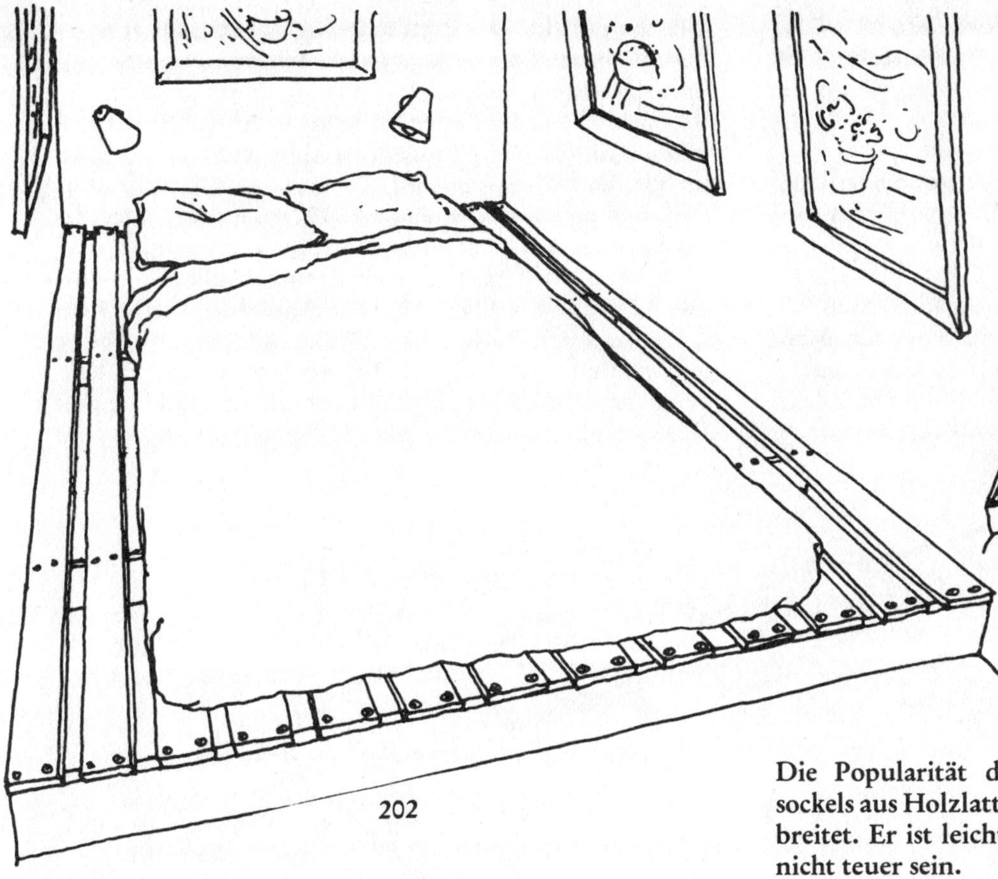

202

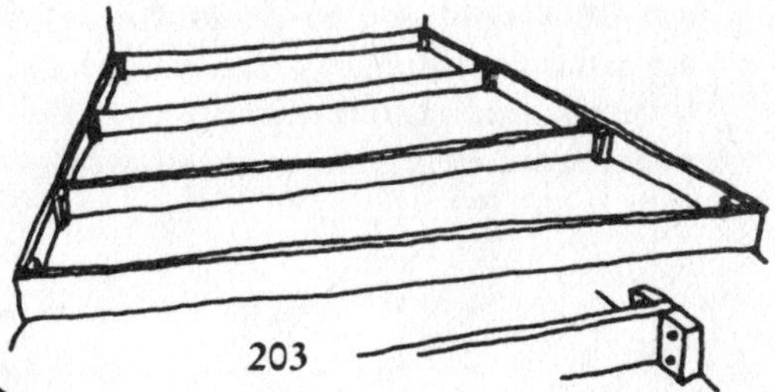

203

Bett hervorragt. Neun Dielenbretter von 175 x 25 mm überspannen die Lücke zwischen den Teilen wie in Abb. 198. Auf dieses Untergestell kommt der Bettrahmen. Jetzt wird der Teppichboden bis oben hinaufgeführt und auf dem Bettrahmen, im Winkel zwischen Bettrahmen und Podest und im Winkel zwischen Sockel und Fußboden festgeheftet, eventuell werden wieder Hohlkehlleisten angebracht (Abb. 197). Die von Teppichboden überzogene Stufe ist eine hübsche Sitzbank am Bett und auch Ablage.

Wenn man für das Fußende keinen Teppichboden mehr hat, kann man es mit Paneelbrettern mit Nut und Feder verkleiden oder mit Latten mit Zwischenräumen, was für die Lüftung günstig wäre. Wer Phantasie und Mut hat, kann sich auch ausgefallenere Alternativen überlegen: zum Beispiel Kunstrasen...

Die Popularität des traditionellen japanischen Bettsockels aus Holzlatten ist in der westlichen Welt weit verbreitet. Er ist leicht zu bauen und gesund, und er muß nicht teuer sein.

In Abb. 202 füllt der Sockel einen winzigen Raum von Wand zu Wand. Ein normales Doppelbett würde hier überdimensional wirken. Die Latten ergeben einen festen Untergrund, der gut ist für Leute mit Rückenschmerzen. Die offenen Latten ermöglichen auch die so wichtige Luftzirkulation unter der Matratze.

Das Holz für dieses Bett kann man billig auf einer Abbruchbaustelle kaufen. Wir haben 175 x 50 mm Dielenbohlen benutzt (aber andere Formate tun es auch) und Dielenbretter. Die Bretter und Balken sind meistens schmutzig, aber man kann sie leicht mit einer Bandschleifmaschine säubern, die man mietet. Ein Anstrich mit Polyurethanfirnis läßt das Holz dann wieder sehr gut aussehen.

Vier Querträger müssen genau zwischen die Fußleisten des kleinen Zimmers passen. Einer kommt ans Kopfende, einer ans Fußende (Abstand 2 m) und die anderen beiden mit gleichmäßigem Abstand dazwischen wie in Abb. 203. Kleine Holzklötze von 50 x 50 mm werden rechts und links von den Stützen an die Fußleisten genagelt, damit sich die Stützen nicht verschieben können. Nur die letzte Stütze außen wird an die Klötze angenagelt.

Die Dielenbretter werden zunächst lose auf die Stützen gelegt, damit man für gleichmäßige Zwischenräume sorgen kann. Es kommt nicht genau darauf an, wie groß der Abstand ist, aber 2,5 cm ist sehr brauchbar. Auch wenn in Abb. 202 die Bretter die Endstütze nicht überragen, ist ein Überstand von 15 cm eine mögliche Variante. Man kann das Bett auch in drei freistehende Abschnitte unterteilen. Dann kommt man besser an den Raum unter dem Bett heran, wenn man saubermachen will oder verlorene Ohrringe sucht. Die Bretter lassen sich leichter abmontieren, wenn sie mit Schrauben festgemacht sind, als wenn sie aufgenagelt sind.

Das Bett mit dem offenen Fußende in Abb. 204 ist ebenfalls aus billigem Holz aus einem Abbruchhaus. Die Bretter für die Bedeckung sind 170 cm lange Dielenbretter, die längeren am Kopfende sind 240 cm lang. Sie sind 12,5 cm breit und 2,5 cm dick. Auch andere Formate sind brauchbar, die Anzahl ist vom Format abhängig.

Diese Bretter werden auf fünf Dielenbohlen von 225 cm Länge und der Stärke 150 x 50 mm aufgenagelt. Zuerst legt man die zwei äußeren Dielenbalken auf den Boden, genau parallel und im Abstand von 140 cm voneinander. Der dritte kommt genau in die Mitte dazwischen und die

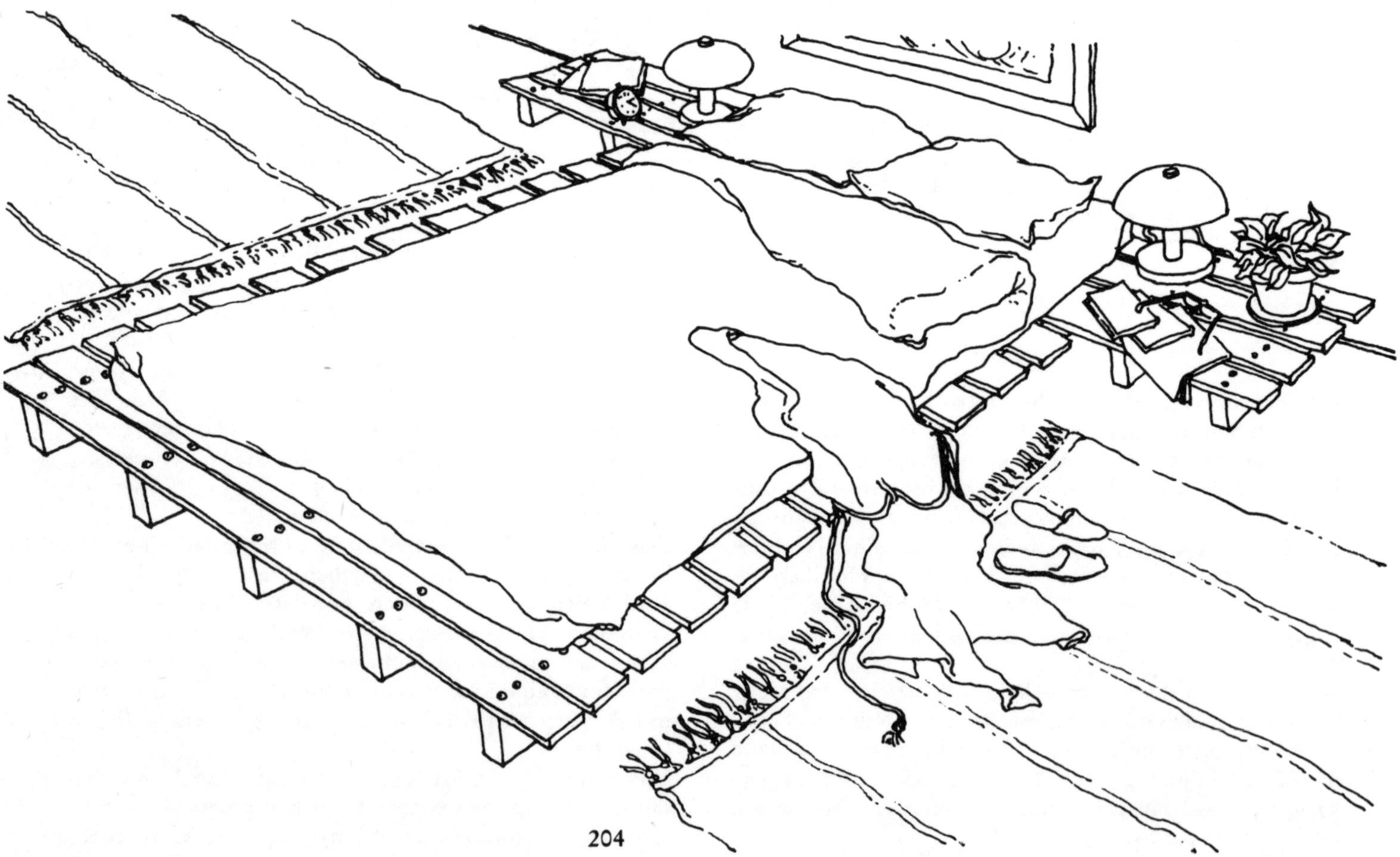

204

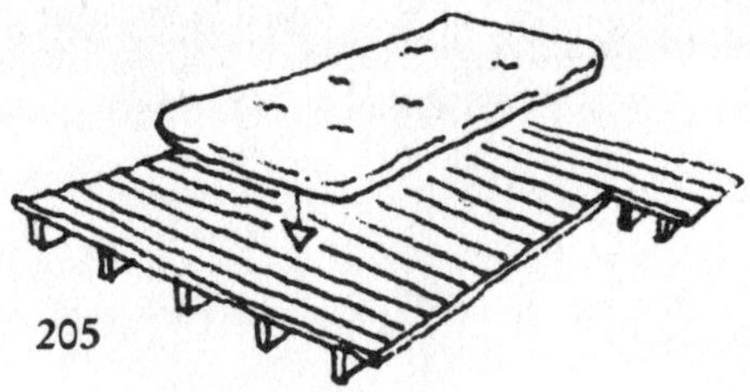

205

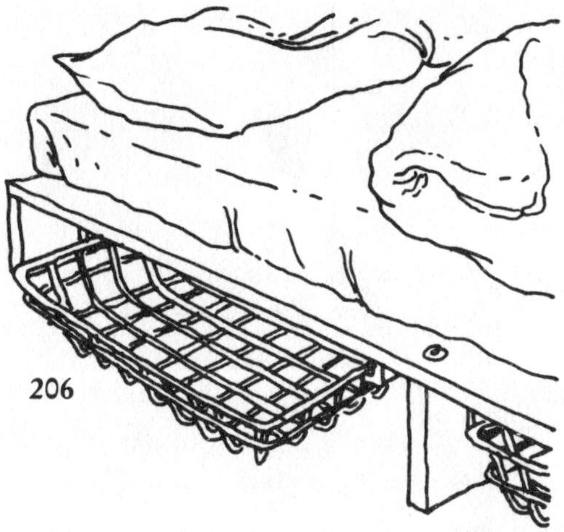

206

beiden letzten in die Mitte der beiden Hälften. Dann wird das letzte der Bretter so angenagelt, daß das Brett die Dielenbalken um 5 cm überragt. Wenn man vorher die entsprechenden Stellen mit Holzleim einstreicht, wird die Verbindung stärker.
Nachdem das oberste Brett am anderen Ende ebenfalls angeleimt und angenagelt ist, legt man die übrigen Bretter lose auf, damit sie parallel liegen, bevor sie festgenagelt werden. Zwei extra Bohlen von 50 cm Länge unterstützen die Enden der vier langen Bretter am Kopfende.
Die Matratze liegt einfach oben auf diesem Lattenrost (Abb. 205), die Nägel müssen also tief genug versenkt sein, damit sie nichts zerreißen.
Das unten offene Ende kann man immer noch nutzen, um Sachen darunter zu verstauen (Abb. 206). Die flachen Drahtkörbe hier laufen auf Laufschienen, die man im Haushaltsgeschäft bekommt.

Das Klappbett in Abb. 208 kann man schnell herstellen und leicht benutzen: wenn man es braucht, hakt man es einfach aus, legt eine Matratze auf die Unterlage und sich darauf.
Die Nachtruhe ist abhängig von zwei Ringschrauben in der Wand; deshalb ist dieses Projekt nur in Zimmern mit kräftigen Wänden brauchbar.
Die Unterlage ist aus 25 mm dickem Sperrholz oder Tischlerplatte ausgesägt, 190 cm lang und 75 cm breit. An den Außenecken sind zwei Ringschrauben 25 mm von den Kanten entfernt in vorgebohrten Löchern eingesetzt, an denen die beiden Ketten befestigt sind (Abb. 208). Am sichersten sind Ringbolzen mit Muttern und Unterlegscheiben, viel sicherer als Holzschrauben mit sich verjüngendem Schaft (Abb. 209).
Die Ketten kann man im Baumarkt kaufen, ebenso wie Schäkel oder Karabinerhaken aus rostfreiem Stahl, mit denen die Ketten an den Bolzenösen angebracht werden (Abb. 209). Für ein Bett von 75 cm Breite muß jede Kette mindestens 104 cm lang sein. Man hängt die Ketten in die Wandbolzen ein und hält das Bett geöffnet an der Wand fest. Mit einer Wasserwaage prüft man, ob die Fläche genau waagerecht ist, dann zeichnet man die Unterkante des Brettes an der Wand mit einem Bleistift an. Dort muß die Oberkante einer Latte sitzen, die das Bett an der Wandseite unterstützt. Diese Latte (50 x 25 mm stark) ist ebenfalls 190 cm lang und wird mit fünf 75-mm-Schrauben fest in der Wand verankert. Wenn man das Bett hochgeklappt lassen will, braucht man nur einen der Karabinerhaken durch die Ösen beider Schrauben am einen Ende des Bettes oben und unten zu führen (Abb. 207).
Die Sicherheit der vielseitigen Kombination von Bank und Bett in Abb. 210 beruht ebenfalls auf Latten, die fest in der Wand verankert werden müssen. Hier überspannt die Konstruktion den Raum zwischen zwei Wänden, das gibt in einem sehr schmalen Raum oder am Ende eines Korridors die Möglichkeit, den Platz optimal zu nutzen. Die Struktur kann im Nu verändert werden. Aus der Bank oder dem Einzelbett wird eine Etagenkoje oder ein Doppelbett; dazu braucht nur ein einziges Brett bewegt zu werden. Abb 211 zeigt, wie das obere Brett zusammengebaut wird. Der Rahmen besteht aus Weichholz von 50 x 25 mm Stärke. Die langen Seiten entsprechen dem Abstand der Wände voneinander. Die vier Querstreben sind 57 cm lang. Komplizierte Verbindungen vermeidet man

207

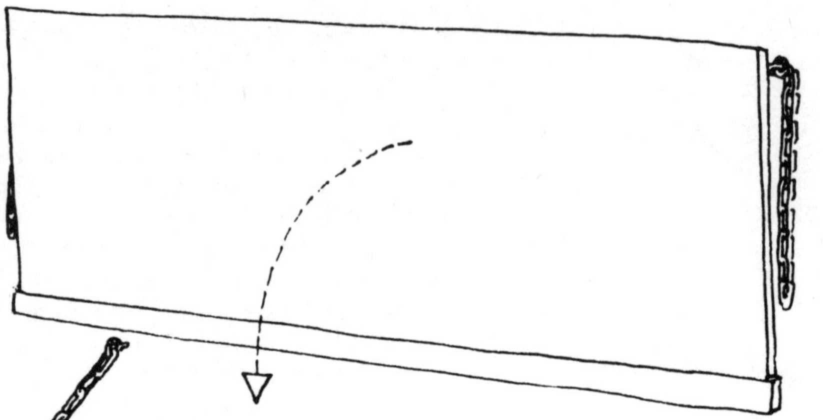

208

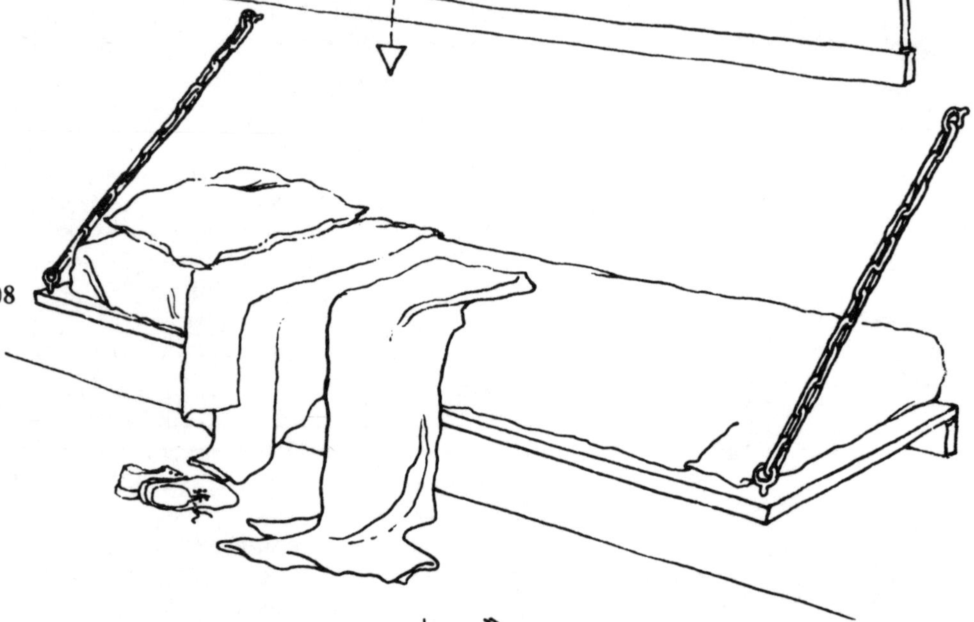

209

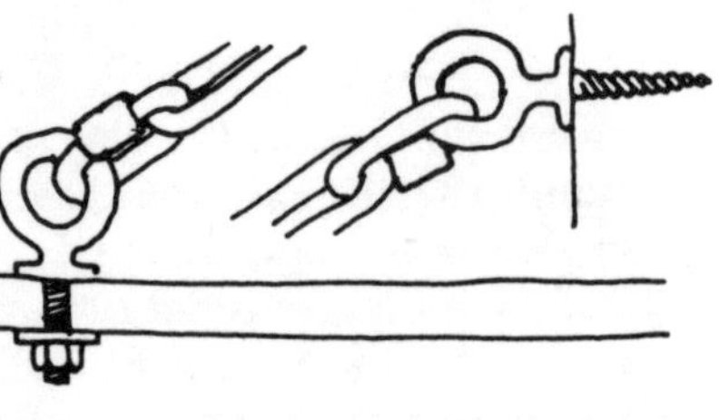

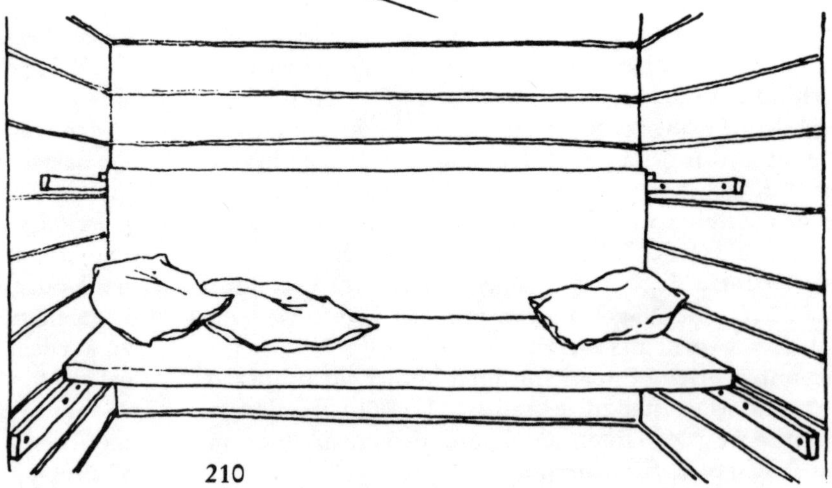

210

durch Eckklötze oder Metallwinkel überall da, wo die einzelnen Teile im rechten Winkel aufeinanderstoßen.
Für das obere Brett setzt man die beiden äußeren kurzen Querstreben 2,5 cm von der Kante (der Wand) entfernt mit den langen Rahmenteilen zusammen, indem man in die Innenwinkel Klötzchen klebt und sie festschraubt (Abb. 211). Die beiden andern Querstreben kommen dann entsprechend in das Mittelfach und werden genauso befestigt. Beim unteren Lager macht man es genauso, nur braucht man da die äußeren Querstreben nicht einzurücken.
Die Auflage oben und unten auf jeden Rahmen wird aus einer 125 cm breiten Platte von 6-mm-Furnierplatte ausgesägt. Man sägt die Platten in der Mitte durch, so daß zwei Stücke von 62,5 cm Breite entstehen, schneidet die beiden Verkleidungsteile für den oberen Rahmen 5 cm kürzer zu als den zu überbrückenden Abstand und bringt sie mit Paneelstiften von 25 mm Länge auf dem Rahmen an. An der Vorderkante kann man eine Zierleiste als hübschen Abschluß anbringen (Abb. 212).
Das untere Brett ruht auf beiden Seiten auf 50 x 25 mm starken Latten, die 125 cm lang sind. Jede ist mit vier 75-mm-Schrauben fest in der Wand verankert.
Auch das obere Brett ruht auf zwei Latten von 50 x 25 mm, aber die sind nur 65 cm lang und mit je drei Schrauben befestigt. Die oberen Latten sollten mindestens 70 cm höher sitzen als die unteren, damit ausreichend Platz ist, wenn das obere Brett nur als Rückenlehne für die Bank eingehängt wird, wie in Abb. 210. In Abb. 214 liegen die beiden Bretter als Etagenkojen übereinander; in Abb. 215 liegen sie nebeneinander und bilden so ein Doppelbett.

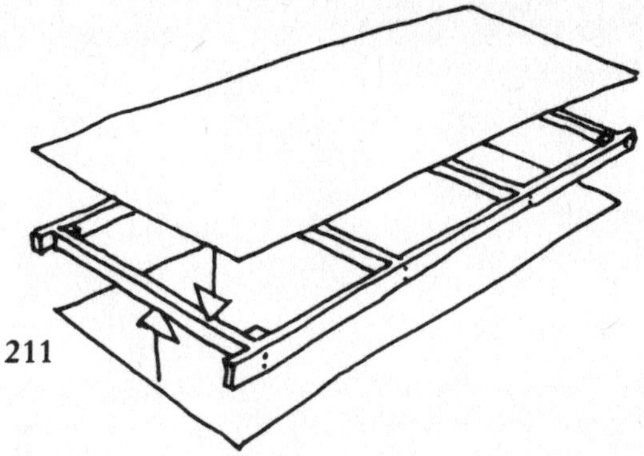
211

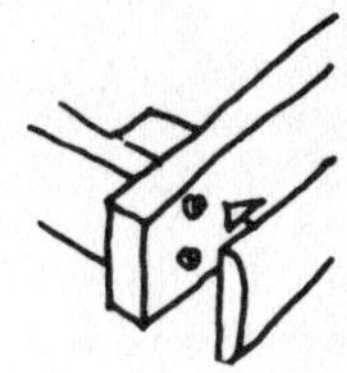
212

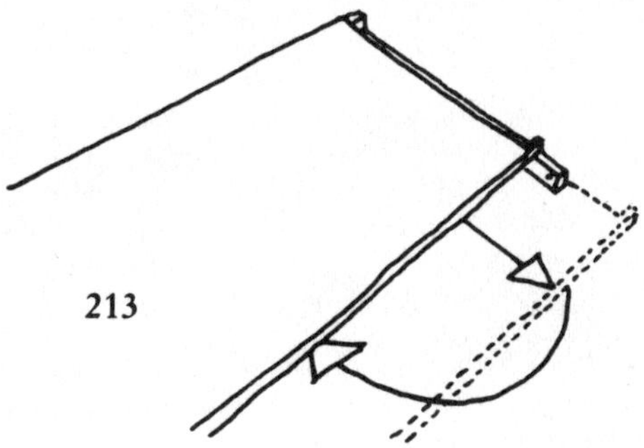
213

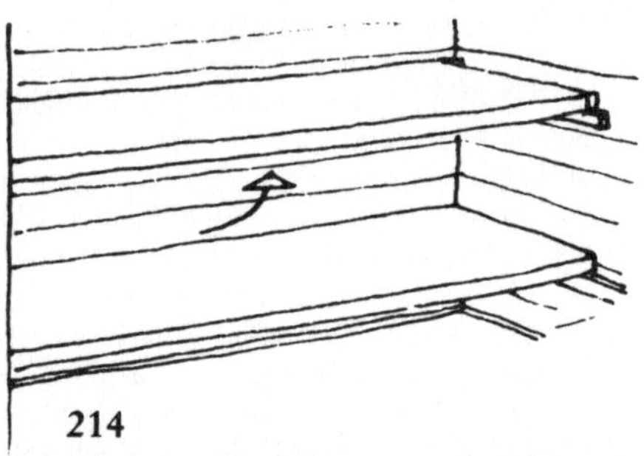
214

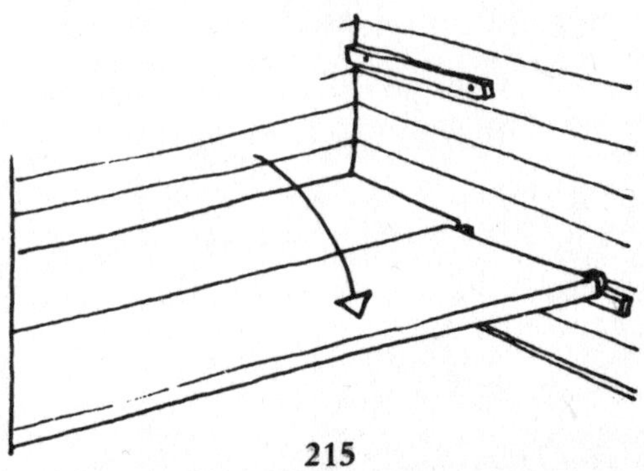
215

Beleuchtung

Die herkömmliche Hängelampe baumelt in der Mitte des Zimmers von der Decke und ist im allgemeinen die einzige Lichtquelle im Raum. Ihr Licht ist meist grell und unangenehm, doch zum Glück läßt sie sich ohne großen Aufwand zu einer wirklich mobilen Lichtquelle umbauen.
Die in den Abb. 216 und 218 dargestellten Verfahren beruhen beide auf einer Verlängerung des ursprünglichen Kabels. Wer sich mit Elektroinstallationen auskennt, braucht nur die Sicherung auszuschalten und die alte Leitung durch eine neue, wesentlich längere zu ersetzen. Das ist die sauberste Lösung.
Für die Zugleuchte in Abb. 220 braucht man ein Elektrokabel von 2 m Länge. Die Länge des Kabels für die verschiebbare Lampe in Abb. 218 hängt von der Länge der Schiene und deren Entfernung zum Deckenanschluß ab. Wenn das Kabel verlängert ist, läßt sich die Position der Lampe am schnellsten verändern, indem man überall dort, wo man Licht haben möchte, Haken in der Decke befestigt, über die das Kabel gehängt wird.
Die Zuglampe in Abb. 216 funktioniert mit zwei kleinen Rollen, die man in einem Eisenwarengeschäft oder — in dekorativer Ausführung — beim Bootszubehörhändler bekommt; sie müssen gerade so groß sein, daß sie das Kabel ohne zu klemmen führen können.
Es ist darauf zu achten, daß das Kabel an der Decke nicht nur fest an die Lüsterklemmen angeschlossen ist, sondern zusätzlich zu einer Schleife gebogen wird (etwa wie in Abb. 219), die man in den Deckenhaken einhängt; andernfalls wird das Kabel durch das Gewicht der Lampe aus dem Deckenanschluß gerissen.
An der unteren Rolle muß ein Gegengewicht befestigt werden, dessen Größe von der Art des gewählten Lampenschirms abhängt. Wer es ganz genau machen will, montiert zunächst den Lampenschirm samt Fassung und Birne und bringt das Ganze in die gewünschte Position. Während ein Helfer die Lampe festhält, füllt man Bleischrot (gibt's im Anglerladen) in ein Tuch- oder Ledersäckchen, das an der unteren Rolle aufgehängt wird (Abb. 216), bis sich das System exakt im Gleichgewicht befindet. Ob man es richtig gemacht hat, merkt man daran, ob sich die Lampe mühelos auf und ab bewegen und in jeder Lage zum Stillstand bringen läßt (Abb. 217).
Abb. 218 zeigt ein vereinfachtes Lichtschienensystem. Dazu braucht man lediglich eine Führungsstange, die mit zwei handelsüblichen Halterungen an der Decke befestigt wird. Ideal ist eine Gardinenstange aus Holz, es geht aber auch mit Stahlrohr oder einer Garderobenstange.
Bevor man die Stange dort an der Decke anbringt, wo

216

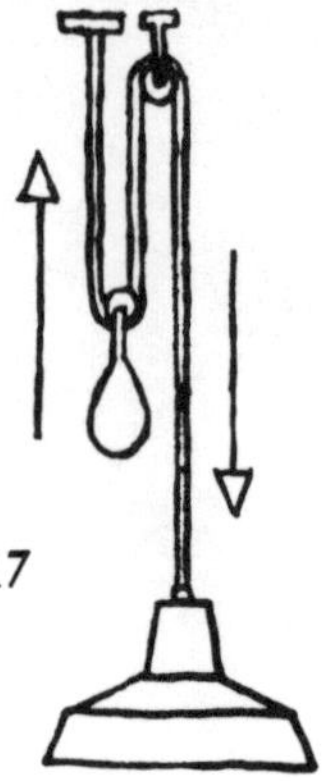

217

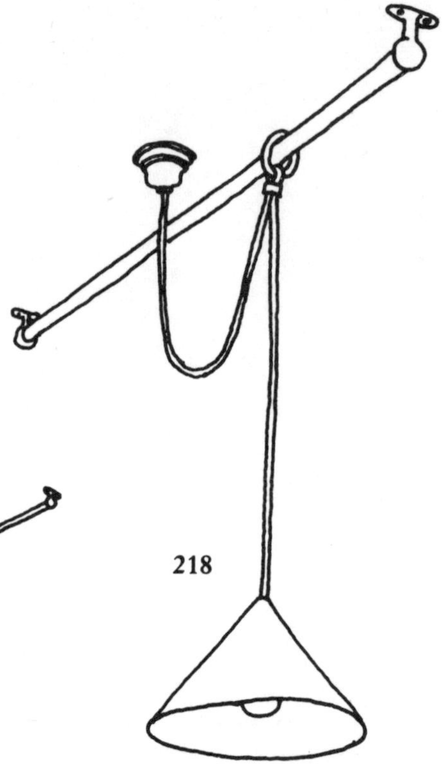

218

219

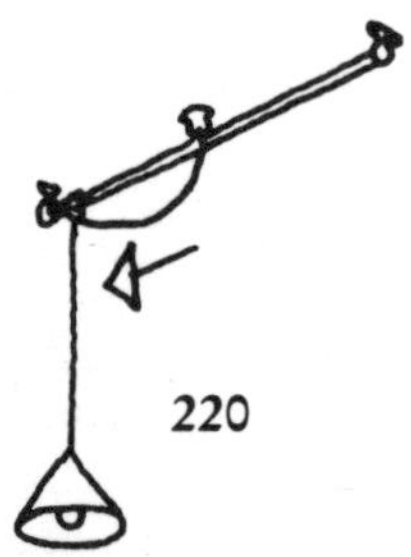

220

man das Licht haben möchte, wird ein Gardinenring darüber geschoben, der so groß sein muß, daß er auch noch für das Kabel Platz hat, ohne daß es geklemmt wird. Das Kabel wird an diesem Ring zu einer Schlaufe zusammengedrückt und mit Isolierband umwickelt (Abb. 219). Ist das Kabel sehr lang, nimmt man besser zwei oder mehrere Gardinenringe, an denen das Kabel jeweils befestigt wird. Eine besonders pfiffige Lampe ist in Abb. 221 dargestellt; sie wird an der Wand befestigt und läßt sich in drei Richtungen bewegen. Ähnlich wie bei unserer Zuglampe sorgt auch hier ein Gegengewicht dafür, daß die jeweils gewünschte Position der Lampe stabil bleibt. Das Kabel verläuft von der Stromquelle über einen Holzdübel in der Wandbefestigung und über eine Rolle zur Glühbirne. Dank dieser Konstruktion läßt sich der Schirm nicht nur in der Höhe verstellen, sondern auch horizontal, indem man die Halterung der Rolle entlang der Längsstange verschiebt. Diese ist 90 cm lang und läßt sich außerdem von links nach rechts in einem Winkel von 180 Grad schwenken (Abb. 222).

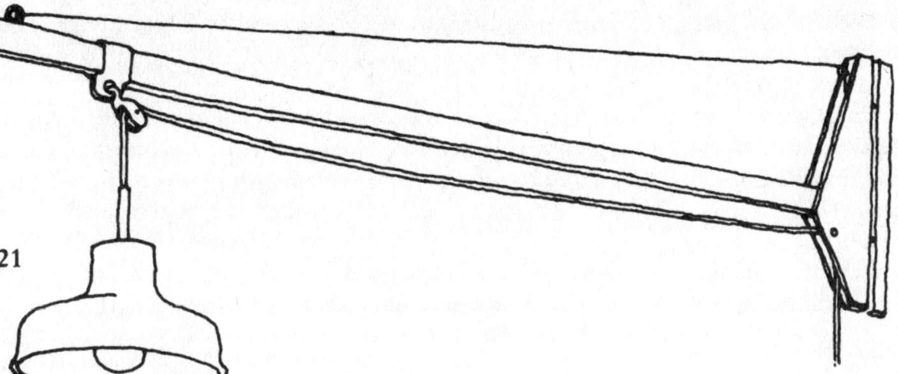
221

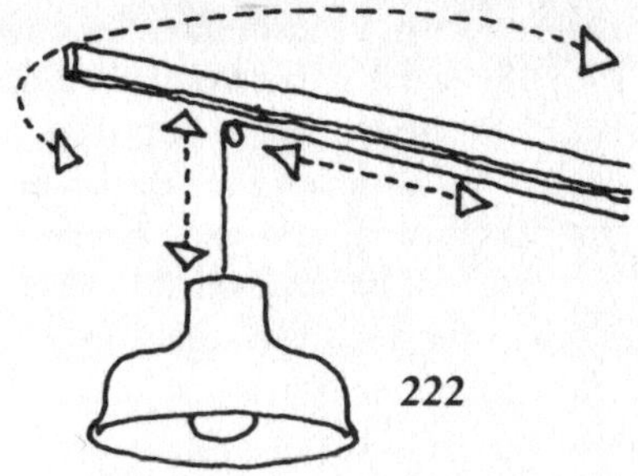
222

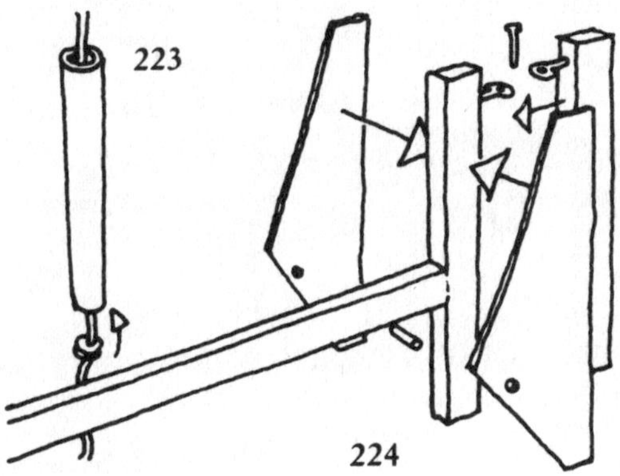
223

224

Das Holz wird größtenteils aus einer Hartholzleiste 50x25 mm von 1,50 m Länge geschnitten. Zunächst wird ein 25 cm langes Stück dieser Leiste mit der Schmalseite senkrecht an der Wand befestigt. In die andere Schmalseite schraubt man mit einem oberen und unteren Randabstand von 4 cm je eine Ringschraube (s. Abb. 224). In ein zweites Leistenstück mit denselben Abmessungen werden — gegenüber den beiden ersten leicht versetzt — wiederum zwei Ringschrauben eingedreht. Mit zwei durch die Ösen gesteckten Drahtstiften können jetzt beide Teile locker miteinander verbunden werden.

Der Tragarm von 9 cm Länge wird mit dem frei drehbaren Leistenstück durch zwei 6 mm starke Sperrholzbrettchen verbunden (von der in Abb. 224 dargestellten Form), die mit beiden Leisten verschraubt und verleimt werden. Da der Arm das Gewicht der Lampe tragen muß, wird die Konstruktion durch einen zwischen zwei Ringschrauben gespannten Draht verstärkt (Abb. 221).
Das Lampenkabel wird über eine kleine Rolle geführt, die man in einem Laden für Bootszubehör bekommt. Diese hängt in einer Metallklemme, die eng an der Leiste anliegen muß. Statt der Klemme kann man es auch mit einem kräftigen Lederstreifen versuchen. An der Wand läuft das Kabel über einen Holzdübel, der von den beiden Sperrholzbrettchen gehalten wird.
Unterhalb des Dübels wird das Gegengewicht angebracht. Wir haben hierfür ein ausgebohrtes altes Uhrengewicht genommen, das über das Kabel geschoben und von einer Gummitülle gehalten wird (Abb. 223). Es ist zwar prinzipiell möglich, das Kabel an der Decke anzuschließen, aber am praktischsten ist der Anschluß an die Steckdose.
Der Industrielook des verstellbaren Beleuchtungssystems in Abb. 225 kommt durch das auf Putz verlegte Isolierrohr zustande, das unterhalb der Decke an der Wand angebracht ist und die elektrische Leitung aufnimmt.

Das in jedem Elektroinstallationsgeschäft erhältliche Isolierrohr wird stückweise zusammengeschraubt und mit Schellen an der Wand befestigt, wobei an den benötigten Stellen Steckdosen montiert werden müssen. Das System hat den Vorteil, daß es sich schnell und flexibel anbringen läßt und die zeitaufwendige und schmutzige Arbeit einer Verlegung der Leitungen unter Putz erspart.
Über jede Steckdose (in Abb. 225 sind es englische) wird eine 60 mm lange Ring- oder eine Hakenschraube in der Wand verdübelt, ebenso auf der jeweils gegenüberliegenden Seite des Zimmers; zwischen den Ringen oder Haken wird Draht gespannt. Der Draht muß straff sein, damit die Lampen sich leicht hin und her bewegen lassen. Zu diesem Zweck hängt man den Draht auf der der Steckdose gegenüberliegenden Seite in eine Spannschraube ein (Abb. 226 links), die zum Nachspannen von Hand bedient werden kann. Draht, Endbefestigungen und Spannschrauben bekommt man im Eisenwarengeschäft.
Die in Abb. 225 gezeigten Industrielampen sind zur Aufhängung mit einem Haken versehen. Andere Modelle

225

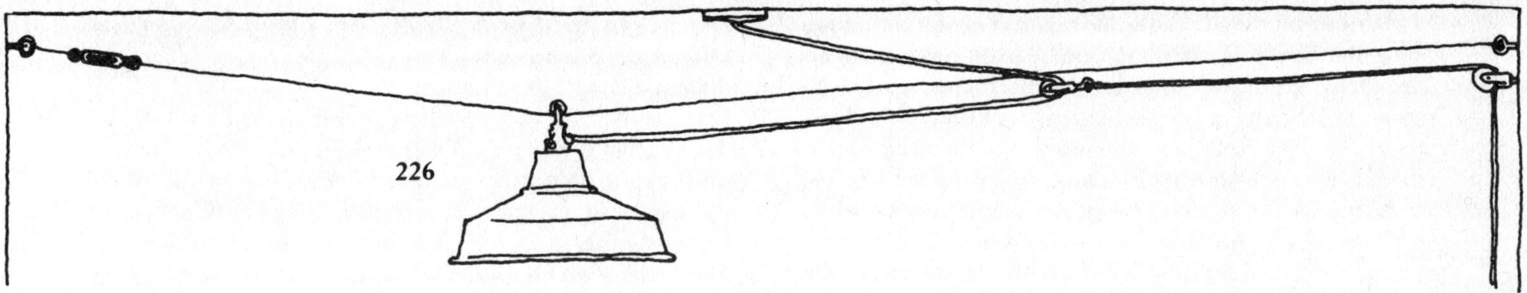

226

227

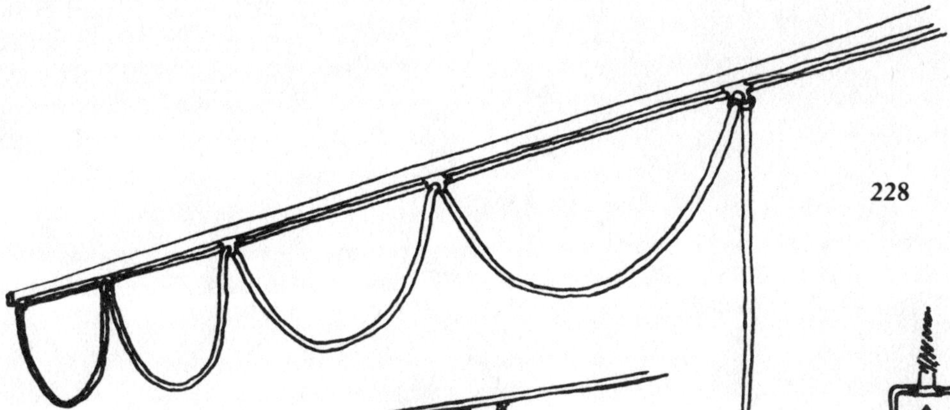

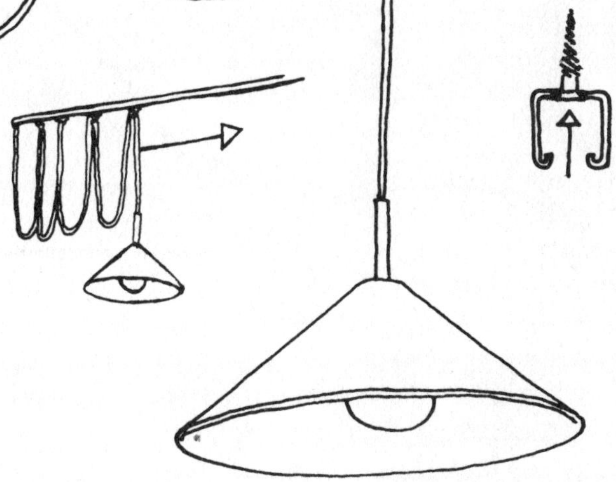

228

hängen an einer Kette. Die Lampe wird mit einem normalen Kabel an die Steckdose angeschlossen; teurer, aber auch zweckmäßiger und schöner sind Spiralkabel in hellen Farben.

Die schwere alte Lampe in Abb. 226 läßt sich ebenfalls an einem gespannten Draht entlang verschieben, allerdings mit dem Unterschied, daß sie an die bereits installierte Leitung in der Zimmerdecke angeschlossen ist. Für die Konstruktion werden drei Plastikrollen benötigt; eine für die Lampe, eine als Führung für das Lampenkabel und eine, die an der Wand unter der Ringschraube befestigt wird und über die der Zug mit dem nötigen Gegengewicht läuft. Ein unschönes Gegengewicht kann in einem an der Wand befestigten Kunststoffrohr oder einer – unauffälligeren – Kartonhülse geführt werden.

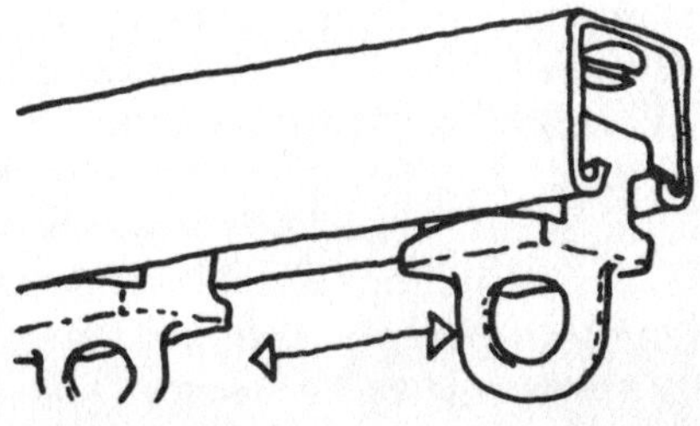

Das Schienensystem in Abb. 228 benutzt an der Decke angebrachte Vorhangschienen und Gardinenröllchen als Alternative zu einer normalen Lichtschiene. Abschlußstopfen an beiden Enden der Schiene verhindern das Herausrutschen der Röllchen. Biegsame Kunststoffschienen ermöglichen auch eine kreisförmige Führung der Lampe. Das Kabel wird von den Haken der einzelnen Röllchen gehalten, scharfe Endkanten sind mit einer Gummitülle versehen. Am vordersten Röllchen, das unmittelbar die Lampe trägt, ist das Kabel mit einer Gummimanschette gegen Verrutschen zu sichern.

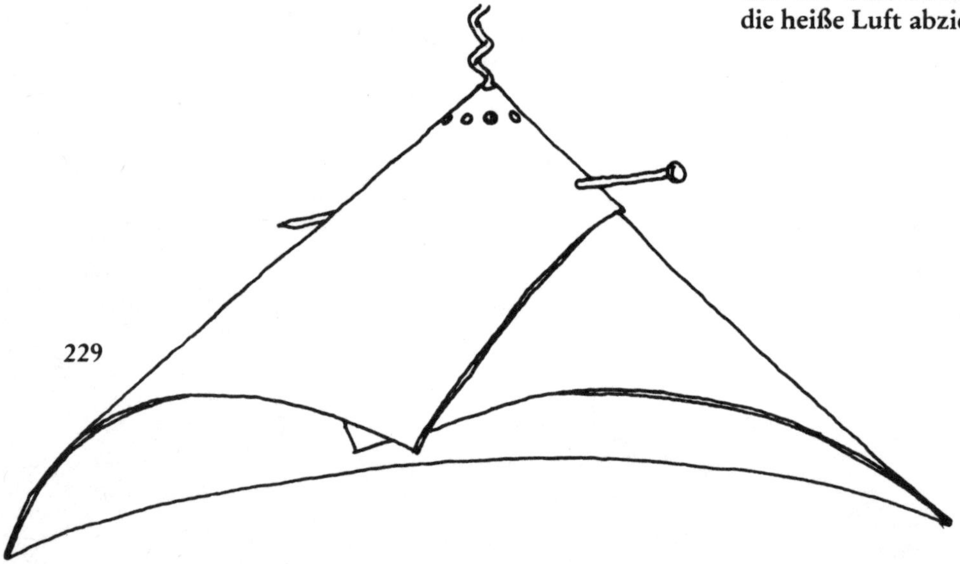
229

Das System funktioniert bereits mit einem einzigen Röllchen; die zusätzlichen Röllchen sind nur dafür da, daß das Kabel nicht zu tief von der Decke herunterhängt.
Japan ist die traditionelle Heimat eleganter Lampenschirme aus Papier; das einfache Modell in Abb. 229 ist eine leicht herzustellende internationale Alternative. Was man dazu braucht, ist ein rechteckiges Stück Papier und eine Stricknadel. Am besten eignet sich das Format DIN A 0 (1189 x 841 mm) oder DIN A 1 (841 x 594 mm), das einem Seitenverhältnis von etwa 10:7 entspricht.

Der Bogen wird in der Mitte der Längsseite zu einem Drittel eingeschnitten (Abb. 230). Links und rechts von diesem Schnitt am Papierrand bohrt man je ein Loch. Dann mißt man von der Mitte der beiden schmalen Seiten des Papiers jeweils ein Drittel der Länge des Bogens ab und macht dort zwei weitere Löcher, wie in der Abbildung gezeigt. Jetzt dreht man den Bogen einfach um das Lampenkabel zu einer Tüte und schiebt eine Stricknadel durch die vier Löcher. Damit der Schirm nicht mit der heißen Glühbirne in Berührung kommt, wird das Kabel mit Isolierband mit der Stricknadel verbunden (Abb. 232). Fassung und Birne müssen mindestens 10 cm vom Schirm entfernt sein. Außerdem müssen in den oberen Teil der Tüte Lüftungslöcher gestochen werden, damit die heiße Luft abziehen kann.

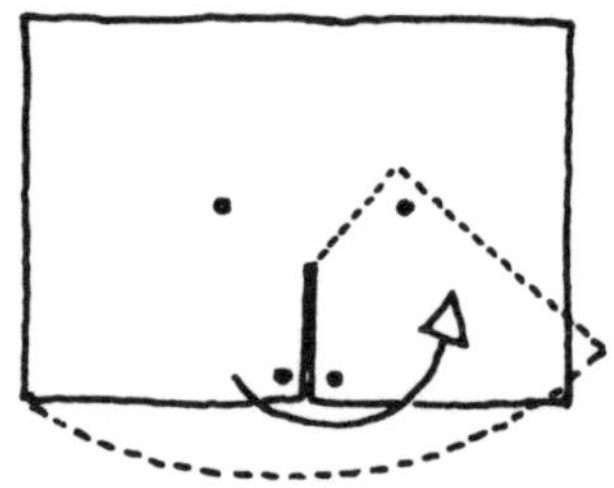
230

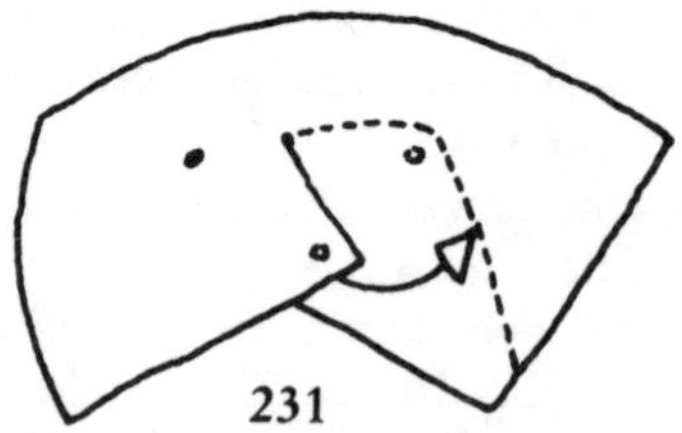
231

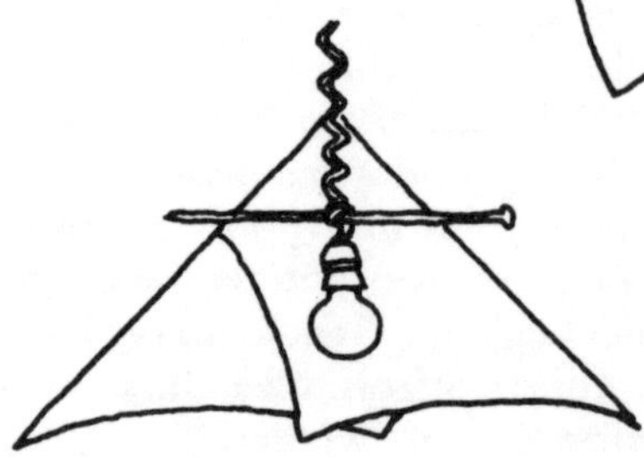
232

Den virtuosen Umgang der Japaner mit Papier könnten wir uns zunutze machen, indem wir einen hübschen asiatischen Papierschirm als Lampenschirm verwenden. In Abb. 233 wird diese Idee am Beispiel eines prosaischen Regenschirms verdeutlicht. Er liegt einfach auf dem Fußboden auf, die Fassung ist mit einer handelsüblichen Klemme an der Schirmstange befestigt. Noch besser eignen sich Klemmstrahler. Vorsicht, die Birne darf nicht zu nahe an die Bespannung kommen.

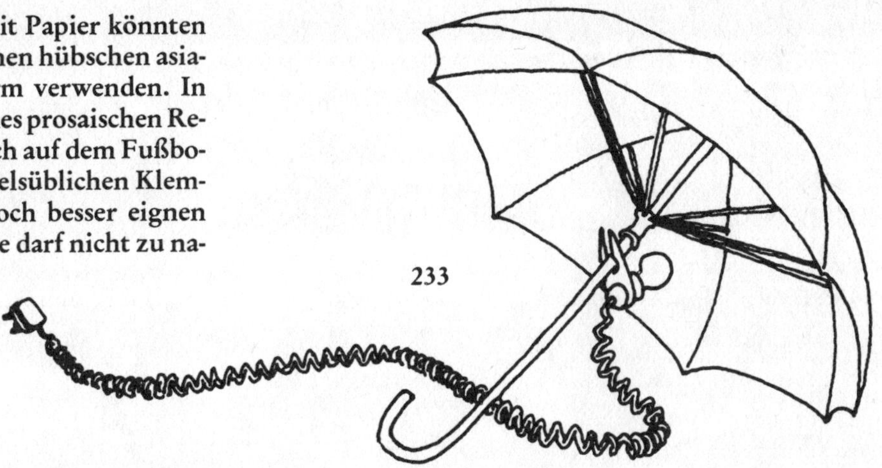
233

Ein Teil des Lichts schimmert durch den Stoff, ein Teil wird an die Wand geworfen. Wer will, kann zwei oder drei der unteren Felder der Bespannung mit Alufolie auskleiden, so daß mehr Licht nach oben reflektiert wird.
Altertümliche Regenschirme sind eine reizvolle Alternative zum fernöstlichen Sonnenschirn. Ein alter Regenschirm mit gekrümmtem Griff wie in Abb. 233 kann an die Decke gehängt werden und als Hängeschirm dienen, wobei die Halterung für die Birne an den Schirmstock geklemmt wird.
Die Eimerlampe (Abb. 234) ist schmucklos, aber wirkungsvoll. Wer einen attraktiven altenglischen roten, messingbeschlagenen Feuerlöscheimer aufstöbert, hat Glück gehabt; sonst nimmt man eben einen anderen Eimer mit ansprechendem Äußeren und füllt ihn mit Sand.
Die Lampe selbst (Abb. 235) ist ein relativ teures selbstdichtendes Modell für den Einsatz im Freien. Sie hat ein starkes Schutzglas und eine Sicherheitsmanschette aus Gummi; solche Manschetten werden z. B. auch für die Vorderradgabeln von Motorrädern benötigt.
Die Lampe wird einfach in der gewünschten Position in den Sand gesteckt. Bei ausreichender Dichtung kann die gesamte Lampe bis auf das Schutzglas im Sand vergraben werden und ergibt auf diese Weise einen versenkten Strahler.
Die Zimmerbeleuchtung ist ein Bereich, in dem das industrielle Design in der Wohnung selbst von denen begrüßt wurde, die die kalte Wirkung perfektionistischer, hochtechnischer Wohnungen mit Edelstahleinrichtung verabscheuen. Die komplette Installation einer Wohnungsbe-

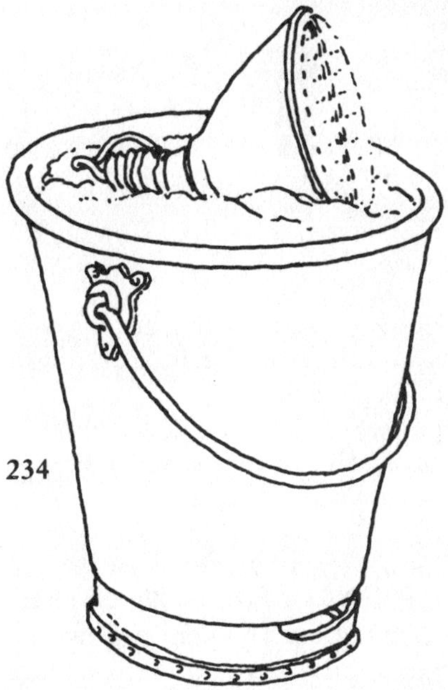
234

236

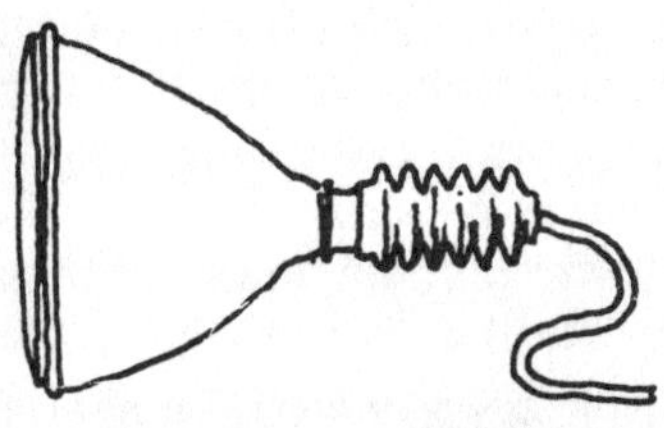
235

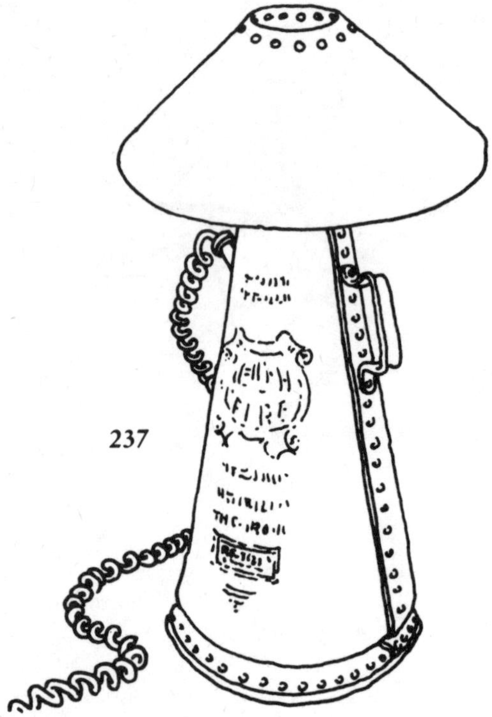

237

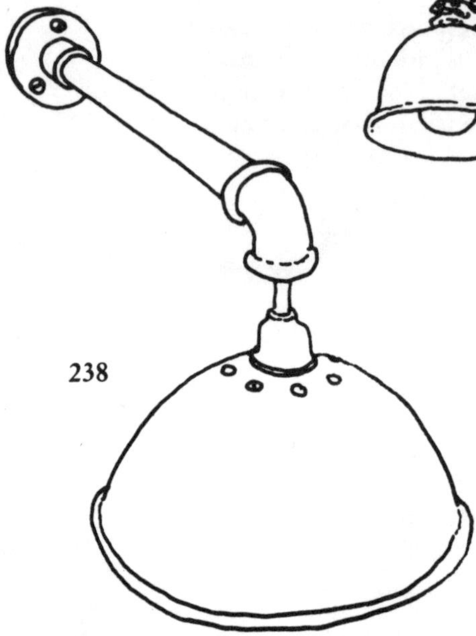

238

239

leuchtung mit Industriedesign kann sehr teuer werden, aber zum Glück gibt es zahlreiche preiswertere und schnell realisierbare Möglichkeiten.
Abb. 237 zeigt ein besonderes Fundstück. Mit Phantasie lassen sich — vom Schrotteil bis zum industriellen Fertigprodukt — zahlreiche Alternativen herstellen.
Angenommen, wir wollen eine defekte und nichtssagende Wandlampe durch eine originellere ersetzen. Ist die zur Lampe führende Leitung in einem Isolierrohr verlegt, kann sie bis zur Verteilerdose, von der sie abzweigt, mühelos durch eine längere Leitung ersetzt werden. Liegt sie unter Putz, erfolgt die Verlängerung durch Lüsterklemmen. In diesem Fall muß eine kleine Vertiefung in die Wand gestemmt werden, um die Klemmen aufzunehmen. In den Lampensockel an der Wand wird ein Stahlrohr von 30 cm Länge geschraubt oder geklebt, in dessen anderes Ende ein Winkel geschraubt ist. In den Winkel wird ein Gummistopfen gepreßt (man bekommt ihn in einem Geschäft für Laborzubehör), in den man ein Loch gebohrt hat, gerade groß genug, daß das Kabel hindurchgeführt werden kann und zugleich einen festen Sitz hat. Am Kabelende wird die Fassung für die Glühbirne befestigt. Ein passender lackierter industrieller Metallschirm macht die Armatur komplett (Abb. 238).
Eine Lampe, die auf ein Stück sperriger Rohrleitung geklemmt ist, bringt ihre merkwürdige Form besonders gut zur Geltung. Die verstellbare Klemme mit Gummiüberzug stammt von einem Laborausrüster und diente ursprünglich dem Zweck, Reagenzgläser zu halten. Hier hält sie die Lampenfassung und ist mit dem anderen Ende an das Rohr geklemmt. Die Lampe ist mit dem Spiralkabel an die Steckdose angeschlossen.
Wie unwahrscheinlich es auch aussieht, diese bizarre Lampenaufhängung funktioniert tatsächlich (Abb. 240). Durch das Rohrstück führt ein Kabel, das fest in Decke und Boden verankert ist und von einer Spannschraube (vom Laden für Bootsausrüstung) straff gehalten wird. Die vierfache Reibung zwischen Kabel und Rohrstück sorgt dafür, daß die Lampe die jeweils gewünschte Position einhält.

Das Rohr wird mit einer Spiralfeder gekrümmt, die man bei einem Werkzeugverleih bekommt. Ohne diese Feder drückt sich das Rohr an den Krümmungen zusammen. Mit ihr kann man Kupferrohr säuberlich über dem Knie biegen, ohne dazu die Kraft Tarzans aufwenden zu müssen. Das Biegen geht leichter bei einem langen Rohr, so daß es sich empfiehlt, das Rohr erst zu biegen und dann auf Länge zu schneiden. Rohre aus Flußstahl sind schwerer zu biegen und erfordern eine stärkere Säge.
Nachdem man das Rohr in der in Abb. 240 wiedergegebenen Weise gebogen hat, sägt man es in der Mitte durch, verbindet beide Teile mit einem T-Stück und verlötet sie anschließend mit einer Lötlampe. Da die Verbindung nicht wasserdicht sein muß, erfordert diese Arbeit keine besonderen Fertigkeiten. In den mittleren Anschluß des T-Stücks wird ein 20 cm langes Rohr mit einem Winkel am Ende gesteckt. In dem Winkel steckt wieder ein Gummistopfen, in den man ein Loch gebohrt hat, durch das das Kabel geführt und fixiert wird. An seinem Ende wird eine Lampenfassung mit Schalter befestigt. Die zur Hälfte verspiegelte Glühbirne wirft das Licht nach oben.
Die Konstruktion bleibt in jeder gewünschten Position stabil und läßt sich mühelos von Hand auf und ab bewegen oder seitwärts drehen (Abb. 241). Um zu vermeiden, daß der Spanndraht das Stromkabel zerstört, sollte dieses nicht durch die vertikalen Rohre geführt, sondern in das horizontale Rohrstück durch ein Loch eingefädelt werden, das mit einer Gummitülle versehen ist.
Abb. 242 zeigt eine Konstruktion, die ebenfalls Leitungsrohre für eine ausgefallene Lampe einsetzt. Oberhalb einer Steckdose, die als Anschluß für die Lampe dient, wird eine Rohrleitung hochgeführt und an der Wand befestigt. Das obere Ende des Rohrs wird um 180 Grad gebogen. Das Kabel verläuft im Rohrinneren, und die Lampe wird wie bei den bereits beschriebenen Modellen befestigt.

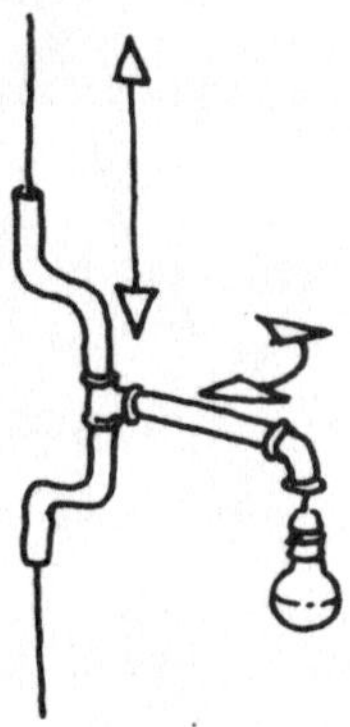
241

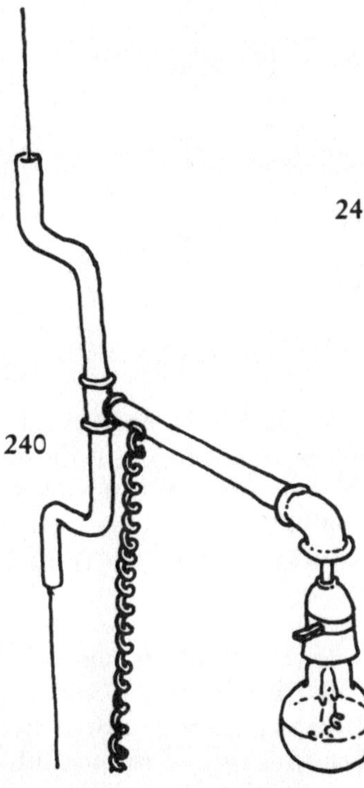
240

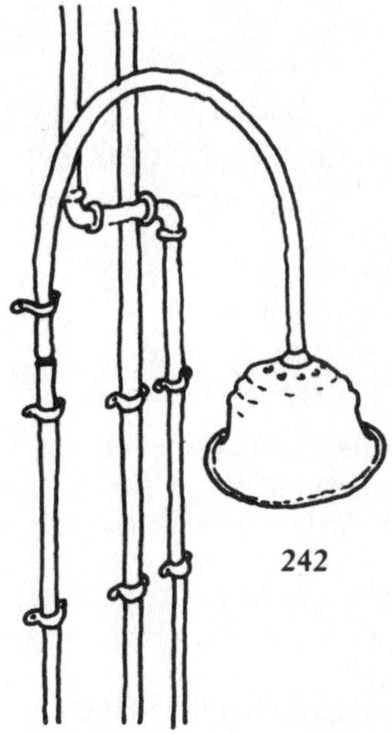
242

243

244

Feine Lampengeschäfte bieten Schwenklampen an, die zwar praktisch, aber auch teuer sind. Die in Abb. 243 wiedergegebene Ausführung sieht gut aus und ist zudem preiswert. Sie besteht aus einem 1,80 m langen Kupferrohr, das mit einer geliehenen Spiralfeder zurechtgebogen wurde, einer Halterung und der eigentlichen Lampe. Die Halterung wird aus 25 mm breitem und 3 mm starkem Stahlblech angefertigt. Zunächst schneidet man von dem Blech einen 25 cm langen Streifen und rundet die Ecken mit einer Feile. Die beiden Enden werden in einer Länge von etwa je 3 cm um 90 Grad abgeknickt. Dazu spannt man das Blech in einen Schraubstock, so daß nur noch 3 cm überstehen, und klopft dieses Ende mit einem Hammer um. Falls das Blech zu spröde ist, kann man es mit einer Lötlampe geschmeidiger machen. Eins der beiden Enden erhält eine Bohrung vom Durchmesser des Kupferrohrs.

Jetzt schneidet man einen zweiten Blechstreifen, diesmal von 22,5 cm Länge, der in derselben Weise bearbeitet wird wie der erste, nur daß diesmal in beide Enden ein Loch gebohrt wird. Die beiden derart bearbeiteten Bleche werden so ineinandergepaßt, daß das Rohr durch die drei

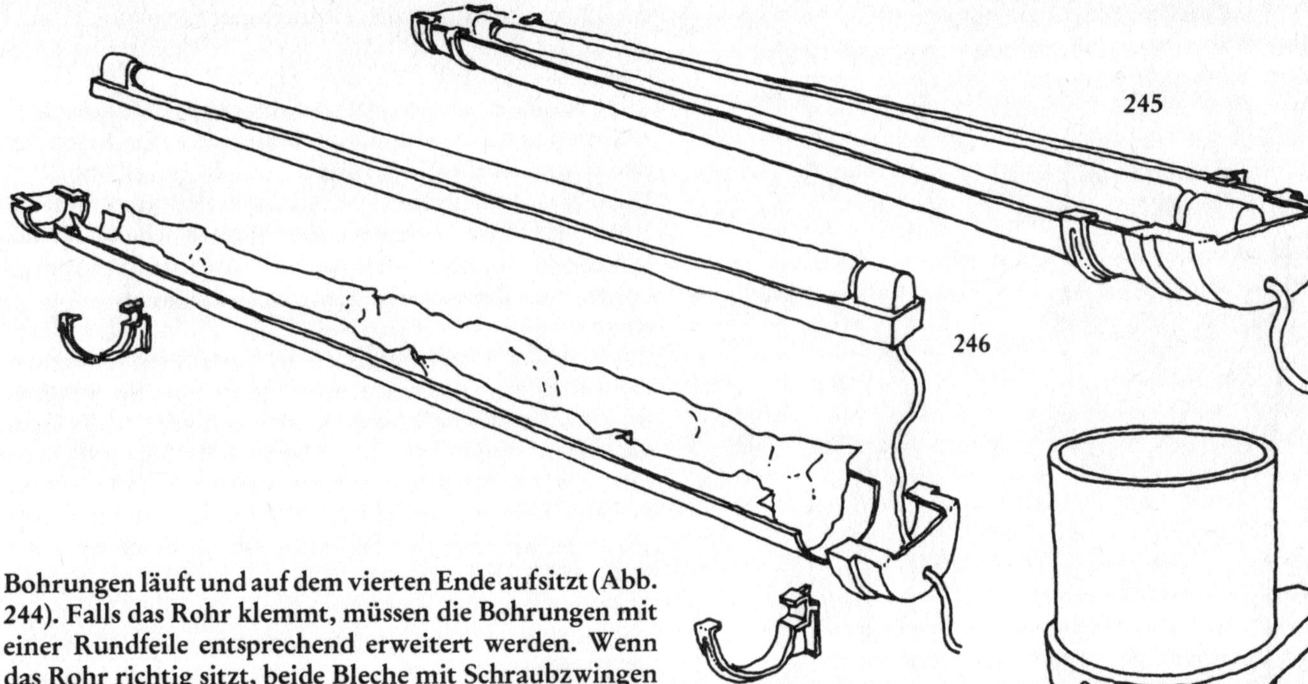

245

246

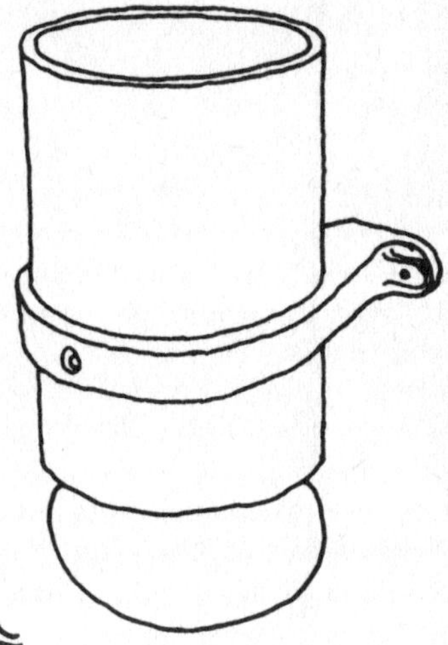

247

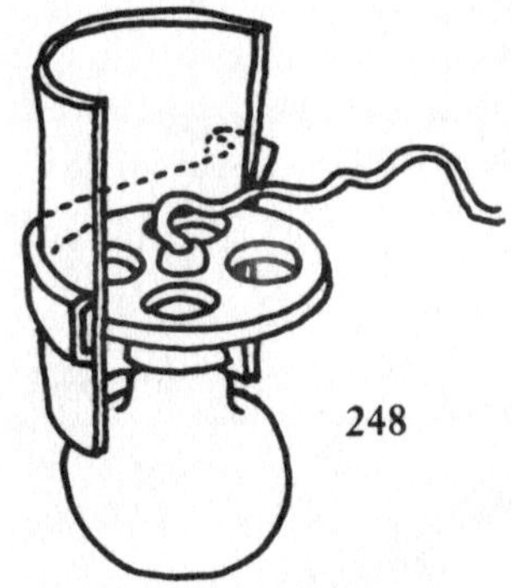

248

Bohrungen läuft und auf dem vierten Ende aufsitzt (Abb. 244). Falls das Rohr klemmt, müssen die Bohrungen mit einer Rundfeile entsprechend erweitert werden. Wenn das Rohr richtig sitzt, beide Bleche mit Schraubzwingen fixieren, das Rohr herausziehen und die Längsseite der zusammengeklemmten Bleche mit zwei weiteren Bohrungen für die Schrauben versehen, mit denen die Halterung an der Wand befestigt wird.

Das Rohrende, das in die Halterung gesteckt wird, erhält in einem Abstand von etwa 7,5 cm vom Ende eine Bohrung für das Kabel (Abb. 244). Das Loch wird mit einer Rundfeile entgratet und erhält zum Schutz für das Kabel eine Gummitülle. Nun wird die Leitung in das Rohr gefädelt. Am anderen Ende des Rohrs wird das Kabel wie gehabt durch einen durchgebohrten Gummistöpsel geführt, der fest im Rohr sitzt und das Kabel in der gewünschten Position hält. Die Lampe in Abb. 243 ist der Scheinwerfer eines Schrottautos und wird von einer Batterie gespeist, die an ein Ladegerät angeschlossen ist.

Wenn die übrige Zimmereinrichtung es verträgt, läßt sich mit Regenrinnen aus Kunststoff eine einfache indirekte Beleuchtung basteln, deren Lichtquelle eine Neonröhre ist (Abb. 245). Man braucht dazu die normalen Regenrinnen, die im allgemeinen in den Farben Hellgrau oder Silbergrau geliefert werden. Für die Montage sind keinerlei Installationskenntnisse erforderlich. Die Rinne wird mit einer Bügelsäge auf Länge geschnitten, auf die Enden werde Endböden gepreßt oder geklebt. Gehalten wird die Rinne von zwei üblichen Rinnenhaltern.

Die Innenseite der Rinne kann man mit Silberbronze streichen oder mit Aluminiumfolie auslegen, damit Licht und Wärme reflektiert werden. Sockel und Neonröhre werden einfach in die Rinne gelegt (Abb. 246). In einen der beiden Endböden muß ein Loch gebohrt werden, durch das das Kabel geführt wird. Alle scharfen Kanten

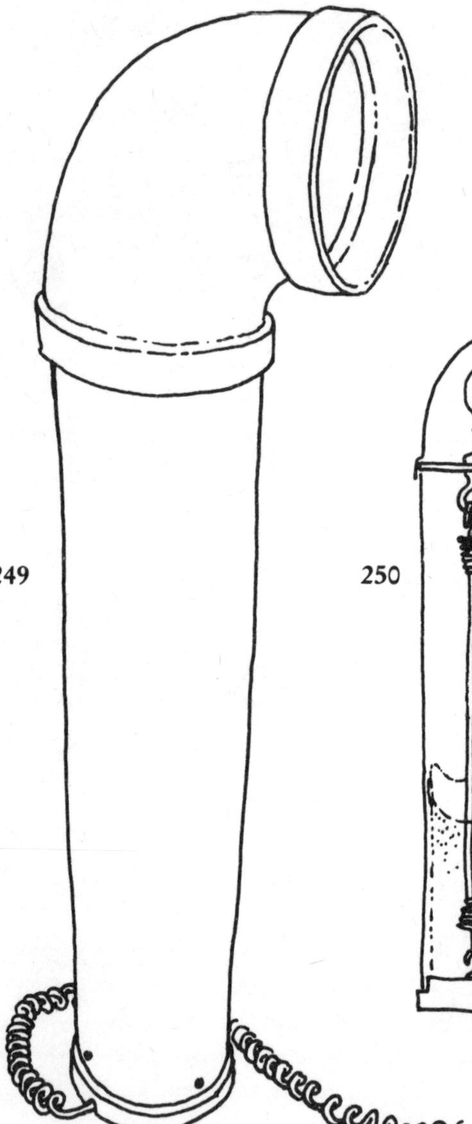

249

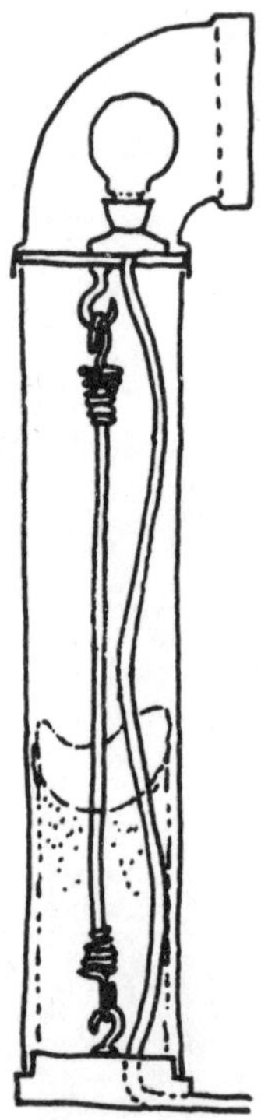

250

sind mit Sandpapier zu glätten. Eine 40-Watt-Röhre erzeugt sehr wenig Wärme, so daß keine Gefahr besteht, daß der Kunststoff schmilzt. Auf keinen Fall darf jedoch die Folie mit stromführenden Teilen in Berührung kommen.
Auch die kleine Wandlampe aus Abb. 247 ist aus Kunststoff, diesmal aus einem Stück Abwasserleitung von 20 cm Länge. Befestigt wird sie mit einer normalen Schelle, die in der Wand verdübelt wird. Die eigentliche Lichtquelle ist eine Strahlerbirne.
Es ist darauf zu achten, daß die von der Birne entwickelte Wärme nach oben abfließen kann, was eine besondere Konstruktion für die Birnenfassung bedingt (Abb. 248). Dazu braucht man eine Sperrholzscheibe, die exakt in das Rohr paßt. Vier Löcher werden in diese Scheibe für den Wärmeabfluß, ein fünftes (in der Mitte) für das Kabel gebohrt. Auf diese Scheibe wird die Lampenfassung geschraubt.
Die Lage der Scheibe ergibt sich aus der Notwendigkeit, daß die Birne nicht mit dem Rohr in Kontakt kommen darf. Fixiert wird die Scheibe mit Leim oder mit Nägeln, die später von der Schelle verborgen werden.
Ein Abwasserrohrstück aus glasiertem Steingut ergibt eine urige Dielenlampe (Abb. 249). Für diese hohe Lampe brauchen wir ein Stück gerades Rohr und einen separaten 90-Grad-Winkel.

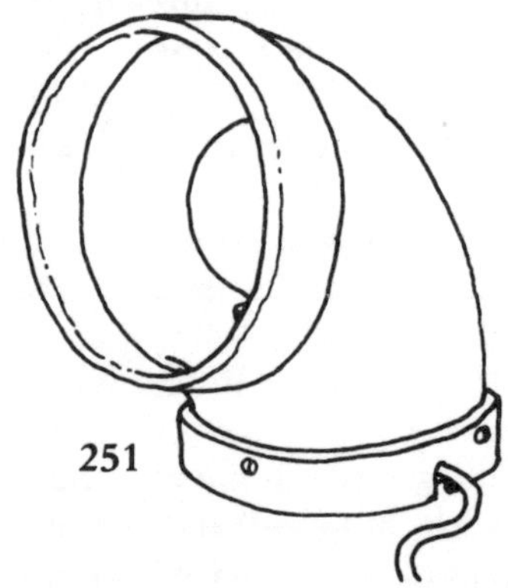

251

252

Für den Fuß muß man eine runde Scheibe aus dicker Furnier- oder Tischlerplatte aussägen, die genau in den Wulst des Rohres paßt, ebenso eine zweite Scheibe, deren Durchmesser etwas größer ist als der Außendurchmesser des Wulstes. Die beiden Scheiben zentrieren und miteinander verleimen und verschrauben. Das Rohr muß glatt auf dieser Auflage aufsitzen. Für das Stromkabel wird in

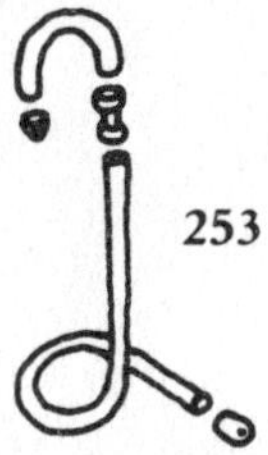

253

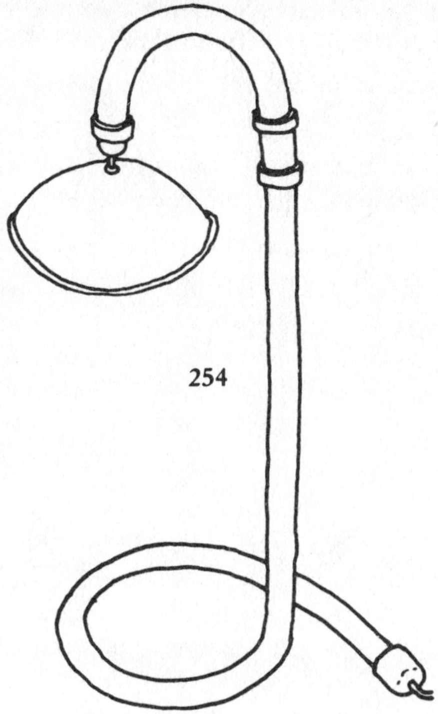

254

den Holzsockel möglichst am Rand ein Loch gebohrt; damit das Kabel den festen Stand nicht beeinträchtigt, ist an der Unterseite der größeren Scheibe von diesem Loch bis zum Rand noch ein kurzer Kanal zu fräsen. In die Mitte der Oberseite schraubt man einen kräftigen Haken (Abb. 250).

Dann wird eine weitere Scheibe ausgesägt, die in den Wulst des Winkels paßt. Ein Loch für das Kabel bohren, auf der Scheibe die Birnenfassung befestigen (Abb. 252). Die Glühbirne darf nicht zu groß sein.

In die Unterseite der Scheibe wird ein zweiter Haken geschraubt, möglichst nicht in der Nähe des Kabels. Einen Gummistrop, wie er für das Dachgepäck von Autos benutzt wird, in die beiden Haken einhängen, damit die Konstruktion zusammengehalten wird. Sand oder Kieselsteine im Rohr erhöhen die Stabilität.

Abb. 252 zeigt eine kleinere Version dieser Lampe, bei der nur der Winkel aus Steingut benützt wird.

Eine handelsübliche Lampe, wie sie etwa in Abb. 254 dargestellt ist, läßt sich im oberen Teil dank eines besonderen Zwischenstücks frei nach allen Richtungen drehen. Es ist jedoch möglich, eine starre Version dieser Lampe selbst anzufertigen. Dazu benötigen wir lediglich ein PVC-Rohr von 2,20 m Länge. Für unsere Konstruktion machen wir uns die extreme Biegbarkeit von erwärmtem PVC zunutze; man braucht dafür zwar keine herkulischen Kräfte, besser geht es jedoch zu zweit.

PVC darf unter keinen Umständen über offener Flamme erwärmt werden – der sich entwickelnde Rauch kann tödlich sein. Eine sichere und einfache Möglichkeit, das Rohr geschmeidig zu machen, besteht darin, es mit Sand zu füllen, den man zuvor in einer alten Bratpfanne erhitzt hat. Ob der Sand die richtige Temperatur hat, prüft man, in dem man mit einem kleinen Stück PVC darin herumrührt. Sobald es weich wie Gummi wird, kann der Sand in das Rohr geschüttet werden, das am unteren Ende mit einer Kappe verschlossen sein muß. Lederne Arbeitshandschuhe verhindern, daß man sich dabei die Finger verbrennt.

Am besten biegt man das Rohr über einen Eimer, um eine gleichmäßige Krümmung zu bewerkstelligen. Wenn es die richtige Form angenommen hat, noch nicht loslassen, weil es sonst seine ursprüngliche Form wieder annimmt. Ein Helfer entfernt die Kappe, so daß der warme Sand herauslaufen kann. Anschließend wird das Rohr unter kaltem Wasser gehärtet.

Bevor die Lampe ein Kabel erhält, wird ein Loch in die Kappe am unteren Ende gebohrt. Eine zweite Kappe für das obere Ende erhält ebenfalls ein Loch, dessen Durchmesser von der gewählten Lampenform abhängt. Das Kabel wird durch Kappen und Rohr gefädelt, an die Lampenhalterung angeschlossen, die Halterung mit der oberen Kappe verbunden und die Kappe mit Kleber an das Rohr fixiert, schließlich der Schirm angebracht.

Vertraute Gegenstände können in neuartiger Weise zu Lampenhalterungen und -schirmen umfunktioniert werden. Die Benutzung formschöner Wein- oder Whiskyflaschen als Sockel für Tischlampen ist allgemein bekannt. Weniger verbreitet ist die in Abb. 255 und 256 wiedergegebene Möglichkeit, schlichte Kuchen- oder Puddingformen als Schirme für Wandlampen zu verwenden. Die Abteilungen für Küchengeschirr in den Kaufhäusern bieten eine Vielfalt von Blechformen in den unterschiedlichsten Größen an. Mit ihrer metallisch glänzenden Oberfläche eignen sie sich gut als Reflektoren, vor allem in Verbin-

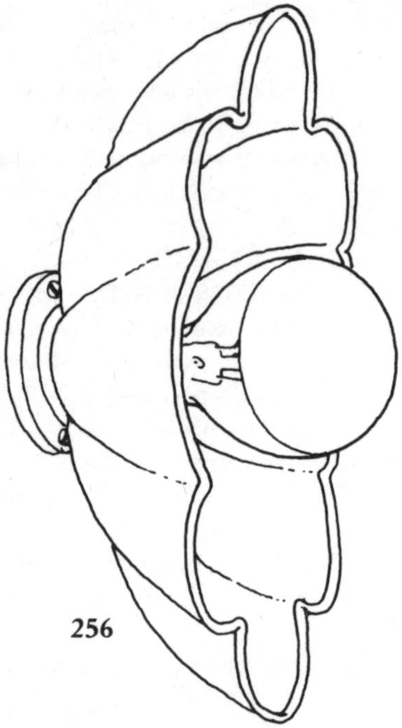

256

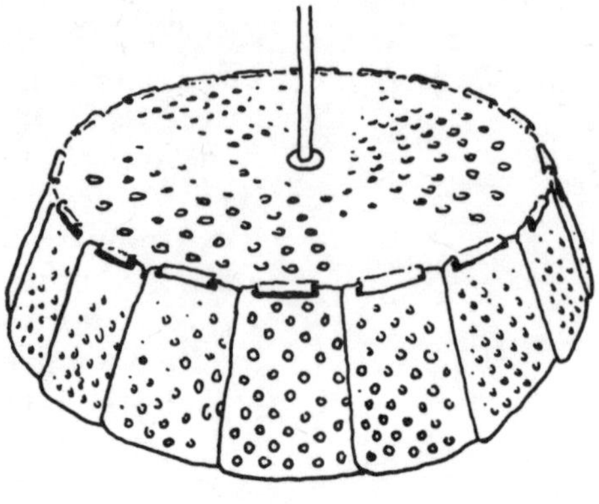

257

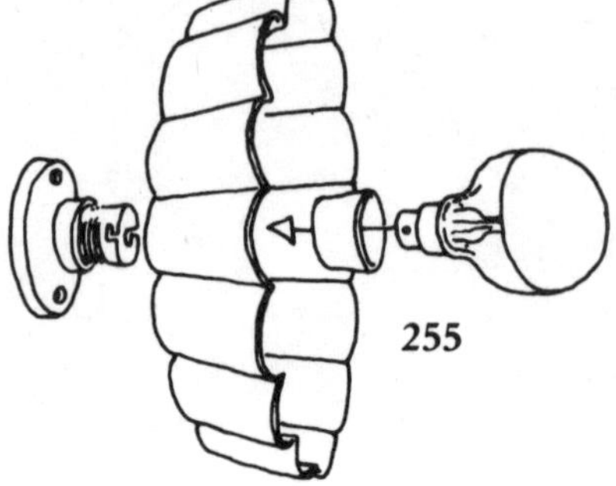

255

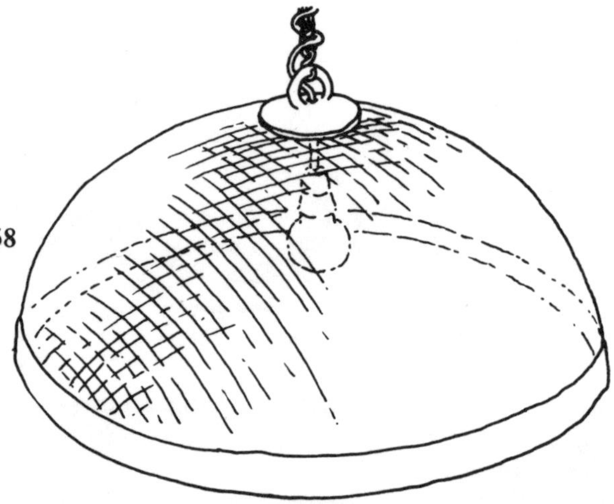

258

dung mit einer Birne mit verspiegelter Kuppe, deren Licht erst gegen die reflektierenden Flächen geworfen wird, bevor es das Zimmer erhellt.
Gehalten wird die Lampe von einem flachen Anschraubsockel, der unmittelbar an der Wand oder Decke befestigt werden kann. Sicherung ausschalten, Sockel an die Stromquelle anschließen und an die Wand schrauben. Den Befestigungsring für den Schirm abnehmen und Innendurchmesser messen. In den Boden der Blechform ein kreisrundes Loch mit diesem Durchmesser schneiden. Das Loch muß möglichst exakt geschnitten werden, damit der Schirm von der Einfassung sicher gehalten wird. Am besten bohrt man eine Reihe Löcher entlang der markierten Kreislinie und nimmt für die verbleibenden Zwischenräume ein schmales Eisensägeblatt. Der Rand wird anschließend mit einer Feile geglättet.
Die Hängelampe in Abb. 257 zeigt ein anderes Küchengerät, das sich leicht zu einem effektvollen Lampenschirm umbauen läßt. Diesmal ist es ein Dampftopfeinsatz mit einem zusätzlichen Loch in der Mitte, das wie eine Hängelampe an der Decke befestigt ist. Den Rand des Schirms bilden die schwenkbaren Klappen des Einsatzes. Da diese ganz durchlöchert sind, ergeben sie ein reizvolles Muster von Licht und Schatten an den Wänden.
Die für Lampen dieser Art am besten geeignete Umgebung ist natürlich die Küche. Die Käseglocke aus Drahtgewebe (Abb. 258) und die Mehrzweckreibe (Abb. 261) machen sich als Hängelampen ebenfalls gut in der Küche. Jeder mag sich weitere Gegenstände aussuchen, die sich in anderen Umgebungen als Lichtreflektoren eignen — z. B. ein kleines Handwaschbecken aus Edelstahl im Bad oder ein Autoscheinwerfer in der Garage.
Mit einiger Sorgfalt lassen sich erstaunlich schöne Wandreflektoren aus Material herstellen, das nichts kostet. Die Kerzenleuchter in den Schreinen der Indios in New Mexico im vorigen Jahrhundert sind ein bekanntes Beispiel; sie

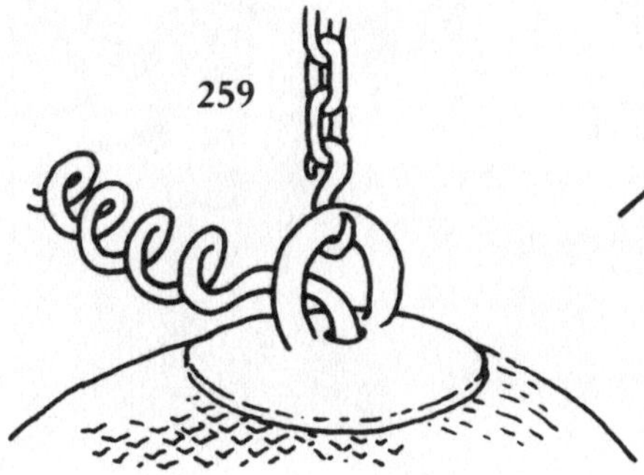

259

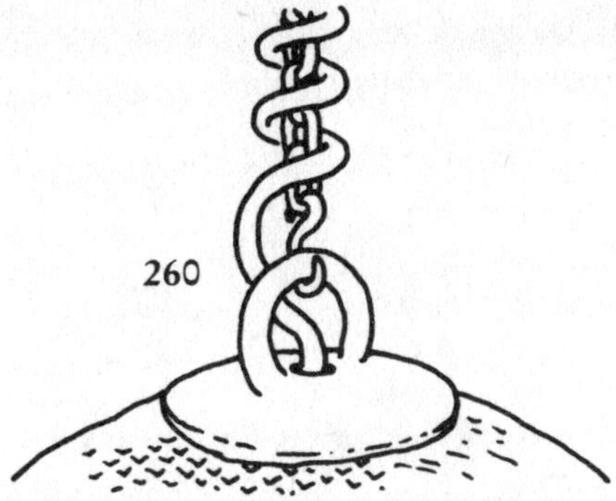

260

261

waren aus Dosendeckeln, Flaschenböden und aufgeschnittenen Blechdosen hergestellt und wirkten mit ihren Lichtreflexen manchmal höchst effektvoll.
Die preiswerte traditionelle Käseglocke der Franzosen aus Drahtgewebe läßt sich mühelos zu einer Lampe umbauen. Von innen in die Mitte ein Loch für das Kabel bohren und mit einer Gummitülle versehen. Die Glocke wird mit einem Haken an einer dünnen Kette aufgehängt, die wiederum an einem Deckenhaken befestigt ist, so daß die Fassung für die Birne kein Gewicht zu tragen braucht. Es sieht am saubersten aus, wenn die Zuleitung aus Spiralkabel besteht, das um die Kette gewickelt wird (Abb. 260).
Auch die Küchenreibe ergibt als Lampenschirm reizvolle Effekte (Abb. 261). Über einer Arbeitsplatte aufgehängt, gibt sie genügend Licht ab und wirf außerdem ein dekoratives Muster an die Wand. Auch hier muß erst ein Loch gebohrt werden, und zwar exakt in die Mitte des Handgriffs, andernfalls hängt die Lampe später schief. Das Loch erhält wiederum eine Gummitülle, um das Kabel zu schützen, nachdem es mit einer Rundfeile geglättet wurde.
Die meisten Küchenreiben sind für normale Glühbirnen zu klein. Am besten nimmt man die Reibe ins Elektrogeschäft mit, um die geeignete Größe herauszufinden, wobei darauf zu achten ist, daß auch noch die Fassung untergebracht werden muß.

Wenn die Gummitülle, durch die das Kabel läuft, dieses fest genug umschließt, läßt sich die Reibe in der Höhe verstellen. Falls die Reibe von der Tülle nicht gehalten wird, muß das Kabel unterhalb der Tülle mit Isolierband umwickelt werden, nachdem die passende Position gefunden wurde.
Das Fahrrad ist die Freude des Anhängers von Low-Tech — es ist einfach zu benutzen, zu durchschauen und zu warten; es ist sparsam und äußerst vielseitig in der Anwendung. Mit der auf die Pedale übertragenen Kraft wird in Afrika Getreide gemahlen und in Brasilien Zement gemischt. In Abb. 262 sind Lenker und Vorbau wie eine Collage Picassos an der Wand befestigt, mit zwei Lampen bestückt und mit einem Kabel an das Leitungsnetz angeschlossen.
Der Lenkervorbau, der die Doppellampe trägt, ist einfach zwischen zwei Kabelanschlüssen an der Wand montiert, die durch eine Verteilerdose an denselben Lichtschalter angeschlossen sind. Die Kabel werden durch zwei in den

Lenker gebohrte Löcher geführt (Abb. 264). Diese Löcher müssen wegen der Wandbefestigung genau sitzen, so daß sie vor dem Bohren zweckmäßigerweise markiert werden.
Die Kanten der beiden Löcher werden mit einer Feile geglättet und mit einer Gummitülle versehen. An den beiden Enden des Lenkers befindet sich je ein Plastikstopfen (gibt's beim Fahrradhändler), durch den ein Loch für das Kabel gebohrt wurde. Am Kabelende wird eine normale

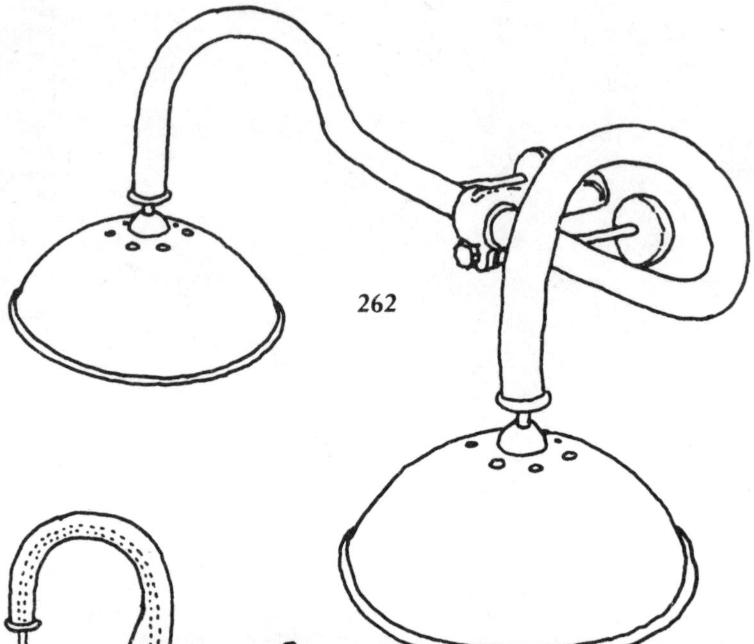

262

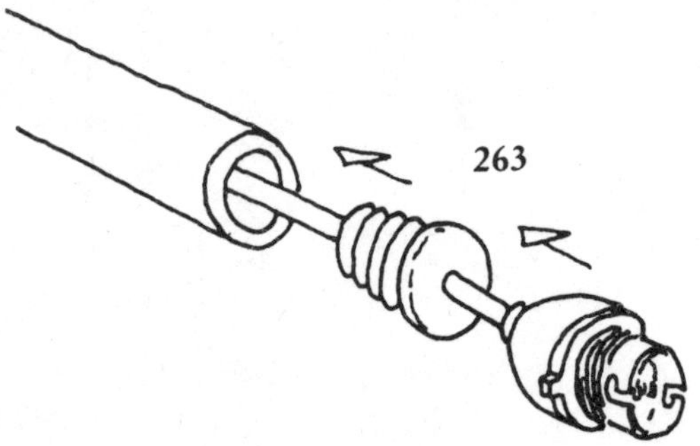

263

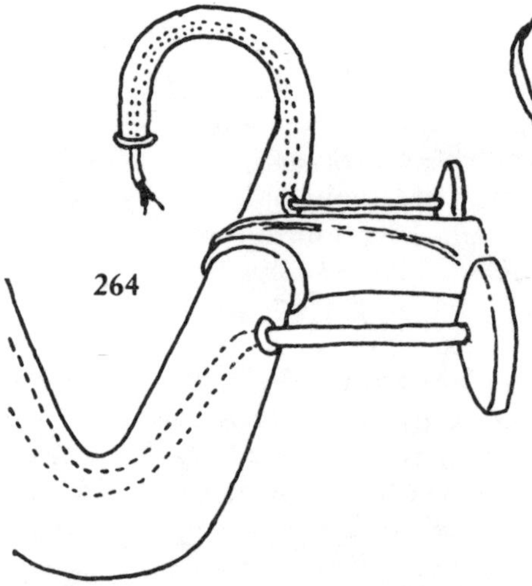

264

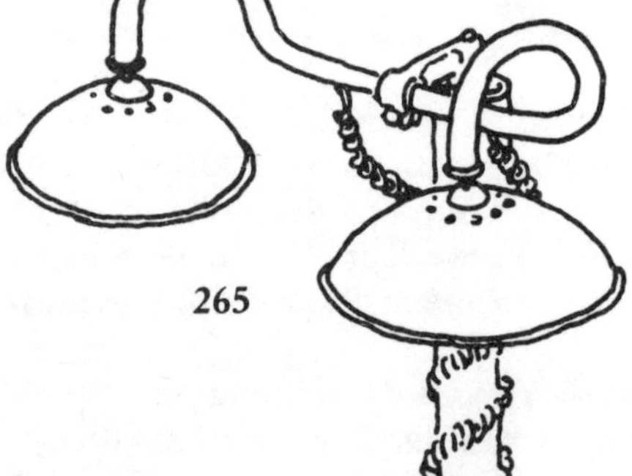

265

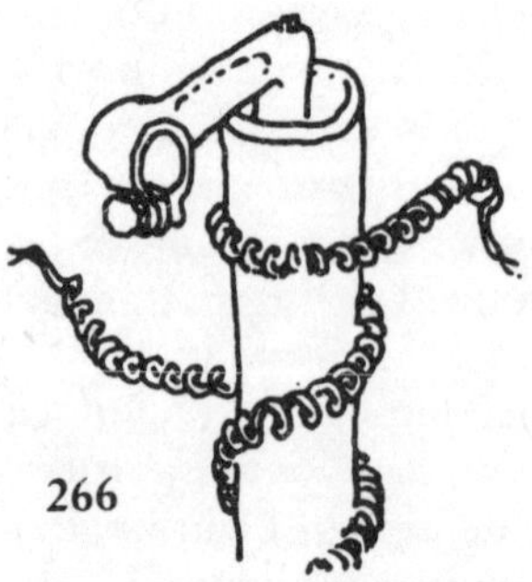

266

Lampenfassung befestigt, die wiederum einen passenden Aluminiumschirm hält. Je weiter der Vorbau aus der Wand ragt, um so größer kann der Durchmesser der Lampenschirme sein.
Die Stehlampe in Abb. 265 ist sogar noch simpler in der Konstrukion. Der Lenkervorbau steckt in einem an der Wand befestigten Plastikrohr, wobei zwischen Rohr und Wand ein geringer Abstand bleiben muß. Das Rohr wird mit Spiralkabel in zwei kontrastierenden Farben umwickelt, die wie im Beispiel zuvor in den Lenker eingeführt werden. Über dem Fußboden werden die Kabel an zwei Steckdosen angeschlossen.

Küchen und Badezimmer

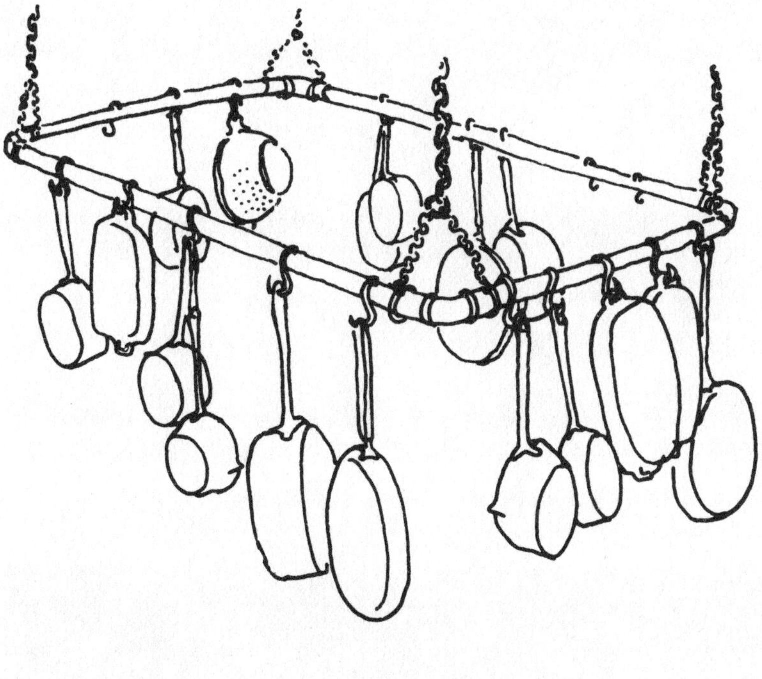

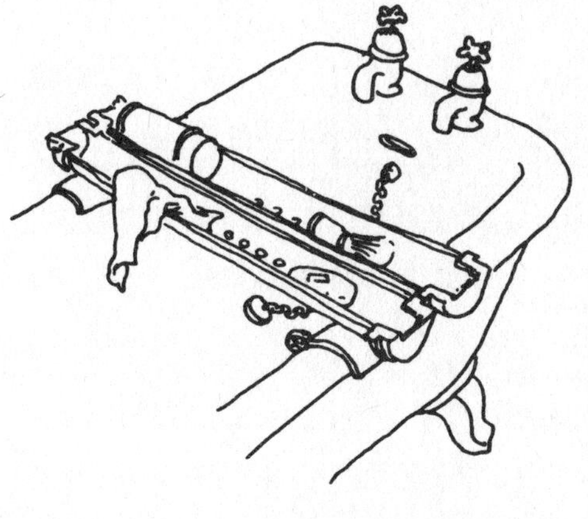

In der Küche drückt sich die Persönlichkeit des Kochs aus. In der schwergewichtigen Konstruktion von Abb. 267 zeigt sich außerdem das Bedürfnis, den Kauf einer teuren Einbauküche zu umgehen, sowie die unvermutete Möglichkeit der Nutzung von alten Backsteinen. Kühnheit kann zu gelungenen Entwürfen führen.
Für die Planung einer Küche braucht man Zeit. Es gibt viele Bücher, die einem dabei helfen können, von ergonomisch durchdachten bis zu höchst phantastischen Produkten. Bei der Entscheidung darüber, an welcher Stelle die Ziegelmauern in der Küche hochgezogen werden sollen, sind die Abmessungen der eigenen Küchengeräte wie Grill, Herdaufsatz usw. ebenso zu berücksichtigen wie die der genormten Küchenmöbel, z. B. der Unterschränke. Die meisten Kochherde und Kühlschränke brauchen Frischluft, so daß man sie nicht zwischen Mauern einzwängen oder zumindest am Boden und unter der Decke Lüftungsziegel vorsehen sollte. Äußerstenfalls besteht noch die Möglichkeit, mit dem Schlagbohrer Lüftungslöcher in die Ziegel zu bohren.
Wer im Schutt eines Abbruchhauses nach Ziegeln sucht, sollte keine neueren Ziegel aus dem 20. Jahrhundert nehmen, an denen noch der Mörtel haftet, da er sich nicht abschlagen läßt, ohne daß diese dabei zu Bruch gehen. Besser eignen sich Ziegel aus dem vorigen Jahrhundert, weil damals der Mörtel noch nicht so gut war und entsprechend leicht zu entfernen ist.
Ziegel müssen mit Richtschnur und Wasserwaage gemauert werden, und es muß gewährleistet sein, daß der Boden die Last der Mauer auch trägt. Das bedeutet, daß für diese Konstruktion in der Regel nur das Erdgeschoß in Frage kommt. Im Zweifelsfall zieht man einen Architekten oder Bauingenieur zu Rate. Es ist unbedingt zu empfehlen, sich die Lage der vorhandenen Elektro- und Wasserleitungen zu merken – das Verlegen neuer Rohrleitungen ist ein Alptraum.
Hohe Ziegelmauern müssen sauber mit Mörtel errichtet werden, damit sie nicht umfallen. Das eigenhändige Hochziehen von Mauern ist nicht jedermanns Sache, und manche haben sogar Angst davor. Die Nervösen und die Gutbetuchten können das Problem umgehen, indem sie einen Maurer beauftragen. Andernfalls baut man die Mauer bis zur Höhe der Arbeitsplatte und konstruiert für den Rest einen Holzrahmen. Wer gegen Kalk und Zement für den Mörtel allergisch ist, nimmt statt dessen wasserfesten Mörtel auf Akrylbasis.
Wandschränke kann man fertig beim Möbelhändler kaufen und braucht sie nur noch nach der Montageanweisung zwischen die Ziegelmauern an die Wand zu schrauben. Es gibt aber auch die Möglichkeit, das Mauerwerk

267

mit Holz zu verblenden (Abb. 269). Ein Innenrahmen aus Weichholzbrettern 50 x 25 mm wird im rohen Mauerwerk verdübelt, um einen ebenen Anschlag zu erhalten. An diesen wird ein Außenrahmen (ebenfalls 50 x 25 mm) geschraubt. Auf Gehrung geschnittene Ecken wie in der Abbildung lassen den Außenrahmen schöner wirken, während für den Innenrahmen eine einfache stumpfe Stoßverbindung ausreicht. Die Lamellentür, die bei einem Baumarkt gekauft wurde, wird mit Scharnieren am Außenrahmen befestigt, und ein Magnetschnäpper, dessen beide Teile an die Innenseite der Tür und an die Unterseite eines Regalbretts geschraubt werden, hält die Tür geschlossen. Wer solche Türen nicht mag, kann sich einen Spaß daraus machen, sie durch Großmutters altehrwürdiges Waschbrett zu ersetzen.

Regalbretter dienen einem doppelten Zweck — sie schaffen Stauraum und versteifen die Mauerpfeiler. Sie liegen links und rechts auf Bolzen oder Hartholzdübeln auf, die in vorgebohrten Löchern verankert sind. Um die Stabilität der gesamten Konstruktion zu erhöhen, werden die Regalbretter an der Rückseite mit in der Wand verdübelten Leisten verschraubt.

Das gezeigte Regalbrett läuft über die gesamte Länge einer Küchenwand. Wo die Platte auf den Mauerpfeiler stößt, wird in der Breite des Mauerwerks bis auf ein kurzes Stück von der Länge eines halben Ziegels eine Aussparung ausgesägt. Auf diese Weise wird das geschlossene Bild, das die Regalplatte von vorn bietet, nicht beeinträchtigt.

Die bogenförmig ausgeschnittenen Blenden unterhalb der Platte erfüllen eine zweifache Funktion — sie verhindern das Durchbiegen der Platte und dienen als Aussteifungen zwischen den Mauerpfeilern. Sie werden mit Winkeln an die Arbeitsplatte geschraubt.

Wer das Mauerwerk farblich herausheben möchte, kann dies mit der Farbe tun, die normalerweise für den Außenanstrich von Häusern benutzt wird.

Die High-Tech-Küche im Industriedesign verbindet Variabilität und Wirtschaftlichkeit. Sie läßt sich in kurzer Zeit auf-, um- oder auch wieder abbauen, was besonders für kurzfristig gemietete Wohnungen ein großer Vorteil ist.

Die Rahmenkonstruktion besteht aus gelochten Winkelprofilen für den industriellen Bedarf. Die L-förmigen Profile werden mit einer Eisensäge auf Länge gesägt und

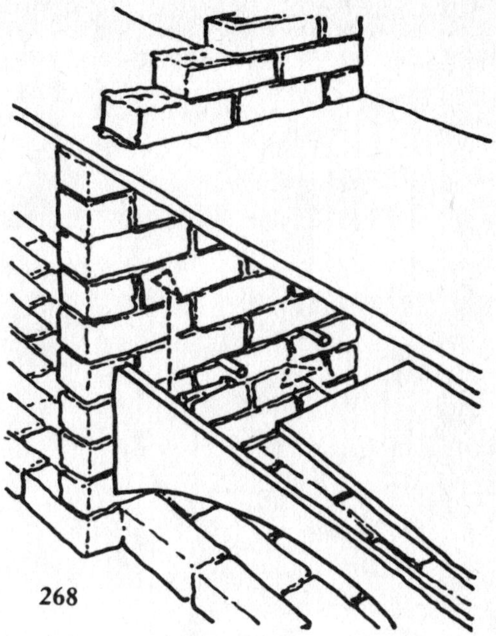

268

mit den zugehörigen Bolzen und Muttern verschraubt. Von Eckblechen, die der Aussteifung dienen, bis zu Fußrollen ist ein breites Angebot von Zubehörteilen erhältlich. Die Winkelprofile werden in grauer oder schwarzer Farbe geliefert, aber ein Industrie-Look ist nicht unbedingt gleichbedeutend mit tristen Farben: man kann das Material mit hellroter oder gelber Lackfarbe besprühen

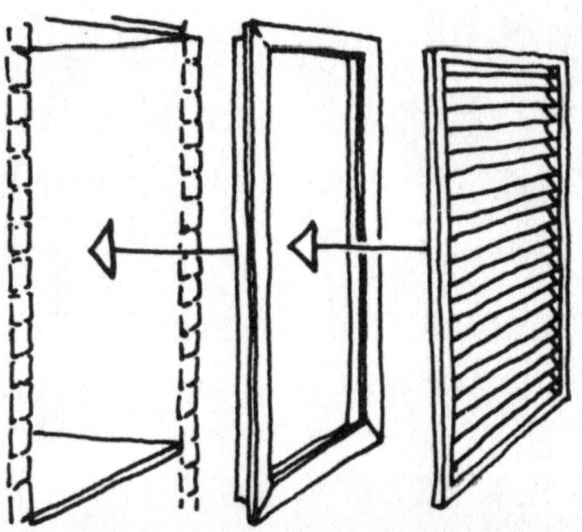

269

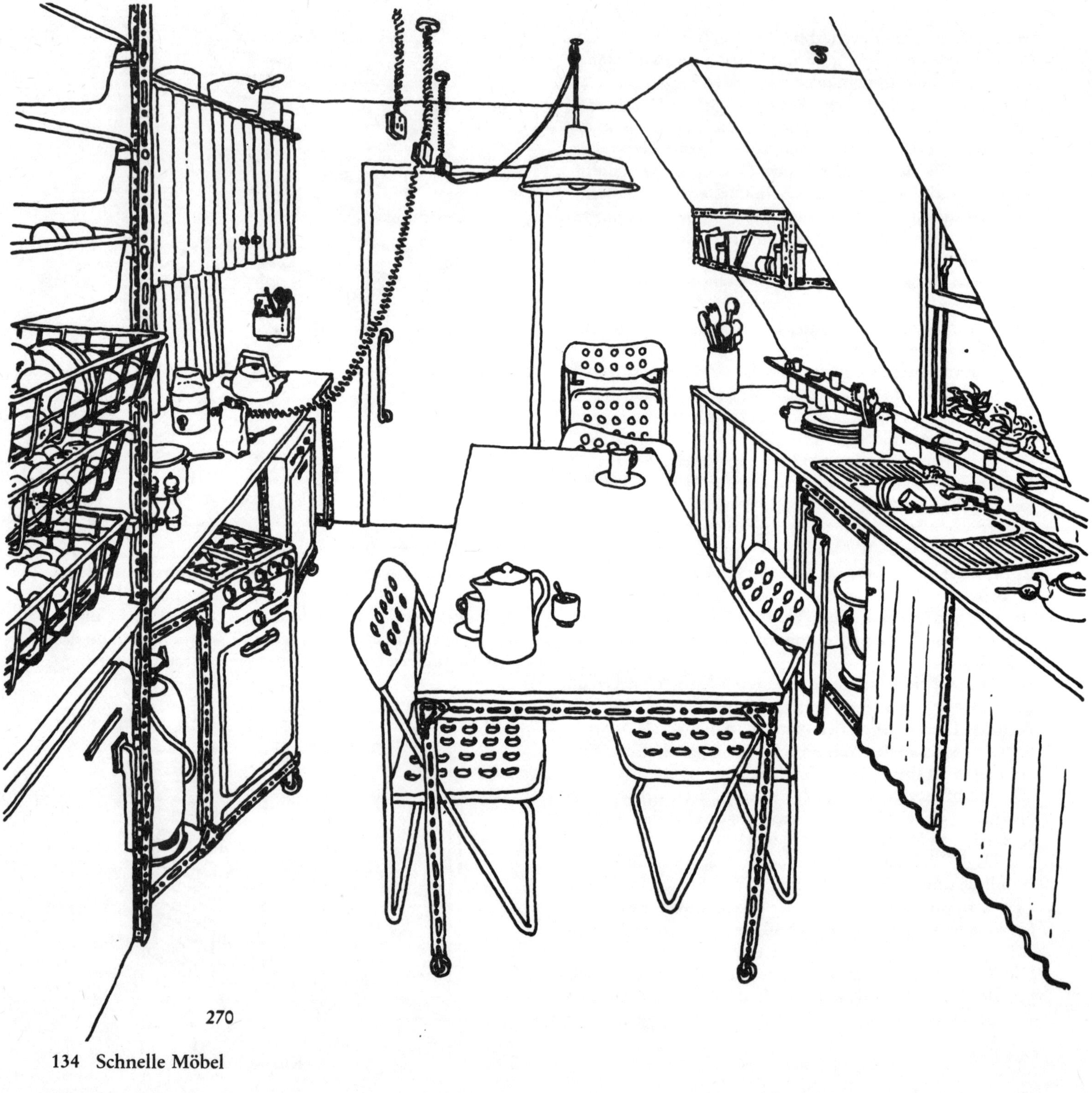

270

oder es sogar mit Pastelltönen versuchen. Die Hersteller liefern im allgemeinen auch Konstruktionsvorschläge und Montageanleitungen mit. Diese sollte man sorgfältig durchlesen, bevor man mit der Arbeit beginnt.
Regale und Wände können zum Teil mit Wellblech verkleidet werden. Die Wellblechtafeln sind zu hart für eine Eisensäge; man braucht eine Blechschere, und die Arbeit ist mühselig. Kunststoff läßt sich leichter schneiden, durchbohren und befestigen, ist jedoch weniger stabil und in der Nähe des Herdes möglicherweise gefährlich.
Metallkanten können scharf sein, man kann sie verkleiden. Heimtückische Ecken werden mit einer kleinen Kneifzange umgebogen. Die Arbeitsplatte muß 2,5 cm über die Türen hinausragen, um vor der gewellten Oberkante zu schützen.
Wem die alten Wandschränke aus Holz nicht mehr gefallen, der braucht nur die alten Türen abzuschrauben und sie durch Türen aus Wellblech oder -kunststoff zu ersetzen (Abb. 270 links oben). Hinter jedem Paar dieser Türen unter der Arbeitsplatte rechts in Abb. 270 befindet sich ein zweiteiliger Kastenrahmen, der an jeder Ecke mit einem Eckblech ausgesteift ist. Diese Bleche sind für die Stabilität der Konstruktion unbedingt erforderlich. Scharniere werden vorn auf die Seitenteile des Rahmens geschraubt und mit den Türen durch Schrauben und Muttern verbunden, nachdem man die nötigen Löcher gebohrt hat. Ein großer Schraubenbolzen kann als Türgriff dienen, und bei so viel Metall bietet sich als Schloß ein Magnetschnäpper an.
Der fahrbare Herd (Abb. 271) hat mehrere Vorteile: darunter kann sich kein fettiger Schmutz ansammeln, er nimmt in einer kleinen Küche keine knappe Arbeitsfläche weg, und er ermöglicht sogar die Zubereitung von Crêpes Suzette neben dem Tisch.

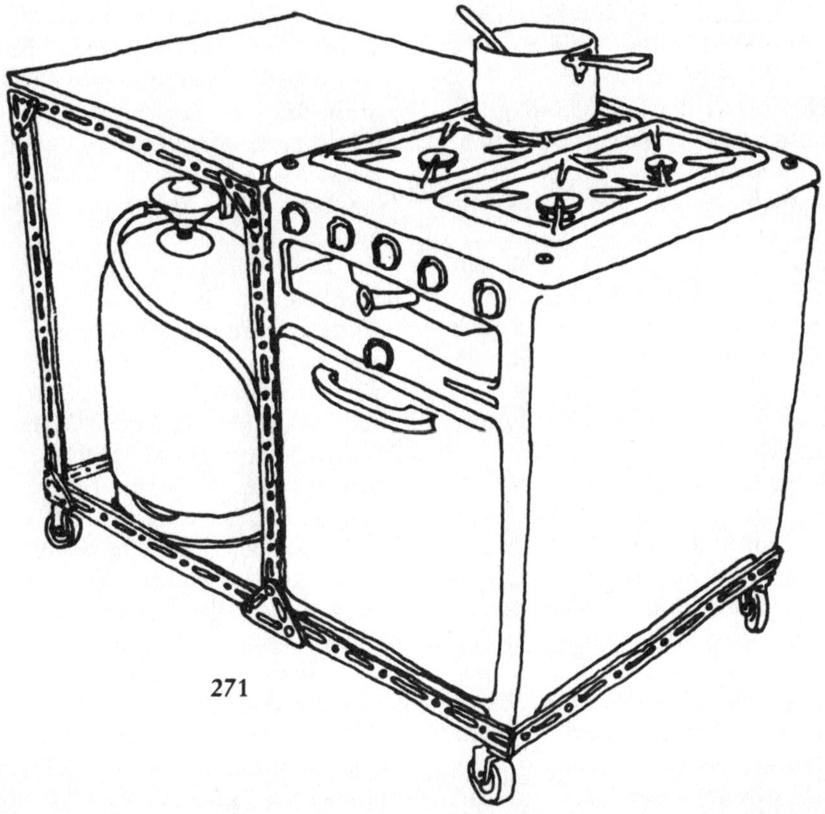

271

Die vier Ecken des Gestells, in dem der Herd und die zugehörige Gasflasche untergebracht werden, haben schwenkbare Möbelrollen. Überall dort, wo zwei Profile senkrecht aufeinanderstoßen, müssen Eckbleche zur Verstärkung angeschraubt werden. Das Gestellt für die Flasche wird 2,5 cm niedriger als der Herd gewählt, damit sich eine aufgeschraubte Arbeitsplatte mit ihm auf gleicher Höhe befindet. Der Herd selbst sitzt auf einer offenen Plattform.
Die Stühle wurden so ausgesucht, daß sie zu den gelochten Winkelprofilen passen. Klappstühle sind platzsparend; nach Gebrauch legt man sie zusammen und hängt sie an der Wand auf. Das Tischgestell ist aus denselben Winkelprofilen zusammengebaut; die mit weißem Resopal beschichtete Spanplatte wird von unten auf das Gestell geschraubt.
Lebensmittelvorräte können in offenen Drahtkörben untergebracht werden. Solche Körbe finden sich z. B. in ausrangierten Tiefkühlschränken oder Geschirrspülmaschinen. Die Körbe werden links und rechts von hölzernen Leisten geführt, die mit dem Metallrahmen verschraubt sind.
Mancher findet die Küchenregale des Vormieters gräßlich, selbst wenn sie noch sehr gut erhalten sind. Funktionstüchtige, aber häßliche Kücheneinrichtungen lassen sich in kurzer Zeit aufmöbeln, indem man einfach die sichtbaren Flächen bearbeitet.
Ebene Flächen lassen sich passend zur Wandfarbe neu streichen oder mit Papier verkleiden. Bei stärker beanspruchten Flächen nimmt man statt einfachem Papier besser Kork oder Vinylpapier. Damit die Papierkanten nicht einreißen oder sich ablösen, werden sie von einer an den Ecken auf Gehrung gesägten Profilleiste gehalten, die auf die Unterlage genagelt wird.
Langweiligen Schranktüren und Schubladen kann man ohne großen Zeitaufwand ein neues Gesicht verleihen. Üblich ist die Verkleidung mit Holz, was jedoch Probleme mit sich bringt. Das zusätzliche Gewicht kann zu einer Überbelastung der Scharniere führen, während die Stärke der Holzpaneele die Möbel vielleicht zu wuchtig erscheinen läßt und das vollständige Öffnen der Türen unmöglich macht. Dem läßt sich abhelfen, indem man entweder die Scharniere austauscht oder nach anderen Möglichkeiten der Verkleidung Ausschau hält.
Hier bieten sich vor allem flexible Folien an — sie sind leicht, dünn und einfach anzubringen. Geflochtene Bastmatten gibt es in Läden für Bastlerbedarf; man befestigt sie mit Kontaktkleber auf der Unterlage.
Metall- und Kunststoffolien sind brauchbare, moderne Alternativen zum traditionellen Peddigrohrgeflecht. Dünne Metallbleche gibt es umsonst — man braucht sie nur aus ausgedienten Waschmaschinen, Kühlschränken etc. herauszuschneiden und auf die gewünschte Fläche aufzuschrauben. Einfacher in der Handbabung sind jedoch Streckmetallgitter, Drahtnetze oder Kunststoffbahnen; es gibt sie in Baustoffhandlungen. Grüne Plastikbahnen, die durch ein feines Drahtgitter verstärkt sind, werden häufig zum Verhängen von Gebäuden benutzt. Das Material ist dauerhaft, dünn, leicht und sieht gut aus. Es wird einfach über die Stirnseite der Schublade oder über die Regaltür gespannt und mit Heftklammern befestigt. Einen sauberen Abschluß erreicht man mit einer halbrunden Zierleiste aus Holz 13 x 13 mm, die an den Ecken auf Gehrung gesägt ist und als Umrandung auf die Unterlage geschraubt wird.
Etwas weniger biegsame Alternativen zu einfachen Kunststoffbahnen sind polyäthylenverkleideter Hühnerdraht und grobmaschiges Streckmetall. Bevor das letztere mit einer Abschlußleiste endgültig fixiert wird, sollte man es alle 10 cm am Rand mit Krampen festnageln. Grobmaschiges Streckmetall läßt sich mit einer Blech- oder auch einer Drahtschere schneiden. Die Rahmenleiste für die Kanten liegt auf Streckmetall nicht glatt auf. Das Problem läßt sich leicht beheben, wenn man eine gefälzte Leiste nimmt. Eine noch ausgefallenere Alternative aus Metall ist die Verwendung von Aluminiumschienen, die normalerweise der Befestigung von Teppichbodenkanten dienen. Sie werden ebenfalls an den Ecken auf Gehrung gesägt und durch die vorgebohrten Löcher mit der Unterlage verschraubt.
Grobmaschiges Streckmetall läßt die darunterliegende Oberfläche weitgehend sichtbar. Vor dem Anbringen sollte man es mit einer passenden Farbe besprühen. Schwarz ist stilvoll, silber dramatisch und hell.
Auch Handgriffe können den Charakter von Schubladen und Türen verändern. Die Handgriffe in Abb. 272 stammen aus einem Krankenhaus, man kann sie aber auch in Badezimmern von Abbruchhäusern finden.
Die allereinfachste Methode ist die, alle alten Türen, die einem nicht gefallen, zu entfernen und überhaupt nicht

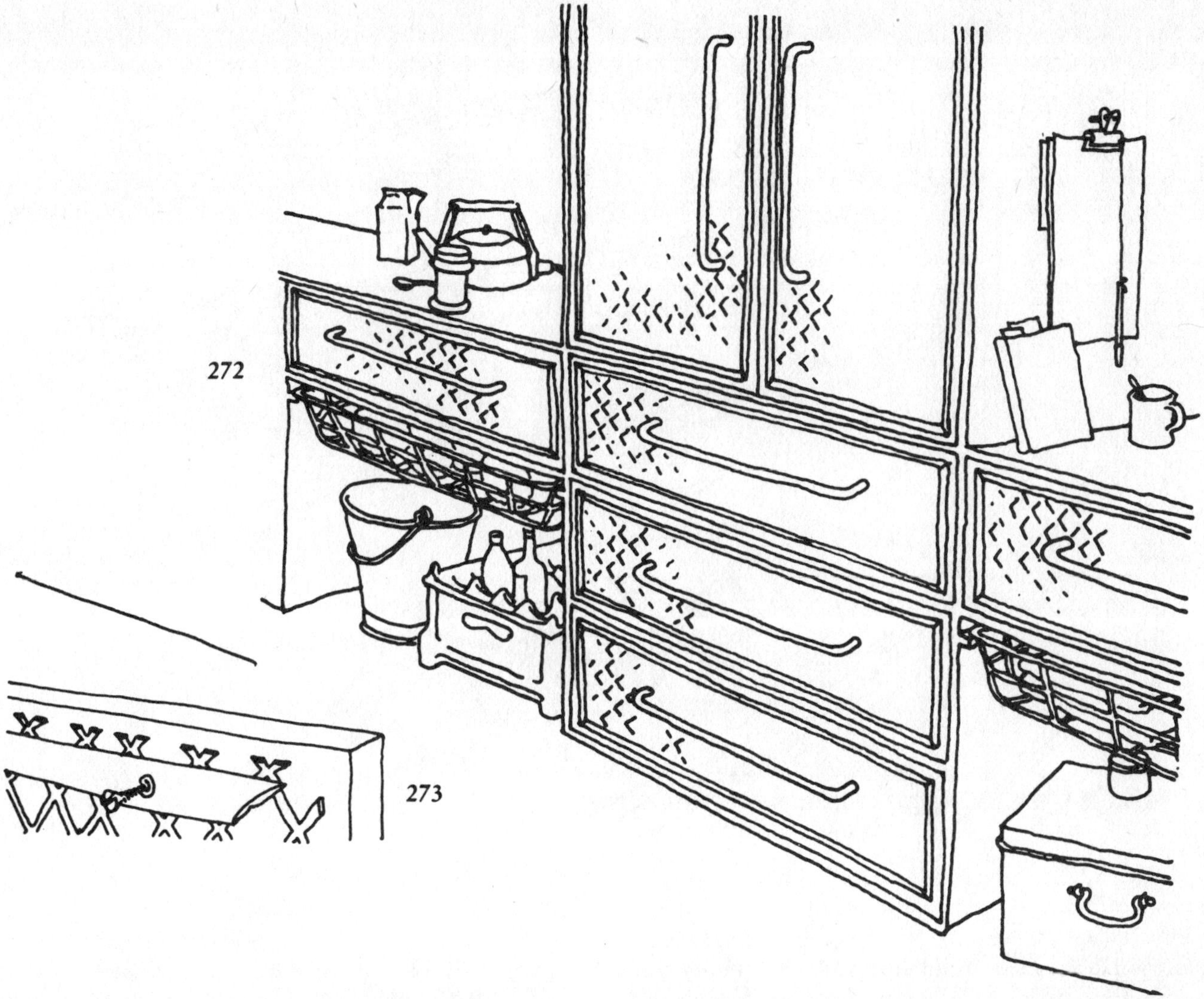

272

273

zu ersetzen, sondern die Schränke offen zu lassen. Die Hersteller von Nahrungsmitteln, Getränken und Haushaltspflegemitteln verschwenden endlos Zeit und Geld damit, die Verpackung ihrer Produkte vollkommenener zu machen. Manche Verpackungen sind hübsch genug, um in einem offenen Regal eine reizvolle Ausstellung abzugeben.

Die zunehmende Nutzung von Tiefkühlschränken hat zur Wiederverwendung von Lebensmittelbehältern geführt, in die Suppen, Gemüse und selbstgemachtes Speiseeis zum Tiefkühlen gefüllt werden. Eiscremebehälter aus Kunststoff werden in handlichen Größen produziert, so daß sie in der Tiefkühltruhe sauber gestapelt werden können. Da sie außerdem luftdicht und robust sind, lohnt es sich, sie aufzubewahren, nachdem das letzte Erdbeereis vertilgt ist. Ein dekorativer Schmuck macht ihr Äußeres attraktiver. Mit buntem Klebeband lassen sich beispielsweise ganz lebendige Muster herstellen (Abb. 274).

Daß es eigentlich unsinnig ist, robuste und formschöne Behälter einfach deshalb wegzuwerfen, weil ihr Inhalt verbraucht ist, hat einfallsreiche Hersteller auf den Plan

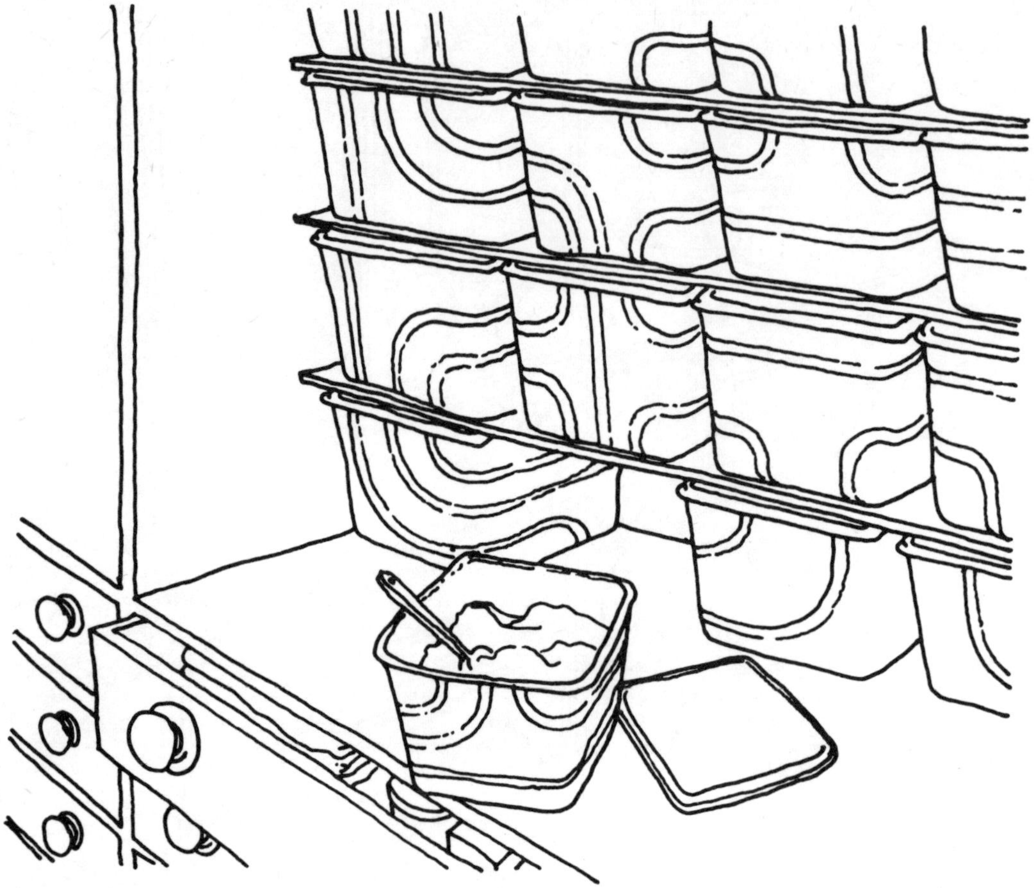

274

gerufen. Manche haben eine Möglichkeit der Umsatzsteigerung darin gesehen, ihre Kunststoffverpackung so zu gestalten, daß sie leicht Wiederverwendung finden können.

Gewerbliche Lagersysteme eignen sich auch für den privaten Hausgebrauch. Die Schubladenregale der alten Tante-Emma-Läden tauchen ab und zu noch beim Antiquitätenhändler, auf, kosten jedoch eine Menge Geld. Man kann sich sein eigenes Regal herstellen, indem man gleichgroße Teekisten miteinander verschraubt und anschließend dafür passende Inneneinsätze baut.

Man kann ein solches Regal jedoch auch gänzlich selbst bauen und seine Abmessungen den Gegebenheiten der eigenen Küche anpassen (Abb. 277). Das Funktionsprinzip ist in der Seitenansicht eines solchen Regals in Abb. 276 dargestellt. Wie man sieht, sind die Kippbehälter mit Scharnieren an die Vorderseite des Regalrahmens geschraubt. Beim Herauskippen werden die Behälter arretiert, sobald die verkürzte Rückwand gegen die Decke stößt.

Der Regalrahmen läßt sich relativ einfach aus 25 mm dicken Fichtenbrettern oder aus kunststoffbeschichteten Spanplatten herstellen. Eine Konstruktion aus Fichtenbrettern wird mit Nägeln zusammengehalten, während Spanplatten mit speziellen Schrauben verbunden werden müssen, um die nötige Stabilität zu bekommen. Man baut den äußeren Rahmen zuerst, versieht ihn auf der Rückseite mit einer durchgehenden dünnen Holzfaserplatte,

275

276

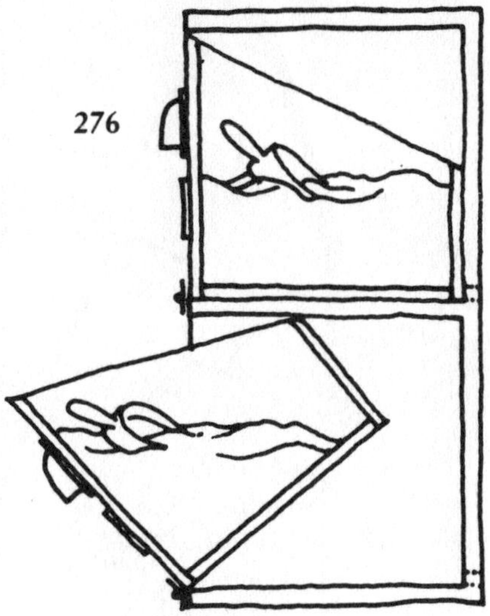

damit er sich nicht verziehen kann, und bringt dann die inneren Trennwände an.
Die Kippbehälter lassen sich aus 6 mm starker Furnierplatte herstellen, wobei ihre Vorderseiten aus optischen Gründen ein Weichholzfurnier tragen sollten. Diese Vorderseiten werden als erste ausgeschnitten, und zwar so, daß sie möglichst genau in die vorgesehenen Fächer passen. Die übrigen Teile werden nach dem Schema von Abb. 277 zugeschnitten und zusammengebaut. Die Seitenwände der Behälter sind abgeschrägt, so daß sich diese ein Stück weit herausziehen lassen, ohne nach unten zu kippen. Die Hinterwand der Behälter ist entsprechend kürzer als die Vorderfront.
Die in Abb. 275 dargestellten Kästen sind an einem durch-

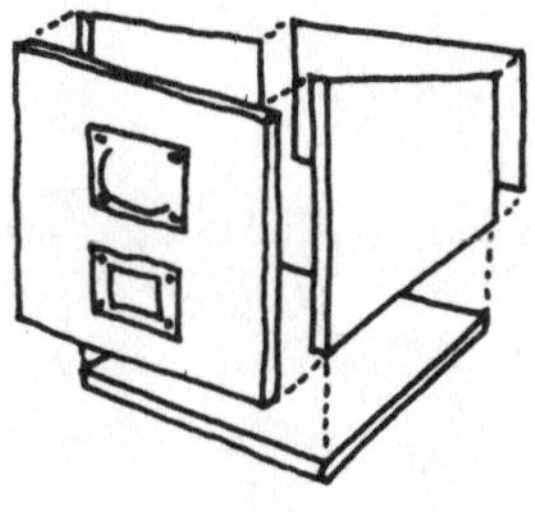

277

278

laufenden Stangenscharnier befestigt, dessen unterer Teil auf den Rahmen geschraubt wird. Das obere Band wird zwischen den einzelnen Behältern in der Breite der Trennwände mit einer Eisensäge ausgesägt (Abb. 278), damit sich die Kästen unabhängig voneinander herauskippen lassen.
Die in Abb. 275 gezeigten Handgriffe und Beschriftungsrahmen aus Messing stammen von den Schubladen eines Aktenschranks aus den 40er Jahren.

Apothekergefäße aus Glas und Porzellan sind mittlerweile in den Rang von Antiquitäten erhoben worden und deshalb in größerer Zahl fast unerschwinglich teuer. Zum Glück gibt es auch weniger aufwendige und im Handel erhältliche Gefäße, die im Hinblick auf Zweckmäßigkeit und Formschönheit die Küche bereichern können. Marmeladentöpfe aus Keramik werden nur noch selten weggeworfen (Abb. 282). Sie werden regelmäßig für selbstgemachte Marmeladen, eingelegte Gurken etc. wie-

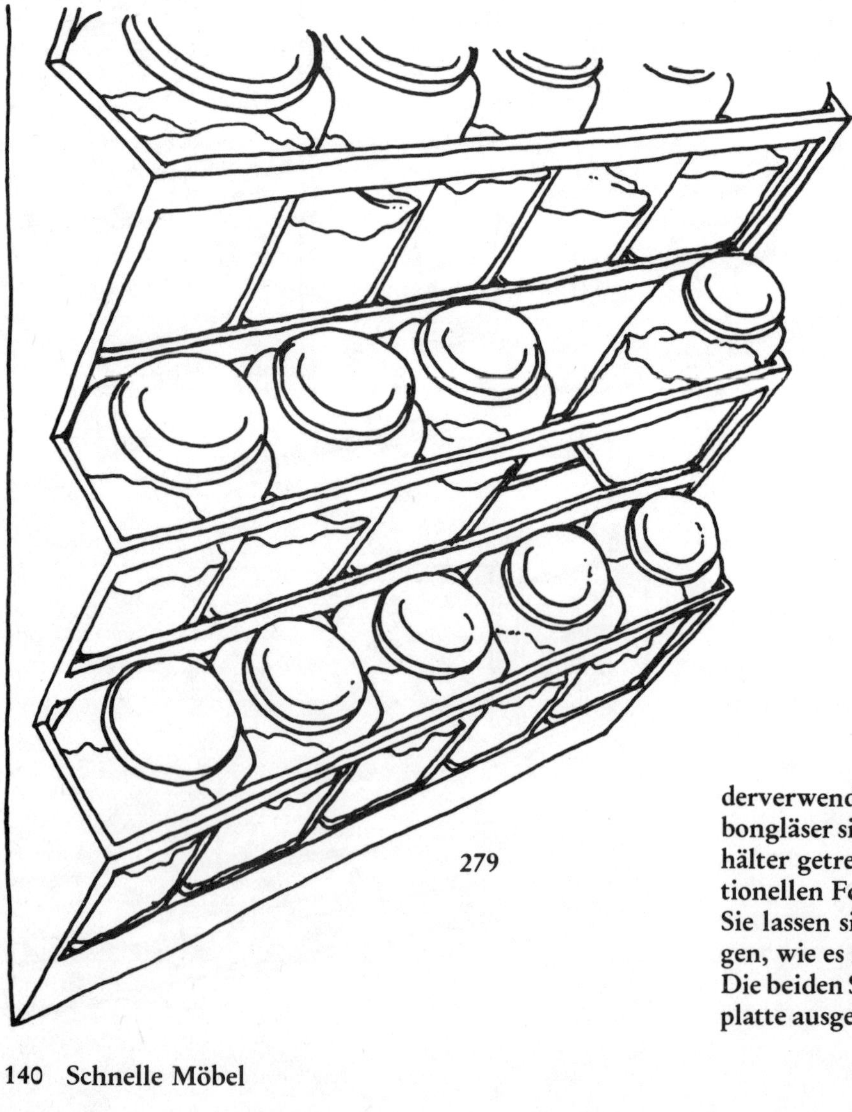
279

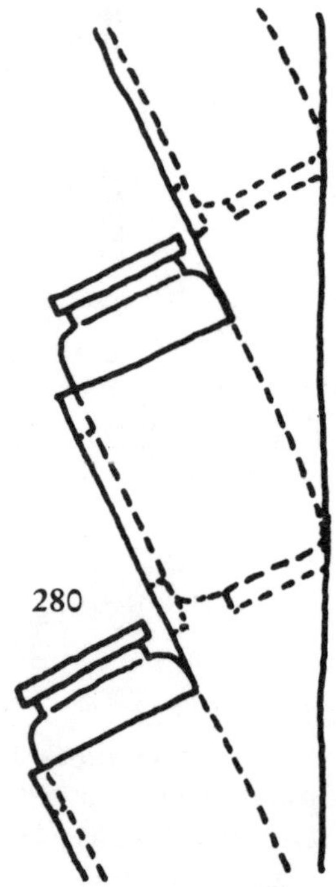
280

derverwendet. An die Stelle der früheren großen Bonbongläser sind meistenteils große und leichtere Plastikbehälter getreten, allerdings unter Beibehaltung der traditionellen Form. Beide Typen sind im Handel erhältlich. Sie lassen sich besonders gut in einem Regal unterbringen, wie es in Abb. 279 dargestellt ist.
Die beiden Seitenteile werden aus 12 mm starker Furnierplatte ausgeschnitten, wobei die Höhe der Stufen von der

281

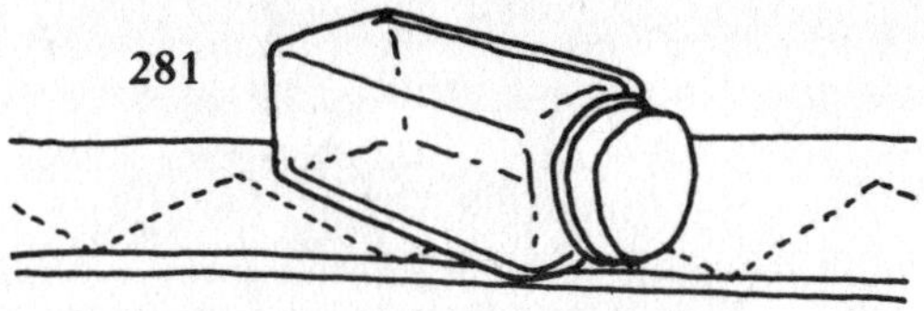

282

Größe der Gläser abhängt. Am besten legt man die Gläser flach auf das Holz und markiert dann die Einschnitte (Abb. 281).
Die Auflagen unter den Gläsern bestehen aus 12 mm starken Fichtenbrettern, die durch 40 mm lange Senkkopfschrauben mit den Seitenteilen fest verbunden sind. Zu jedem Auflagebrett gehören zwei Leisten (50 x 25 mm), die ebenfalls von 40er Senkkopfschrauben links und rechts gehalten werden und ein Abrutschen der Gläser verhindern (Abb. 280).
Frei hängende Systeme zur Unterbringung von Lebensmitteln und Küchengerät sind eine praktische Möglichkeit, in der Küche Ordnung und Übersichtlichkeit herzustellen. Töpfe und Pfannen sind damit schnell zur Hand, ohne im Weg zu sein. Um die aufgehängten Körbe in Abb. 283 kann die Luft frei zirkulieren, so daß sie sich besonders als Ablage für frische Lebensmittel eignen.

Für dieses leicht zu montierende System wurden vier Körbe verwendet, die normalerweise für die Ablage in Büros gebraucht werden. Man bekommt sie neu in Büroläden, billiger sind sie jedoch beim Gebrauchtmöbelhändler oder bei Büroauflösungen.
An den Ecken sind die Körbe mit S-Haken jeweils in eine Kette von 1 m Länge eingehängt, die es ebenso wie die Haken im Eisenwarenladen gibt. Das System läßt sich beliebig erweitern.
Die vier Trageketten werden oben von einem fest in der Decke verankerten Schraubhaken von 75 mm Länge gehalten.
Für den ausrangierten Vogelkäfig in Abb. 284, der zum Minigewächshaus umfunktioniert wurde, genügt eine einzige Kette mit S-Haken als Aufhängung. Frische Kräuter gedeihen in jeder hellen Küche. In unserem Fall stehen die Kräuter in einzelnen Töpfen auf einem Tablett mit Rand auf dem Boden des Käfigs. Der Rand verhindert, daß beim Gießen Wasser auf den Boden tropft.
Das Hängegestell in Abb. 285 besteht aus vier Drahtrosten aus einem Kühlschrank für den Sperrmüll. Gitter, wie sie in Kühlhäusern Verwendung finden, sind noch gröber in der Ausführung und aus Gründen der Dauerhaftigkeit und Pflegeleichtigkeit mit weißem Kunststoff überzogen.
Die vier Roste bilden zwei Seitenteile und zwei Ablagen und sind untereinander mit einfachen S-Haken verbunden. Jedes Seitenteil ist mit zwei 75 mm langen Schraubhaken fest in der Decke verankert. Am unteren Gitter können Töpfe, Pfannen und sonstige Gerätschaften übersichtlich aufgehängt werden.
Der Rahmen in Abb. 286 läßt sich aus den unterschiedlichsten Materialien herstellen. Rohre aus Messing, verchromtem Stahl, Eisen oder Kunststoff eignen sich ebenso dafür wie runde Holzstangen. In diesem Fall wurde Kupferrohr gewählt.
Man kann den Rahmen aus einem einzigen Rohrstück herstellen, indem man dieses mit einer geliehenen Spiralfeder an den entsprechenden Stellen rechtwinklig umbiegt. Dabei ist darauf zu achten, daß der Biegeradius mindestens dem Vierfachen des Rohrdurchmessers entspricht, um das Material nicht zu überdehnen.
Einen stabileren Rahmen erhält man, wenn man vier gerade Rohre mit einfachen 90-Grad-Winkeln verbindet und mit einer Lötlampe und Lötzinn verlötet. Rohre und

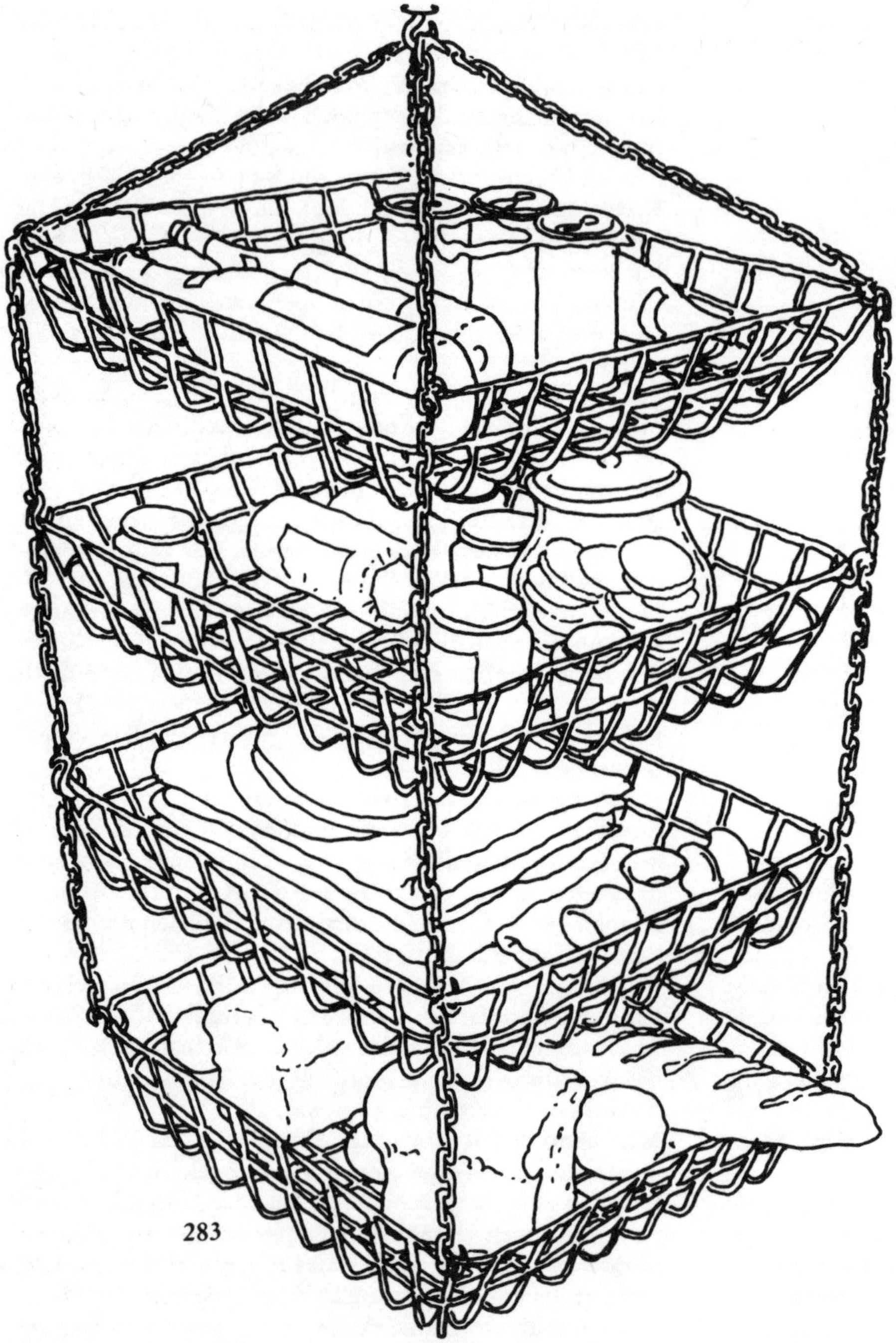

283

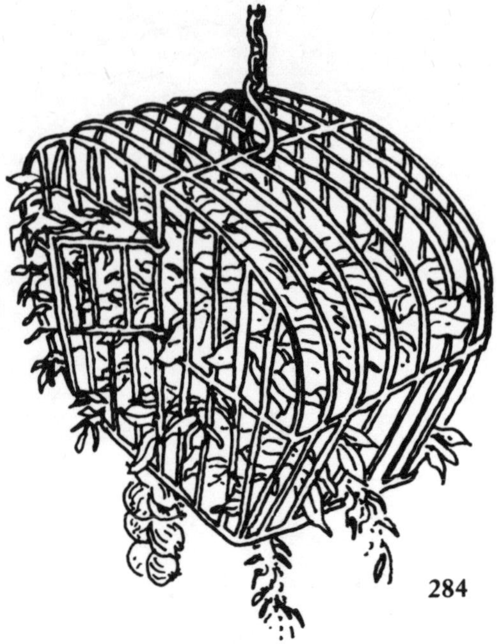

284

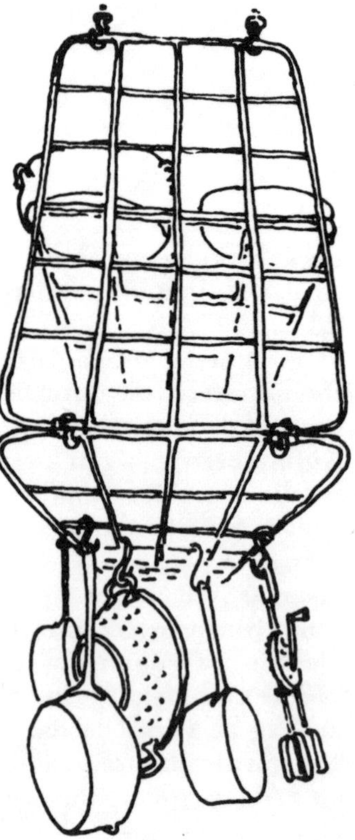

285

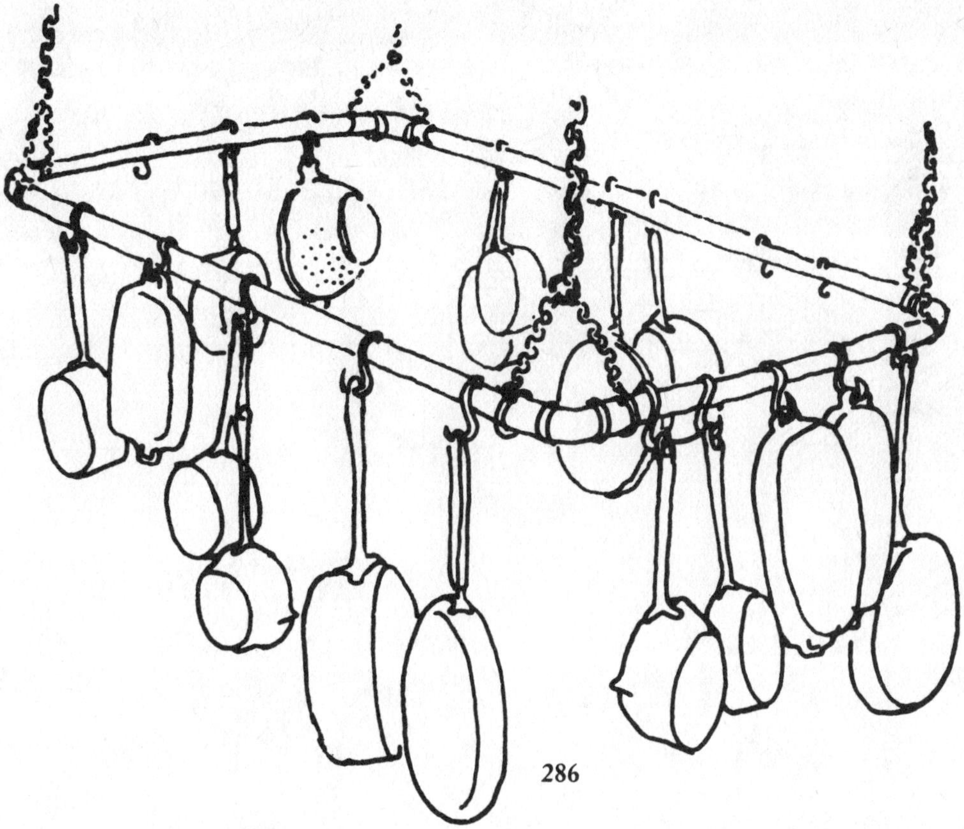

286

Verbindungsstücke gibt es beim Installationsbedarf. Zwar ist darauf zu achten, daß der Rahmen möglichst rechtwinklig ist, aber die Verbindungen müssen nicht wasserdicht sein!

Links und rechts von jeder Ecke wird an der Unterseite je ein Loch gebohrt, in das ein S-Haken paßt. Der Rahmen wird an diesen Haken mit dünnen Messingketten aufgehängt, die ihrerseits an fest in der Decke verankerten Schraubhaken hängen. Töpfe und Pfannen usw. werden in Fleischerhaken eingehängt.

Eine Campingausrüstung muß rasch aufgebaut werden können, darf wenig Platz wegnehmen und muß für den Transport so weit wie möglich zusammengelegt oder -geklappt werden können — sie ist die schnelle Inneneinrichtung par excellence, die perfekte Ausstattung für eine Wohnung, in der man nicht lange zu bleiben gedenkt.

In Abb. 287 ist eine kombinierte Spül- und Kocheinheit in eine Arbeitsplatte aus Holzspan eingelassen, die auf einem Gestell aufliegt. Die Einheit war für einen Campingbus gedacht, wo besonders mit Platz gespart werden muß. Das Anschließen der Spüle bereitet keine Schwierigkeiten, da sie von allen Seiten zugänglich ist. Der Herd braucht überhaupt nicht angeschlossen zu werden, da er mit Butangas betrieben wird.

Mit demselben Gas in Flaschen wird auch die Beleuchtung gespeist. Damit ist man unabhängig von Störungen in der Strom- oder Gasversorgung. Neben der an die Gasflasche angeschlossenen Campinglampe (Abb. 289) gibt es noch die Petromaxlampe (Abb. 288), bei der vorerhitztes Petroleum als Gas in einem Glühstrumpf verbrennt und dabei ein helleres Licht erzeugt als die meisten Küchenleuchten. Die Petroleumdochtlampe (Abb. 290) ist eine Sturmlaterne, die während des ganzen 20. Jahrhunderts ihr Äußeres praktisch nicht verändert hat.

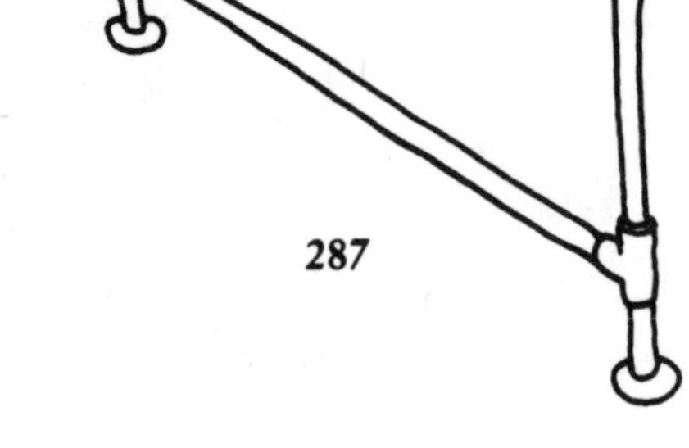

287

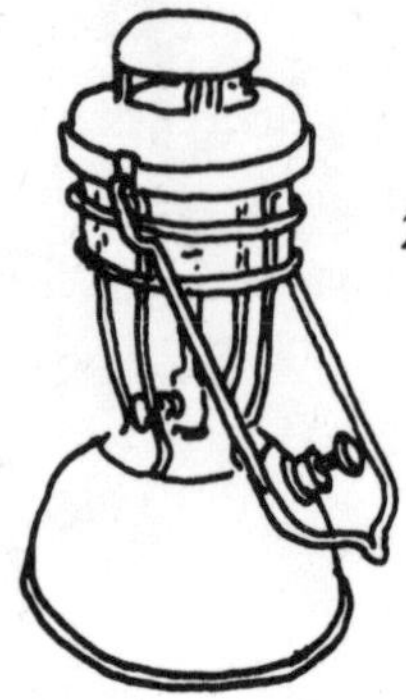

288

289

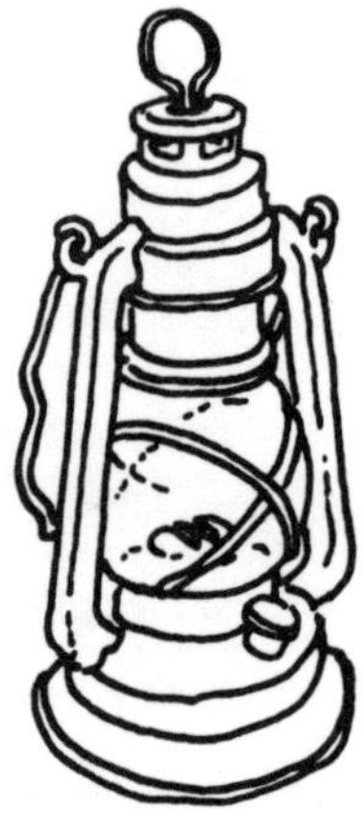

290

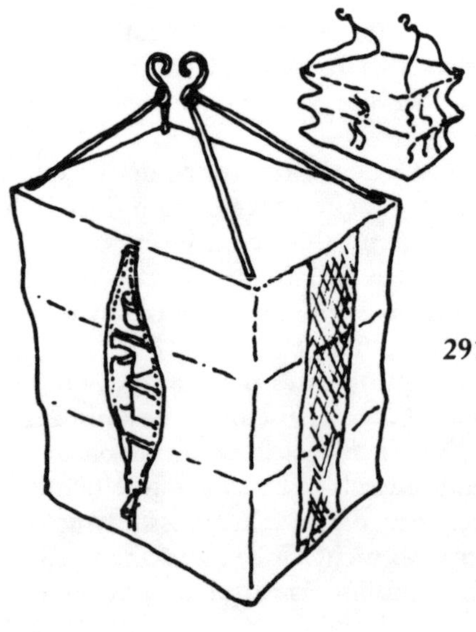

291

Das hängende Segeltuchregal (Abb. 291) ist ein altes Lieblingsmöbel eingefleischter Camper. Es wird an einer in der Decke verankerten Haken- oder Ringschraube aufgehängt, so daß Lebensmittel dem Zugriff von Nagetieren und anderen kleinen Räubern entzogen werden. Ein Reißverschluß macht den Laden auch für Fliegen dicht. Das an den Seiten angebrachte Maschengewebe für die Luftzirkulation ist eine moderne, flexible Nylonversion des traditionellen Fliegengitters. Werden die Zelte abgebrochen, läßt sich das System leicht zusammenfalten.

Eine ähnliche Vorrichtung kann man auch für die eigene Küche bauen. Zunächst werden vier 6 mm starke Regalbretter in den Abmessungen 45 x 30 cm aus Sperrholz ausgeschnitten. Die Einsätze werden an den Ecken im Abstand von 25 cm übereinander von starken Stoffbändern gehalten, die mit Polsternägeln an den Seitenkanten der Bretter befestigt werden. Die Bänder müssen mindestens 1,10 m lang sein, damit sie oben für die Aufhängung zusammengeführt werden können. Für die Anbringung der Stoffverkleidung wird das Regal zweckmäßigerweise aufgehängt. Die Bespannung erhält statt eines Reißverschlusses ein Klettband zum Verschließen. Man kann aber auch in Höhe eines jeden Bretts Bändsel annähen, die sich mit einer Schleife verknoten lassen.

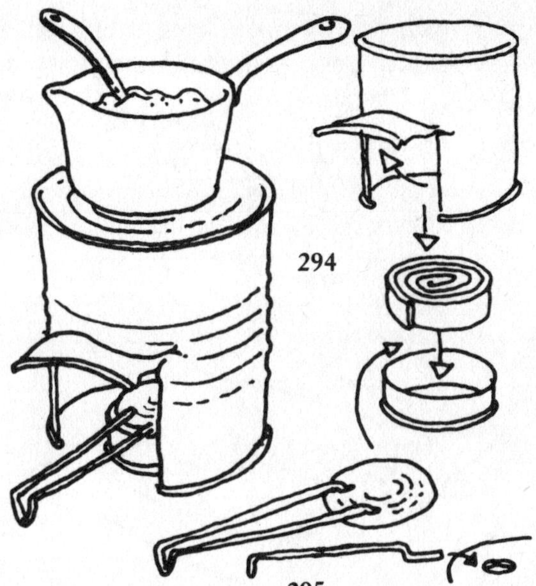
294

295

293

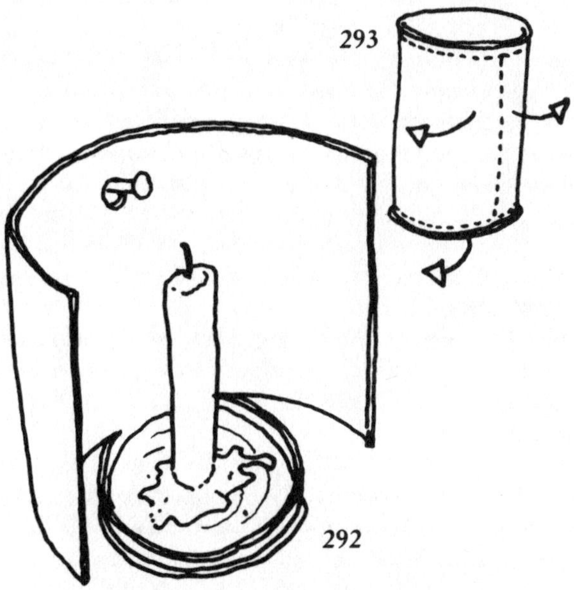
292

Kerzen sind eine altmodische, aber stromsparende Lichtquelle. Für ein enges Zelt sind sie weniger zu empfehlen als für die eigenen vier Wände, denen sie ein warmes und gedämpftes Licht geben. Ihre Leuchtwirkung läßt sich mit einem reflektierenden Schirm an der Rückseite beträchtlich erhöhen. Am besten eignet sich natürlich ein Spiegel, aber auch das Blech einer Konservendose erfüllt diesen Zweck. Um diese in die gewünschte Form zu bringen (Abb. 292), schneiden wir mit einer Blechschere die Dose zunächst der Länge nach bis 1 cm vor dem unteren Rand auf, von dort aus ein gutes Drittel des Dosenumfangs nach beiden Seiten (Abb. 293). Der 1 cm hohe Rand verhindert, daß geschmolzenes Wachs auf die Tischdecke läuft. Die beiden ausgeschnittenen Blechseiten werden auseinandergebogen, alle scharfen Kanten mit einer Kombizange umgebogen. Die Kerze wird mit etwas heißem Wachs auf dem Boden der Dose befestigt.
Man kann den Reflektor mit einem Nagel an der Wand befestigen, aber eine verdübelte Schraube ist sicherer.
Aus einer Konservendose läßt sich auch ein funktionstüchtiger Kocher für den Campingurlaub herstellen (Abb. 294). Eine 30 cm hohe Blechdose wird mit einer Blechschere aufgeschnitten (Abb. 295). Als Brenner dient etwa eine leere Thunfischdose mit einer heizölgetränkten Pappkartonspirale. Zur Regulierung der Wärmezufuhr wird der Karton mit dem Deckel der Fischdose mehr oder weniger weit zugedeckt. Zu diesem Zweck bohrt man in den Deckel zwei kleine Löcher am Rand. Als Handgriff eignet sich ein Stück Draht aus einem Drahtkleiderbügel, das entsprechend gebogen wird (Abb. 295 unten).

296

Die Kochkiste in Abb. 296 ist ein einfaches System für das langsame Garen von Speisen, das vor allem im Zweiten Weltkrieg sehr verbreitet war, als man mit Brennmaterial sparen mußte. Für diese Kiste gibt es mehrere Konstruktionsmöglichkeiten. Als äußere Verkleidung eignen sich Kisten jeder Art, auch feste Pappkartons; ideal sind Teekisten, in die als Isoliermaterial Polystyrol gefüllt wird. Man kann auch eine stilvolle Kochkiste aus Weichholz bauen. Gleichgültig, wofür man sich entscheidet, die Kiste muß so groß sein, daß rings um den Topf mindestens 10 cm Platz für das Isoliermaterial bleiben. Der Topfdeckel muß dicht schließen; besonders gut eignen sich Töpfe und Deckel aus Gußeisen.
Die Kiste wird innen mit Aluminiumfolie ausgekleidet, damit möglichst viel Wärme wieder nach innen reflektiert wird. Als Isoliermaterial wählt der Traditionalist Heu oder Federkissen, es gehen auch Styroporchips oder -kugeln. In jedem Fall sollte sich die Isolierung der gewählten Topfform gut anschmiegen. Zunächst wird der Boden mit einer 10 cm hohen Schicht bedeckt. Auf diese stellt man den Topf, nachdem man dessen Inhalt zum Kochen gebracht hat, und packt ihn dicht mit der Isolierung zu. Als oberste Schicht nimmt man ein Federkissen oder ein Kissen mit Styroporfüllung. Das Essen bleibt auf diese Weise stundenlang warm und gart langsam durch.
Außerhalb der Essenszeit sieht die in Abb. 297 wiedergegebene Einrichtung einfach wie ein Schrank mit zwei großen Türen aus, doch zur Zeit der Essensvorbereitung entpuppt sie sich als komplette Miniküche. Die Konstruktion ist ideal für Einzimmerwohnungen, weil sie einem das Gefühl nimmt, in einem Restaurant zu wohnen und zu schlafen. Die Konstruktion vereinfacht sich wesentlich, wenn eine breite und tiefe Wandnische vorhanden ist, so daß man keine Seitenwände aufstellen muß. Die beiden Türen, mit denen die Küche verschlossen wird, bestehen aus Tischlerplatte und sind oben mit Lüftungsschlitzen versehen. Die Lüftungsbleche bekommt man in einem Geschäft für Baubeschläge. Jede Tür wird von zwei starken, 50 mm langen Scharnieren an einem Kantholzrahmen gehalten, der in der Decke und/oder den Wänden gegen Verschiebung gesichert werden muß. Es ist darauf zu achten, daß sich auch nach dem Anbringen der Türen noch alle Schubladen und Regaltüren herausziehen bzw. öffnen lassen.
Die Einrichtung der Küche liegt nicht detailliert fest, sondern kann nach Wunsch gestaltet werden, jedoch sind die vorhandenen Anschlüsse für Strom, Gas und Wasser zu berücksichtigen.
Platzeinsparungen wurden auf die unterschiedlichste Weise erzielt. Das oberste »Gefach" der Spüle kann normalerweise gar nicht als Fach oder Schublade genutzt werden, dennoch hat der Knopf in der Abbildung nicht nur eine dekorative Funktion. Das Brett, auf das er montiert ist, kann über zwei oben angebrachte Scharniere herausgeschwenkt werden und wird dann von zwei einrastenden Stützen gehalten, so daß es die Arbeitsfläche vergrößert. Solange die Spüle nicht benutzt wird, deckt man sie mit einer Hartholzplatte ab, die dann als Schneidbrett genutzt werden kann. Unterhalb des Wasserhahns wird sie mit einem Loch versehen, das als Fingergriff und im Fall eines tropfenden Wasserhahns als Durchlaß dient (Abb. 298). Zur besseren Fixierung erhält die Abdeckplat-

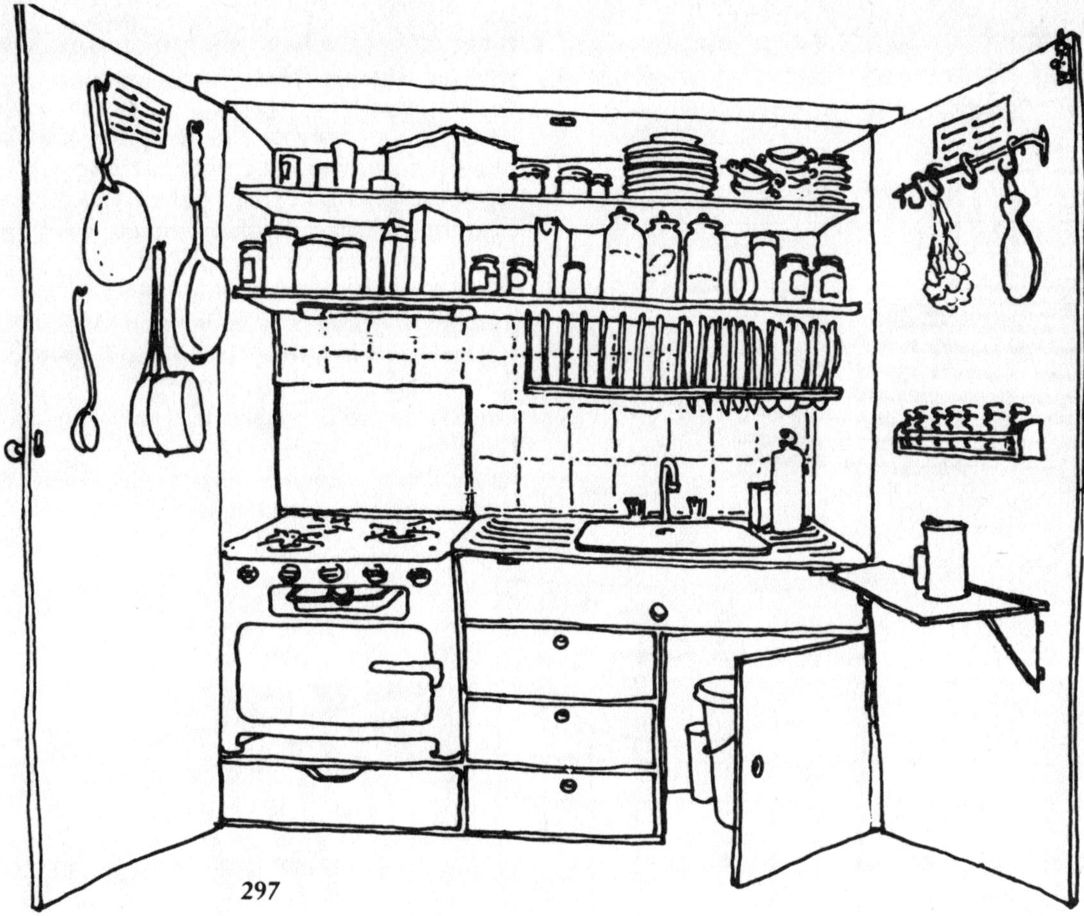

297

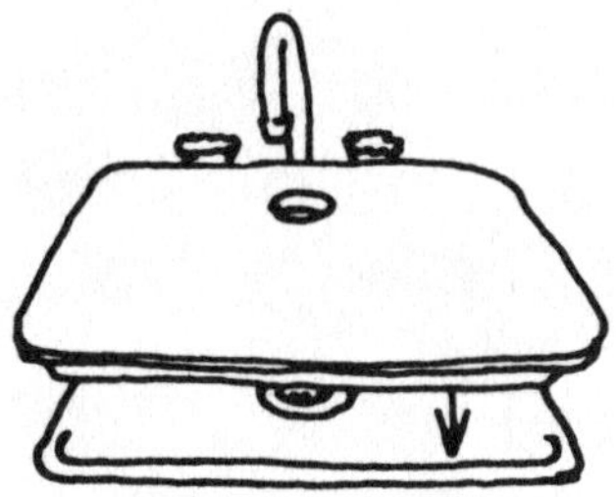

298

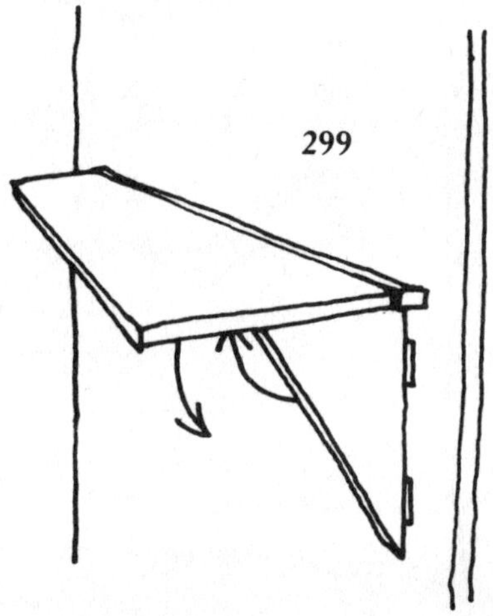

299

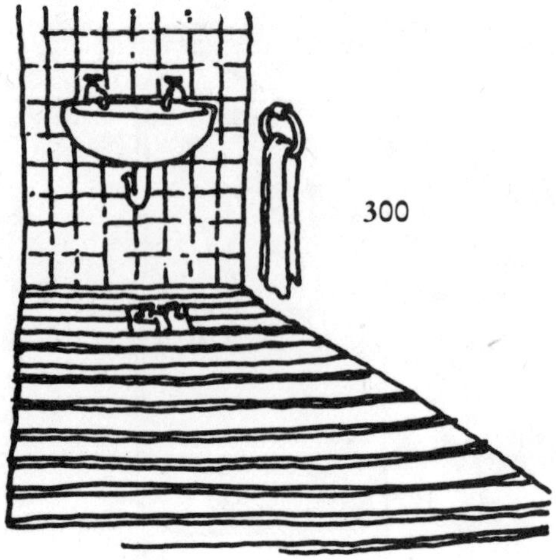

300

te auf der unteren Seite eine der Form des Spülbeckens angepaßte Rundumleiste.
An der Innenseite der rechten Tür in der Abbildung wurde mit Holzschrauben eine Leiste angebracht und mit einem Stangenscharnier versehen, das seinerseits an ein Ablagebrett geschraubt ist. Auf diese Weise läßt sich das Brett bei Bedarf herausklappen und wird dann links und rechts von je einem dreieckigen Brettchen gestützt, das ebenfalls durch ein Scharnier mit der Tür verbunden ist und herausgeklappt werden kann (Abb. 299). Der ganze Raum wird durch eine Vielfalt von Regalbrettern, Haken usw. möglichst voll ausgenützt.
Die Rückwand ist gekachelt, damit sie leichter sauber gehalten werden kann – Gerüche halten sich lange in geschlossenen Räumen. Nach Gebrauch die Herdabdeckung wieder herunterlassen!

301

Dasselbe Prinzip läßt sich auch in einem Badezimmer anwenden, das nur wenig Platz bietet (Abb. 300). Der Einbau eines stabilen hochklappbaren Lattenrosts ermöglicht die Anbringung des Waschbeckens über der Badewanne. Die Konstruktion spart nicht nur Platz, sondern auch Arbeitszeit für die Installation, da die Rohre für den Zu- und Abfluß des Wassers nahe beieinander liegen.
Das entscheidende Element ist der Lattenrost. Er muß stark genug sein, um das Gewicht einer Person zu tragen, und darf die Wanne nicht beschädigen. Der abgebildete Wannenaufsatz besteht aus Fichtenbrettern von 25 mm Stärke und 10 cm Breite, die auf zwei durchlaufende Bretter desselben Querschnitts und Materials geleimt und mit diesem verschraubt sind. Die von der Unterseite eingedrehten Schrauben müssen versenkt sein, um die Wannenbeschichtung nicht zu verkratzen. Im Idealfall liegt der Rost auf einem starken Holzrahmen auf, der um die Wanne geführt und an mindestens zwei Seiten fest in der Wand verankert ist. Falls die Wanne aus Gußeisen besteht, kann der Rost unmittelbar aufgelegt werden. Zwischen den Querbrettern ist ein Zwischenraum zu lassen, damit Spritzwasser ablaufen kann. Für die Mischbatterie ist eine Aussparung vorzusehen (vgl. die Abb. 301). Es empfiehlt sich möglicherweise, eine kleine kastenförmige Abdeckung für die Batterie zu bauen, damit man sich nicht am frühen Morgen die Zehen anschlägt.
Der Wannenaufsatz wird somit zur begehbaren Fläche vor dem Waschbecken, dessen Höhe entsprechend gewählt werden muß und das an die Wasserzuleitung und das Abflußrohr der Wanne angeschlossen wird. Eins fehlt noch: um auf den Lattenrost zu gelangen, braucht man eine kleine Trittleiter.
Einfache Veränderungen können das Aussehen und den Nutzen billiger alter Möbel wesentlich verbessern. Das Büfettunterteil in Abb. 302 wurde aus dem Sperrmüll gerettet und in die Küche gebracht. Vom Fußboden aufsteigende Feuchtigkeit hatte die Holzfüße verrotten lassen.

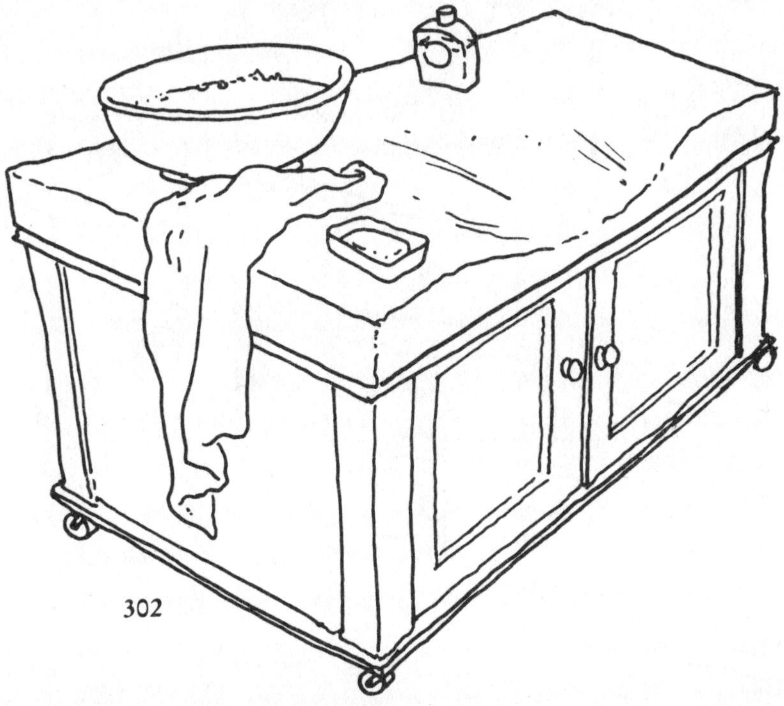

302

303

Die Auflage war durch die jahrelange Benutzung brandfleckig, schmutzig und rissig geworden. Das Möbel sah fürchterlich aus, aber das Mittelteil war intakt und frei von Holzwürmern.
Die alte Auflageplatte wurde entfernt und durch eine schwere Hartholzdiele von 50 mm Stärke ersetzt, die sich hervorragend als Arbeitsplatte für die Küche eignet, auf der auch Brot, Gemüse, Fleisch etc. geschnitten werden können. Eine Marmorplatte als Auflage ist nicht so dick, wirkt jedoch kühler. Die massive Hartholzauflage in Abb. 302 stammt aus einem Metzgerladen.
Nachdem die verrotteten Füße durch schwere Möbelrollen ersetzt worden waren, wurde das ganze Möbel beweglich. Da nunmehr auch die Rückseite den Blicken ausgesetzt war, wurde sie mit Nut- und Federbrettern aus Fichte verkleidet.
Freistehende Küchenmöbel aus den 50er und 60er Jahren, die von Gebrauchtmöbelhändlern angeboten werden, finden kaum Interessenten und sind deshalb besonders billig zu haben. Die ursprünglichen Türen des von uns ausgewählten typischen Beispiels in Abb. 303 wurden abmontiert. Statt ihrer erhielt der Schrank zwei 20 mm starke Türen aus Tischlerplatte für den unteren Teil, die mit einem starken Riegel verschlossen werden.
Als Stütze für die ausklappbare Arbeitsplatte dient ein U-förmiges Stück Sperrholz von 20 mm Stärke und 7,5 cm Breite. Es wird über Scharniere so mit der Platte verbunden, daß diese in ausgeklapptem Zustand genau waage-

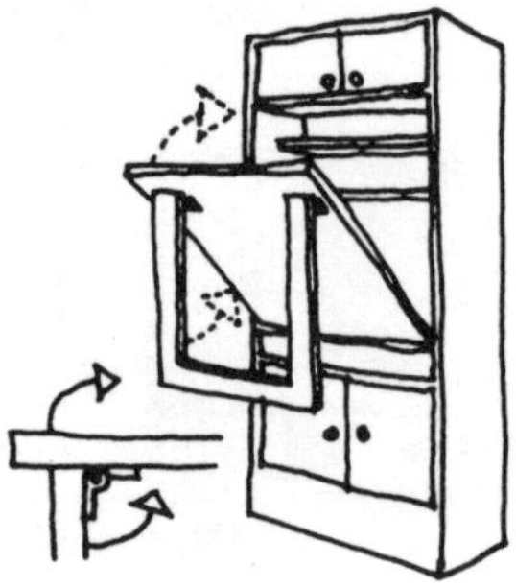

304

305

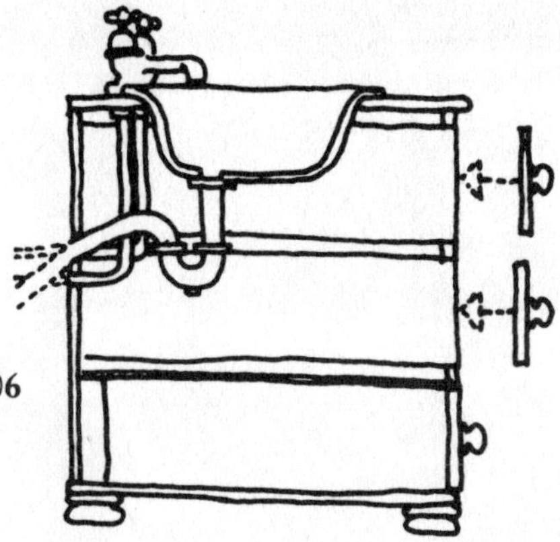

306

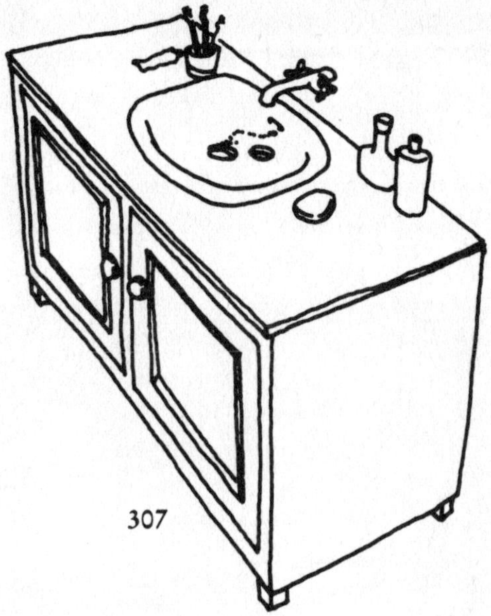

307

recht aufliegt (Abb. 304). Nach Gebrauch wird die Arbeitsplatte wieder hochgeklappt und spart auf diese Weise Platz in der Küche.
Die Platte kann bei Bedarf mit einem Reststück Kunststoffbeschichtung beklebt werden. Unser Regal bekam zum Schluß einen Außenanstrich aus himmelblauem Hochglanzlack, wie er in den Nachkriegsjahrzehnten Mode war.
Alte Möbel können sich gut für die Aufnahme von Waschbecken eignen, vor allem dann, wenn man das Badezimmer gern »historisch« einrichten möchte. Die Kommode in Abb. 305 dient als großzügige Beckeneinfassung in der passenden Höhe. Falls sie dennoch zu hoch ist, sägt man einfach die Füße ab.
Ein Teil des Schubladenraums geht für das Becken und den Siphon verloren. Bei den beiden oberen Schubladen des Mittelteils wurden Seitenteile, Rückwand und Boden entfernt, so daß nur noch die Vorderfront übrigblieb. Damit die Installationsleitungen jederzeit zugänglich bleiben, werden diese Schubladenblenden nicht fest mit der Kommode verleimt, sondern mit Federklemmen fixiert (Abb. 306). Die unterste Schublade, die Putzlappen, Scheuersand etc. aufnehmen kann, braucht nicht mehr herausgezogen zu werden, sondern ist von der mittleren Blende aus zugänglich, die einfach abgenommen wird.
Die Öffnung für das Waschbecken in der Auflage wird mit einer Stichsäge ausgeschnitten; mit einem großen Holzbohrer bohrt man die Löcher für die Kalt- und Warmwasserzuleitungen. Wem die möglicherweise noch sehr gut erhaltene Auflage dafür zu schade ist, der kann sie durch eine auf Form gesägte Fichten- oder eine Holzspanplatte mit Kunststoffbeschichtung ersetzen.
Das Holz wird durch einen zweifachen Anstrich mit PUR-Lack gegen Feuchtigkeit geschützt. Um das Eindringen von Wasser zu verhindern, werden die Fugen um Armatur und Becken mit einer Silikondichtmasse rundum ausgespritzt.
Abb. 307 zeigt eine einfachere Konstruktion mit einer zweitürigen Anrichte. Hier ist kein Umbau von Schubladen erforderlich, und auch Installationsarbeiten entfallen, da die Wasserzuleitung direkt aus der Wand kommt.
Verschönerungen der eigenen vier Wände sind zumeist auch eine Frage des Geldbeutels. Das folgende System ist schnell montiert, macht ein häßliches Badezimmer attraktiv und ist nicht mit hohen Kosten für neue Bauteile verbunden. Sein Grundprinzip sind zwei übereinanderliegende, rundumlaufende Regalbretter, die den Raum optisch größer machen und übersichtlich gestalten.
Billige und abgelagerte, nicht verzogene Fichtenbretter aus Abbruchhäusern werden mit einer — ausgeliehenen — Bandschleifmaschine abgeschliffen. Jeweils drei Bretter von 17,5 cm Breite werden mit einer Keilnut versehen und miteinander zu einem breiten Regalbrett verleimt.

308

Bis der Leim getrocknet ist, müssen die Bretter mit Schraubzwingen fest zusammengepreßt werden. Als seitliche Regalauflage werden Leisten 50 x 25 mm in der Wand verdübelt, auf die das Regalbrett mit Schrauben im Abstand von 30 cm aufgeschraubt wird. Zur Verstärkung werden an besonderen Belastungspunkten, z. B. links und rechts vom Waschbecken und der Wanne Hartholzquerleisten (50 x 25 mm) rechtwinklig an die Unterseite geleimt und geschraubt. Auf die Vorderkante der Bretter wird eine Blende (50 x 25 mm) geleimt und geschraubt, um die Stabilität zu erhöhen und das Aussehen zu verbessern.

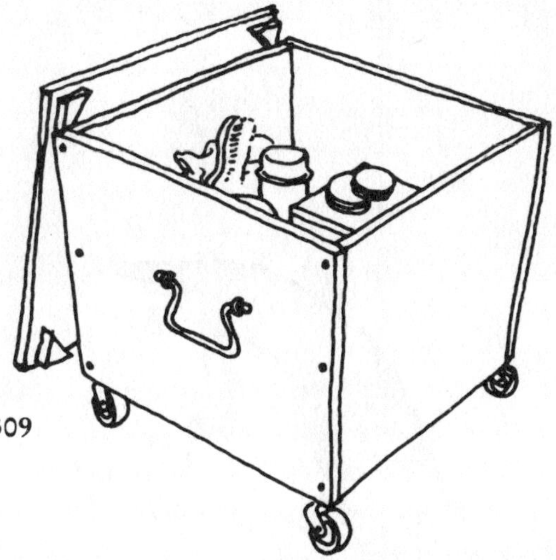

309

Ritzen zwischen Wand und Regal werden durch umlaufende Viertelstäbe verdeckt, die in die Bretter genagelt werden. Alle sonstigen Ritzen werden mit Dichtmasse ausgespritzt, und die Regalbretter erhalten einen dreifachen PUR-Anstrich als Schutz gegen die Feuchtigkeit. Ein Glanzlackanstrich der Rohrleitungen und der Außenseite der Badewanne hellt die Regalkonstruktion stärker auf.

Eine einfachere Abwandlung der Idee besteht im Bau von Lattenregalen mit einem Abstand von ca. 2 cm zwischen den einzelnen Brettern. Querlatten (50 x 25 mm) im Abstand von 30 cm halten das Regal von unten zusammen. In Abb. 310 wird das untere Regalbrett von zwei starken, in der Wand verdübelten Winkeleisen gehalten, die von einem alten gußeisernen Klosettspülkasten stammen. Die Oberseite des unteren und die Unterseite des oberen Re-

310

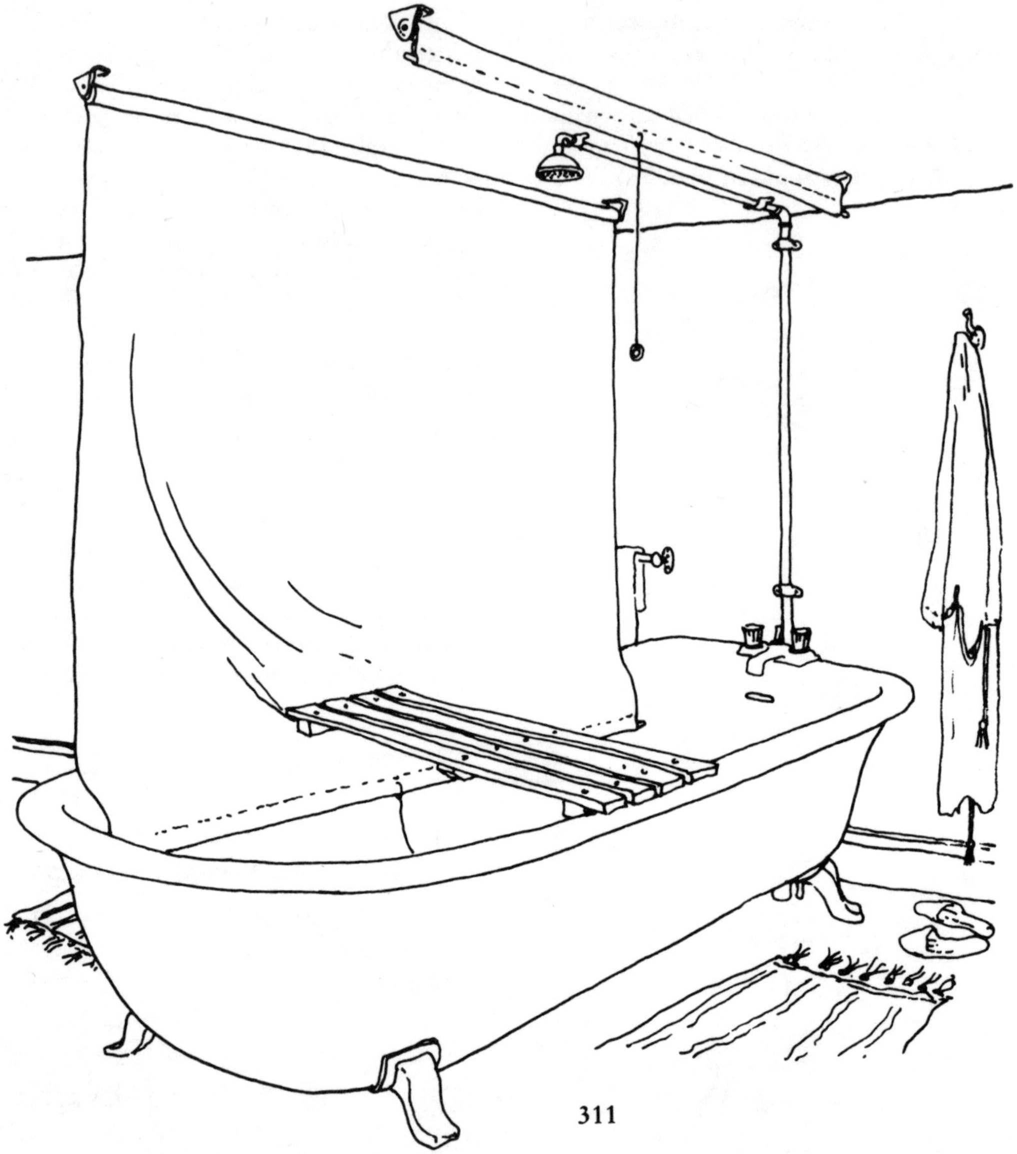

311

galbretts wurden in einem Abstand von je 30 cm angebohrt, um die Hartholzdübel aufzunehmen, auf denen das obere Regalbrett ruht.
Bei so ausgedehnten Holzarbeiten fallen immer wieder Holzabfälle an. Acht 35 cm lange Abfallstücke von Fichtenbrettern wurden als Seitenwände für die fahrbare Materialkiste in Abb. 47 zusammengeschraubt. Auf die Unterseite wurde eine 20 mm starke Furnierplatte von 20 x 20 cm genagelt, eine gleichgroße Platte dient als Deckel. Für dessen Sitz sorgen in den Ecken aufgeleimte Holzdreiecke. Vier Möbelrollen an der Unterseite vervollständigen die Konstruktion.
Duschen sparen Geld, weil man bei einem Vollbad mehr warmes Wasser benötigt. Aber es wird mehr Wasser im

Raum verspritzt, insbesondere wenn die Badewanne frei steht wie in Abb. 311. Wasserdichte Rollos schaffen hier Abhilfe (Abb. 311), während der auf die Wanne gelegte Lattenrost als Sitzfläche genutzt werden kann.
Man kann die Rollos auf die üblichen dafür vorgesehenen Holzstangen nageln, wenn sie durch einen Anstrich gegen die Feuchtigkeit geschützt sind. Die Stange wird in die normalen Rollobefestigungen eingehängt, die man fest in der Decke verankert. Damit der Vorhang flach herunterhängt, wird in den unteren Saum ein dünnes Kupferrohr eingenäht. In den Bauanleitungen für Rollos zum Selbermachen finden sich nähere Hinweise. Als Material für den Vorhang eignet sich helles Segeltuch oder verstärkte Plastikfolie, wie sie von Gebäudereinigungsfirmen zum Verhängen der Gerüste verwendet wird.
Der Sitzrost besteht aus vier Brettern 75 x 25 mm, die genau auf der Wanne aufliegen und einen Zwischenraum von jeweils 10 cm haben. Auf die Unterseite sind drei Querleisten 50 x 25 mm aus Hartholz geschraubt. Die beiden äußeren Querleisten sitzen genau am inneren Rand der Wanne und sorgen für festen Sitz. Alle Kanten sind mit Sandpapier abgerundet, um Beschädigungen des Vorhangs zu vermeiden.
Ist die Duschbrause an der Wand montiert, kann man den Sitzrost unmittelbar darunter auf zwei starke, in der Wand verankerte Winkeleisen schrauben.

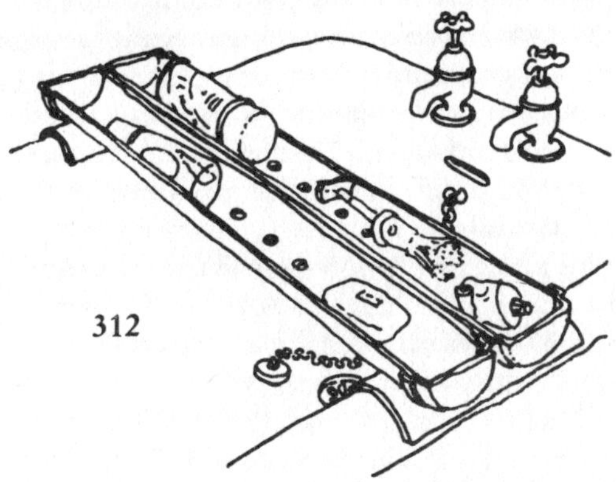

312

Die Ablage für Waschutensilien in Abb. 312 besteht aus Abfällen von Dachrinnen, die sich besonders gut für eine Verwendung in feuchter Umgebung eignen und mit einer Bügelsäge leicht auf die gewünschte Länge bringen lassen. Man braucht zwei Stücke, die voll auf der Wanne

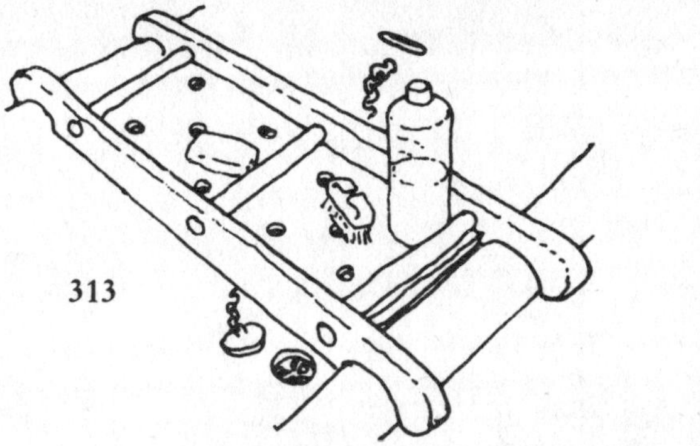

313

aufliegen und an den Enden mit im Handel erhältlichen Endböden versehen werden. Sie werden nun mit Styrolkleber auf zwei kurze Dachrinnenstücke geklebt, die umgekehrt auf dem Rand der Wanne aufliegen. Jede der beiden so entstandenen Ablagen erhält vier Abflußlöcher von 10 mm Durchmesser, deren Kanten noch mit Sandpapier geglättet werden.
Die Holme einer abgebrochenen Leiter, die so abgesägt wurden, daß sie bequem quer auf der Badewanne aufliegen, werden mit einer Stichsäge an den Enden der Form des Wannenrandes entsprechend eingesägt (Abb. 313). An die Unterseite dieses Leiterstücks wird ein Stück Furnierplatte von 12 mm Stärke geschraubt, in das man zuvor ebenfalls Abflußlöcher gebohrt hat. Schließlich wird die gesamte Ablage mehrfach mit einem Mattlack gegen Feuchtigkeit geschützt.
Abb. 314 zeigt ein besonders extremes Beispiel für Low Tech — ein Mülleimer bringt das Vergnügen der mobilen Dusche in Räume ohne Abwasserleitung. Wasser aufdrehen, reinsteigen, sich wohl fühlen. Das Wasser sammelt sich im Eimer und muß nach dem Duschen weggekippt werden. Die komplette Vorrichtung läßt sich auf engem Raum zusammenpacken (Abb. 316).
Zwischen den Duschanschluß der Mischbatterie und die Brause wird ein langes Stück Kunststoffschlauch montiert, der am oberen Ende durch ein Loch geführt wird, das man in den Gummideckel des Eimers gebohrt hat. Ein Duschvorhang aus Kunststoff, der etwa anderthalbmal so lang ist wie der Deckelumfang, wird mit groben Stichen an den Innenrand des Deckels genäht. Dieser hängt an einer »Spinne«, die ihrerseits in einen fest in der Decke verankerten Haken eingehängt wird. Die Gummizüge

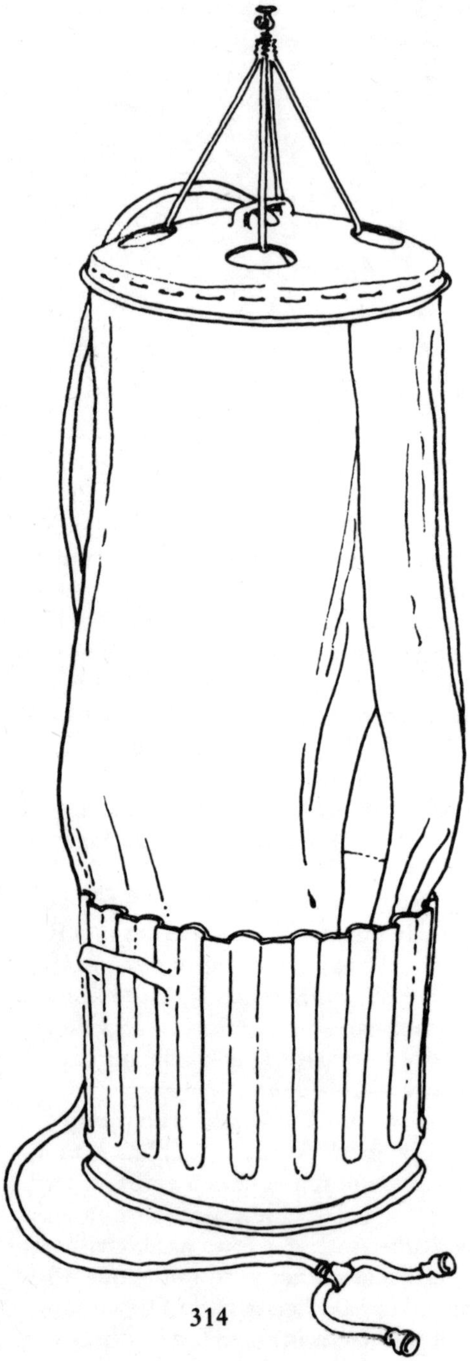

314

315

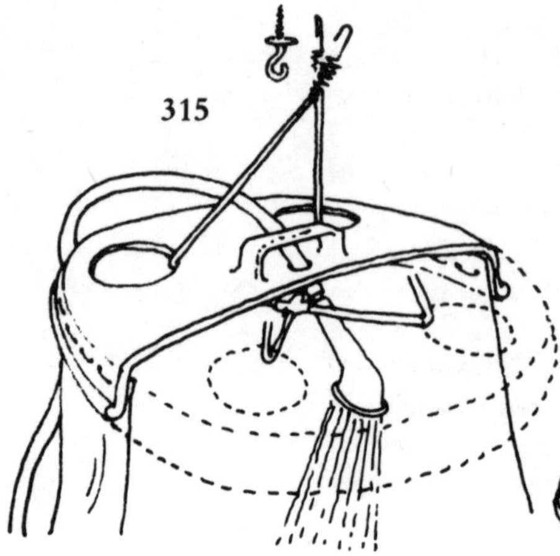

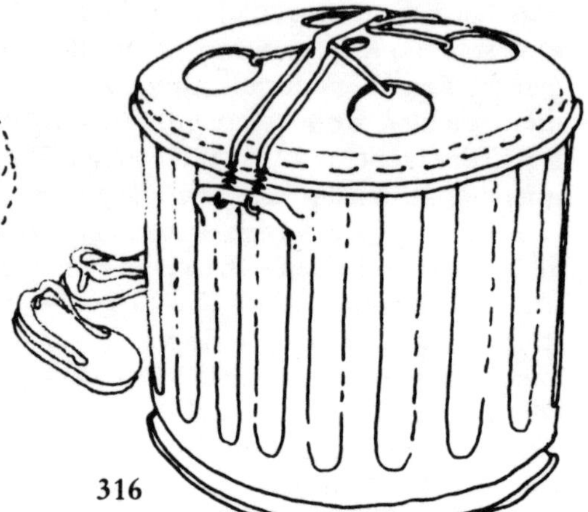

316

der Spinne werden durch vier Entlüftungslöcher gezogen, die man mit einem scharfen Messer in den Deckel geschnitten hat (Abb. 315).
Das Verbergen von billigen oder unschönen Materialien hinter einer luxuriösen Fassade ist eine jahrhundertealte Verkaufspraxis. In Abb. 317 wird dieses Prinzip mit großem Erfolg bei der Ausstattung eines Badezimmers angewendet, das dadurch sein langweiliges Äußeres gegen einen Hauch von strahlender Eleganz eintauscht und obendrein eine bessere Isolierung der Wanne erreicht.
Die Wanne wird außen mit Styropor verkleidet, das für zahlreiche Produkte als Verpackungsmaterial verwendet wird. Seine besonders guten Isoliereigenschaften wirken energiesparend, da das Badewasser länger warmgehalten wird. Die Lücken zwischen den Styroporformen werden mit Styroporkugeln oder -schnipseln ausgefüllt.
Um diese Isolierung zusammenzuhalten, wird die Wanne von einem leichten Holzrahmen (50 x 25 mm) umgeben, der an zwei Seiten mit Schrauben und Dübeln fest in der Wand und im Boden verankert und an der freien Ecke mit einem Brett von denselben Abmessungen wie der Rahmen auf dem Boden abgestützt wird. An den beiden freien Seiten der Wanne werden zwei bis zum Boden reichende Sperrholzplatten auf den Rahmen genagelt und unten mit einer Dreiecksleiste versehen.

317

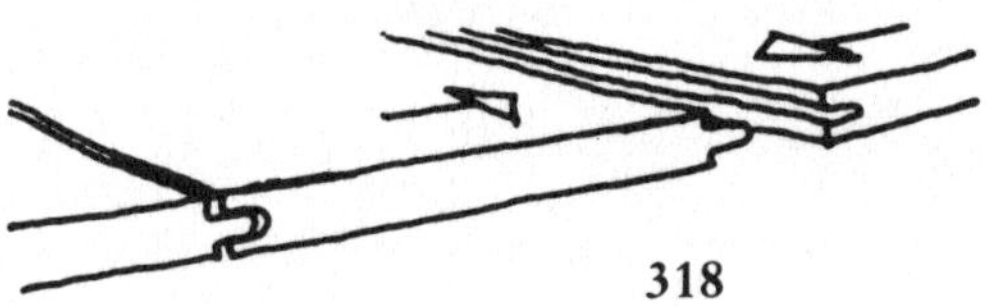

318

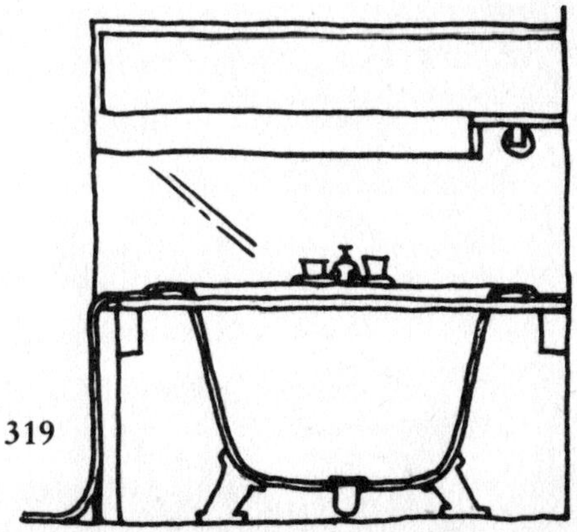

319

Für eine Auflage, die das Gewicht einer erwachsenen Person trägt, ist eine Holzspanplatte ungeeignet, außerdem verzieht sie sich in Feuchträumen sehr schnell. Hier nimmt man am besten Fußbodenbretter mit Nut und Feder (Abb. 318) und schützt sie mit einem Anstrich aus PUR-Lack gegen die Feuchtigkeit. Die Bretter lassen sich mit einer Stichsäge leicht der Form der Wanne anpassen. Der luxuriöse Hauch wird durch einen Teppich erreicht, der alle sichtbaren Holzflächen bedeckt (Abb. 319). Da er gegen Wasser unempfindlich sein muß, haben wir uns für einen Teppich aus Kunstgras entschieden, den wir am Ende einer Ausstellungsmesse an einem der Stände billig erstehen konnten.

Die mit einem Teppich bespannte Holzverkleidung kann man selbstverständlich auch ohne die Kunststoffisolierung zusammenbauen. Mit dieser Methode läßt sich das äußere Erscheinungsbild eines auch noch so häßlichen Badezimmers wesentlich verbessern.

Im Freien

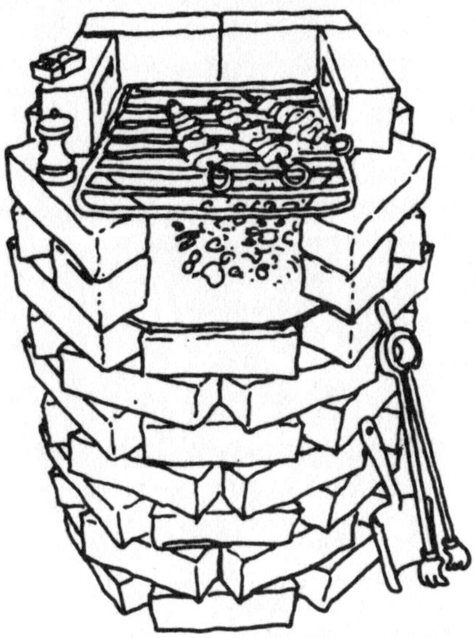

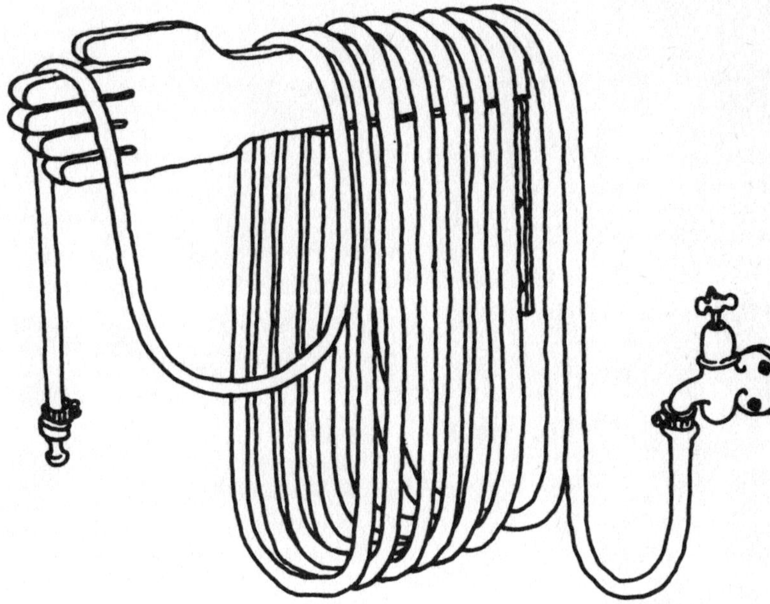

320

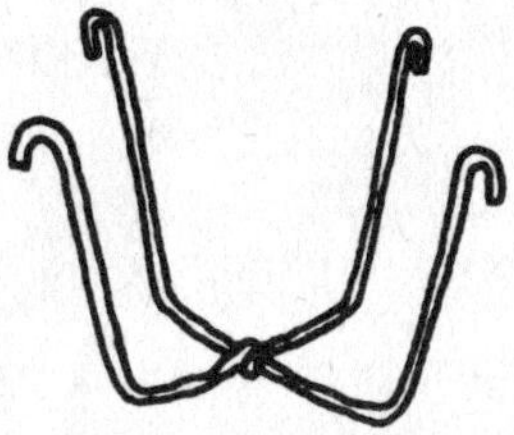
321

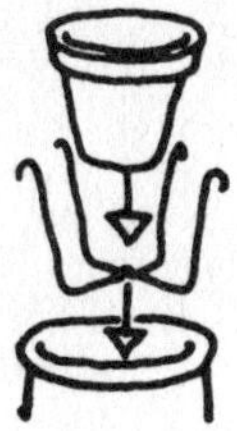
322

Die englischen Schornsteinaufsätze in Abb. 320 haben wir aus der Originalausgabe als Phantasieanreger übernommen. Ähnliche Rohrformen lassen sich auch bei uns finden. Abb. 321 und 322 zeigen die Halterung der Blumentöpfe.
Ein Grillherd für ein Gartenfest, der sich in einer halben Stunde aufbauen und noch schneller wieder abbauen läßt, ist in Abb. 323 wiedergegeben. Er kann aus neuen wie aus alten Ziegelsteinen errichtet werden und steht auf einer ebenen Holzschwarte von mindestens 60 x 60 cm.
Der niedrige Herd in Abb. 323 ist 64 cm hoch. Jede weitere Schicht (aus jeweils sechs Steinen) erhöht die Konstruktion um 7,1 cm. Für den abgebildeten Herd werden 58 Ziegelsteine benötigt; am besten besorgt man noch ein paar mehr, als Reserve für unebene oder zerbrochene Ziegel.
Man beachte die beiden halben Ziegelsteine in der zweiten Reihe von oben, links und rechts von der Herdöffnung, sowie die vier Steine, die oberhalb des Rosts als

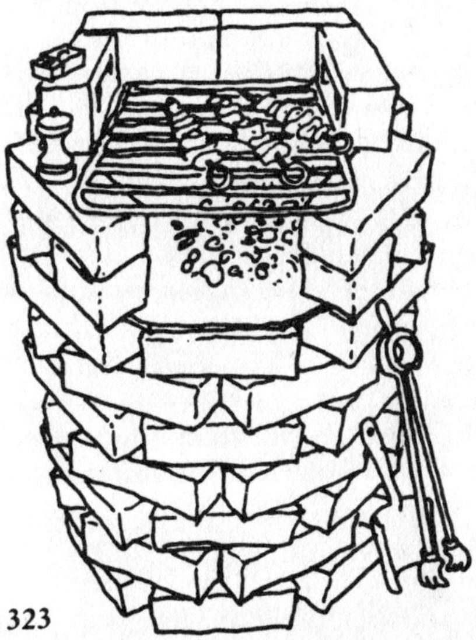
323

324

325

326

Windfang dienen. Der Rost selbst stammt aus dem Backofen eines normalen Küchenherds. Die Holzkohle liegt auf einem Blech, das mit einer Blechschere zugeschnitten wurde. Es wird einfach auf die siebte Ziegelschicht aufgelegt, bevor die beiden letzten Reihen »gesetzt« werden. Sobald die Holzkohle genügend Hitze entwickelt, läßt sich der Zug durch einen in die Öffnung gestellten Ziegel verringern.

Mahlzeiten im Freien können an dem »würzigen« Tisch in Abb. 324 eingenommen werden. Zwei bauchige Tonkrüge mit eingepflanzten Küchenkräutern werden in 1 m Abstand voneinander aufgestellt. Eine Furnierplatte wird mit einer Stichsäge auf die gewünschte Form geschnitten und mit zwei kreisrunden Löchern versehen, deren Durchmesser genau dem oberen Durchmesser der Krüge entspricht (Abb. 325). Der Plattenrand muß überall einen Mindestabstand von 15 cm zu den Krügen haben. Zum Schluß wird die Platte auf die beiden Krüge gelegt.

Einen schnell aufgebauten Tisch für ein Essen unter freiem Himmel zeigt Abb. 326. Die Tischplatte liegt auf zwei alten Nähmaschinengestellen, die natürlich für die am Tisch Sitzenden die ideale Höhe aufweisen.

Die Platte des abgebildeten Tisches ist aus Marmor und stammt von einer wurmzerfressenen Waschkommode. Sie hat den Vorteil einer wasserunempfindlichen Ober-

327

328

329

fläche und einer festen Auflage ohne zusätzliche Schraubarbeiten. Eine Tischplatte aus Holz würde erst einen Schutzanstrich benötigen, um der Witterung zu trotzen. Blumentöpfe, die von Gärtnereien angeboten werden, können sehr teuer sein. Hohe Kosten zwingen den Anhänger von Low Tech zum Handeln. Überall in der westlichen Welt haben findige Hobbygärtner preiswertere Alternativen entdeckt, die denselben Zweck erfüllen. Einige besonders gelungene und dekorative Lösungen werden hier vorgeführt.
Der an der Mauer befestigte Behälter aus Abb. 327 hat früher als Grasfangkorb eines Rasenmähers gedient. In halber Höhe erhält er vorn und hinten je ein Loch von 6 mm Durchmesser als Wasserabfluß. Damit soll verhindert werden, daß der Behälter randvoll mit Wasser steht; statt dessen kann sich das Wasser in der unteren Hälfte sammeln und als Reserve für trockene Zeiten dienen. Der Behälter wird mit kräftigen Mauerhaken befestigt, die mindestens 50 mm tief im Mauerwerk stecken.
Die halben Bierfässer in Abb. 328 kommen ohne Befestigung aus. Obgleich die traditionellen Holzfässer der Brauereien inzwischen weitgehend durch Aluminiumfässer verdrängt wurden, kann man noch gebrauchte Fässer in Böttchereien bekommen. Böttcher findet man auch unter der Bezeichnung »Küfer« im Branchenverzeichnis. Beim Kauf ist vor allem darauf zu achten, daß die Reifen nicht verrostet sind und daß sie fest sitzen.

Auch in ehemaligen, hübsch angestrichenen Farbeimern, die an einer Mauer befestigt werden, kann man Grünpflanzen ziehen (Abb. 329). Der erste hängt an einem Metallwinkel, der zweite wird von einem Mauerhaken gehalten, der durch die Eimerwand getrieben wurde. 7,5 cm über dem Boden werden je drei Löcher für den Wasserabfluß gebohrt.
Auch Abfalleimer eignen sich als dekorative Blumenbehälter (Abb. 330, ein englisches Beispiel). Man bekommt sie bei Industriebedarfsfirmen. Es gibt zwar äußerliche Unterschiede zwischen den einzelnen Modellen, doch werden sie im allgemeinen mit zwei Wandhaken, die 1 cm weit vorstehen, befestigt.

Die verschiedenen Verbindungsstücke eines häuslichen Abwassersystems, für die Küche wie fürs Klo, können ebenfalls im Garten Verwendung finden. Gebrauchte Rohre sind ungeeignet; am besten sieht man sich um, wo gerade neue Leitungen verlegt werden. Angebrochene Rohrstücke wandern auf den Schuttplatz, und vielleicht bekommt man über den Polier solche Stücke für wenig Geld.

Rohrstücke von einem Meter Durchmesser sind aus Beton und überraschend schwer – man braucht muskelstarke Freunde und einen Transporter, um sie in den Garten zu schaffen (Abb. 331). Diese Rohre lassen sich ineinanderstecken, so daß man die Höhe variieren kann.

Ein Farbanstrich verschönert das Aussehen von Beton. Am besten eignet sich Binderfarbe für Außenflächen oder eine Maueranstrichfarbe.

Alte Badewannen werden beim Abreißen oder Modernisieren von Häusern meistens zum Schrotthändler gebracht. Der Wannenabfluß dient als Entwässerung. Bevor man die Wanne mit Erde füllt, legt man ein paar Steinbrocken über den Abfluß, damit er nicht durch die Erde verstopft werden kann (Abb. 333).

Die bescheidene Kloschüssel in Abb. 332 läßt sich in derselben Weise verschönern wie die Spüleneinsätze in Abb. 334–336, die nach einer entsprechenden Behandlung das Aussehen alter Steintröge annehmen. Zuerst wird die Oberfläche mit einem Industriekleber bestrichen. Nachdem dieser leicht angezogen hat, wird darauf eine Mischung aus je einem Drittel Zement, Sand und Torf aufgebracht. Beim Baustoffhändler nach einem geplatzten Sack Zement fragen – er ist billiger.

330

331

332

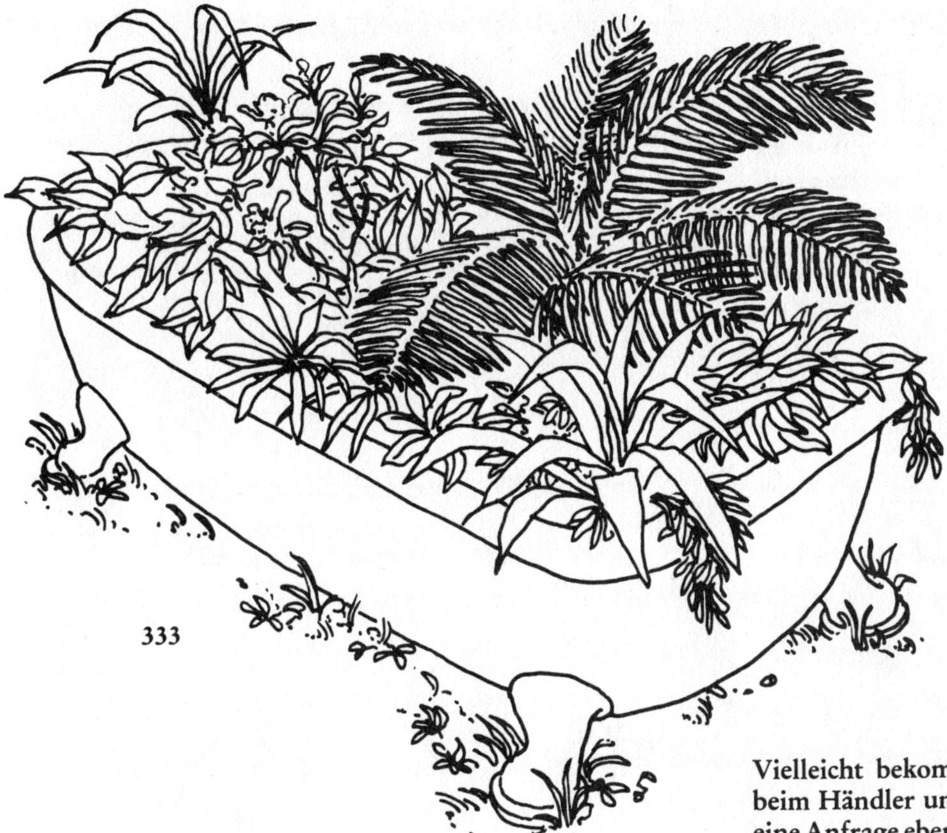

333

334

335

336

Jahr für Jahr werden Millionen Autoreifen auf den Straßen dieser Welt verschlissen und weggeworfen. Diese Halden von ausrangiertem Gummi sind zu einer wertvollen Lieferquelle der Low-Tech-Anhänger geworden. Marokkanische Schuster fertigen aus ihnen Sohlen für Sandalen, afrikanische Handwerker nähen Streifen aus Autoreifen zu Wasserbehältern zusammen, französische Winzer verbrennen sie in ihren Weingärten, um die Rebstöcke gegen Frost zu schützen. Und heute werden dank moderner Technologien Autoreifen in den Belag der Straßen eingearbeitet, auf denen sie sich abgenutzt haben.

Vielleicht bekommt man ein paar abgefahrene Reifen beim Händler umsonst; beim Schrotthändler lohnt sich eine Anfrage ebenfalls, vor allem nach Reifen, die absolut nicht mehr verkehrstauglich sind. Man erkennt sie an Ausbuchtungen der Karkasse, Rissen im Gummi, ungleichmäßig abgefahrenem Profil und abgenutzten Seitenflächen.

Für den Blumentopf in Abb. 337 wurde ein Autoreifen samt Felge von einem Schrottauto abmontiert. Der Reifen wurde mit einer feinzahnigen Holzsäge der Länge nach aufgeschnitten. Völlig heruntergefahrene Reifen lassen sich mit einem einfachen Allzweckmesser durchschneiden, während man für Stahlgürtelreifen eine Eisensäge braucht. Die beiden Wulstbänder werden anschließend nach außen gefaltet (Abb. 338). Sie werden von sich aus etwa die abgebildete Form behalten, obgleich man zunächst etwas herumprobieren muß, bis man mit der Form zufrieden ist.

Die ersten Versuche sollte man mit Pkw-Reifen anstellen, die leicht zu besorgen sind. Große Lkw-Reifen ergeben zwar größere Flächen zum Bepflanzen, sind jedoch kaum in der beschriebenen Weise hochzubiegen. Ganz große Reifen nimmt man am besten für so einfache Zwecke wie den Sandspielplatz in Abb. 343.
Man braucht den Reifen nicht unbedingt entlang der Mittellinie aufzuschneiden. Wenn man ihn näher am Rand aufschneidet wie in Abb. 339, erhält man einen kleineren Sockel und eine größere Fläche für die Grünpflanzen.
Die Bolzenlöcher in der Felge sorgen für den Wasserabfluß. Sie sollten mit ein paar Tonscherben bedeckt werden, bevor man die Erde einfüllt.

Langweilige schwarze Gummireifen lassen sich mit einem Farbanstrich lebendig gestalten. In Autozubehörgeschäften gibt es Farben auf Kautschukbasis zur Verzierung der Reifenwände; auch Silberbronze eignet sich gut.

338

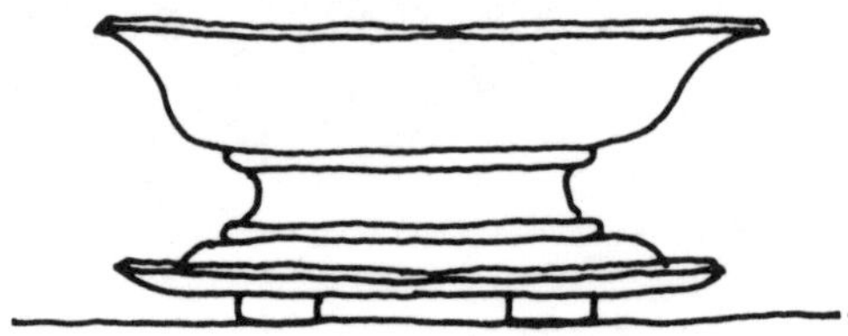
339

337

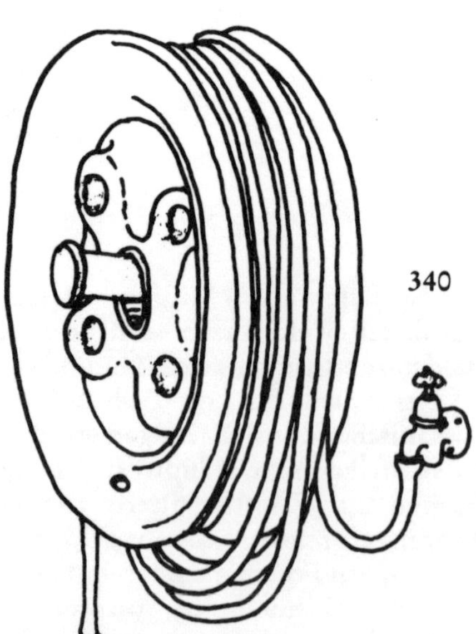
340

342

341

Eine Autofelge wird an eine Wand in der Nähe des Gartenschlauchs montiert und dient als Schlauchtrommel (Abb. 340). Damit sich die Trommel frei drehen kann, sitzt sie auf einem in die Wand zementierten Metallrohr, das nach dem Aufstecken der Felge mit einem Flansch versehen wird, so daß sie nicht über das Rohr rutschen kann.

Man kann auch mehrere Reifen aufeinandertürmen und einfach mit Erde füllen (Abb. 341). Zusätzliche Stabilität wird erreicht, wenn man die Reifen zuvor an drei Stellen so durchbohrt, daß man anschließend Eisenstäbe hindurchstecken und in den Boden rammen kann.
Mit alten Autoreifen läßt sich eine billige, dauerhafte, wirksame und mörtellose Mauer in kurzer Zeit auf- und auch wieder abbauen. Diese Mauer bietet einen wirksamen Schutz gegen Lärm oder wandernden Sand. Man legt die Reifen zunächst mit einem geringen Abstand nebeneinander und vergrößert ihn bei jeder weiteren Schicht, indem man bei jeder neuen Reihe mindestens einen Reifen weniger nimmt.
Wer viele alte Reifen zur Verfügung hat, kann damit eine Art Mauergarten anlegen wie in Abb. 342.
Wenn der Stiel eines Spatens oder einer Forke abbricht, braucht man ihn deshalb noch nicht wegzuwerfen. Man kann daraus eine bewegliche Ablage für Gummihandschuhe, Schere und andere kleine Dinge machen, die bei der Arbeit im Garten benötigt werden (Abb. 344). Das

343

untere Ende wird angespitzt, so daß der Stiel senkrecht in die Erde gesteckt werden kann – was ihn übrigens auch als Pflanzholz geeignet macht, wenn im Frühjahr Blumenzwiebeln gesteckt werden müssen.
Man nehme zwei leere Konservendosen, schlage knapp unterhalb der Umrandung mit einem Nagel je ein Loch in das Blech und verschraube die Dosen durch diese Löcher

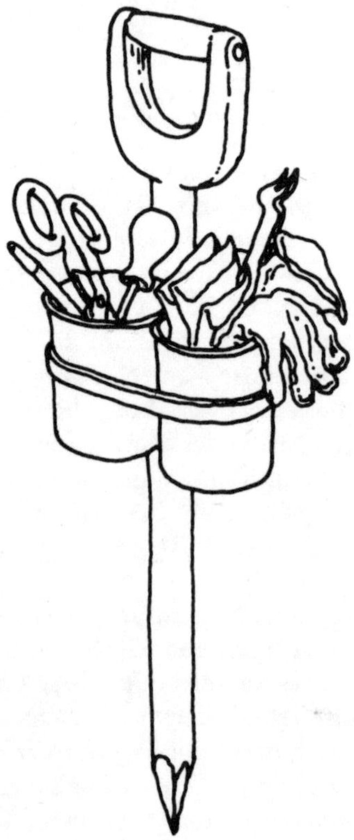

344

mit dem Stiel. Ein Gummiring, der um die beiden Dosen geschlungen wird, sorgt für festen Sitz.
Die Gartenschlauchaufhängung in Form einer helfenden Hand (Abb. 345) soll verhindern, daß man über einen heimtückischen Schlauch stolpert, der im Gras liegengeblieben ist.
Die Hand wird auf einen starren Metallwinkel aufgeschraubt (Abb. 346), der in der Nähe des Wasserhahns in der Wand verankert ist. Die Hand sägt man mit einer elektrischen Stichsäge aus einem Holzrest aus, grundiert sie und versieht sie mit einem dekorativen Farbanstrich als Schutz gegen Witterungseinflüsse.
Gartenwerkzeuge kann man in einer tragbaren Holzkiste unterbringen, die sich leicht zusammenbauen läßt (Abb. 347). Die mittlere Trennwand, die zugleich als Handgriff dient, wird aus 25 mm starker Furnierplatte ausgesägt.
An den Stellen, an denen die Trennwand in der Kiste sitzen soll, wird sie mit Holzleim bestrichen. Die Trennwand sollte möglichst genau in der Mitte sitzen. An den beiden Seiten wird sie mit je drei 40 mm langen Nägeln oder Schrauben fixiert (Abb. 348 und 349).
Wenn alle Setzlinge eingepflanzt sind, können sich die Gärtner bei einer Partie Dame erholen, die mit leeren Blumentöpfen als Spielsteinen auf der Terrasse gespielt wird (Abb. 350).
Überdimensionale Schachspiele mit zum Teil lebensgroßen Schachfiguren gibt es in vielen Parks und auf öffentlichen Plätzen Europas. Damesteine lassen sich leichter improvisieren; es kommt nur darauf an, daß die zwölf »Steine« eines Spielers von denen seines Gegenübers farblich unterschieden sind. Blumentöpfe streicht man zweckmäßig mit wetterfester Binderfarbe.
Die Felder eines Schachbretts sind normalerweise schwarz und weiß, aber für die meisten Gärten sind andere Kombinationen denkbar und vorzuziehen.
Das quadratische Spielfeld besteht aus 8 x 8 Bodenplatten von 30 cm Kantenlänge. Man bekommt sie preiswert im Gartenzentrum. Noch billiger ist es allerdings, sie selbst herzustellen. Wie man das macht, wird unter »Betonplatten« beschrieben.
Die Platten sind aus Beton, in den eine besondere Betonfarbe eingerührt wird. Wer ein weiß-grünes Spielfeld möchte, kann statt grüner Bodenplatten auch Erde nehmen und darin Gras aussäen.
Wer auf ein besonders haltbares Spielfeld Wert legt,

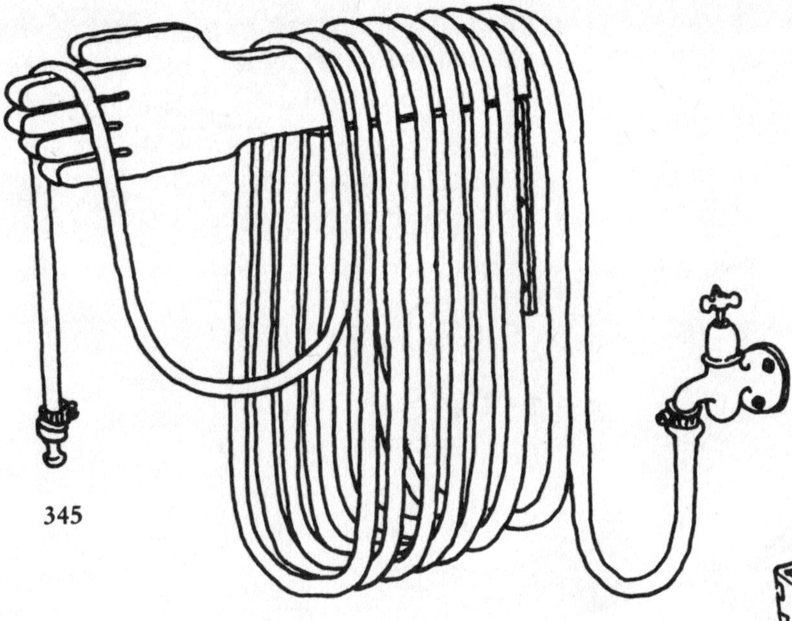

345

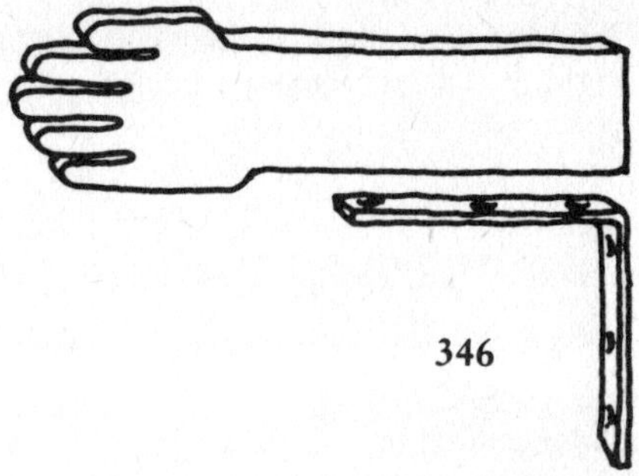

346

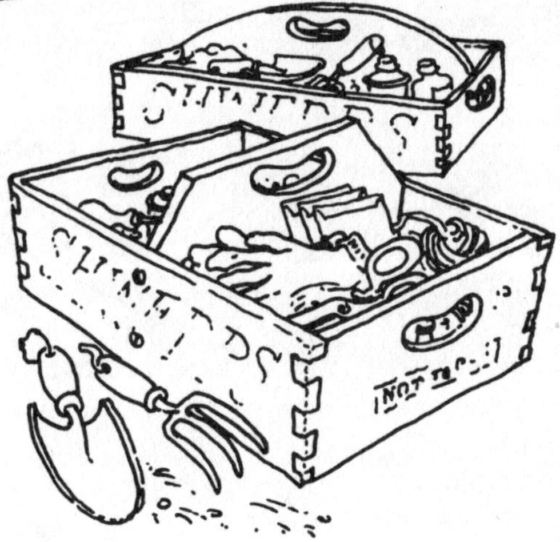

347

bringt auf dem sorgfältig planierten Untergrund eine 7,5 cm hohe Schicht Grobkies und darüber eine 5 cm hohe Schicht Sand auf. Es geht aber auch so. In die Ritzen zwischen den Platten kann man etwas Mutterboden kehren, so daß kleine Pflänzchen sprießen.
Wenn man Bodenplatten übrig hat, kann man diese zu einem niedrigen Tisch auf der Veranda stapeln (Abb. 351). Der Tisch läßt sich in Höhe und Form beliebig variieren. Modernisten werden vielleicht eine der Ecken höher bauen oder sich einen derartigen Tisch wegen seines kahlen Äußeren sogar ins eigene Zimmer stellen.
Ein etwas freundlicheres Aussehen der Konstruktion läßt sich erreichen, indem man auf die Plattenstapel eine Furnier- oder Massivholzplatte legt.

Obgleich die Regierungen mancher Länder die Herstellung von Einwegflaschen verboten haben, stellen unerwünschte Leergutflaschen noch immer ein weltweites Problem dar. Eine mögliche Lösung besteht darin, Wegwerfflaschen in Mauern einzuarbeiten. Wer die hierfür benötigten Flaschen nicht selbst leer trinkt, kann sich an die nächstgelegenen Restaurants wenden.

In Betonmauern flach eingelegte Flaschen sparen Beton (Abb. 352). Dies ist die Low-Tech-Variante der in den 30er Jahren modernen Mauern aus Glasbausteinen.
Damit die Flaschen fest im Beton liegen, darf er nicht zu grob und nicht zu trocken sein. Das Mischungsverhältnis beträgt ein Teil Zement, sechs Teile Sand und drei Teile

348

349

351

350

352

Grobkies. Umgedrehte und unterhalb des Halses abgeschnittene Flaschen auf der Mauerkrone können als kleine Blumentöpfe dienen. Wenn man bei den in die Mauer eingelegten Flaschen ebenfalls die Hälse abschneidet gelangt mehr Licht durch die Mauer.
Wer mit solchen abgeschnittenen Flaschen arbeitet, sollte unbedingt lederne Arbeitshandschuhe tragen.
Umweltschützer, die einen Kampf gegen die Einwegflasche führen, prangern auch die rücksichtslose Zerstörung unserer Wälder an. Wenn ein alter Baum im Garten aus Sicherheitsgründen gefällt werden muß, kann er trotzdem noch zur Zierde des Gartens dienen. Abb. 353 zeigt, wie 5 cm starke Scheiben eines Baumstamms auf einer festgestampften Schicht aus Grobsand als Befestigung für einen Gartenweg dienen. Besonders hübsch wirkt Moos, das zwischen den Scheiben wächst. Aber Vorsicht: bei Regenwetter ist das Holz sehr glitschig.
Prinzipiell besteht die Möglichkeit, einen Baumstamm bei einer Holzhandlung zersägen zu lassen, allerdings gibt es dabei das Transportproblem. Da man den Stamm für den Transport zweckmäßigerweise in handlichere Stücke zersägen muß, wofür man am besten eine Kettensäge ausleiht, kann man die Arbeit auch gleich selbst ganz erledigen. Die leeren Flächen zwischen den großen Scheiben kann man mit Erde füllen und begrünen, oder man sägt hierfür aus den Ästen passende Scheiben.

353

Techniken + Werkzeuge

Profilleisten

Exakte Sägearbeiten und Holzverbindungen erfordern das Können des Handwerkers, über das die meisten Schnellbastler nicht verfügen. Unsaubere Kanten und Abschlüsse lassen sich häufig mit einer aufgenagelten Leiste verblenden. Solche Leisten gibt es in jeder Holzhandlung in den unterschiedlichsten Ausführungen. Einige der häufigsten Leistenprofile haben wir im folgenden zusammengestellt.

Leisten werden normalerweise an Ort und Stelle geleimt und genagelt; dafür eignet sich am besten weißer Holzleim. Für Feuchträume empfehlen sich Epoxydharzleime. Nägel nach dem Einschlagen versenken, Löcher mit Holzspachtel füllen.

Außer Holzleisten gibt es auch zahlreiche Aluminiumleistenprofile im Fachhandel.

Viertelstab (Abb. 354) – zum Verdecken von Ritzen bei winkligen Anschlüsse, z. B. zwischen Arbeitsplatte und Wand.

Hohlkehlleiste oder gekehlter Viertelstab (Abb. 355) – dekorative Alternative zum Viertelstab.

Dreikantleiste (Abb. 356) – ebenfalls Alternative zum Viertelstab.

Halbrundstab (Abb. 357) – zum Verblenden einer stumpfen Stoßverbindung zweier Platten etc.

Deckleiste (Abb. 358) – Alternative zum Halbrundstab.

Profilleisten (Abb. 359 und 360) – Alternativen zum Halbrundstab.

Winkelleisten, einfach und profiliert (Abb. 361 und 362) – zur Verblendung außenliegender Kanten.

Nutleiste (Abb. 363) – als Führung für Schiebetüren aus Glas oder Holz. Es gibt auch Leisten mit doppelter Nut.

Gefälzter Halbrundstab (Abb. 364) – beliebter Abschluß bei Paneelen.

Gefälzte Bilderleisten (Abb. 365 und 366) – auch als Zierblenden zu verwenden.

Glasleiste (Abb. 367) – zur Fixierung von Glas in einem Rahmen.

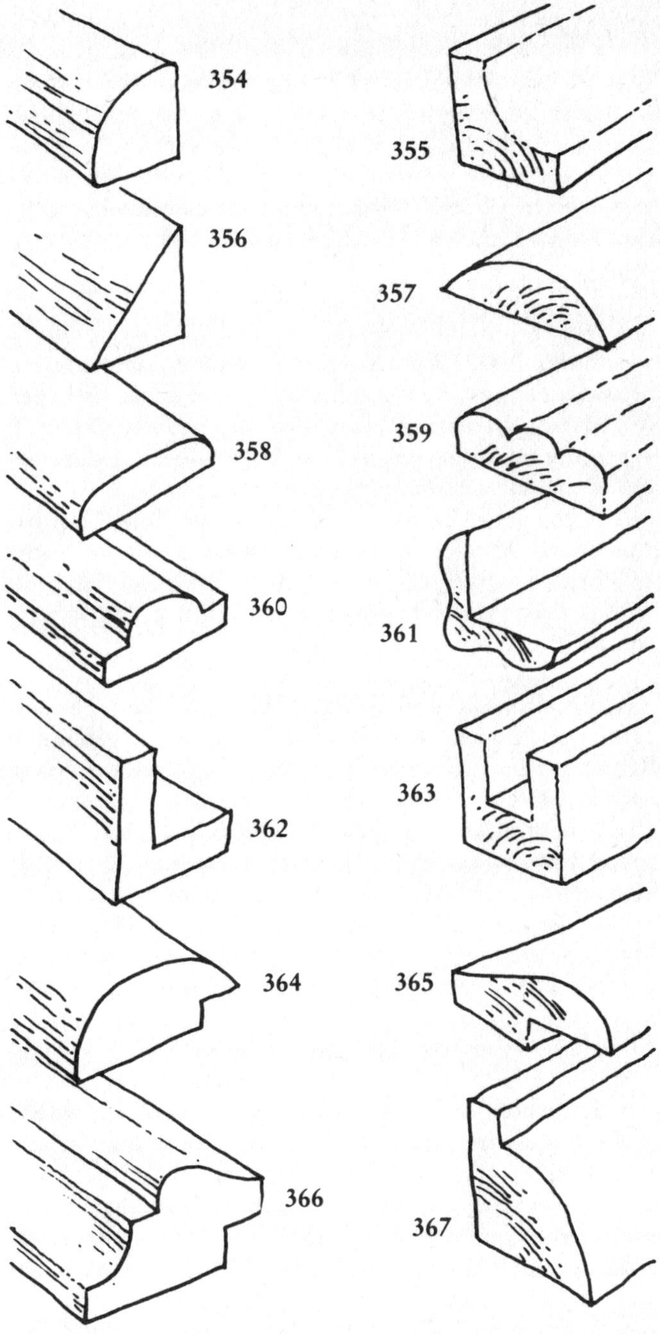

354 355 356 357 358 359 360 361 362 363 364 365 366 367

Holz

Das traditionelle Material Holz sieht immer wieder gut aus, wird jedoch von Jahr zu Jahr teurer. Auch für Abfallholz muß man heute tief in die Tasche greifen. Wer sich gezwungen sieht, neues Holz zu kaufen, sollte Weichholz (aus immergrünen Nadelbäumen) statt teurem Hartholz (aus Laubbäumen wie Eiche, Buche oder Mahagoni) nehmen.
Bretter (10—35 mm stark) und Bohlen (40—100 mm stark) aus Weichholz sind in Stärken von 12—50 mm und in einer Breite bis 22,5 cm vorrätig; größere Abmessungen müssen erst bestellt werden. Aufpassen: diese Maße gelten für ungehobeltes Holz, so daß für gehobeltes Holz etwa 5 mm in Abzug gebracht werden müssen. Kein rissiges, feuchtes oder astreiches Holz nehmen.
In Platten geliefertes Material wie Furnierholz, Tischler- und Spanplatten bietet die Möglichkeit, große und ebene Flächen in kurzer Zeit aufzubauen und dabei den Zeit- und Arbeitsaufwand zu sparen, der mit der Verbindung schmaler Bretter verknüpft ist.
Sperrholz gibt es in Deutschland als Furnier- und als Tischlerplatten. *Furnierplatten* (Abb. 368) bestehen aus einer ungeraden Anzahl von aufeinandergeleimten Schälfurnieren. Die beiden äußeren Furniere werden in möglichst fehlerfreiem und dekorativem Furnier, z. B. Birke oder Kiefer, hergestellt. Die Stärke der Platten reicht von 4—12 mm, ihre Länge von 1250—3050 mm, die Breite von 1250—1830 mm. Furnierplatte ist nach allen Richtungen hin gleich belastbar, so daß beim Sägen nicht besonders auf den Faserverlauf geachtet werden muß.
Tischlerplatten (Abb. 369) bestehen aus einer relativ starken Mittellage und zwei äußeren Sperrfurnieren. Bei der Mittellage wird nochmals unterschieden zwischen Stab- oder Blockplatte und Stäbchenplatte. Die letztere ist teurer, dafür stabiler. Die Mittellage der Blockplatte besteht aus miteinander verleimten Leisten von quadratischem Querschnitt. Tischlerplatten werden in Stärken von 13—38 mm hergestellt; wählen kann man außerdem zwischen drei Längen von 1530, 1730 und 1830 mm und zwei Breiten von 4600 und 5100 mm. Tischlerplatten sehen hübsch aus, lassen sich verhältnismäßig leicht verarbeiten und werden deshalb häufig für Regale etc. verwendet.
Holz- oder Preßspanplatten (Abb. 370) sind billiger als Furnier- oder Tischlerplatten, aber weniger tragfähig. Je nach Anordnung des Spanmaterials unterscheidet man Einschicht-, Dreischicht- und Fünfschichtplatten. Diese Platten werden aus Holzspänen und Kunstharzbindemitteln unter Preßdruck hergestellt. An den Kanten sind sie ziemlich spröde. Leichte Holzspanplatten (20 mm stark) werden in den Abmessungen 250 x 125 cm geliefert. Die Stärke der normalen Holzspanplatten reicht von 6—38 mm, die Länge von 175—450 cm, die Breite von 125—175 cm. Außerdem gibt es Holzspanplatten mit aufgeleimten Kunststoff- und Furnierschichten. Die rohen Kanten können mit Furnier- oder Kunststoffband beklebt werden oder eine Hartholzblende erhalten.
Furnierte Holzspanplatten nur mit Feinsäge schneiden. Während des Sägens ist auf eine beidseitige feste Auflage der Platte zu achten, damit das Holz auf den letzten Zentimetern nicht durchbricht.
Holzfaserplatten werden aus einer Holzfasermasse mit Phenol- oder Kresolharzen als Bindemittel hergestellt, die je nach Verwendungszweck anschließend getrocknet (Dämmplatten) oder gepreßt wird (Hartplatten). Holzfaserdämmplatten gibt es in Stärken von 6—25 mm, in Breiten von 91—300 cm und in Längen von 200—400 cm. Holzfaserhartplatten gibt es in Stärken von 2—6 mm, Breiten von 100—200 cm und in Längen von 200—600 cm.

368

369

370

Hartplatten werden häufig für die Rückwand von Möbeln benutzt und können auch als billiger Fußbodenbelag auf unebenem und undichtem Fußboden verlegt werden. Es empfiehlt sich in diesem Fall, die Platten vor dem Verlegen mit Wasser zu besprühen und einige Tage liegen zu lassen, um sie an die Raumtemperatur anzupassen. Durchbrochene und bemalte Hartfaserplatten können auch zu dekorativen Zwecken verwendet werden (Abb. 371).

371

Sägearbeiten

Wenn das Sägen mit der Handsäge zu anstrengend ist, ist möglicherweise die Säge stumpf. In diesem Fall empfiehlt es sich, sie vom Fachmann schärfen und die Zähne neu schränken zu lassen – das kostet wenig, und den Erfolg bekommt man unmittelbar zu spüren.
Um ein unerwünschtes Splittern des Holzes an der Schnittkante zu vermeiden, legt man beim Sägen mit der Handsäge die spätere Sichtfläche nach oben, beim Sägen mit einer Stich- oder einer Kreissäge hingegen nach unten. Auf beidseitige Auflage des Schnittguts achten, damit es nicht auf den letzten Zentimetern durchbricht.

Verbindungen

Der Schnellbastler baut feste Verbindungen, ohne auf die komplizierten Konstruktionen zurückzugreifen, wie sie von ausgebufften Möbeltischlern bevorzugt werden.
Der *stumpfe Stoß* (Abb. 372) ist die einfachste Holzverbindung. Die zu verbindenden Holzteile erhalten an der Stoßstelle einen Holzleimauftrag und werden durch Nägel oder Schrauben verbunden. Darauf achten, daß die gestoßenen Flächen nicht klaffen.

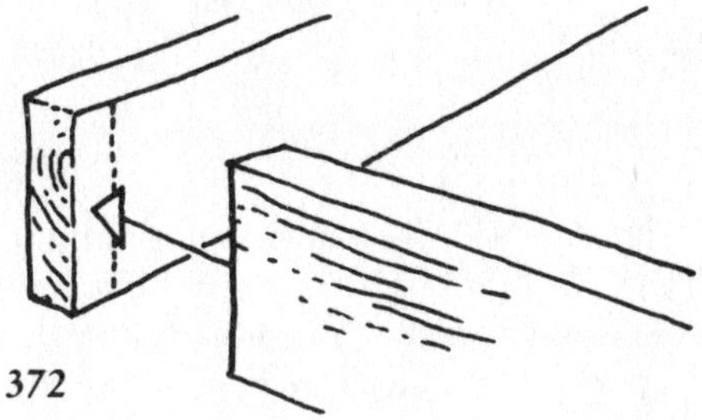

372

Eine *Dübelverbindung* (Abb. 373) entspricht dem stumpfen Stoß, nur daß hier die beiden Teile nicht mit Nägeln oder Schrauben, sondern mit Holzdübeln verbunden werden. Dazu bringt man beide Teile in ihre spätere Lage und bohrt für die Dübel zwei Löcher. Die Dübel werden mit Holzleim verschmiert und mit einem Hammer in die Löcher getrieben.

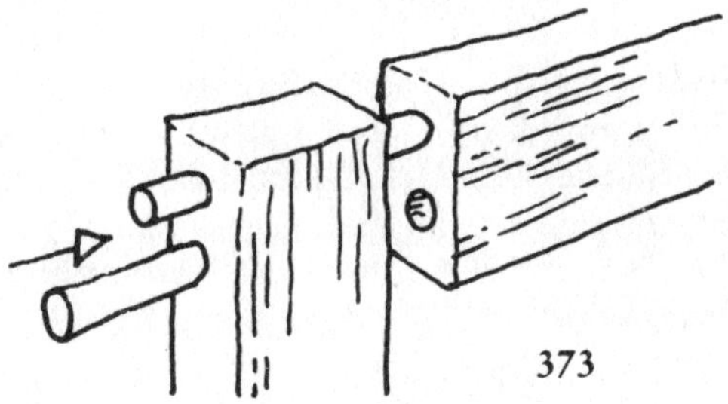

373

Eine *Verbindung mit Nuten und loser Feder* ist in Abb. 374 wiedergegeben. Sie eignet sich besonders für die Verbindung langer Bretter, wenn man beispielsweise eine Arbeitsplatte aus Einzelbrettern zusammenleimen möchte. Für diese Arbeit sollte man sich unbedingt eine elektrische Fräse besorgen, mit der man in die zu verbindenden Seiten eine 20 mm tiefe Nut fräst. Eine Feder von 7 mm Stärke und 32 mm Breite (ein einfacher Hartholzstreifen) wird mit Leim bestrichen und in eine der beiden Nuten geschoben; das hervorstehende Stück wird von der Nut des nächsten Bretts aufgenommen usw.

374

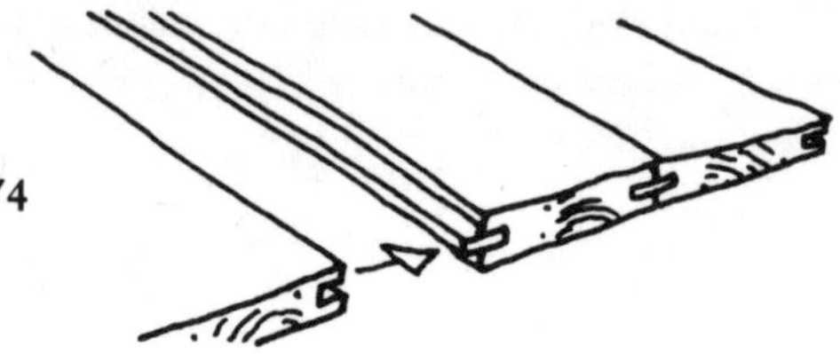

Abb. 375 zeigt eine weitere Verbindung von Holzleisten oder -brettern, bei der diese mit einer Stichsäge je zur Hälfte ausgeklinkt werden. Zu diesem Zweck wird das Brett einfach zweimal eingesägt und mit einem Stemmeisen das abfallende Holz entfernt.

375

Eine *Überblattung* (Abb. 376) ist eine einfache Form der kreuzweisen Verbindung zweier flacher Bretter. Diese werden jeweils in der Breite des Gegenstücks bis zur Hälfte mit einer Feinsäge eingesägt, das abfallende Holz wird ausgestemmt. Anschließend wird die Verbindung verleimt und vernagelt.

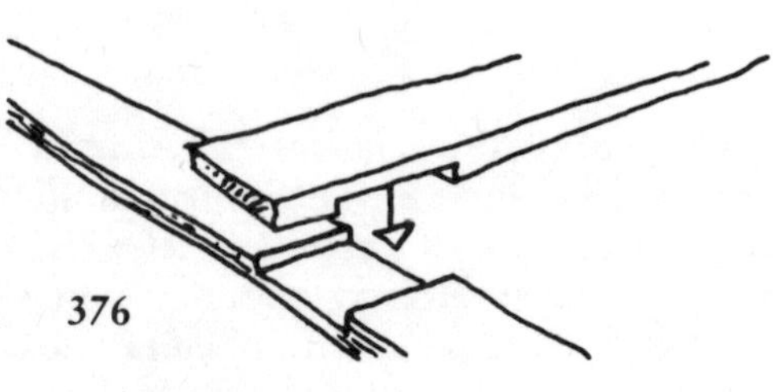

376

Nägel

Bei Möbeltischlern sind Nägel verpönt, der Schnellbastler hingegen schätzt ihre Festigkeit und die Zeitersparnis gegenüber Schrauben. Genagelte Holzverbindungen sollten nach Möglichkeit auch zusätzlich geleimt sein. Nägel werden in großen Paketen nach Gewicht verkauft und sind dann billiger. Trotzdem ist zu überlegen, ob man angesichts der unterschiedlichen Typen und Verwendungszwecke nicht kleinere Gebinde in Klarsichtpackungen oder kleinere abgewogene Mengen kaufen sollte.

Bei Nagelverbindungen wird stets das dünnere Brett an das stärkere genagelt. Die dabei verwendeten Nägel sollten mindestens doppelt so lang sein wie die Stärke des dünneren Bretts oder Holzstücks.

Nägel spalten das Holz, insbesondere in der Nähe von Kanten (Abb. 377). Bei Furnierholz und Tischlerplatten kann man ein Splittern der Deckfurniere beim Nageln vermeiden, indem man Löcher mit etwas geringerem Durchmesser als der Nagelstärke vorbohrt. Bei Weichholz nie zwei Nägel hintereinander in dieselbe Faser treiben (Abb. 378). Um noch sicherer zu gehen, kann man mit einem Hammer die Nagelspitze stauchen.

377

378

Um die Haltbarkeit einer Verbindung zu erhöhen, werden die Nägel schräg eingeschlagen. Beim *Beinageln* (Abb. 379) werden zwei Nägel gegenseitig versetzt unter e i n e m Winkel von je 45 Grad eingeschlagen.

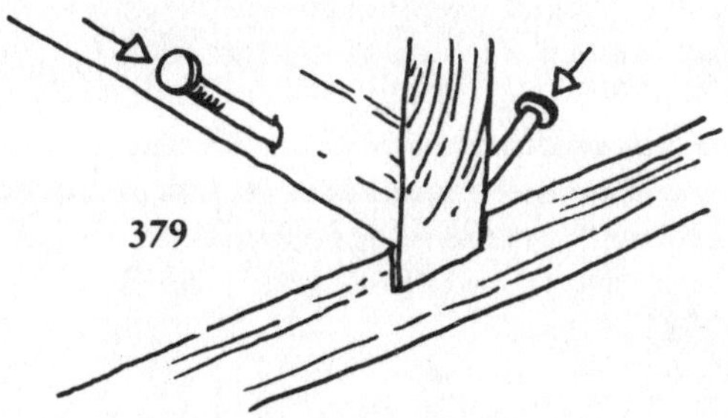

379

Auch das *Durchnageln* ergibt feste Verbindungen (Abb. 380). Die Nägel werden wechselseitig in einem Abstand von 10 mm eingetrieben und müssen so lang sein, daß sie auf der anderen Seite mindestens 25 mm herausstehen. Anschließend werden die hervorstehenden Spitzen umgeschlagen. Hierfür eignen sich am besten runde Drahtstifte.

380

Beim »verdeckten« Vernageln von Nut-und-Federbrettern treibt man die Nägel unter einem Winkel von 45 Grad durch die Feder und den Brettkörper, so daß sie von der Nut des nächsten Bretts verdeckt werden.

Beschläge und Eckverbindungen

381

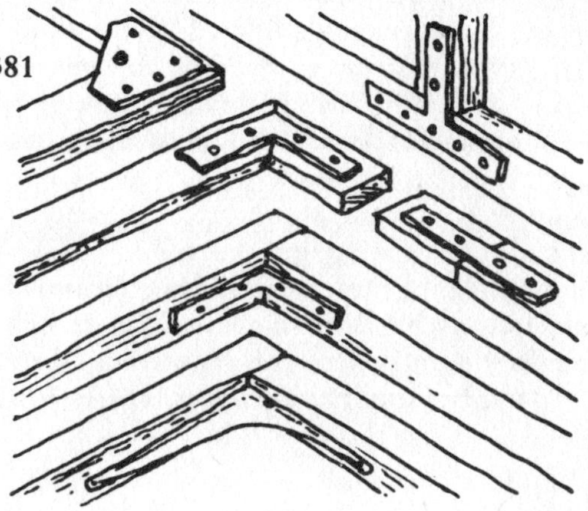

Holzverbindungen lassen sich mit preiswerten Metallwinkeln und -bändern der unterschiedlichsten Formen und Größen verstärken (Abb. 381). Verstärkungswinkel müssen immer auf beide Seiten der Verbindung geschraubt werden. Die Schrauben müssen exakt in die Bohrungen der Beschläge passen und so fest angezogen werden, daß sie mit deren Oberfläche abschließen.

Zunehmend an Beliebtheit gewinnen Montageverbindungen bei Möbeln, die man auch als Trapez- oder Block-

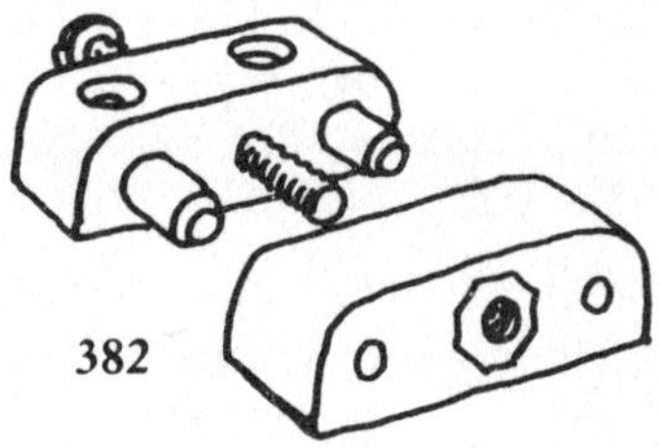

382

beschläge bezeichnet (Abb. 382). Besonders praktisch sind diese für die rechtwinklige Verbindung von Holzspan-, Tischler- oder Furnierholzplatten, die mit den traditionellen Techniken des Tischlers nur schwer verbunden werden können. Die Verbindung läßt sich ebensoschnell montieren wie lösen.

Holzschrauben

Schrauben sorgen für einen strammen Sitz der Holzverbindungen; sie haben eine größere Haltekraft und lassen sich im Fall einer Demontage des Einrichtungsgegenstandes leichter wieder aus dem Holz entfernen als Nägel.
Stets das dünnere Holzstück an das dickere schrauben. Zunächst werden in das dünnere Holzteil Löcher mit dem Durchmesser des Schraubenschaftes vorgebohrt. Dann werden beide Teile in der gewünschten Position zusammengefügt und die Schraubstellen des größeren Holzteils markiert und anschließend mit einem Vorstecher, Nagelbohrer oder einem Bohrer von dünnerem Durchmesser als der Schraubenschaft vorgebohrt. Dieses Vorbohren ist vor allem bei Hartholz wichtig, das leicht splittert.

383

Rechtwinklige Verbindungen von Holzplatten kommen relativ häufig vor. Eine Möglichkeit, den Sitz der Schrauben zu verbessern, besteht darin, sie in Dübeln zu verankern (Abb. 383). Es ist auch möglich, wenngleich etwas klobiger, in die Innenseite der Winkelverbindung eine Vierkantleiste zu schrauben (Abb. 384).

384

Wer nicht damit rechnet, das selbstgefertigte Möbelstück eines Tages auseinandernehmen zu müssen, kann die Schraubverbindungen durch Holzleimauftrag noch verstärken.
Schrauben sollten nach Möglichkeit nicht in Hirnholz eingedreht werden, da das Holz leicht splittern kann, was die Haltbarkeit der Verbindung wesentlich beeinträchtigt. Eine Verstärkung solcher Verbindungen ist zeitraubend — hierzu werden in Höhe der Schrauben und quer zur Faser des anzuschraubenden Holzteils Löcher gebohrt und in diese Holzdübel versenkt (Abb. 385). Zweckmäßiger ist in diesem Fall die Montage mit Blockbeschlägen (Abb. 382).

385

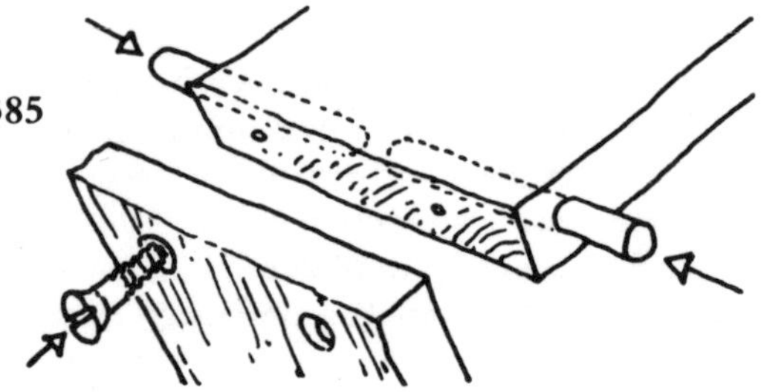

Die Verbindung von zwei dicken Brettern bedeutet normalerweise viel Schraubarbeit. Man kann sie sich erleichtern, indem man die Schrauben versenkt eindreht (Abb. 386). Der Bohrer für die Versenkung muß etwas größer sein als der Durchmesser des Schraubenkopfs. Die Versenkung wird gerade so tief gebohrt, daß die Schraube zu einem Drittel ihrer Länge im oberen Brett fest verankert sitzt.
Im folgenden geben wir einen Überblick über die wichtigsten Typen und Verwendungszwecke von Holzschrauben.

386

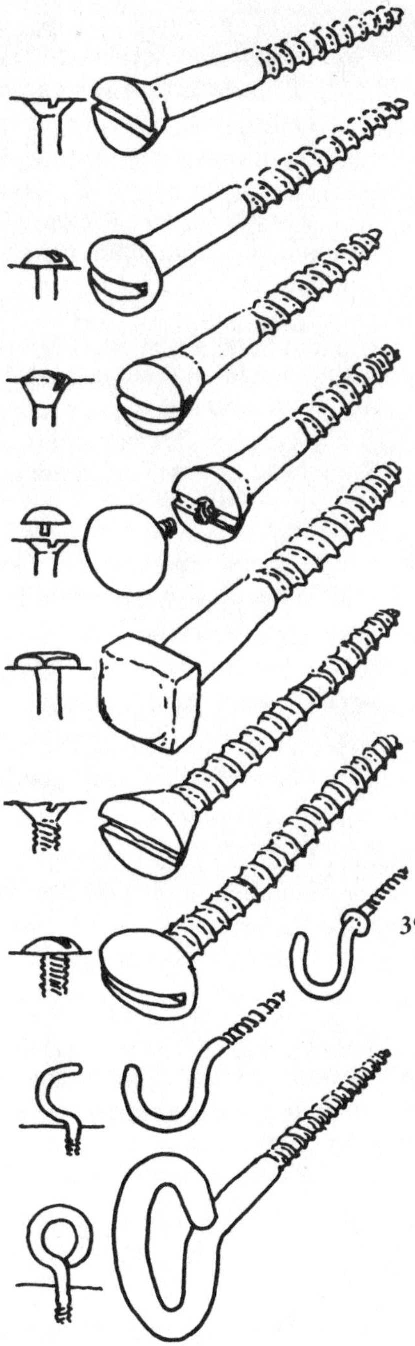

387
388
389
390
391
392
393
394
395
396

Senkholz- oder *Flachkopfschraube* (Abb. 387) – normale Schraube für Holzverbindungen. Um ein Splittern des Holzes zu vermeiden, wird das vorgebohrte Schraubenloch mit einem Versenker nachbearbeitet.
Halbrundholzschraube (Abb. 388) – dient der Befestigung von Blechen und Beschlägen ohne Senkloch auf Holz. Eventuell Unterlegscheibe aufziehen.
Linsensenkholzschraube (Abb. 389) – zum Befestigen von Schlüsselschildern und Zierbeschlägen, kann bis zum Rand versenkt werden.
Zierkopfschraube (Abb. 390) – Flachkopfschraube zum Befestigen von Spiegeln, auf die ein Zierkopf aus Metall oder Kunststoff aufgesetzt werden kann.
Schlüsselschraube (Abb. 391) – wird mit einem Maulschlüssel eingedreht und wird für schwere Konstruktionen benötigt.
Spanplattenschraube (Abb. 392) – für die Verbindung von Spanplatten ohne Vorbohren.
Blechschraube (Abb. 393) – für Blechverbindungen; die Schraube schneidet ihr Gewinde selbst.
Schraubhaken (Abb. 394 und 395) – mit und ohne Schild, dienen als Aufhängung von Lampen etc.
Ringschraube (Abb. 396) – hat dieselbe Funktion wie der Schraubhaken, verhindert jedoch ein Herausrutschen des Kabels, Drahts etc.
Die Löcher für die Schrauben werden folgendermaßen vorgebohrt: Der Bohrerdurchmesser entspricht im allgemeinen zwei Dritteln der Schaftstärke der Schaube; bei größeren Schrauben wird zunächst für den Schaft ein Loch in Schaftstärke gebohrt, anschließend für das Gewinde wieder in zwei Dritteln der Schaftstärke. In Hartholz sollte in jedem Fall vorgebohrt werden, in Weichholz kann man bei kleinen Schrauben darauf verzichten. Bei Schrauben in Hirnholz längere Schrauben wählen und wenig vorbohren, da hier die Schrauben weniger gut haften.

Schraubenbolzen

Mit Schraubenbolzen lassen sich extrem feste Verbindungen herstellen. Außerdem eignen sie sich gut für den Zusammenbau von Möbeln, die schnell demontierbar sein müssen. Die auf den Bolzen wirkende Last muß so weit

wie möglich verteilt werden, so daß hinter dem Kopf und vor der Schraubmutter jeweils eine Unterlegscheibe aufgezogen werden muß. Manche Bolzen werden mit dem Schraubenzieher, andere mit einem Schraubenschlüssel gespannt. Vier verbreitete Typen sind hier wiedergegeben:
Maschinenschraube (Abb. 397) — für leichte Baukonstruktionen oder Rahmengestelle. Durchmesser 5—24 mm, Länge 1,6—60 cm.

397
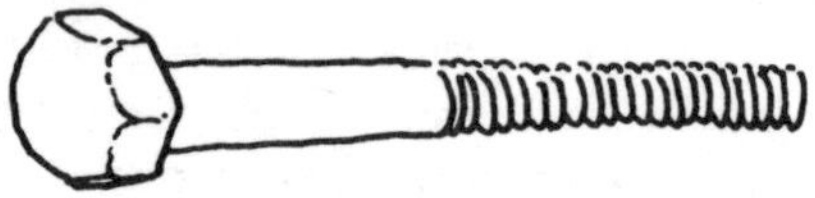
398
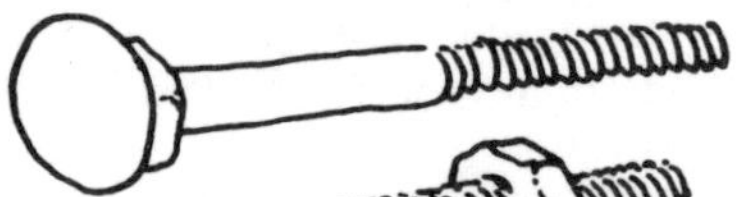
399

400

Flachrundschraube mit Vierkantansatz (Abb. 398) — auch als Schloßschraube bezeichnet. Universalschraube für leichte und schwere Holzarbeiten. Der Vierkant unter dem Kopf verhindert, daß sich die Schraube beim Anziehen der Mutter mitdreht. Auch hier eine Unterlegscheibe zwischen Mutter und Holz aufziehen.
Ringschraube (Abb. 399) als Aufhängung für Spanndrähte etc. verwendbar.
Schwerlastdübel oder Steinanker (Abb. 400) — zum Befestigen an Bimsstein-, Ziegel- oder Betonwänden.

Wandbefestigungen

Um Schrauben, Haken etc. fest in Wänden zu verankern, werden Dübel der unterschiedlichsten Bauart in vorgebohrte Löcher eingesetzt. Einige der gebräuchlichsten Modelle werden im folgenden abgebildet und beschrieben.

Dübel

Bei Befestigungen mit gekauften Dübeln an Mauerwerk und Beton müssen Löcher gebohrt werden. Es gibt dafür Steinbohrer, die mit einem Fäustel eingetrieben werden; wichtig dabei ist, den Bohrer nach jedem Hammerschlag leicht zu drehen. Rascher geht es allerdings mit elektrischen Dreh- oder Schlagbohrmaschinen und Hartmetallbohrern. Maschinen mit zwei oder mehreren Gängen sind besonders gut geeignet, weil man sie auf niedere Drehzahlen schalten kann, die genaues Bohren und Einhalten des Lochdurchmessers ermöglichen.
Knetdübel (Abb. 402) sind ideal für zu große oder ausgebrochene Dübellöcher in schlechten und weichen Wänden. Es sind Röhrchen, die kurz ins Wasser getaucht und dann wie Knetmasse in das Loch gedrückt werden. Ist die Masse festgestopft, bohrt man an der vorgesehenen Stelle vor und zieht die Schraube zwei oder drei Gewindegänge ein. Nach 5—10 Minuten kann sie ganz eingedreht werden.

401

402

Nylonspreizdübel (Abb. 401) für Holzschrauben werden in ein Bohrloch von ihrer Länge und Stärke gesteckt und beim Eindrehen der Schraube an die Seitenwände des Loches gepreßt. Sie sind an die Stelle der selbstgemachten Dübel getreten.
Spreizdübel aus Nylon und Metall für Schrauben mit Maschinengewinde, sogenannte Schwerlastdübel, werden zum Befestigen schwerer Gegenstände oder großen Belastungen ausgesetzter Konstruktionen verwendet.
Metallspreizdübel (Abb. 403 und 404) mit gefederten Armen, die sich selbsttätig spreizen, wenn sie durch das

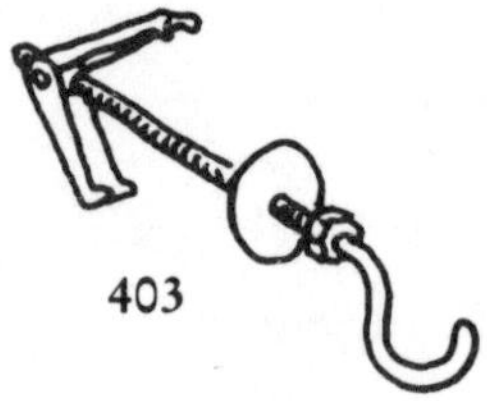
403
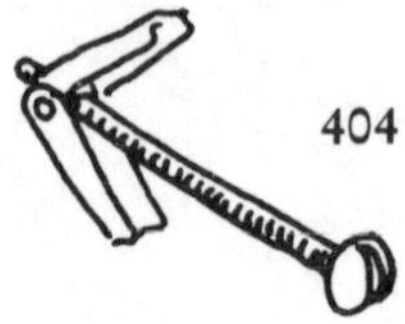
404

Bohrloch gesteckt sind. Schraubt man die Gewindestange heraus, ist die Verbindung nicht mehr herzustellen.

405

Neoprendübel (Abb. 405) sind ideal für vibrationsfreie Befestigungen auf Rohren und Platten aus Kunststoff. Mit der Schraube wird der Dübelkopf fest an der Oberfläche gepreßt.

Scharniere

Scharniere gibt es in den unterschiedlichsten Ausführungen, vom einfachen »gerollten Band« bis zu verwirrend komplizierten Konstruktionen mit mehrfachen Angeln. Wer unsicher ist, läßt sich am besten im Fachhandel beraten.

Einfaches Scharnierband oder Angelband (Abb. 406) – ist das traditionelle Scharnier, mit dem schwere Türen in den Rahmen eingehängt werden. Die Bänder müssen in das Holz »eingelassen« werden und plan mit der Holzoberfläche liegen, was Stemmarbeiten mit dem Stecheisen notwendig macht.

406

Aufsatzscharnier (Abb. 407) – geeignet für leichte Türen, evtl. auch für Schränke. Wird unmittelbar auf die Vorderseite von Türblatt und -rahmen geschraubt und braucht deshalb nicht eingelassen zu werden.

407
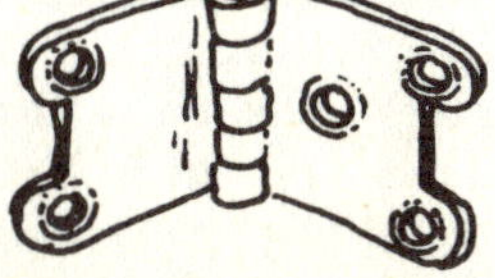

Topfband (Abb. 408) – ist wie das einfache Scharnier bei geschlossener Tür nicht sichtbar. Verwendung vor allem im Möbelbau für Küchenschränke mit »stumpf vorschlagenden« Türen, d.h. Türen, die den gesamten Rahmen verdecken. Die Bänder lassen sich nach der Montage justieren. Mit diesen Scharnieren ist es möglich, die Türen von nebeneinanderliegenden Schränken gleichzeitig zu öffnen, ohne daß sie miteinander verkeilen. Topfbänder werden zum Teil auch mit einer Feder geliefert, welche die Tür beim Schließen dicht zieht und so einen Schnäpper ersetzt.

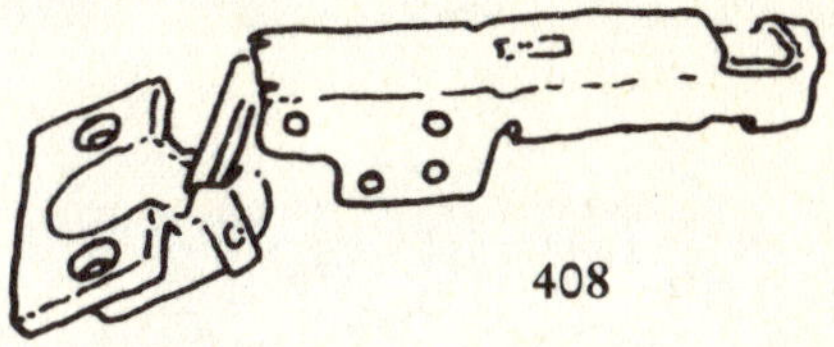
408

Klavierband oder Stangenscharnier (Abb. 409) – wird vom Meter gekauft; handelsübliche Länge 3,50 m. Bietet einen maximalen Widerstand gegen ein Verdrehen des Holzes und wird meistens für Deckel und Abdeckungen aus Holz verwendet.

409
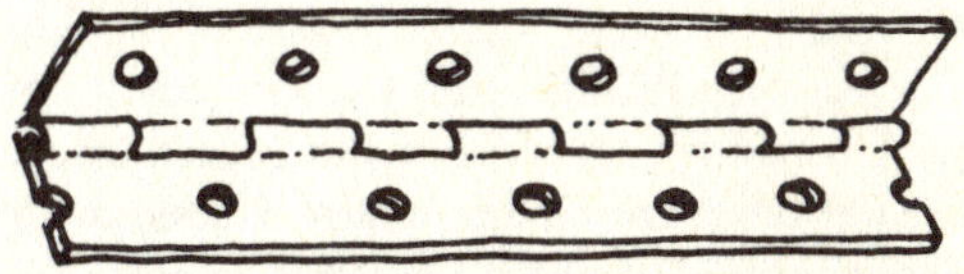

Zapfenbänder (Abb. 410) – bestehen aus einem Lochband, das in den Schrank, und einem Zapfenband, das in die Tür eingelassen wird. Man kann Zapfenbänder auch einfach ohne Einlassung auf stumpf vorschlagenden Türen anbringen, das sieht aber weniger schön aus, weil dann Ober- und Unterkante des Rahmens sichtbar sind.

410
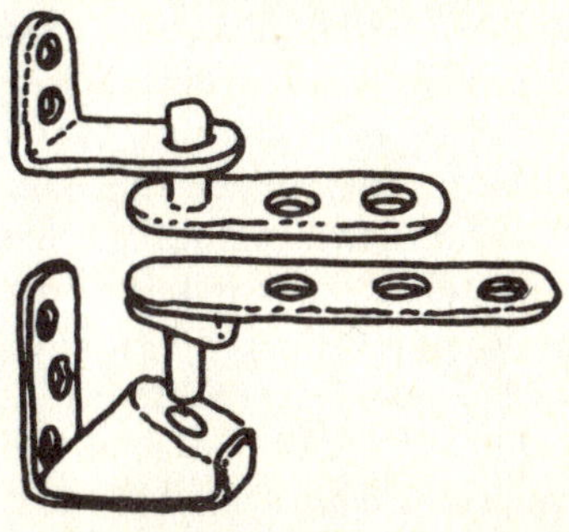

Paraventband (Abb. 411) – hat ein doppeltes »Gewerbe« und ist nach zwei Seiten drehbar, wird häufig bei zusammengefalteten Schutzwänden verwendet.

411
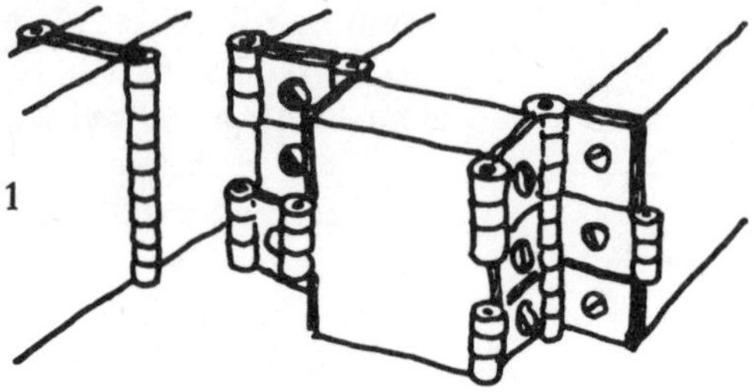

412

Werkzeuge

Die meisten Haushalte besitzen einen Werkzeugkasten mit Werkzeugen, die immer wieder gebraucht werden. Dazu gehören im allgemeinen ein Hammer, Schraubenzieher in mehreren Größen, ein Fuchsschwanz (Abb. 413), eine Eisensäge (Abb. 414), Meißel, ein Allzweckmesser (Abb. 415) und ein Zollstock oder Maßband (Abb. 416). Wir nehmen deshalb an, daß diese Werkzeuge nicht mehr besonders vorgestellt werden müssen.
Eine elektrische Bohrmaschine ist eine sinnvolle Bereicherung des eigenen Werkzeugbestandes, da sie viel Zeit und Mühe erspart. Dank einer Vielfalt von Zusatzgeräten läßt sich heute eine Bohrmaschine auch als Stichsäge, Kreissäge, Hobel, Schleifgerät oder Fräse verwenden. Alle diese Geräte können natürlich auch einzeln als Spezialgeräte erworben werden. Sie sind dann zwar teurer, aber ihrem speziellen Zweck besser angepaßt und robuster.
Es empfiehlt sich nicht, billiges Werkzeug zu kaufen – früher oder später erlebt man seine Enttäuschung damit. Gutes neues Werkzeug kostet heutzutage leider horrendes Geld, so daß man es bei schmalem Geldbeutel besser entweder gebraucht kauft oder nach Bedarf bei einem Werkzeugverleih mietet.

413
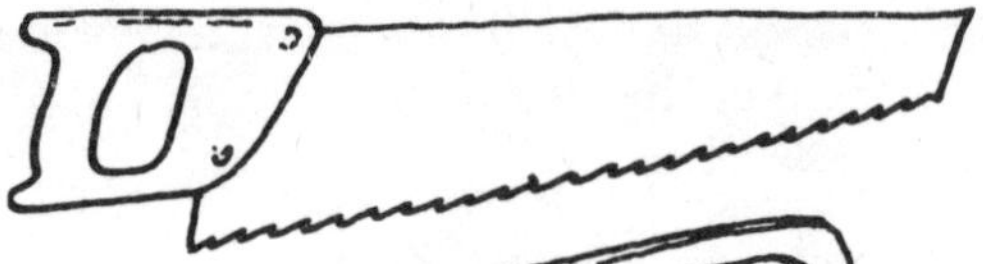

414
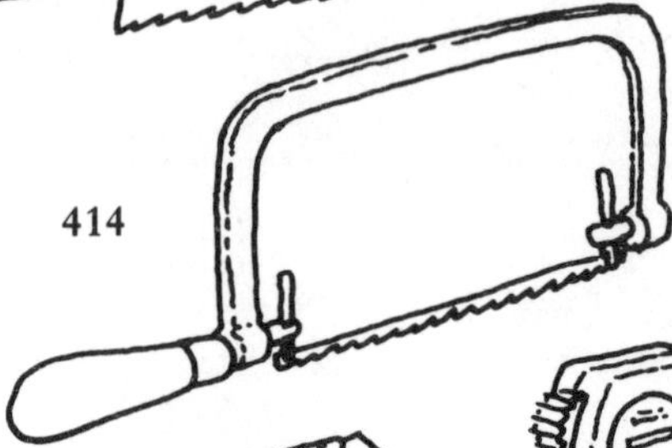

415

416

Einige der Werkzeuge, die sich für die Realisierung von Low-Tech-Entwürfen in diesem Buch gelegentlich als hilfreich erwiesen haben und vielleicht weniger allgemein bekannt sind, werden im folgenden abgebildet und erläutert. Die beiden ersten sind Improvisationen, kosten praktisch nichts und leisten hervorragende Dienste.
Schlauchwasserwaage (Abb. 417) – eine billige Alternative zur handelsüblichen Wasserwaage. Dazu braucht man nur ein U-förmiges Schlauchstück aus durchsichtigem

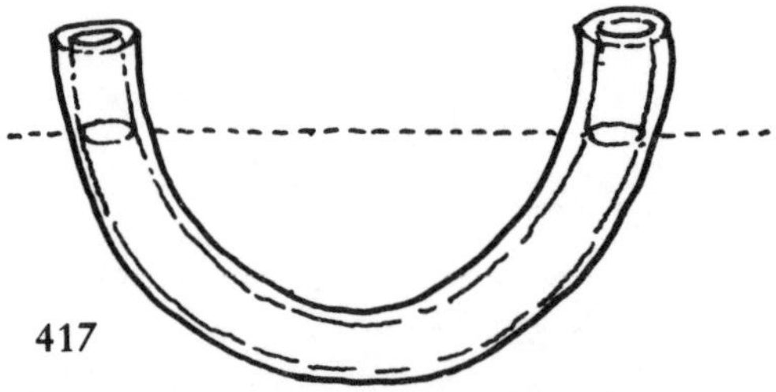
417

Kunststoff mit Wasser zu füllen. Die Verbindungslinie zwischen den beiden Wasseroberflächen ist garantiert waagerecht.
Markierung für feste Bohrtiefen (Abb. 418) – wenn man ein Loch bis zu einer bestimmten Tiefe bohren möchte, wickelt man in entsprechendem Abstand von der Bohrspitze ein Isolierband um den Bohrer, das als Bohranschlag dient.

418

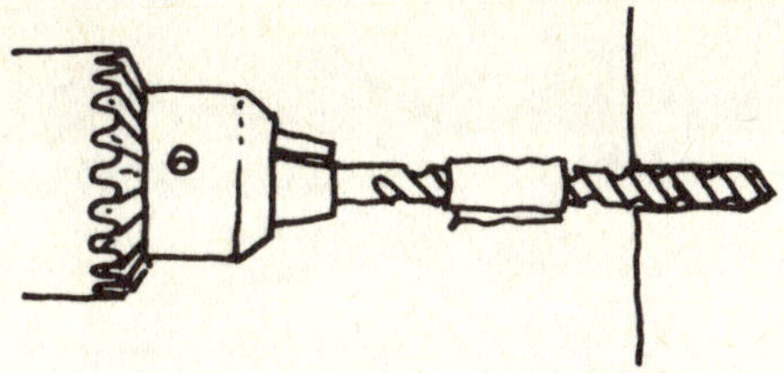

Bandschleifmaschine (Abb. 419) – mit diesem Werkzeug läßt sich Holz in kurzer Zeit abschleifen, so z. B. verschmutzte oder gedunkelte Bretter, die gereinigt oder aufgehellt werden sollen. Man beginnt mit einer groben Körnung des Schleifbandes und geht über eine mittlere zu einer Feinkörnung über. Die Maschine wird stets in Faserrichtung geführt und ist vor allem beim Einschalten gut festzuhalten, damit sie nicht aus der Bahn schert. Der Schleifstaub wird von einem Staubfänger aufgefangen.

419

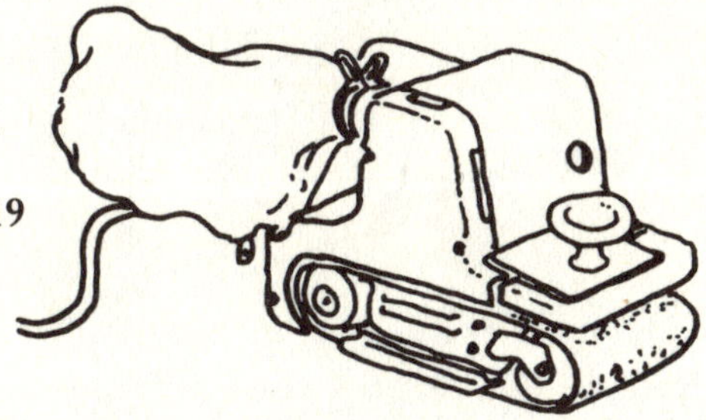

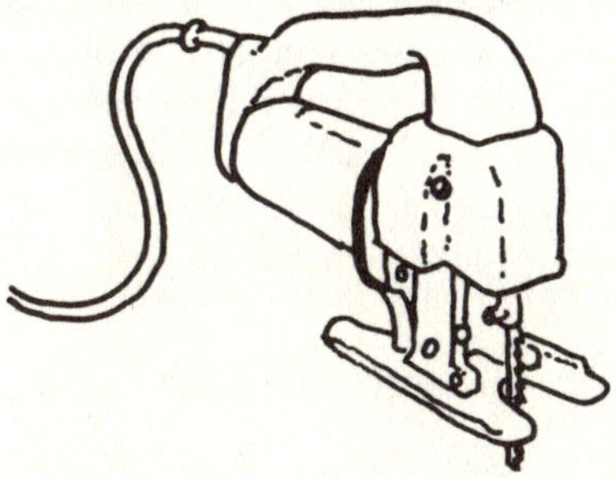

420

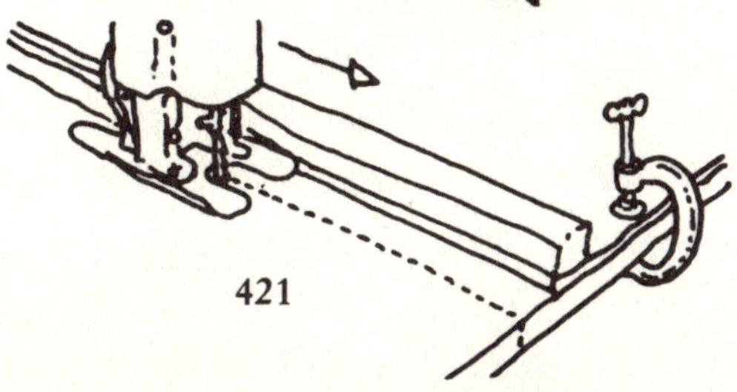

421

Stichsäge (Abb. 420) – mit einer Stichsäge läßt sich fast jede Linie sägen, insbesondere Schweifungen und Ecken. Eine Führung an der Auflageplatte ermöglicht das Schneiden gerader Linien, wenn man eine gerade Leiste auf die zu schneidende Platte mit einer Schraubzwinge klemmt, an der entlang die Säge geführt wird (Abb. 421). Beim Arbeiten möglichst eine Schutzbrille gegen die herumfliegenden Holzsplitter tragen. Eine einfache Stichsäge zeigt Abb. 422.

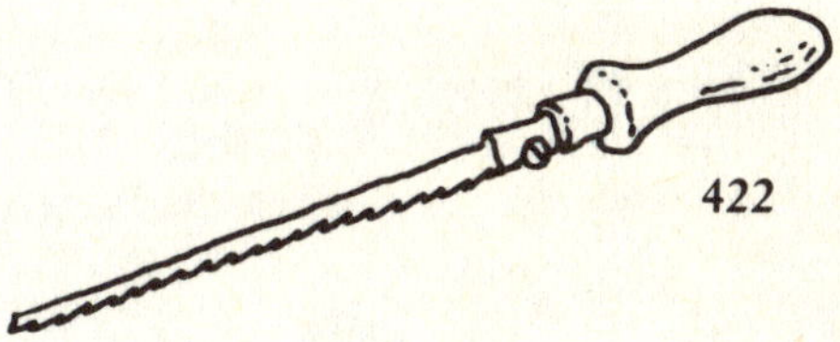

422

Handkreissäge (Abb. 423) – ein Modell mit eingebautem Motor arbeitet besser als eine Vorsatzsäge an einer Bohrmaschine. Mit diesem Gerät lassen sich Holz, Metall und Schichtstoff mühelos durchtrennen. Mit dem Kombinationssägeblatt schneidet man Holz längs und quer zur Faserrichtung. Es läßt sich mit wenigen Handgriffen gegen ein Spezialsägeblatt für andere Materialien auswechseln. Beim Sägen ist darauf zu achten, daß die später sichtbare Seite des Holzes stets nach unten zeigt.

423

Handoberfräse (Abb. 424) – ein hochtouriges Gerät mit äußerst vielseitigen Verwendungsmöglichkeiten; dient hauptsächlich der Fräsung von Fälzen, Kehlen und Nuten. Angesichts der hohen Anschaffungskosten ist zu überlegen, statt dessen einen Fräser zu kaufen, der auf die Bohrmaschine aufgesetzt werden kann. Allerdings benötigt man in diesem Fall zusätzlich einen stabilen Bohrständer mit Spannbügel.

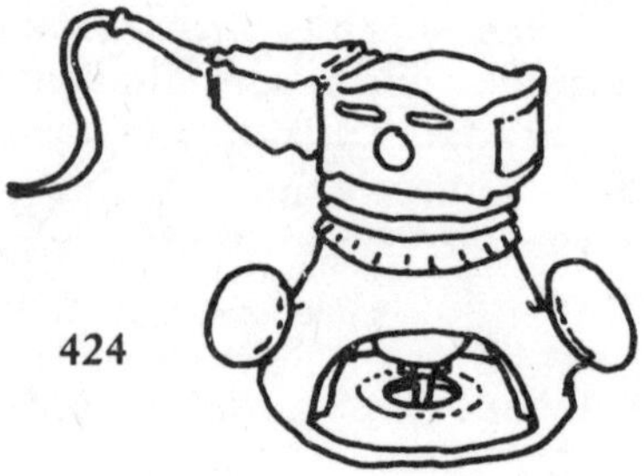

424

Bohrständer (Abb. 425) — ein wichtiges Zubehör, das ein exakt senkrechtes Bohren auf einstellbare Bohrtiefen ermöglicht; ein preiswerterer Ersatz ist die Bohrlehre.

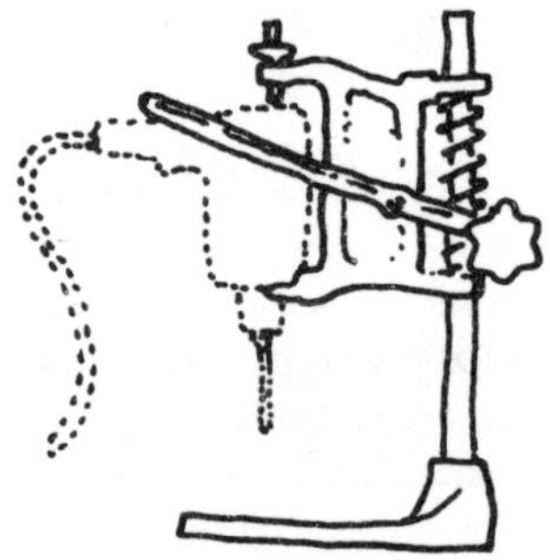

425

Kettensäge (Abb. 426) — wird mit Elektro- oder mit Benzinmotor angetrieben und ermöglicht das Sägen größerer Mengen Holz. Ist ein relativ gefährliches Werkzeug, möglichst Schutzbrille und -handschuhe tragen.

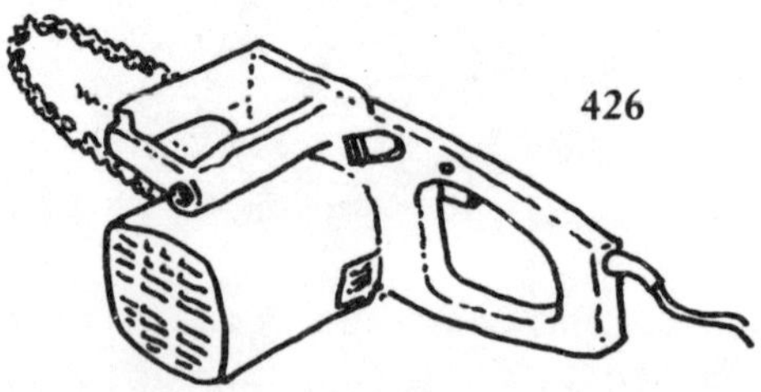

426

Ösenzange (Abb. 427) — dieses Nietwerkzeug gibt es nur in Spezialgeschäften. Mit ihm lassen sich Löcher durch Stoffe und dünnes Leder stanzen, die anschließend mit einer Messingöse versehen werden, damit das Material nicht reißt, wenn die Öse belastet wird.

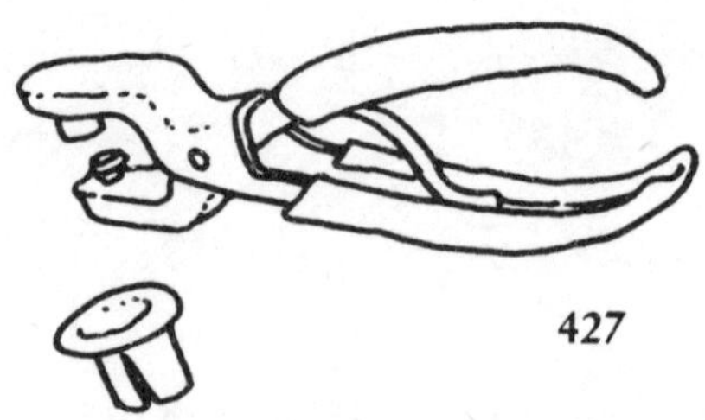

427

Heftmaschine oder *Tacker* (Abb. 428) — mit diesem Gerät kann man Stoffe, Dekorbespannungen und Papier auf Holz befestigen. Besonders mühelos in der Handhabung sind elektrische oder an einen Kompressor angeschlossene Preßluftgeräte, die man am besten bei Bedarf kurzfristig mietet. Besondere Vorsätze ermöglichen beispielsweise das Heften von Markisenstoff auf Rolloleisten etc.

428

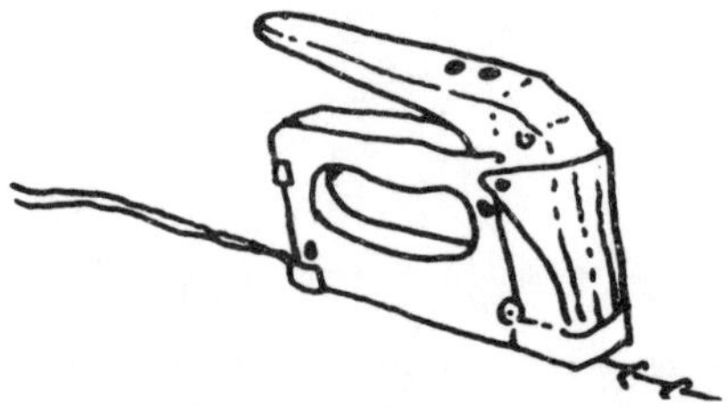

Surform-Raspel (Abb. 429) — ein vergleichsweise neues Werkzeug, arbeitet nicht so exakt wie ein Hobel, erlaubt jedoch die vielseitige Bearbeitung von Holz und Kunststoff. Im Gegensatz zum Hobel ist diese Raspel unempfindlicher gegen Nägel im Holz oder einen Farbanstrich. Als Einsätze (zu verschiedenen Halterformen) gibt es runde, halbrunde und gerade Blätter, die sich mit wenigen Handgriffen austauschen lassen.

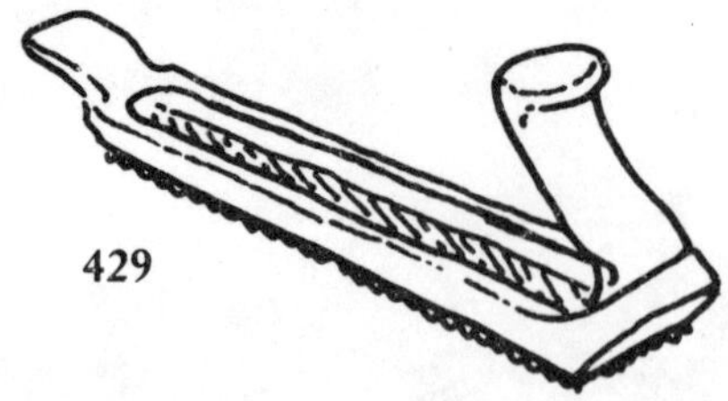

429

Türspanner (Abb. 430) — werden insbesondere zum Verleimen von Türen gebraucht. Weit häufiger im Gebrauch sind *Schraubzwingen* (Abb. 431), besonders wirkungsvol-

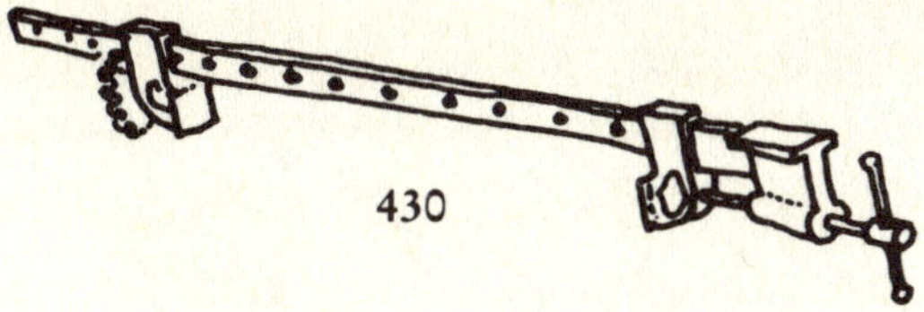

430

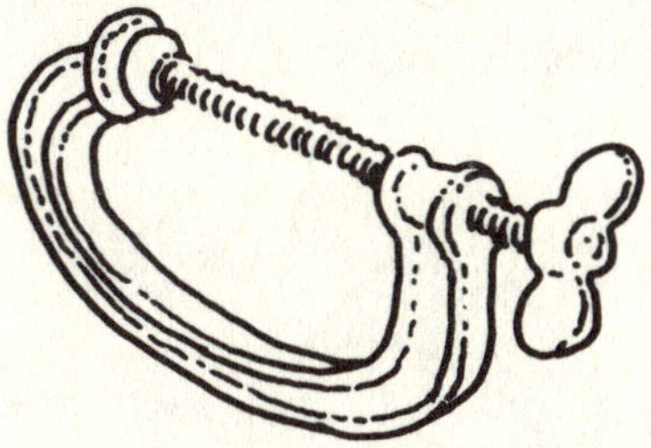

431

le und praktische Werkzeuge zum Festhalten und Pressen von Werkstücken beim Sägen, Bohren oder Leimen. Um das Holz vor Beschädigung zu schützen, klemmt man zwischen Spannarme und Werkstück kleine Brettchen aus Abfallholz. Schraubzwingen gibt es in Spannweiten von 5—200 cm und Ausladungen von 4—20 cm; mit Spannweiten über 40 cm werden sie Schraubknechte genannt.

Gehrungsschneidlade (Abb. 432) — ein wichtiges Hilfsmittel für das Zuschneiden von Holz mit der Hand in Winkeln von 45 und 90 Grad. Die Führungen sind häufig mit Messing ausgekleidet. Gehrungen mit der Feinsäge schneiden!

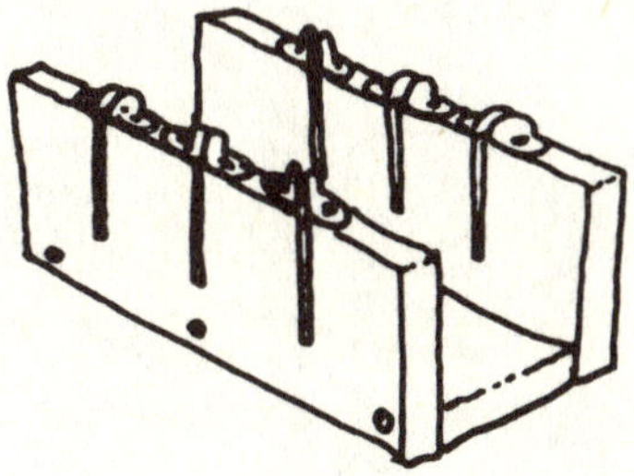

432

Spiralfeder für das Biegen von Rohren (Abb. 433) — verhindert das seitliche Ausweichen und Knicken des Metalls während des Biegevorgangs, wird meist für das Biegen von Kupferrohren verwendet. Die Spirale muß dicht im Rohr ansitzen. Sie wird vor dem Einführen eingefettet oder -geölt. Anschließend biegt man das Rohr in die gewünschte Form und dreht die Feder — notfalls unter Zuhilfenahme eines Schraubenziehers — wieder heraus.

433

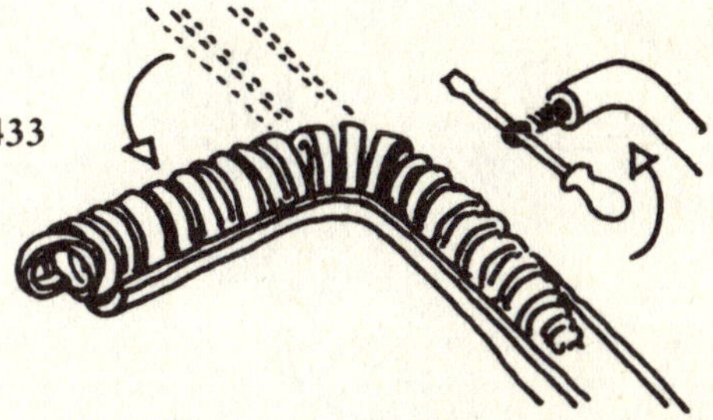

Blechscheren (Abb. 434) — gibt es in unterschiedlichen Ausführungen zum Schneiden von Geraden, Außen- und Innenrundungen. Mit diesem Werkzeug läßt sich Blech besser schneiden als mit einer Metallsäge.

434

Fittings für Rohrleitungen

Wasserleitungen können auch dann von Nutzen sein, wenn sie kein Wasser führen. Mit Rohrleitungen können stabile Regale, Sitze usw. gebaut werden. Da die Verbindungen nicht wasserdicht zu sein brauchen, stellt die Montage der Rohre den Schnellbastler vor keine großen Probleme.

Kupferrohre lassen sich einfach und billig durch Lötfittings miteinander verbinden, etwa ein T-Stück oder einen 90-Grad-Winkel (Abb. 435). Für eine derartige Lötverbindung werden die Rohre mit einer Eisensäge auf Länge geschnitten. Das Äußere des zu verbindenden Rohrendes und das Innere des Fittings werden mit Stahlwolle gereinigt, bis sie glänzen. Die beiden Oberflächen werden mit Flußmittel bestrichen, anschließend schiebt man beide

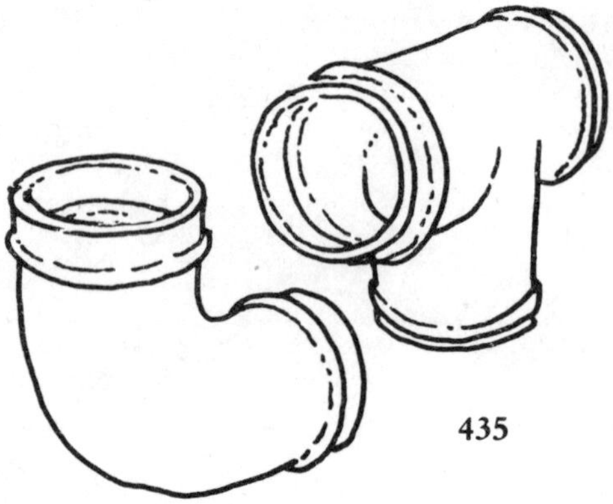

435

Teile ineinander, erhitzt das Rohr mit einer Lötlampe und gibt Lötzinn rings auf den Rand des Fittings, das durch die Kapillarwirkung in den Zwischenraum zwischen Rohr und Fitting gezogen wird.
Feste PVC-Rohre werden normalerweise für Kaltwasserleitungen und Regenwasserabflüsse verwendet, eignen sich jedoch ebenfalls sehr gut für den Bau von Low-Tech-Möbeln. Die Verbindungssysteme ändern sich von Hersteller zu Hersteller, so daß man sich am besten Informationsmaterial beim Fachhändler besorgt.
Zwei Rohrstücke werden miteinander verbunden, indem sie mit Hilfe eines lösenden Bindemittels fest mit einem PVC-Fitting verschweißt werden. Die Rohre werden — am besten mit einer Eisensäge — auf Länge geschnitten, die Schnittkanten glattgefeilt. Die zu verbindenden Flächen rauht man mit Sandpapier auf. Zunächst steckt man die Werkstücke zusammen, um sie auf richtigen Sitz zu prüfen. Anschließend werden die Oberflächen der Verbindung mit der vom Hersteller empfohlenen Flüssigkeit gereinigt und mit dem Kleber bestrichen. Dann steckt man die Rohrstücke in das Fitting und preßt das Ganze 15 Sekunden lang fest zusammen. Ausgetretenen Klebstoff sofort mit trockenem Tuch abwischen. Die Verbindung 24 Stunden aushärten lassen.
Einige der handelsüblichen Fittings sind in den folgenden Abbildungen wiedergegeben: Bogen- oder 90-Grad-Winkel (Abb. 436), T-Stück (Abb. 437), Winkelverteilstück (Abb. 438), Rundmuffe (Abb. 439), außerdem Wandhalterungen (Abb. 440 und 441) und ein Endboden für eine Regenrinne (Abb. 442).

436

437

438

439

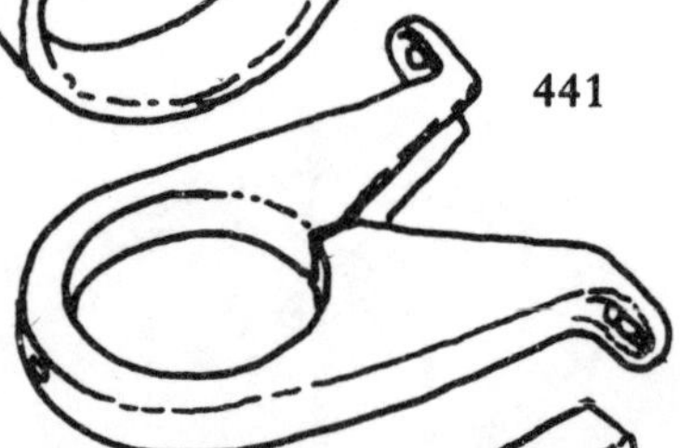

441

440

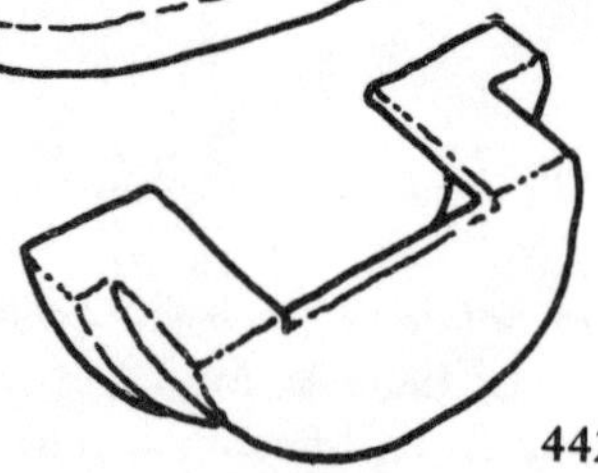

442

Bootszubehör

Der Schnellbastler wird eine erstaunliche Vielfalt an unglaublich nützlichen Beschlägen in Prospekten für Bootszubehör finden. Bootsausrüstungen haben im Lauf der Jahrhunderte in ihrem Funktionalismus fast Vollkommenheit erreicht. Ein Beschlag, der im Hinblick auf die speziellen Anforderungen zur See entworfen wurde, kann in vielen Fällen die Konstruktionsprobleme lösen, denen der Möbelbastler zu Land sich gegenübersieht.
Auf einem Boot muß mit Raum gegeizt werden. Höchst einfallsreiche Beschläge wurden erfunden, die solche Tätigkeiten wie das Kochen und Waschen auf See erleichtern sollen. Viele dieser Entwürfe für Spülen, Herde, Warmwasserbereiter und Handwaschbecken lassen sich auch in normalen Küchen und Badezimmern unterbringen, in denen nur wenig Raum zur Verfügung steht.
Schäkel (Abb. 443 bis 447) — starke Verbindungsglieder aus Metall in unterschiedlichen Formen. Die einfachste ist das Kettenglied in Abb. 443. Abb. 445 zeigt einen Wirbelschäkel. Karabinerhaken (Abb. 446 und 447) haben Federn für ein selbsttätiges Schließen wie gegen ein selbsttätiges Öffnen des Verschlusses.

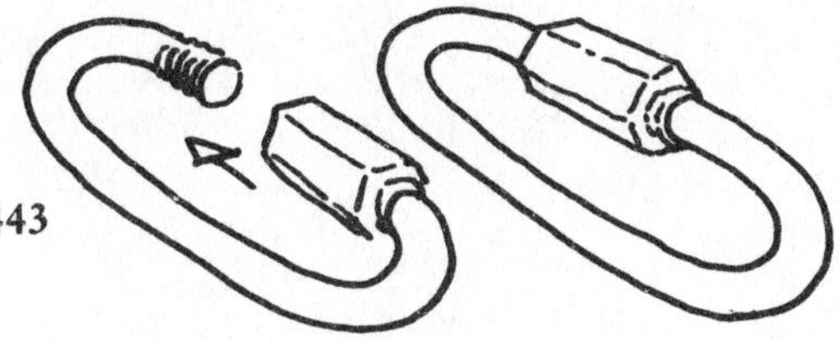

443

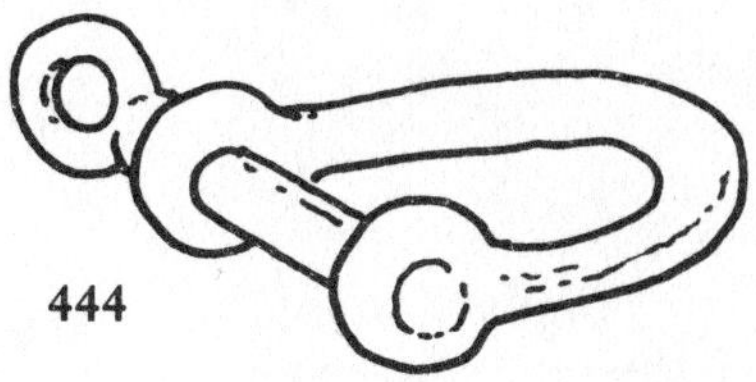

444

445

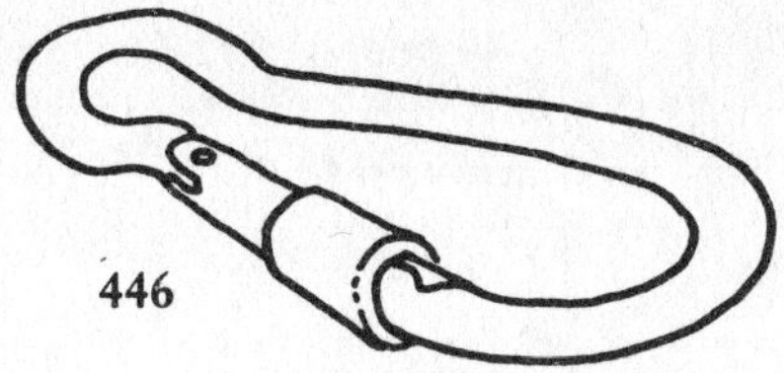

446

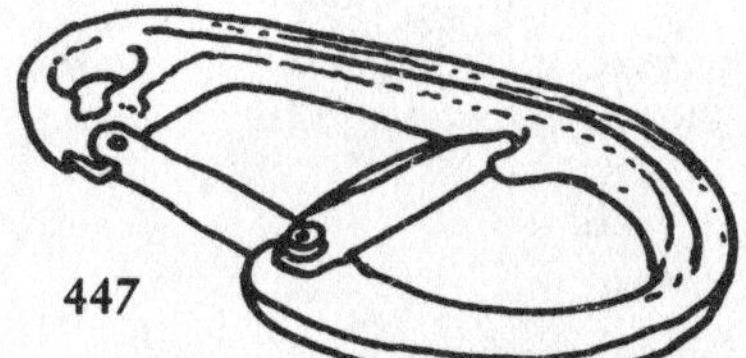

447

Klampen und Klemmen (Abb. 448 bis 450) — sie dienen zum Vertäuen der »Schoten« (Segelleinen). Wir zeigen hier drei Formate: die moderne Klampe aus Metall oder Kunststoff (Abb. 448), die traditionelle Muringklampe (Abb. 449) und die hochbelastbare Curryklemme (Abb. 450), die ebenfalls aus Metall oder aus Kunststoff hergestellt wird.

448

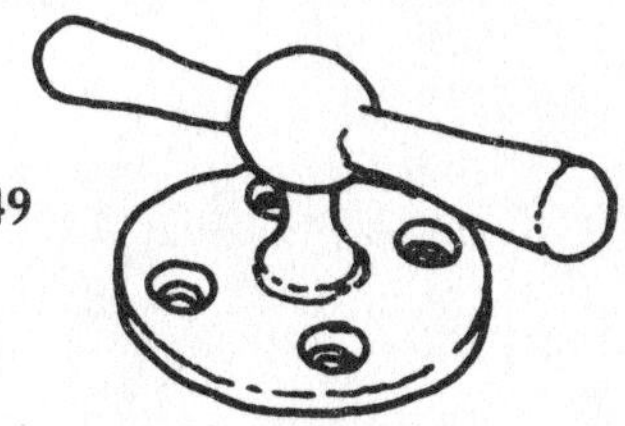

449

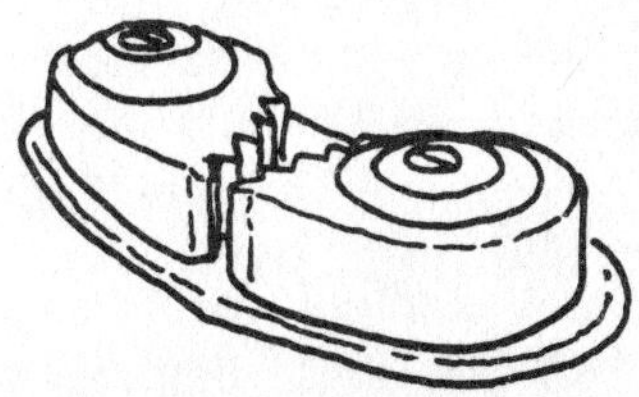

450

Blöcke (Abb. 451 bis 453) – neben dem einscheibigen Block (Abb. 451) gibt es u. a. den einscheibigen Block mit Wirbelschäkel (Abb. 453) und den zweischeibigen Block (Abb. 452).

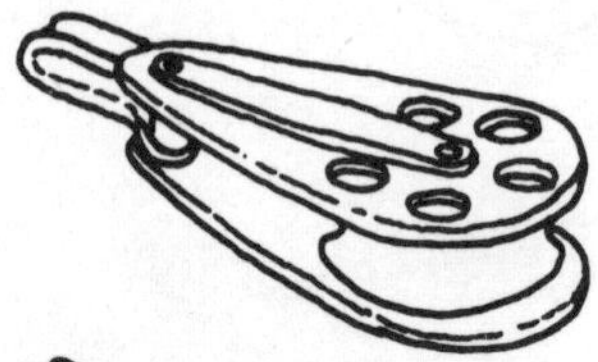
451

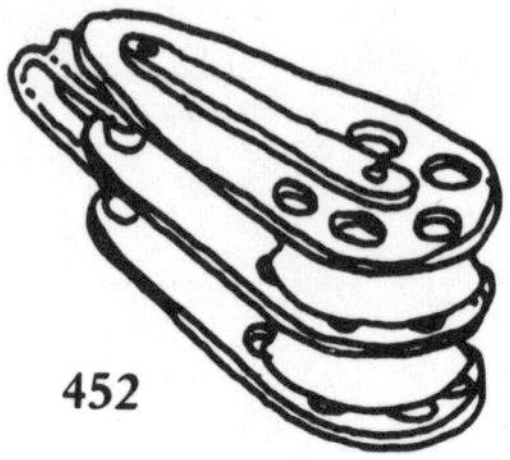
452

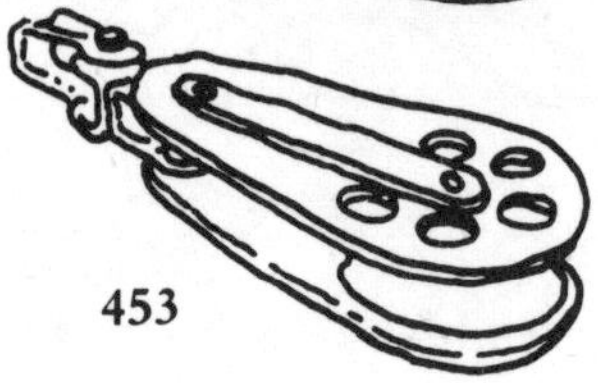
453

Spannschlösser (Abb. 454 und 455) – auch als Spannschrauben bekannt. Sie dienen zum Spannen von Leinen oder Draht. Das obere Schloß wird als Wantenspanner, das untere als Spannschraube bezeichnet.

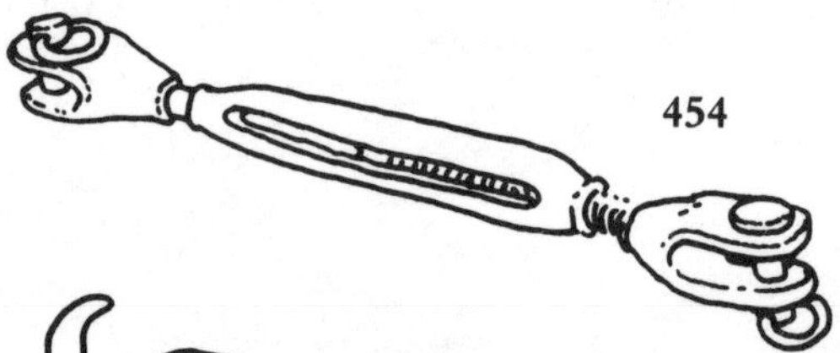
454

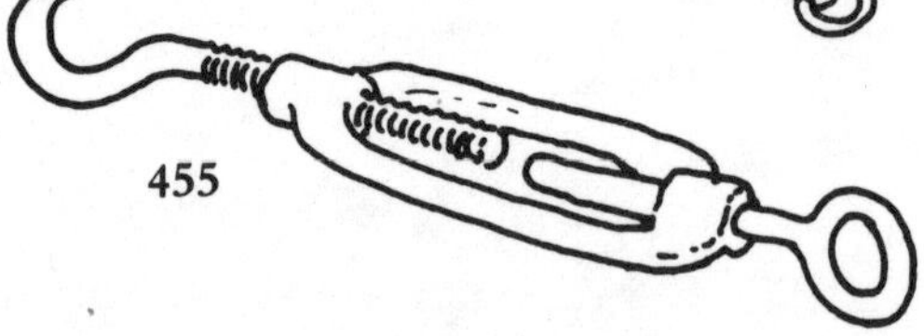
455

Terminals (Abb. 456 bis 459) – sie dienen als Abschlüsse von Drahtseilen und Tauen, die auf diese Weise leichter verankert werden können.
Gummizüge oder -strops (Abb. 460 und 461) – gibt es in jedem Sport-, Fahrrad- oder Autozubehörgeschäft. Im Bootszubehörhandel sind auch aufschiebbare Sicherheitsclips oder Sicherheitshaken aus Kunststoff (Abb.

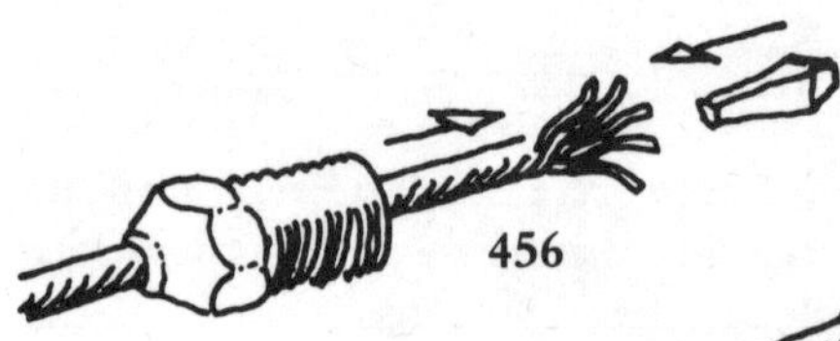
456

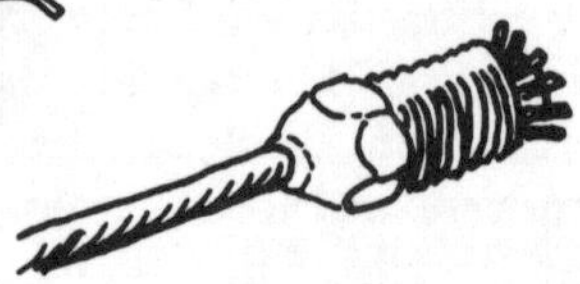
457

458

459

460

461
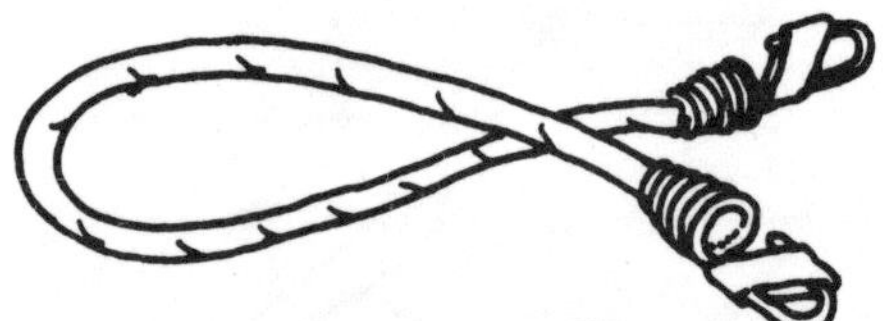

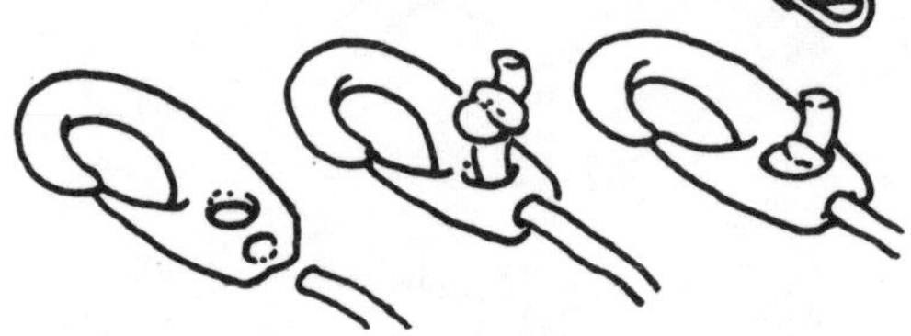
462

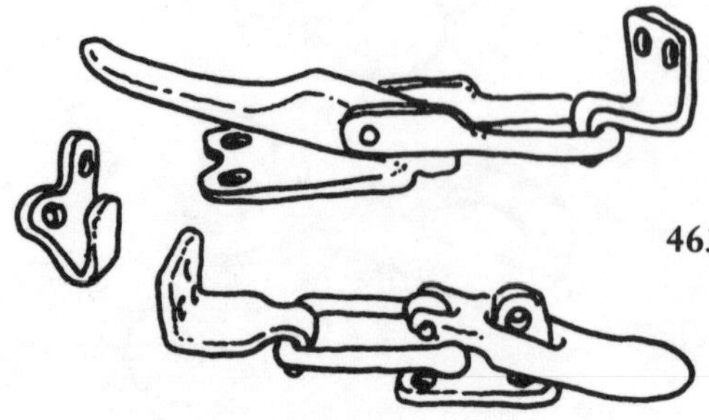
463

462) erhältlich. Letztere eignen sich dafür, Gummistrops jeweils in der benötigten Länge selbst abzuschneiden und mit Haken zu versehen.
Spannverschlüsse (Abb. 463) — dienen dem sicheren Verschließen von Truhendeckeln etc.

Schoten und Taue

Einige seemännische Techniken sind sehr nützlich für den schnellen Möbelbauer. In den Abb. 464 bis 473 sind drei verschiedene Möglichkeiten der Arbeit mit Tauwerk wiedergegeben: Knoten, Spleißen und Wickeln.
Mit dem *Achterknoten* (Abb. 464) verhindert man das Durchrutschen eines Seils, das durch ein Loch in einem Regalbrett geführt wurde und dieses halten soll (Abb. 465).
Der *Seemanns-* oder *Rettungsknoten* (Abb. 466 und 467) dient dazu, das Ende eines Taues mit einer Schlinge zu versehen, ohne es zu spleißen.
Der *Augenspleiß* (Abb., 468 bis 470) ist eine starke und saubere Seilschlinge. Zunächst dreht man das Seil am Ende auf und erhält drei Kardeele, die lang genug sein müssen, um die folgende Operation auszuführen: man schlägt das Seil zu einer Schleife und führt das mittlere Kardeel a mit einer Spleißahle unter dem Kardeel durch, auf dem es aufliegt (Abb. 468). Das linke Kardeel b wird unter das nächsthöhere Kardeel gezogen (Abb. 469), das rechte Kardeel c unter das nächstniedrigere (Abb. 470). Alle drei Kardeele strammziehen. Der Vorgang wiederholt sich in der Weise, daß jedes Kardeel abwechselnd über und unter ein Kardeel geführt und anschließend festgezogen wird.
Die *Wickeltechnik* (Abb. 471 bis 473) macht es möglich, ein Tau oder Seil um einen zylindrischen Gegenstand zu wickeln, ohne daß dieses irgendwo befestigt werden müßte. Man beginnt wie in Abb. 471 mit einer Anfangsschleife, deren Schlaufe ein Stück über den Zylinder hinausragt und deren loses Ende unten etwa 30 cm lang frei heraushängt. Jetzt wird das Seil eng um den Zylinder gewickelt. Oben angelangt, führt man es durch die Schlinge (Abb. 472) und zieht fest am unteren Ende, bis das obere Stück festgeklemmt ist (Abb. 473). Beide Seilenden abschneiden.

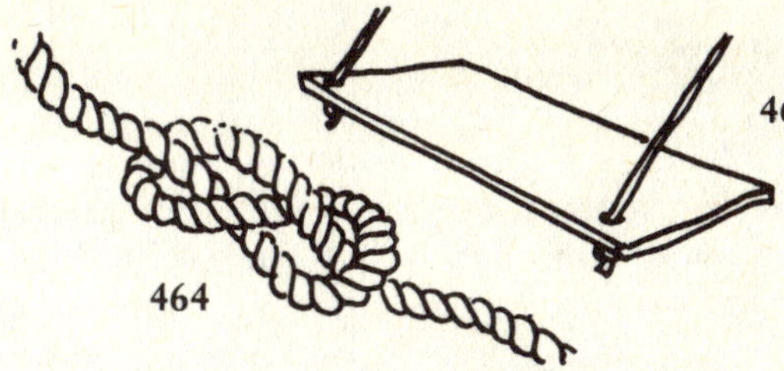
464 465

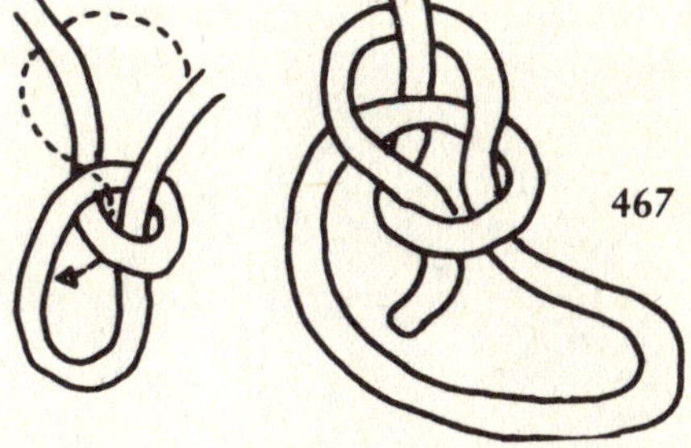
466 467

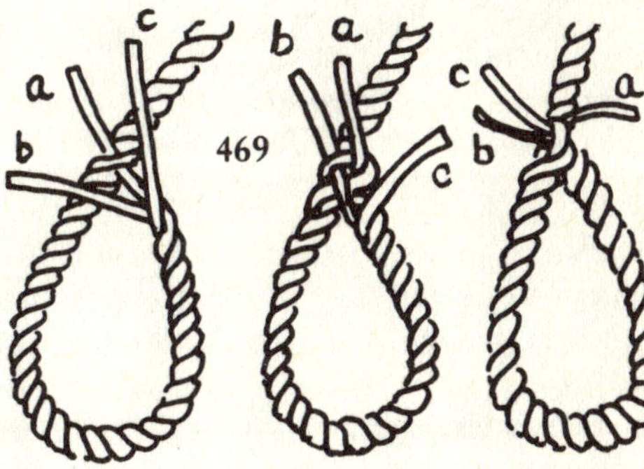

468 469 470

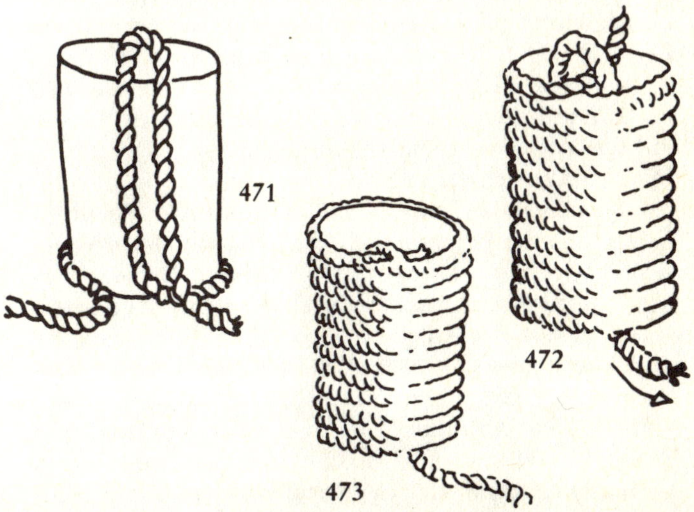
471 472 473

Betonplatten

Das eigenhändige Gießen von Betonplatten spart Geld und erfordert keine teure Ausrüstung oder irgendwelche Vorkenntnisse. Selbst alte Keksdosen aus Blech können sich für die Form eignen. Der einfache, selbst hergestellte Holzrahmen in Abb. 474 macht das Gießen quadratischer Platten zu einer einfachen Angelegenheit. Sein Bauprinzip läßt sich auch auf anders geformte Rahmen übertragen.

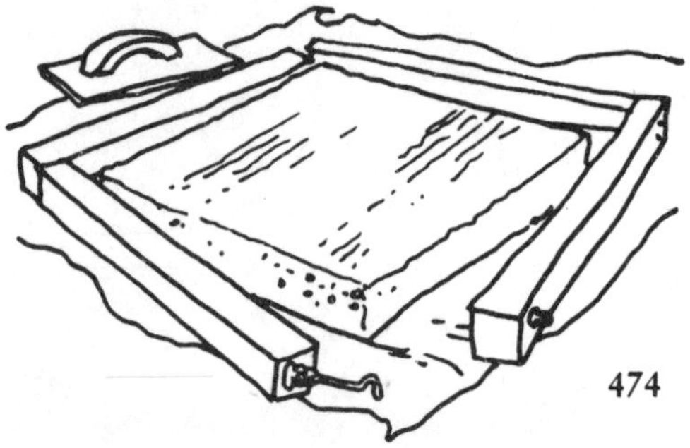

474

Zur Herstellung quadratischer Platten von 30 cm Kantenlänge benötigt man vier Vierkantleisten 40 x 40 mm von 38 cm Länge, die man aus Abfällen zurechtsägen kann.

Jeweils zwei Leisten werden mit zwei Schrauben 10/75 und Holzleim L-förmig miteinander verbunden, wobei die Löcher für die Schrauben vorgebohrt werden müssen. Diese beiden L-Stücke werden an einer Ecke durch ein Scharnierband miteinander verbunden, auf der diagonal gegenüberliegenden Seite wird als Verschluß ein Haken mit Öse angebracht (Abb. 475).

Die Innenkanten des Rahmens werden ganz fein geschliffen, Löcher werden mit Holzfüllmasse verfüllt. Anschließend erhält der Rahmen einen Anstrich mit Motoröl, um ein Festkleben des Betons am Holz zu verhindern. Die Innenkanten müssen zwischendurch immer wieder neu mit Öl gestrichen werden.

Zum Gießen der Platten wird der Rahmen auf eine ebenfalls mit Öl gestrichene Furnierplatte aufgelegt, dann gibt man eine Betonmischung aus zwei Teilen Sand, drei Teilen Grobkies und einem Teil Zement in die Form. Über den Rahmen wird ein Abziehbrett hin und her ge-

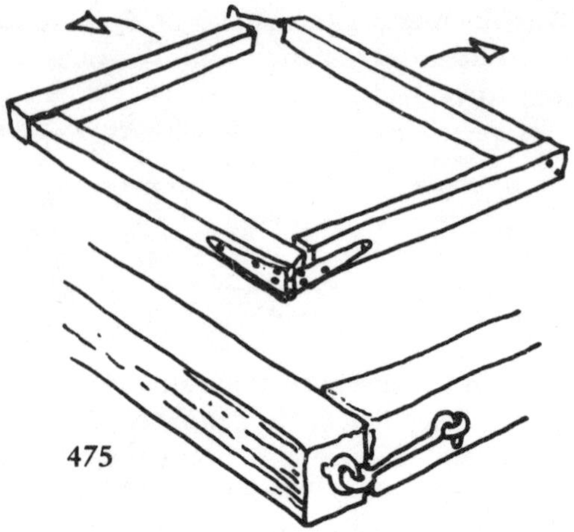

475

zogen, um überschüssigen Beton abzustreifen, anschließend wird die Oberfläche mit einem Glättbrett geglättet. Der Beton benötigt mehrere Stunden zum Antrocknen. Danach wird der Rahmen geöffnet und abgenommen. Obgleich die Platte nach wenigen Stunden bereits eine gewisse Festigkeit erreicht hat, dauert es noch mindestens drei Wochen, bis sie verlegt werden kann. Während der ersten Woche sind die Platten unter einer Kunststoffplane zu lagern, damit sie nicht zu schnell trocknen. Keine trocknenden Platten bei Frostgefahr im Freien lagern. Nachdem der Rahmen von der Platte entfernt wurde, kann man ihre Oberfläche mit einem kräftigen Besen bearbeiten, um hervorstehende Kiesel zu entfernen.

Schraubregale aus Winkelprofilen

Winkelprofile für die Montage von Schraubregalen sind einfach in der Anwendung – die Winkel werden auf die nötige Länge geschnitten und mit Bolzen und Muttern verschraubt. Die Grundeinheit einer Konstruktion aus Winkelprofilen ist der Kastenrahmen, bei dem aus Gründen der Festigkeit und der Platzersparnis die Schenkel der stehenden Winkeleisen nach innen gekehrt sind (Abb. 476). Mehrere Kastenrahmen lassen sich miteinander zu

Mehrfachrahmen verbinden (Abb. 477). Die Hersteller liefern auch Fachböden aus Stahlblech, die an die Winkel geschraubt werden. Man kann statt dessen aber auch Regalbretter aus Furnier-, Tischler- oder Spanplatte nehmen.

476

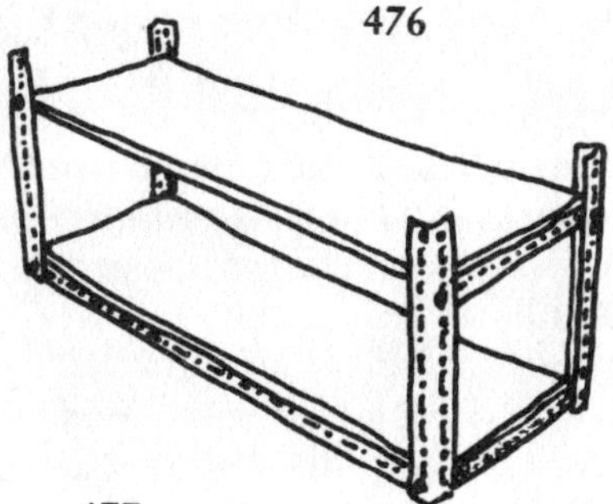

477

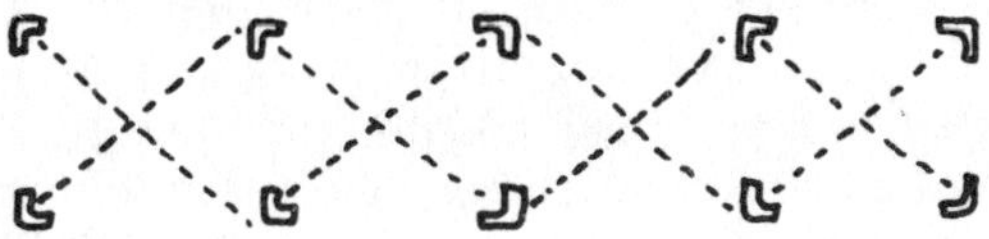

Die Winkelprofile werden mit einer Eisensäge geschnitten, scharfe Schnittkanten sind glattzufeilen. Zum Verschrauben werden die Winkelprofile auf den Boden gelegt; man beginnt mit den Seitenteilen. Zunächst bringt man an der Unterseite Bodenplatten (Abb. 479 und 480) oder Kunststoffschuhe (Abb. 481 und 482) an. Dann wird das Seitenteil zusammengeschraubt, ohne jedoch die Bolzen fest anzuziehen. Dies geschieht erst, nachdem man das Seitenteil senkrecht aufgestellt und auf rechtwinkligen Sitz der Querstreben geachtet hat. Anschließend bringt man die vorderen und hinteren Profile an, prüft erneut, ob der Rahmen nicht schief steht und zieht die Schrauben fest an. Soll die Konstruktion Laufrollen erhalten, so werden diese erst zum Schluß montiert.
Winkelprofil, Schraubenbolzen und *Muttern* (Abb. 478) – die Grundbausteine des Systems. Die Form und Anordnung der Löcher variiert je nach Hersteller.
Laufrollen (Abb. 483 und 484) – Laufrollen aus Kunststoff gibt es in zwei Versionen: nach zwei Richtungen oder nach allen Richtungen drehbar. Mit ihnen lassen sich die Regale frei im Raum hin und her bewegen.
Winkellaschen (Abb. 485) – ein Abfallstück eines Winkelprofils läßt sich als Winkellasche verwenden, mit deren

478

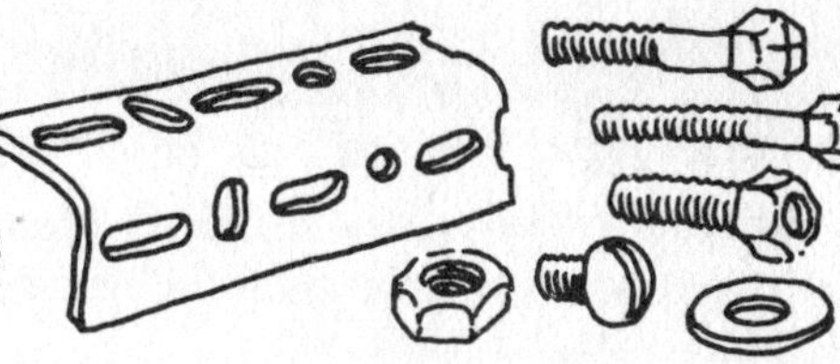

479

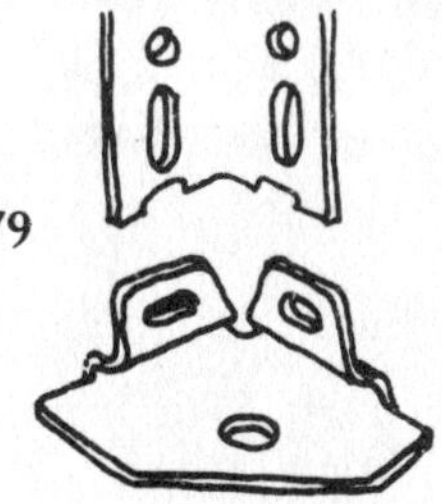

480

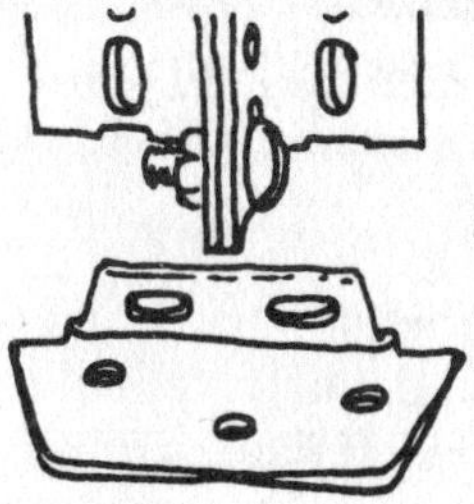

481

482

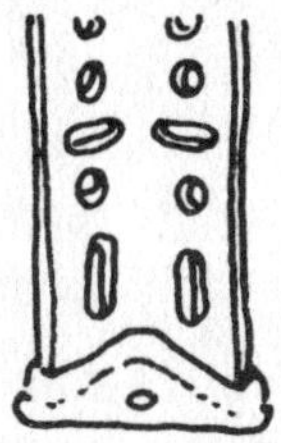

483

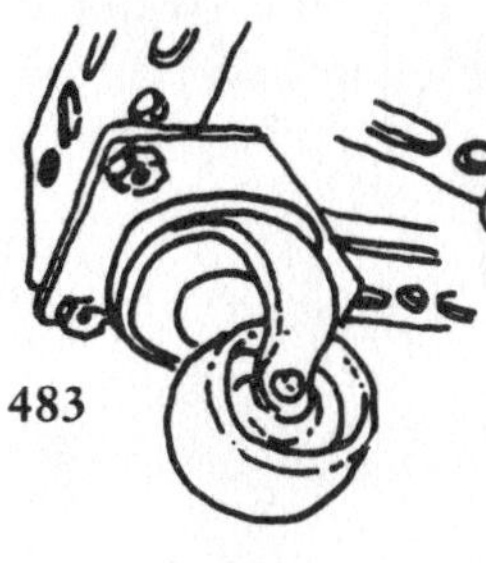

484

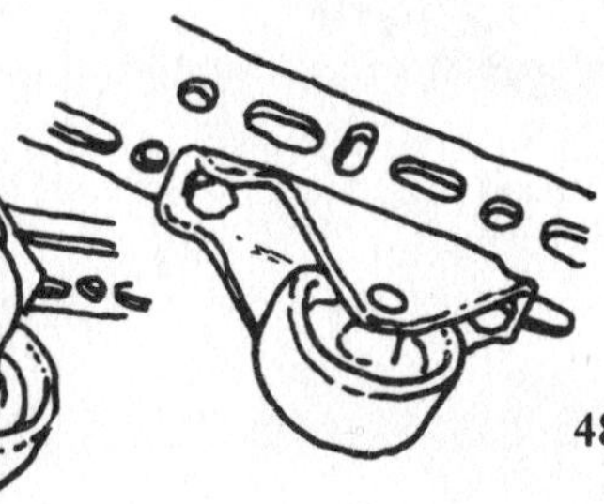

485

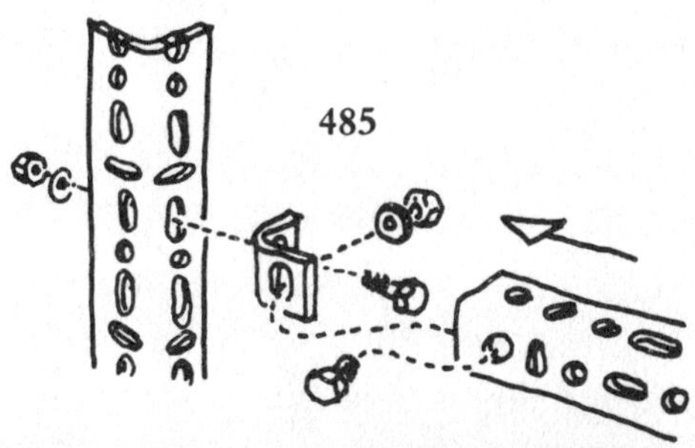

Hilfe ein horizontaler Winkel an die Außenseite eines vertikalen geschraubt werden kann.
Eckbleche (Abb. 486) — einfache Schraubverbindungen genügen für die Stabilität des Rahmens häufig nicht. Durch das Anbringen solcher Eckbleche sind die Regale besser gegen Verschieben gesichert.
Streben (Abb. 487) — diagonale Streben auf der Rückseite des Rahmens erhöhen ebenfalls dessen Stabilität. Wenn die Höhe des Rahmens mehr als das Fünffache seiner Tiefe beträgt, sollte er möglichst in der Rückwand verankert werden.

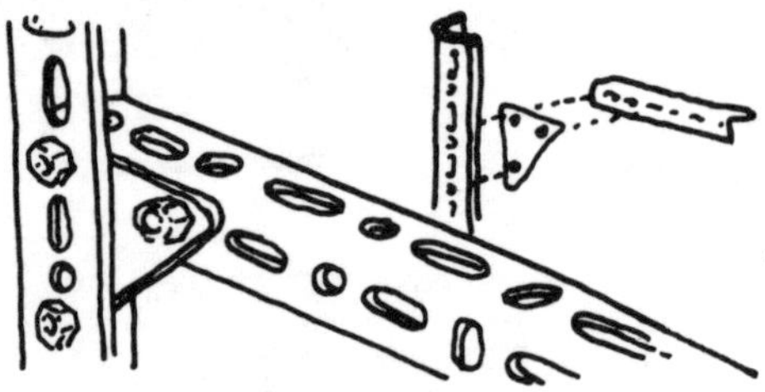
486

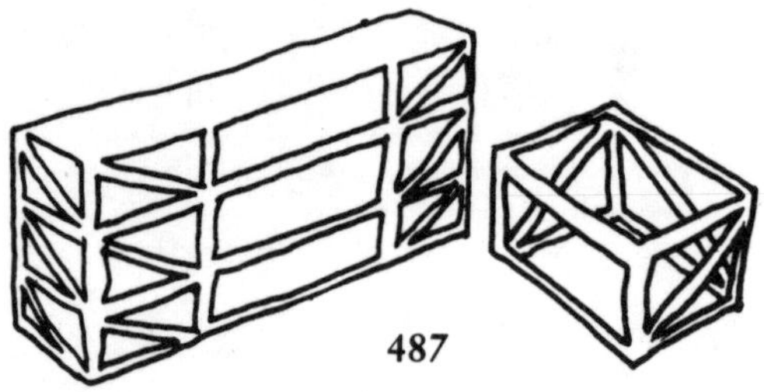
487

Sicherheit

Es hat keinen Sinn, seine Möbel selbst zu basteln, um Geld zu sparen, wenn man dabei einen Finger oder ein Auge verliert. Deshalb ist es wichtig, sich der Gefährlichkeit bestimmter Arbeitsvorgänge bewußt zu sein und die Risiken nach Möglichkeit zu verringern.
Wichtig ist ein gutausgerüsteter Erste-Hilfe-Kasten mit sterilem Fingerling, einer Augenbinde und Watte sowie einem Antiseptikum, Heftpflastern in verschiedenen Größen, Mullbinden, Bandagen, Sicherheitsnadeln, einer Schere und Pinzette.
Wer mit aggressiven Flüssigkeiten arbeitet, z.B. einem Abbeizgelee oder Rostentfernungsmitteln, sollte seine Augen mit einer Schutzbrille schützen. Dasselbe gilt für Stemm- und Bohrarbeiten in hartem Mauerwerk, Arbeiten mit elektrischen Sägen sowie alle Glasarbeiten.
Falls eine ätzende Flüssigkeit ins Auge gelangt ist, sofort unter fließendem Wasser ausspülen und einen Arzt aufsuchen. Besondere Schutzkleidung wie Schutzbrillen, Staub- und Gesichtmasken, Handschuhe, Stiefel und Overalls gibt es im Industriebedarfshandel. Bei denselben Firmen finden sich auch viele Materialien, die man als schneller Möbelbastler benötigt. Auch die Anschaffung von Ohrenschützern ist zu empfehlen, da sie sehr preiswert sind und einen wirksamen Schutz bieten.
Kinder sind immer in Gefahr, sich an einer der Flaschen mit gefährlichem Inhalt zu vergreifen und zu vergiften. Selbst der sparsamste und umweltbewußteste Low-Tech-Anhänger sollte der Versuchung widerstehen, chemische Flüssigkeiten in Limonade- oder Weinflaschen aufzubewahren. Der Inhalt jeder Flasche sollte auf einem Etikett vermerkt sein, insbesondere, wenn es sich um eine giftige Flüssigkeit handelt.
Frische Luft ist immer gut. Bei Arbeiten, die mit Staub oder einer möglichen Rauchentwicklung verbunden sind, ist stets auf Durchlüftung der Räume zu achten. Staubmasken tragen sich zwar unbequem, leisten jedoch wertvolle Dienste.
Wer sich mit seinen Schneidwerkzeugen nicht selbst verstümmeln will, sorgt dafür, daß sie immer scharf geschliffen sind. Stumpfe Werkzeuge müssen mit Gewalt durch das Material geführt werden und können leicht außer Kontrolle geraten. Hände immer hinter dem Gerät halten, so daß bei einem Ausrutscher nichts passieren kann.

Kräftige Lederhandschuhe schützen vor kleineren Verletzungen, aber nicht vor einer wildgewordenen Kreissäge.
Sägen schneiden die Finger einer Hand so gut wie Holz, und Kreissägen sind die gefährlichsten von allen. Nie die Sicherheitshaube abnehmen, während die Säge läuft, auch wenn sie im Weg ist. Bei Elektrowerkzeugen immer den Stecker herausziehen, bevor man die Einsätze auswechselt oder sonst etwas an dem Gerät zu schrauben oder montieren hat.
Elektrische Schläge können tödlich sein. Es wird dringend davon abgeraten, sich an Elektroinstallationen zu versuchen, wenn man sich damit nicht genau auskennt. In jedem Fall ist vorher die Hauptsicherung auszuschalten und mit einem Prüfgerät festzustellen, ob in der Leitung, an der man arbeitet, tatsächlich kein Strom fließt.